公共预算译丛

国会和钱——预算、支出、税收

[美] 艾伦·希克 Allen Schick 著

荀燕楠 译/校

中国财政经济出版社

图书在版编目（CIP）数据

国会和钱：预算、支出、税收/（美）希克（Schick，A.）著；苟燕楠译．—北京：中国财政经济出版社，2012.5
（公共预算译丛）
书名原文：Congress and Money
ISBN 978－7－5095－3540－0

Ⅰ.①国…　Ⅱ.①希…　②苟…　Ⅲ.①国家预算－研究－美国　Ⅳ.①F817.122

中国版本图书馆 CIP 数据核字（2012）第 058027 号

责任编辑：张晓彪　　责任校对：黄亚青　　封面设计：陈　瑶

Congress and Money：*Budgeting*，*spending*，*and taxing*
ORIGINAL ENGLISH LANGUAGE EDITION PUBLISHED BY
The Urban Institute，Washington，DC，U.S.A.

中国财政经济出版社 出版
URL：http：//www.cfeph.cn
E－mail：cfeph＠cfeph.cn

社址：北京市海淀区阜成路甲 28 号　邮政编码：100142
营销中心电话：88190406　北京财经书店电话：64033436　84041336
北京财经印刷厂印刷　各地新华书店经销
787×1092 毫米　16 开　24 印张　528 000 字
2012 年 5 月第 1 版　2012 年 5 月北京第 1 次印刷
定价：56.00 元
ISBN 978－7－5095－3540－0/F·2973
版权合同登记号：01－2011－6873
（图书出现印装问题，本社负责调换）
本社质量投诉电话：010－88190744

“公共预算译丛”总序

预算是现代政府治理的重要手段之一，是财政收支的全面反映，是发展战略的货币表现，是管理者的工作计划，同时也是一系列重要的利益协调机制。从某种意义上讲，当我们谈论预算时，我们是在谈论对政府的控制、管理、计划。

与美国长达一百多年的预算改革史相比，我国的预算改革才刚刚开始。上世纪 90 年代末以来预算管理制度改革的目标很简单，控制政府收支，规范财政管理；手段很朴素，预算内外资金统筹平衡，一个部门一本账，细化预算编制。实践证明，此项改革颇具前瞻性，在财政规模从五千亿元左右急速扩张到八万亿元的过程中，风险重重，严格控制至关重要。

预算改革的一小步，可能是政府改革的一大步。在机遇和挑战并存的今天，预算下一步向哪里去？如何从投入控制走向结果导向？如何实现管理的科学化精细化？如何从自我约束走向共同治理？本译丛面对的就是这些问题，所以在选择上慎之又慎，要经典，也要前沿，要基本，更要创新。《公共预算体系》（第八版）是美国公共预算领域中使用最为广泛的经典教材，体系完备，操作性强。《联邦预算》（第三版）的作者是公共预算研究领域最著名的学者艾伦·希克，素有化繁为简的美誉，在这本书中，他以简明通俗的语言，介绍了美国预算的发展变迁、现代预算的基本框架和主要内容。《国会和钱》是艾伦·希克的经典名著，要了解立法部门在预算中的作用，它无疑是最好的选择。

本译丛的目的很简单：介绍现代预算的基本事实和最新进展。目的不在于说教，因为这个浮躁的时代说教已经太多，各位早已失去耐心；目的也不在于指导实践，因为不管你如何花言巧语，实践者自有主张。目的仅在于提供一种选择和借鉴的可能性，用之则行，舍之则藏，如此而已。

中文版前言

本书的主题（当代美国国会在联邦政府收入与支出政策制定中的角色）提出了一个令人困惑的问题：为什么美国（大概是世界上最强大的政府）会拥有世界上最分散的立法机构之一？这是个古老的问题，但却具有全新的紧迫性，因为美国正在与可能危及其财经领导地位的超大规模预算不平衡斗争。要回答这个问题，需要对美国国会的独特地位进行考量，不仅把它作为一个立法机关，更是对总统和行政机关权力的制衡。

国会的独立与立法的分散并非历史的偶然；两百多年前，在美国宪法形成时，它们就已经被嵌入宪法体系。为了避免权力集中，美国国家体系的设计师在总统与国会的关系中设计了复杂的制约与平衡。他们为这种新体系贴上了“分权”的标签，但没有人意识到（或担心）这样做的最终结果有时会演变成政府行事的不及时与无效。

两个主要政党在立法机关内的碎片化，包括在众议院、参议院以及其间数十个委员会和小组委员会之间的分散是对国会独立性的真实写照。这种分裂不过是下述基本事实的副产品：众议院的435位众议员代表着美国435个不同地区，而100位参议员则来自50个不同的州。国会的政治角色在于发出声音，了解并代表不同地区，不同经济社会背景的美国人。如果某个众议院或参议院委员会拥有数兆美元联邦收入与支出的管辖权，它将会控制所有的立法政策。为这个委员会服务的数量相对较少的几位委员将拥有很大的权力；其他所有国会成员的立法影响都将非常有限。

立法的碎片化与政府预算必须遵守严格纪律的强制要求未能和平共处。符合要求的预算应反映出国家的优先级，并在收入与支出之间实现可持续的平衡。一个可靠的预算要求同时实现数字与政治上的一致性，包括政府根据资源实际拒绝某些诉求以确保适当财政结果的能力。压倒性的证据已经表明，美国政府并不总能实现这一基本目标。

多年来，国会已经尝试了两种不同的路径以加强预算纪律并实现适当的财政结果。一种是授权总统制定并执行预算政策；一种是在立法机关内建立协调机制。在总统强势（从20世纪30年代大萧条开始，持续到第二次世界大战及战后）的很长一段时期内，国会依靠总统，在决定预算总额与主要政策时，总统占据首要地位。然而，随着美国越南政策的失败与水门事件的发生，这一时期走到终点。

受总统权力衰退的鼓舞，国会在1974年建立了自己的立法预算程序，同时产生的还有众议院预算委员会、参议院预算委员会和国会预算局。然而，国会并没有废除其他多个在预算政策中扮演角色的委员会；国会众参两院仍然设有拨款委员会及小组委员会，数目众多的授权委员会和收入委员会。

本书讲述的是国会努力弥合立法碎片化，进行预算协调的故事。国会预算程序错综复杂，容易引起争论，还经常不够有效。预算议题在共和党人与民主党人之间，白宫与国会之间都已经引起了许多至今仍在进行的冲突。有时会出现一些引人注目的成功，通常是在一个强势总统任期的开始——1981 年罗纳德·里根总统就职与 1993 年比尔·克林顿总统任期的开始。大约 12 年前，当克林顿总统去职时，联邦预算实现了平衡。从那以后，赤字不断增加，冲突更加激烈，在迎接国家财政挑战时能力似乎也更差。

也许，从国会制定预算政策的努力中可以学到的最重要的一课在于：即使在国会努力实现独立时，它还是会依靠总统的领导权；即使国会设有协调程序，它固有的分散性仍然常常会阻碍具有连贯性的预算结果的实现。

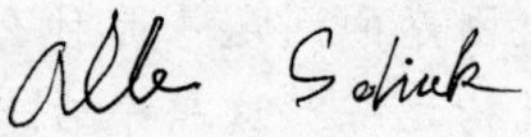

2011 年10 月

序　言

本书是在城市研究所（The Urban Institute）帮助下出版的第一本有关立法行为的研究著作。不过，这项研究恰好也属于该研究所建立十二年以来一直感兴趣的学术范畴。国会和美国政府的各级立法部门都在政策制定中发挥着至关重要的作用。我们在努力提高公共服务项目质量的同时，也不能忽视那些制定公共政策、分配公共资金的立法机构的能力和技能。住房供给、医疗保障、城市财政（实际上是城市研究所关注的所有焦点），它们的设计和绩效在很大程度上取决于国会的法律和拨款。政策分析如果仅局限在行政框架内，不能深入到立法议程之中，它将无法对公共政策产生实质性的影响。

1974 年《预算法案》的实施被视为美国政府在预算实践和责任方面的重大进步。1974 年法案建立的预算程序作为一个整合分离的税收、拨款和授权过程的机制，在国会山持续发挥作用。该过程旨在赋予国会一个做出财政选择和设定国家优先级的综合和一致的方法。

在新的预算程序付诸实施几年后，城市研究所委托艾伦·希克开始研究它对国会行为产生的影响。作为一名国会研究事务处的高级专家，希克是 1974 年《预算法案》的起草者之一，并且参与了它的早期实施。在本研究所担任访问学者的两年时间里，希克把他的研究视野拓宽到了税收、拨款和授权的立法过程。他的著作《国会和钱》对于国会的预算过程以及该过程对相关立法活动的影响做了全面描述。

城市研究所主任　**威廉·戈勒姆**

致　谢

在研究国会预算的过程中，我积累了大量研究资料，同时也欠下很多人情。自始至终，我的研究和写作都受到了威廉·戈勒姆（William Gorham）和罗伯特·哈里斯（Robert Harris）的大力支持。他们鼓励我承担研究项目，在研究所里给我提供了富有启发性的环境和资金支持，并且使我热情不减，笔耕不辍。在这个研究所里，海伦·伯内特（Helen Burnett）和詹姆斯·艾布拉姆斯（James Abrams）有效地协助我进行资料收集和研究。将近100名国会议员和工作人员在采访中分享了他们所了解的情况，这大大加深了我对国会预算的理解。我承诺对这些人的姓名加以保密，所以在此向他们集体表示感谢。

本书的初稿受到了以下经验丰富的国会官员的审阅：参议院预算委员会的约翰·麦克沃伊（John McEvoy）、西德尼·布朗（Sidney Brown）和伊拉·泰尼鲍姆（Ira Tannenbaum），众议院预算委员会的布鲁斯·梅雷迪斯（Bruce Meredith）和温德尔·贝鲁（Wendell Belew），国会预算局的罗伯特·赖肖尔（Robert Reischauer）、约翰·埃尔伍德（John Ellwood）和杰姆·维迪尔（Jim Verdier）。城市研究所的詹姆斯·斯托利（James Storey）曾经是参议院预算委员会的一名职员，他也对本书初稿做了全面的审核。

本书最终得以付梓还得益于编辑普里西拉·泰勒（Priscilla Taylor）在编辑方面的关心和指导。

艾伦·希克

1980年6月

目　录

第二部分 运作中的新规则：制定和实施预算决议

第三部分 支出和税收委员会的影响

第一章

导 言

自从1975年起，国会就开始在1974年确立的预算流程内开展预算活动。1974年出台的《国会预算法案》改变了国会内部预算工作的角色和关系，在预算工作中引入了新的参与者，并且迫使原有的参与者按照新的程序性和实质性规范行动。本书对国会预算过程的研究将聚焦于它的政治中心——美国国会。尽管本书对国会与行政部门的关系也给予了一些关注，但主要的焦点仍在于立法机构内的参与者，研究它们的行为与1974年法案通过前有何不同，并探究在新预算法案通过后的几年里，国会内部形成了怎样的冲突和对抗模式。鉴于国会的税收、拨款和授权工作与构成预算过程的国会各类活动均密切相关，本书的研究也拓展到了这些领域。

国会预算过程概况

国会预算过程围绕着关于预算的两个共同决议展开，这两个共同决议都要经过参众两院的一致批准。第一个共同决议必须在每年的5月15日之前通过，先于参众两院对预算相关法案的审议。第二个共同决议需要在9月15日前通过，刚好在下一个财政年度开始前不久（参见表1-1）。每一个共同决议都详细描述了政府财政收入的总额、新预算授权、财政支出、财政盈余或赤字、以及联邦政府的国债规模。每个决议都把总支出分成19个“功能项”——即用预算术语描述的支出的用途，如卫生或国防。在审议第一个共同决议之前，参众两院每个负责支出授权、资金拨款或收入筹措的委员会都会对所负责的领域拟定一份参考意见。第一份预算共同决议旨在确立目标，引导国会及其委员会随后对于资金项目的立法。在参众两院各自做出收入、支出和债务方面的决策时，国会议员随时会被告知（通过记录程序）预算的最新状态，以及待决法案对预算产生的影响。对特定拨款议案和其他支出议案的审议都已经完成之后，国会就会通过第二个共同决议，它反映了国会对于预算议案采取的所有行动。如果需要，国会还会通过一个“协调议案”（reconciliation bill），以确保所有通过的税收、支出和债务法案都能满足国会总预算的要求。在随后的立法活动中，第二个共同决议确定的收入和支出总额都必须得到遵守，不过国会在财政年度中还有修改预算共同决议的自由。表1-1归纳了法律规定的各项预算活动的步骤和日期。

表 1－1 国会预算时间表

截止日期	步 骤
国会会期开始 15 天后	总统递交预算草案和“经常性服务评估”①
3 月 15 日	委员会向国会预算委员会提交参考意见
4 月 1 日	国会预算局向预算委员会提交报告②
4 月 15 日	国会预算委员会把第一个预算共同决议送交议会
5 月 15 日	委员会报告新预算的授权议案
5 月 15 日	国会批准第一个预算共同决议
劳动节后第 7 天	国会完成对于预算授权和支出授权的审议
9 月 15 日	国会通过第二个预算共同决议
9 月 25 日	国会完成在履行第二个共同决议的协调过程上的立法
10 月 1 日	财政年度开始

执行新预算过程的首要责任被赋予参众两院的预算委员会，这两个委员会都拥有大量的专业人员。国会预算局（CBO）也被组建起来，用来提供专业的信息和分析。作为国会预算程序的一个组成部分，完整的时间表协调了各个立法部门的行动（尤其是预算委员会、拨款委员会和授权委员会），并且确定了各项立法行动的完成时间。1974 年法案还做出了很多规定，用来提高预算信息的质量和降低信息获得的难度，鼓励国会委员会对公共项目做出评估，并且限制“后门支出”（即正常预算拨款程序之外的支出议案）的产生。

该法案中有一个独立的章节对行政部门扣押支出资金的行为实施立法控制。法案定义了两种形式的支出扣押，并为两者分别制定了控制程序。延迟（deferrals）是指行政部门推迟支出国会拨款或履行相关义务的行为；废止（rescissions）是指提议取消国会拨款或其他支出法案。除非延迟被参众两院中的任何一方否决，否则它直至财政年度结束时均有效力。不过，若在提出申请后 45 天内未得到国会参众两院批准，撤销提议将被自动中止，扣押资金也必须被解冻。

如果新预算程序得以延续，那么 1974 年会因国会在这一年创造了一项预算程序而永载史册。但是，《国会预算法案》仍然缺乏很多预算程序必备的关键要素。它订立了编制预算决议的规则，但按照这些预算决议，联邦机构一分钱也花不了，一个子儿也收不进。就其自身而言，1974 年确定的预算程序是不完整的，缺乏对于联邦财政收入和支出进行授权的法律基础和立法程序。

① 经常性服务评估（Current services estimates）即对下一年度维持公共服务项目当前服务水平所需花费资金的估计。1974 年的预算法案原本要求当前服务评估须在前一年的 10 月 10 日之前提交国会，但由于当时总统正在忙于编制下一年度的财政预算草案，国会随后同意总统在次年 1 月把经常性服务评估和行政预算草案同时提交国会。

② 国会预算委员会和国会预算局都发现 4 月 1 日在整个预算过程中显得太晚，不符合实际情况。因此，尽管 4 月 1 日是法律规定的期限，国会预算局会在 2 月份就递交报告。

1974 年的《预算法案》之所以构成了一个完整的程序，仅仅因为它延续并融合了此前业已存在的各类预算过程。国会的预算决策并非始于 1974 年。国会有三种类似的过程：宪法赋予的拨款权力、征税的权力、各种法规和参众两院规章中对于授权的规定。这些过程仍然存在，负责它们运行的委员会依然享有和《预算法案》颁布前相同的权力。表 1－2 详细列出了在完整的国会预算过程中各预算参与者的主要职责。

表 1－2　　国会预算过程中各参与方的主要职责和作用

总统	授权委员会	拨款委员会	收入委员会	预算委员会	国会预算局
·递交行政预算草案和经常性服务评估 ·在 4 月份和 7 月份更新预算评估 ·签署或否决收入、拨款和其他预算相关法案 ·可以提请延迟和废止已拨款项	·报告下一财政年度的授权法案 ·在它们自己提交的法案中附上国会预算局的成本估测 限制： 1. 法案中的合同和借款授权只有在拨款法案中提出才有效 2. 权利性项目（Entitlements）只有在下一个财政年度开始后才能生效。	·报告常规和补充的拨款法案 ·在一项预算决议通过之后，将预算授权和支出在自己的小组委员会中分配 ·提供五年期的支出预测报告和拨款议案，并将预算授权与最近的预算共同决议中的数额作比较 ·能够根据第二份预算共同决议提交协调法案，取消新的或已经存在的预算授权 ·审核总统提出的延迟和废止动议 限制： 在第二份共同决议通过后，支出不能超过国会确定的数额	·就所负责的预算议题提出建议和估测 ·能够按照第二个共同决议提交税收修改法案 限制： 制定的法案不能使收入低于第二个共同决议中确定的水平	·每年提交至少两份预算共同决议 ·在参众两院各委员会之间分配新预算授权和支出 ·监控影响预算的国会动议 ·为国会提供有关预算形势的建议	·发布年度预算报告 ·估测参众两院所提交法案的成本 ·定期发布记录国会预算形势的程序文件 ·协助预算委员会、收入委员会、拨款委员会和其他委员会的工作 ·发布五年期的预算预测报告

国会和预算

当国会介入时，预算过程会受到怎样的影响？当必须履行新的预算职能时，国会将发生怎样的转变？这两个问题是本研究关注的焦点。在构建一个预算程序时，国会一方面试图创制一套整合过程，使它对美国预算政策负责，另一方面试图保持自身作为立法机构的本质特征。

国会的结构和预算的实践无法轻易地相互契合。国会是一个权力广泛分享的机构。国会内部的各种关系和影响盘根错节，重要决策的制定过程通常是碎片化和非连续性的。这些特点对于一个以权力分散为特质的立法机构而言，在政治上非常必要。在它传统的预算编制过程中，国会为了追求权力的分散，把征税从支出决策中分离出来，设立了彼此并行的授权和拨款过程，并且把财政支出的决议分成十多个拨款法案（对应于相关的小组委员会）和其他法案。

在立法规则促使国会分散权力的同时，预算制定过程却要求权力集中。预算必然涉及在一个相对全面和一致的决策过程中将分散的利益和观点统合起来。制定预算也需要关注部分和整体的关系、税收政策和支出政策的联系，以及在公共资源被竞相争夺的情况下处理好轻重缓急。因此，预算一般被视为是行政部门、而非立法机构的职责；不仅仅是在国家层面，即使是在大部分美国城市和州层面也是如此。"要想制定预算，必须先由行政部门编制好草案"是预算专家们半个多世纪前就提出的具有说服力的建议。他们当时领导了一项预算改革运动，该运动以 1921 年《预算和会计法案》（the 1921 Budget and Accounting Act）和总统对联邦财政预算职责的集中控制为高潮而告终。

对于国会预算过程可行性最重要的考验在于它能够在多大程度上协调立法机构对于权力分散的要求和对于整合一致的预算结果的追求。如果立法权对于财政的控制集中在几个人身上，预算程序便不成功。尽管它赋予国会山新的预算功能，实际上国会预算过程还是必须使预算工作在所有委员会之间维持一个广泛的划分。事实上，《国会预算法案》已经强化了税收、拨款和授权委员会在预算工作中的角色，但同时也迫使它们在新程序的规则内运作。通过这种方式，1974 年的法案试图协调预算制定对财政整合的需要和国会对于立法机构权力分享和分散的需要。但是，这幅预算改革的蓝图受到一些国会内部利益冲突（发生在保护国库的力量和为受到偏爱的利益团体打开保险箱的力量之间）的羁绊。

如前所述，预算委员会必须不断与三种委员会保持互动——税收委员会（众议院的筹款委员会和参议院的财政委员会）、参议院和众议院的拨款委员会以及两院的各类授权委员会。预算程序涉及的领域是如此广泛，以至于参众两院领导人也须为此进行互动。每一种关系均为对抗和结盟提供了可能性。冲突无法避免，因为预算制定过程不可避免地会重新分配立法权力，并可能导致预算结果的改变。结盟行为也是必要的，因为预算委员会不能同时挑战所有其他的权力行使者。可以想见，在那些竭力消除其威胁的既得权力者和想要提高自己在预算制定中低微地位的新来者之间会形成一些同盟，这些同盟多为临时性的，并专注于特定议题和机遇。

它行得通吗？（Is It Working?）

或许对于新预算过程问得最多的问题就是："它行得通吗？"这是对 1974 年国会预算实践变革进行反思和探究的很自然的起点。这个问题包含两个截然不同的维度：程序上的和实质上的。首先，预算工作是否按照《预算法案》规定的常规路径和要求进行？国会预算的参与者是否严格按照《预算法案》设定的时间表处理预算决议、税收法案、授权法案和拨款？国会议员和委员会是否被充分告知了他们的决策对预算结果产生的影响？国会预算局是不是提供了及时有效的成本预测、程序记录报告和预算分析？程序是预算工作的基石，一个新预算程序的成功执行必然是每次预算改革首要关注的事。

"它行得通吗"也指向新预算程序对于国会预算决策的实质性影响。预算程序是否会根据政府收入和支出水平的不同而有所调整？预算委员会在处理预算决议的时候是否也关注到国会行为对财政的影响？国会票决的财政政策和支出优先权与总统提交的预算草案相比，在数量和种类上差别大吗？在预算委员会准备预算决议时，他们是力图做出独立判断，还是仅仅在迎合其他人的偏好？

相对于实质性问题，得到程序性问题的回答要容易得多。人们可以跟踪国会遵循和违反预算时间表的次数。国会预算局提供的预算数据和报告的及时程度都可以估算出来。然而，在论及实质性结果时，人们就无法如此肯定了。新预算程序可能产生和以前一样的预算结果。或者即使结果看起来有所不同，人们也无法确定这个变化是否是由于预算程序的改变所致。举个例子，如果国会相对于以往削减了国防预算，对这个行为的原因该如何分析呢？是由于预算委员会的积极活动、美国公众意见的变化、媒体的广泛关注，还是重要的国际事件？国会确实在1976财政年度大幅削减了国防支出，很多人都把它归功于新预算程序的伟大胜利。而在随后的几年里，国防支出一点都没有削减，这使预算程序再一次因预算结果而受到赞扬（或责备）。

在对预算过程的研究中，首要关注的是国会如何做出资金分配决策。由于预算权力在国会内部被广泛分散，这项研究必须考虑到各个部分，包括国会的税收、拨款和授权工作。如果仅仅考察国会预算委员会的工作、各项预算决议、国会预算委员会的报告和组成正式预算程序的其他活动的话，研究是不完整的。只有对资金分配决策的过程做全方位的细致探究，人们才能真正解答前文所提到的关于预算程序作用的问题。这些问题将在最后一章讨论。

全书的纲要

本项研究覆盖了国会新预算过程付诸实践的最初五年，即1975年到1979年。在这段时间内，国会的新预算程序完成了一次“试运行”，三次完整的运行，再加上第五次运行的大部分过程。国会采取了数百次与预算有关的行动，通过了十二个预算决议、八个主要的税收法案、差不多一百份拨款法案和更多的授权法案。每次立法活动都有翔实的资料记录。在这五年中，国会委员会发布了数以百计的预算相关报告，而国会预算局也开展了数百次成本预测和分析研究。由于预算活动涉及国会工作的方方面面，因此很难在国会内找到一条可追踪预算工作进程的清晰路径。参众两院的预算委员会之所以要建立一个庞大的工作团队（除国会预算局外，每个委员会都超过70人），主要原因之一就是为了把预算工作的所有进程都置于国会的视线之内。本项研究尽可能多地追寻预算工作的进程，详细分析海量的国会委员会报告、议会辩论稿和文字抄本。不过一些重要的预算进程无疑还是被遗漏或者忽视了。

除了公开出版的记录文件之外，参议院预算委员会还提供了记录会议讨论和议案审定的文字抄本，总计有数万页。众议院预算委员会并没有会议记录的文字稿，但它的一些重要讨论能通过相关期刊（它记录了审定议案期间的讨论内容）和委员会会议的记录抄本获得。最后，30名国会议员和超过60名工作人员（包括大部分在财政决策过程中发挥积极作用的人员）都为这次研究接受了采访[①]。

本项研究的成果被分为三个部分，每个部分都包含若干章节。三个部分分别关

① 大部分的采访都有录音，并且谈话记录将会被匿名处理。当采访中获得的材料出现在本书文本中的时候，文字会使用引号，但不会添加脚注。

注国会在处理财政工作时的某个特定的、重要的方面。

第一部分回顾了20世纪60年代围绕预算产生的冲突，以及70年代早期人们决定重构国会预算过程的历史，并介绍了那些为满足重构需要而设立的新机构。预算和分配资金的决策天生就无法摆脱矛盾和冲突。在预算制定过程中，参与的每一方，包括选民团体在内，都想保护或拓展自己在其中的利益。因此，在联邦预算编制和辩论的过程中，因预算资金而产生的矛盾和竞争存在于各行政机构内部和彼此之间、国会内部、国会和总统之间，以及预算资金的接受者（各州、各县、各城市和特定项目的利益集团）之间。

从1921年到1974年，总统担负着启动年度预算编制程序以解决这些矛盾的职责。尽管国会负责拨款，但总统在整个过程中扮演着决定性的作用。总统通过向国会递交预算草案来启动每年的预算工作。然后，国会各委员会围绕预算草案的不同部分展开工作——制定不同的法案向行政部门授权、给特定的项目拨款或给各种团体减免税赋。到国会会期结束之前，很多法案已经在委员会和两院大厅里被一件件地制定出来。随后，联邦机构开始新年度的税收和支出。收支的数目常常和总统原先提出的并不一致，但在整个过程中，总统扮演着主要角色，控制着大部分国会制定预算法案所需的必要信息。

这个预算编制体系凌乱、复杂、低效，而且有时显然不尽合理。但它还是行得通的，主要是因为各方可接受的、必要的、处理争端的程序已经通过条例、传统和参与各方的共识被纳入到预算制定过程之中。

在1966年和1973年之间，关于预算问题的矛盾愈演愈烈，原本处理矛盾的机制已被证明越来越无效了。一个突出的症状就是联邦预算赤字不断攀升，这一点受到几乎是众口一词的抨击，但国会看起来越来越难以驾驭这个问题。导致问题急剧恶化的因素包括国会各委员会之间、新老国会议员之间，最终是总统和国会之间的权力斗争。另一个重要的因素就是外界利益集团对于政治过程日益增加的参与。

这些矛盾斗争如此持久和剧烈，以至于这段时期可以用“七年预算战争”来描述，这也正是第二章的标题。这场战争的结果就是1974年的《国会预算和扣押控制法案》。这个法案被视为一部条约，它重新定义了原有各预算参与方的权力关系，并引入新的参与者，以提供更好的信息，控制和疏导预算中不可避免的冲突，从而最终实现年度预算过程的均衡。第三章分析了协商产生这样一个条约的过程，介绍了它的主要条款和新设立的预算参与机构：参议院和众议院的预算委员会、国会预算局。第四章分析了预算委员会的角色和特点，既有设立时最初所设想的，也有在条约付诸实施的最初五年里逐渐演化出来的。而第五章则对国会预算局做了相同的分析。

第二部分详细描述了新机构制定国会预算决议的方式，以及它们与那些在税收和支出政策上占有强势地位的原有机构之间的互动。第二部分还考察了新预算过程中为执行预算纪律所做的努力。

所有预算过程的起点都源于对有限资源的需要。在国会环境中，主要的需要者就是各委员会自身，主要是对于公共项目和联邦政府机构进行授权管理的授权委员会。第六章研究了预算过程中的需要者和他们的诉求。在《预算法案》出台之前，国会的授权程序有所不同，一般先由委员会推荐公共项目，然后国会对特定公共项目给予实质立法授权。这一章研究了授权委员会审议和产生法案的过程、它们在预算过程中的作用，以及它们在合法化自身主张的过程中与预算委员会的互动。

预算决议文件常常简单到让人疑惑——它只包含几页表格和少量文字描述。然而，它却囊括了这个国家诸多的政治冲突。制定出一份能在国会两院都能获得通过的预算决议，更多的是一种政治上的操作，而非纯技术程序。第七章概述了每个预算委员会制定预算决议的历程，以及在参众两院对决议形成有重要影响的政治力量。第八章大致描述了预算委员会为了使预算决议得以通过，对其他国会议员和委员会做出利益妥协的过程。

预算被设计成一种约束过程。为了能够实现约束的效果，就需要保障执行的机制和规则。第九章对决策的实施做了探讨。

第三部分关注的是预算过程和委员会之间的关系，以及原先存在的主要预算权力中心——参众两院拨款委员会、众议院筹款委员会和参议院财政委员会。预算委员会制定出两院都能接受的、其他立法委员会也能勉强在总体上遵守的预算决议。但预算决议并不直接决定收入和支出。在1974年《预算决议》通过之前，具体资金法案的决策仍然由国会两院的拨款委员会、参议院财政委员会和众议院筹款委员会做出。那些委员会各司其职审议特定预算法案时的行为决定了预算过程被遵循的程度，以及预算委员会能否确立其在政策制定（确定预算优先级和分配税负）中的重要地位。

第三部分用一些细节回顾了预算委员会和其他四个涉及资金管理的委员会之间关系的发展脉络。第十章和第十一章研究了1974年《预算法案》出台之前和之后拨款委员会的表现和行为。第十二章和第十三章考察了税收编制委员会的行为和工作情况。

最后一章总结了研究中的发现，并回到一个基本的问题："它真的行得通吗?"

第一部分

预算冲突和国会预算程序的演进

第二章

七年预算战争：1966—1973 年

1972 年 10 月 18 日，第九十二届国会的最后一天，参众两院批准了一项提高美国国债规模法定上限的议案。议案的 201（a）条款对 1973 财政年度（也就是即将到来的财政年度）规定了 2500 亿美元的联邦支出上限。然而，议案的 201（b）部分却写道，从议案变成法律的第二天起，关于支出上限的规定将废止，所有根据这一规定采取的行动将自动失效。这些彼此抵触的条款是大选年度激烈斗争的产物，这些关于预算政策和两院权力的斗争发生在总统与国会之间和立法机构内部。

尽管有关支出上限的矛盾以陷入僵局收场，但它的确刺激了对新预算控制方法的研究。作为那份包含自毁限制（self - destructing limitation）议案的一部分，国会成立了由 32 名成员组成的预算控制联合研究委员会（Joint Study Committee on Budget Control），旨在设计"提高国会对预算收入和支出控制"的程序。在随后的二十个月里，联合委员会、两个参议院委员会、一个众议院委员会、一个专门的立法机构工作人员小组和一个会议委员会都对国会预算程序进行了仔细检查。1974 年 7 月 12 日，尼克松总统在他辞职前不到一个月签署了《国会预算和扣留控制法案》，结束了国会内部关于预算控制方式和范围问题长达两年的论战。

国会预算法案就这样在矛盾冲突中诞生。尼克松要求国会通过 1973 财政年度 2500 亿美元的支出上限和他对已拨付社会项目资金的巨额扣留，这引发了剧烈的冲突；但实际上总统和国会之间、国会内部激烈的预算斗争已经持续了许多年。尽管很多国会议员对预算的很多方面已经怀有疑虑，例如赤字的规模和持续性、不可控支出的增长、在新财政年度开始时拨款法案仍未通过等，如果国会能在 1974 年法案之前风平浪静地制定预算，它可能也不会修改它的预算过程。

本章的目的是介绍国会预算改革的参与者和它们之间的利益纷争，以及激化预算冲突的财政条件。拨款、税收、授权委员会之间以及国会与总统之间的关系都可以通过他们参与的预算斗争和他们想要促进和保护的利益去描述。本章集中讲述了发生在 1966 年至 1973 年之间的故事，也就是介于越战升级至水门混乱的这段时间。在这段时间初期，联邦政府开始经历财政困难，而不久之前，它还使自己为经济的持续增长做好规划。在这段时间的末期，国会正热切地寻找一种新预算过程来阻止自己预算权力的丧失，并且给自己的立法制度带来一定程度的平静。而在这两个时间点之间，是长达数年、比一般预算斗争更为激烈和分化的预算战争。为了对这段七年的预算战争做一个全景透视，本章一开始就大致探讨了预算参与各方为何会在预算问题上争执不休，以及为何彼此的冲突会在《预算法案》诞生前那些年里步步升级。然后，本章较为仔细地研究了国会内部和国会与总统之间为预算权力所做的斗争。这些事件共同为国会发展新的预算程序奠定了基础。

围绕预算的斗争

预算是美国政治斗争永远的战场。每个人都被卷入其中。行政当局为更多的预算资金而奋斗，预算局则为对支出的更多控制而拼搏。总统自己宣布了一套预算优先权，而国会却定出了另一套。在国会内部，众议院对抗参议院、授权委员会对抗拨款委员会、花钱者对抗节约者。这种对抗延伸到了美国政治的各个层面。各州和各市为了让联邦政府提供更多援助而携手游说，而彼此又为联邦赠予资源的分配而反目成仇。利益集团为了自己选民的利益争夺公共项目；纳税人希望更低的税收提案，尽管与他们有关的利益大声要求更多的公共补贴。

这种情况几乎永远不会改变。每年的预算法案中包含了数千亿美元资金，而重要利益和政策又与预算结果息息相关，这实际上为冲突的爆发提供了无穷的空间。除非弱势群体的利益受到压制，或者美国拥有足够的资源满足所有具有政治吸引力的诉求，否则预算过程将无法按照既定程序按部就班地运行。由于上述两种情况都不可能出现，所以冲突是预算过程永恒的特征。

然而，在美国的预算过程中，差不多每件事都能得到最终解决。尽管存在发生公开和持久冲突的可能性，但联邦预算每年都会最后敲定下来，有时是在一些例行公事的讨论之后，有时则是在剧烈的对抗之后。能够限制冲突产生的因素包括预算每年一度的法定程序、对于预算增量而不是总量的关注、对于预算偏好的含蓄表达，以及对于次优（或更糟）结果的容忍。① 预算通常需要平静的协商，因为持续分歧对于各主要参与者而言代价高昂得无法接受。预算如果陷入僵局，将会威胁到公共雇员微薄的收入，使政府活动趋于停顿，接受政府赞助的项目被迫中止，新项目则停止上马。几乎每个预算过程的参与者都迫切想要达成共识，谨慎地提出和处理争议。预算制定者都知道妥协的必要性。他们之所以达成协议是因为他们相信持久的争端不明智。搁置拨款项目而受到指责的风险显而易见，再加上来自利益相关方和主流政治力量的压力，更加强了这种趋于妥协的态度。

预算实践自身就在竭力包容和化解冲突。预算程序是将选择常规化的过程；它使出浑身解数努力使预算的各个参与方达成共识。预算的参与方都有固定的角色和关系，以促使预算问题沿着既定的道路得以解决。总统知道国会将削减他提出的部分预算，不过他也知道国会将在它自身偏好的项目上增加预算支出。国会议员也清楚，为了在更重要的事项上达成一致意见，必须暂时放下在某些争议性议题上的对

① 一些预算改革会激化预算冲突。在20世纪60年代采用的计划项目预算系统（PPB）更关注项目目标、项目对未来年度的影响以及成本效用，也因此激化了预算冲突。

抗。大部分预算参与方都明白，为了使预算确定下来，必须限制争议议题的数目，旧的伤疤也不能揭开。他们必须对预算的渐进式改变感到满意，并且愿意忽视关于国家预算优先权的重大问题。

预算的战争状态在《国会预算法案》诞生的前一年骤然升级。关于这一点有一些标志性事件，比如白宫与国会之间的扣留争端、参议院提出对管理与预算局（OMB）领导的任命拥有批准权的要求[①]、国会的预算授权额与拨款额之间的巨大差异、来自利益集团和研究组织的压力的增大，以及给联邦机构和项目提供临时资金的“延续性决议”使用次数的不断增加。

预算冲突的问题不能脱离预算决策制定的总体政治环境。一个国家如果一直被政治纷争所困扰，它在编制预算时也没法太平。瓦茨（Watts）骚乱、越南战争和水门事件造成的政治隔阂也不可避免地蔓延到预算领域。对于总统在立法上的不信任增加了国会挑战行政预算的信心。同时，各方对于国家目标的广泛关注引起了在预算优先权上的冲突。20 世纪 60 年代后期和 70 年代早期预算参与者的数量和类型急剧增加，其结果是预算需要满足的利益的多样性也在增加，与此同时，更多引发预算冲突的直接诱因也纷纷涌现。在这段时期，美国从强势的经济增长退回到“滞涨”状态——一种高失业率和高通货膨胀并存的状态。预算过程更多的开放和出乎意料的财政压力限制了现行预算体制解决冲突的能力。

预算政策中增加的参与

在 20 世纪 70 年代之前，预算的制定过程因其固有的复杂性、预算文件的“愚民主义”（obscurantism）、税法的晦涩难懂以及利益相关方在预算研究和数据上投入的失败而一直对外界封闭。更真实的情况是众议院小组拨款委员会通过长时间艰苦的工作获得了预算权力，掌握了各项支出以及审议后门支出的细节[②]。在税收方面，筹款委员会很多年以来的特权地位一直受到整体式的委员会结构（没有小组委员会）、议会审议税收方案的定案规则（closed rules）（阻止修正案）和专家团队封闭性的保护。对于大多数的预算外部人士来说，预算方案是一份让人望而生畏的文件，数字组成的帷幕让他们茫然失措。而享有特权的内部人士不会做任何事情来让预算基本文件变得明白易读，或者给外人提供预算信息。总之，他人对于预算的无知增强了他们对于预算权力的掌握。

与预算冲突关联性最强的大概就是那些能增加或者限制对预算备选项考量的信息。常规的预算工作排除或者隐藏了有关备选项的资料，这种情况其实是意料之中的。一个政府部门通常只递交一套预算评估，而不去理会在编制预算过程中发现的

---

① 自从 1921 年设立这一职位开始后的 50 年来，OMB 的局长均由总统任命，不用经过参议院批准。1973 年，国会通过了一项法案，要求参议院对于管理与预算局（OMB）的正副局长行使批准权，并对两个职位的现任者行使该权力。尼克松总统否决了这个提案，而当时国会试图强行通过，但未能实现。1974 年，国会通过了一项新法案，推迟了行使审批权的要求，决定从下一届管理与预算局的领导开始审批。

② “艰苦的工作”是众议院拨款委员会传统的准则之一，理查德·C. 费诺（Richard C. Fenno）在《控制钱袋的权力：国会的拨款政治》（boston, Mass.: Little, Brown and Co., 1966）一书第十章对拨款委员会的角色和行为有详细介绍。

替代选项。总统也只会向国会提交他自己的预算建议；各部发言人在拨款听证会上会为这些建议辩护，而且各部最初的预算申请和总统预算草案之间的差额也会被作为机密加以保护。以国会对《1921 年预算与会计法案》的司法解释为依据，管理与预算局（就像它的前身预算局一样）拒绝了国会关于出版政府部门预算申请的要求。① 众议院拨款委员会全力阻止了用替代方案改善其拨款建议的立法审议。按照传统，委员会成员不会发布表示异议的报告，委员会一般也会联合起来抗衡议会修正案。②

然而，在 20 世纪 70 年代，预算备选项受到广泛而公开的关注。国会开始要求特定的政府机构向管理与预算局递交原始预算时也向国会提交一份，借此打破行政机构在这方面的保密性。③ 立法机构的委员会在向那些顽固的政府官员（有时，也并不是那么顽固）探听这些信息时，变得更加执着也更为成功。国会和利益团体得到总统预算的部门替代项目也不再困难。

更为重要的是，人们可以获得对联邦预算独立并且易懂的分析报告。里程碑之一就是 1970 年开始，由布鲁金斯研究所发布的系列年度报告《设定国家优先权》。大量利益集团现在每年会发布他们自己的预算研究报告。在总统的预算草案提交国会后不久，市长、州长、县的政府官员和很多利益群体均发布报告，分析预算草案对于他们的政府和他们的客户的影响。另外，现在有无数群体对预算活动进行全年不间断的监控，其中许多群体能在预算的行政和立法审议过程中有效介入，从而很好地保护自身利益。

恰恰因为税收政策曾经是预算中最为隐秘的部分，税收方面的变化更为显著。界定并公布“税式支出”（通过税收系统发放的补贴）的政治突破已经使立法机构和公众的关注点聚焦于惠及各种利益群体的“国内税收代码”条款。④ 随着众议院筹款委员会编制的增加和小组委员会的成立，以及定案规则的逐渐解禁，国会成员在税收政策上的参与已经显著增加。

预算参与的范围也随着预算授权从永久型向有限期（一年或者多年）转变的趋势而大大拓展。⑤ 这种趋势的原因和影响将在第六章讨论。在这一点上，不难发现授权委员会中的大部分人都已经成为了国会预算过程的积极参与者。

更多样的参与、预算信息获取渠道的拓展和限制性程序的解禁都扩大了国会预算参与者的群体。预算冲突的“社会化”（这个术语来自 E. E. 沙特施奈德）具有

---

① 管理与预算局的政策依据是《1921 年预算与会计法案》的第 206 章，它禁止政府部门直接把它们的预算申请递交国会，除非根据参议院或者众议院的要求。此项政策的应用可以参见管理与预算局的 A－10 号公告。

② 这些传统并没有牢固地根植在参议院拨款委员会之中。由于参议员比众议员要在更多的委员会中工作，所以参议员要矛盾地忠于不同的委员会，并且因此常常受到来自各方面的压力。

③ 举个例子，1972 年的《消费者产品安全法案》就要求消费产品安全委员会同时向管理与预算局及国会递交预算预测。

④ “税收支出”在国会预算法案的第三部分（a）中被定义为“由于联邦税法的规定而导致的收入损失”，如税法中提供了特别的抵扣、排除、豁免或者优惠税率。要想仔细考察筹款委员会和财政委员会的行为变化，请见第十二章。

⑤ 超过一半的预算，主要是老牌机构和强制性支出，仍然是永久授权。大部分自从二战起设立的项目都是有限期的授权。

传染性，并且很难被逆转。[1]

参与者在数量和多样性上的增加一般也就意味着预算诉求的增长。先前被排除在外的利益群体现在拥有了渠道和信息，能够用更加有力和及时的方式来提出自己的诉求。无论这些诉求的压力是为了减税、现金补贴还是优惠贷款，它们都只有以其他利益诉求为代价才能得以满足（如果总额固定），或者从未被占用的资源中提取，例如来自经济增长的资源。如果利益的满足以其他人利益的受损为代价，预算的矛盾便会产生，除非弱势者因过于弱小而无法抗议，或对所发生的事一无所知，或被哄骗得相信自己能从现有结果中获益。但随着预算参与度的增加，不通过一场斗争便剥夺利益相关者将变得越来越困难。

失去的增量

第二个预算争端升级的原因是无法轻易获得用以满足新预算需求的预算增量，因为很多增量已经被过去的承诺占用。

缓解预算冲突的标准办法，就是现在大家所熟悉并受到艾伦·威尔达夫斯基（Aaron Wildavsky）在《预算过程的政治》（the Politics of the Budgetary Process）中赞赏的"增量战略"。[2] 威尔达夫斯基区分了"基数"和"增量"，它们适用于不同的决策方式。基数包含当前项目的延续成本，而增量则是为新的或扩展的项目准备的。基数部分一般没有冲突。尽管有明显的例外，如经济机会署（the Office of Economic Opportunity），但通常某个预算项目一旦建立起来，它便会在将来的预算中延续下去。由于大部分过去的决定不会每年都重审，所以把预算冲突限制在对增量的分配上是可能的。预算是决定"谁的牛去增肥"的过程，相对于决定"谁的牛去挨宰"，前者更容易为大众所接受。但实行"增量战略"一个明显的必要条件就是预算增量要能够用于分配。否则，新需求就只能去侵占基数来获得满足，即从以前预算支持的项目和机构中提取。[3] 在联邦预算中，增量来源于三个方面：经济增长、新税收和赤字融资。只有第一种来源能保证每年的预算争端得到比较平静的解决。

自从威尔达夫斯基颇有影响力的著作诞生以来，经济经历了一个曲折的发展过程。在 20 世纪 60 年代中期，很多经济学家预测经济会有一个乐观的前景，联邦政府将会有足够的"财政红利"来支持"伟大社会"（Great Society）的倡议和减税方案。受"新经济（new economics）"迅速成功的激励（特别是 1964 年的减税计划），这些经济学家预计未来联邦收入的常规增幅将会超过项目支出的增量增幅。经济正趋于充分就业，通货膨胀也变得温和，经济学家十分自信他们已经拥有了维

---

① E. E. 沙特施奈德在《半主权的人民》（New York：Holt，Rinehart，and Winston，1960）一书中谈及了政治，在书的第 2 页他写道，"每一次争端的结果都被观众介入其中的程度所决定……卷入争端的人数决定了将会发生什么。"

② 该书在 1964 年第一次出版（Boston，Mass.：Little，Brown and Co.），十年以后做了进一步充实并再版，这大概是二战后预算领域最有影响力的著作。

③ 有关为什么这些年冲突会不断升级的解释，参见哈维·曼斯菲尔德编辑的《国会与总统的对抗》（New York：Academy of Political Science，1975）一书第 51—70 页所收录的艾伦·希克的文章《预算战争》。

持高增长率的“调谐”技巧。[①]

这种红利随着越南战争而消失。随之而来的是美国受到失业和通胀的双重折磨。由于预算增量不再能满足预算支出的常规增长，而且也无法缓解新项目上马带来的资金压力，[②] 大量预算斗争围绕着未来的增量展开。由于对当前资源的分配在新的一年到来之前已经决定，正常的增量资源被以前的决策所占用，所以通过侵蚀另一年的份额来获得预算过程的平静是必要的。由于没有强劲的经济增长和新税种带来的额外收入，这个困境将永远存在。

在20世纪60年代后期的几年里，约翰逊政府对容忍高军费支出和高国内支出的“枪炮和黄油”政策采取了观望态度。这个政策以两个假定为基础，一个是经济的，另一个是政治的。该政策预期在越南战争之后，“和平红利”将确保能提供足够的资金来满足各方对政府的大量诉求。此外，人们认为这项政策巧妙地规避了对越南战争和国内需求两者做优先权选择之后可能引发的政治冲突。“枪炮和黄油”政策的目的在于赢得时间和预算和平，但它却建立在不现实的财政状况之上——因为滞涨已经为它敲响了丧钟。

在越南战争的升级开始影响到预算之后不久，约翰逊总统自信地声称美国有能力同时满足军事行动和国内支出的需求，而无需以其中一个为代价去满足另一个。因此，在他1967年的预算咨文中这样说：“两者的投入都需要花费巨额资金。但我们能够也会去满足这些支出……在越南的斗争必须得到支持。而国内向伟大社会前进的脚步也不能放慢。”[③]

仅仅一年之后，在1968年的预算咨文中，约翰逊总统在提出赤字支出和附加税收时，承认国家面临着预算紧张：“这个项目需要某种程度的牺牲，还有持续的辛劳和智慧……这个预算在我们丰富的资源和令人敬畏的责任之间仔细地做了平衡。”[④]

再下一年，总统试图推动一项更大的赤字和增税计划，并为这种艰难的选择辩护：“……面对支出巨大的国外战争和国内急迫的需求，我们必须确定优先权。‘优先权’是‘选择’的另一种表达，意味着我们不能想做什么就做什么。所以我们必须在竞相争夺我们资源的要求中做出仔细的选择。”[⑤]

预算的压力并没有在越战之后减轻。“和平红利”没有出现在很大程度上是因为越战的预算模式不同于以往美国所经历的战争。毫无疑问，以前的战争都造成联

---

① 若要了解“新经济”最重要的推行者之一对于“新经济”的乐观论述，可参见沃尔特·W. 海勒的著作《政治经济的新维度》（New York：W. W. Norton & Co.，1967）。

② 在布鲁克林研究所对1973年的研究中，花了一个章节来探讨“财政红利怎么了?”：“总之，问题的答案显而易见。第一，在短短的十年间，联邦的民用支出占GNP的百分比几乎翻番；即使没有加进新的项目，相较于十年前，现有支出项目的年度增长也已经消耗了更大比例的财政收入增长。第二，美国人民和他们的政治代表已经接受了联邦政府在处理全国的社会问题时所扮演的更为广泛的角色。第三，矛盾的是，在同一时期，国家采取一系列步骤大大削减了税收，降低了联邦收入。”查尔斯·L. 舒尔茨等编著，《国家优先权的确定：1973年的预算》（Washington，D. C.：The Brookings Institution，1972），pp. 397－98。

③ 参见美国政府1967财政年度预算第53页。

④ 参见美国政府1968财政年度预算第8页和第38页。

⑤ 参见美国政府1969财政年度预算第7页。

邦预算支出的陡然上升，战后又会经历一个急剧的滑坡，相较于战前形成一个低谷。然而，越战之后任何年份的支出都不低于战争的巅峰时期。如表 2-1 所示，越南战争的偃旗息鼓未能降低随后任何年份的支出。

表 2-1　1965—1974 年的预算支出、赤字支出、联邦负债和不可控支出　单位：十亿美元

年份	总收入	总支出	预算赤字	联邦负债	不可控支出	不可控支出的比例（%）
1965	116.8	118.4	1.6	323.2	NA	NA
1966	130.9	134.7	3.8	329.5	NA	NA
1967	149.6	158.3	8.7	341.3	93.5	59.1
1968	153.7	178.8	25.2	269.8	107.3	60.0
1969	187.8	184.5	+3.2	367.1	116.4	63.1
1970	193.7	196.6	2.8	382.6	125.7	64.0
1971	188.4	211.4	23.0	409.5	140.4	66.4
1972	208.6	232.0	23.4	437.3	153.5	66.2
1973	232.2	247.1	14.9	468.4	173.1	70.0
1974	264.9	271.1	6.1	486.2	194.5	72.2

注：1973 年、1974 年的支出和赤字数据包括了预算外机构（off-budget agencies）。

来源：美国政府 1976 财政年度预算。

与以往模式产生偏离的部分原因在于联邦预算构成的根本性变化。如表 2-2 所示，在越战之前，大部分预算支出花费在政府部门的运营上。用国民收入账户衡量，1964 财政年度 55% 的支出（在越南局势显著恶化的前一年）用于购买商品和服务，25% 用于转移支付，不到 10% 用于州政府和地方政府的补助。这种预算分配和 1975 财政年度（即新的国会预算过程付诸实施的前一年）有着明显的不同。1975 年预算的 40% 花在对个体的转移支付上，另外的 15% 用于州政府和地方政府的补助。

表 2-2　转移支付和补助：联邦预算中不断增长的部分　单位：十亿美元

财政年度	商品和服务的购买	转移支付	给州和地方政府的补助	净利率	总预算
1964	65.9（56.2%）	29.6（25.3%）	9.8（8.4%）	7.7（6.6%）	117.2
1965	64.6（54.5%）	30.6（25.8%）	10.9（9.2%）	8.2（6.9%）	118.5
1966	72.4（54.6%）	34.1（25.7%）	12.7（9.6%）	8.7（6.6%）	132.7
1967	86.0（55.5%）	39.4（25.4%）	14.8（9.6%）	9.6（6.2%）	154.9
1968	95.0（55.2%）	44.8（26.0%）	17.8（10.3%）	10.5（6.1%）	172.2
1969	98.0（53.1%）	50.9（27.6%）	19.2（10.4%）	12.1（6.6%）	184.7
1970	97.0（49.6%）	57.0（29.1%）	22.6（11.6%）	13.6（6.7%）	195.6
1971	94.8（44.6%）	70.0（32.9%）	26.8（12.6%）	14.2（6.3%）	212.7

续表

财政年度	商品和服务的购买	转移支付	给州和地方政府的补助	净利率	总预算
1972	100.9（43.3%）	78.9（33.9%）	32.6（14.0%）	14.1（6.1%）	232.9
1973	101.7（39.7%）	89.8（35.1%）	40.4（15.8%）	15.9（6.2%）	256.2
1974	104.8（37.6%）	104.7（37.5%）	41.6（14.9%）	19.8（7.1%）	278.9
1975	119.0（36.1%）	134.1（40.7%）	48.3（14.7%）	21.9（6.6%）	329.5

注：表格中的数额反映了国民收入账户中的联邦政府事务。括号中的数字是占总额的比例，总计不到100%是因为某些特定事项没有显示出来。

来源：美国政府1977财政年度预算的特别分析。

大部分转移支付是强制的权利性支出，国会非常不愿对其施加控制。花在特定补助项目上的资金额度通常由外部因素决定，比如领取社会保险金、公共扶助金或是失业救济金的人数。受益人群数量的增加会自动增加相应的联邦支出。此外，大部分转移支付项目都是指数化的，因此，补助水平会自动根据生活成本或是其他指数做相应调整。文职人员和军人的退休金与消费物价指数挂钩，社会保险费也是如此。铁路职工退休金、残疾煤矿工人救济、对老人、残疾人和盲人的额外补助、食品优惠券、儿童营养项目的支出同样也是按照指数计算出来的。

由于权利性支出和转移支付数额增加，预算中“不可控部分”的比例由1968年财政年度的60%上升到1974财政年度的72%。[①] 在这段时间里，支出增量中超过90%的部分都可以被划入“不可控的支出”。

这些数字表明，大部分增量资源在国会制定当前预算决策前就已经被指定了用途。因此，预算冲突仅仅靠开发联邦政府的增量资源无法得到控制。这个问题又因疲软的经济表现和所得税税率的周期性下降而变得更加复杂。逐渐上升的支出、税率降低和收入不足等因素掺杂在一起，导致长期的巨额预算赤字。整个20世纪60年代，赤字支出达到了年均55亿美元，在70年代的前半段，年均为140亿美元。赤字支出是一个政治“安全阀”，它使得原本困难的项目削减和增税决策变得容易。如果预算制定者愿意忍受巨额赤字造成的政治重负，这不失为一个方便易行的缓和冲突的策略。[②]

然而，尽管（也许是由于）存在赤字支出，预算冲突在《预算法案》出台前的几年里一直很激烈。有人不断试图终止或者限制一些原有项目，毫不理会通过延续以往项目来确保预算和平的“增量战略”。大部分想要削减的项目集中在四个国内领域：农业、卫生、教育和住宅及社区发展。尼克松总统不断地通过发起“战役”来清除他不喜欢的预算项目。尽管他的很多目标都受到国会阻挠，但他削减

① 管理与预算局区分了“在现行法律下相对难以控制的”和“相对难以控制的”支出。大部分“难以控制的”支出都能通过修改法律来纳入预算控制之中。如果想更多了解“控制”概念，可参阅众议院预算委员会1977年1月出版的《国会对支出的控制》一书，特别是该书的第一章。

② 1972年尼克松总统对“充分就业预算”概念的支持就是赤字政治的一个例子。这个概念使总统得以声称实现了“假定的平衡”，尽管预算已经有一个现金赤字。

项目的行动还是引发了突如其来的、激烈的预算斗争。①

——在 1971 年的预算中，尼克松总统提出终止、削减和重构 57 个项目。第一年节省的支出估计在 21 亿美元左右。

——1972 年的预算中列出了 36 项不用经过立法过程就可执行的削减计划，另外还有 15 项需要经过实质性的立法批准。该财政年度支出削减的目标总额接近 30 亿美元。

——1974 年的预算提出了超过一百项动议，它们差不多均由总统提出，并且可以不经立法批准即可执行。预算案的目标是在第一年削减 170 亿美元支出。②

受到支出削减的影响，人们对预算基数的争夺反而超过了增量部分。预算焦点的转移来自于这样一个基本事实：因为很多预算增量不可控，相对于基数中可以控制的部分，它反而更不易获得。其结果是可以控制的项目（即使是那些在以往预算中得到资金的项目）比一些增量项目受到了更多关注。但是，当预算过程更多涉及的是预算基数而不是增量时，冲突不可避免地增加了。

在同一时间，白宫正为预算削减而积极行动，联邦预算过程（如前所述）对外界的影响越来越开放和包容。组织团体能知道预算对他们利益产生的影响，并更加警惕地反击负面政策。这使得削减预算变得步履维艰。

前文总结的预算对抗对预算改革的进程产生了直接影响。但这些并不只是在 20 世纪 60 年代晚期和 70 年代早期仅有的和预算相关的冲突。在《预算法案》通过之前便广泛存在的预算阵营之间的分歧中，有两种关系会导致冲突：（1）在收入委员会（众议院筹款委员会和参议院财政委员会）和拨款委员会之间；（2）在国会和总统之间。每对冲突都有自己特定的议题：收入委员会和拨款委员会的冲突发生在支出上限上，而总统则通过拒绝支出已拨款项公然向国会挑战。每对冲突都会刺激国会在预算改革中的利益。

拨款委员会与税收委员会：关于支出上限的对抗

在过去，国会中预算的收入和支出工作基本上互不相干。每一边都有自己的委员会，众议院筹款委员会和参议院财政委员会均对税收法案负责，而两个拨款委员会则对支出享有管辖权。1974 年之前，国会一直缺乏正式的程序来评估税收和支出立法对于预算盈余或赤字的综合影响。每年预算的盈余或者（更可能发生的）赤字都是几十个独立的收入和支出决策的结果。没有一个国会机构对预算的“底线”负责。税收可以削减，支出可以增加，而每一边都例行公事地抱怨赤字的结果。这种“无过错方”的情形被巨额的联邦财政赤字打破了——1968 财政年度的赤字额高达 250 亿美元。另外，在 20 世纪 60 年代早期，在总统的提议下，国会通过了一项数额可观的减税计划；而在 60 年代的最后一年，总统又要求国会开征附加税（surtax）。

① 对每个财政年度节省的资金的估算来自于行政机构公布的数据，并不一定是在其他假设的基础上计算出来的。

② 在福特总统继任之后，他继续了他的前任削减支出的努力，提出在 1975 到 1978 财政年度中大幅减少支出。

随着财政状况的起起落落，谁对预算整体负责的问题再也无法回避。由于国会对预算赤字越来越敏感，拨款委员会发现他们正因为预算糟糕的状况而备受指责。但因为对负债法案拥有管辖权，税收委员会在这个问题上也难辞其咎。一再出现的预算赤字使得为公共债务规定上限显得愈益必要。① 为预算情况所迫，众议院筹款委员会和参议院财政委员会别无选择，只得公布这些不受欢迎的法案。税收委员会开始意识到联邦政府没有能力控制支出——在任何年份，联邦政府都能花完它所获得的资金，甚至更多。于是，在他们的眼中，控制支出最好的途径就是限制收入。即使这意味着长期的赤字，至少支出能比高收入时低。

对预算赤字的担忧给拨款委员会带来了相当大的困难。他们已经习惯于以半自治的小组委员会形式开展行动，而每一个小组委员会都有它自己的拨款法案。全体委员会审议单个拨款法案，而不是整体支出。此外，面对其他委员会推动的一系列"后门"方案在联邦支出中所占份额巨大且不断增长的局面，拨款委员会也无能为力。显而易见，筹款委员会和财政委员会都在它们处理税收和债务的角色之外，拓宽了它们对于支出的管辖权。大部分权利性项目（如社会保险、公共扶助、医疗保险和医疗救助、补充保障收入）都在筹款委员会和财政委员会的管辖之下。例如，1972 年的收入分享法案（the revenue - sharing legislation）就是由这些委员会制定的。② 在回应自己应该对巨额赤字负责的指责时，拨款委员会辩称，尽管他们一般会把拨款削减到总统要求的水平之下，但国会通常会在他们的控制范围之外增加后门支出。很多增加的支出都来自两个税收委员会主导的权利性项目。

拨款委员会面临的另一个问题是，虽然预算的监控者最关注的是联邦支出，但拨款过程的运作与预算授权几乎毫不相关，预算授权负责向特定的支出义务批准一定量的资金。拨款委员会并非根据一个财政年度的总支出额度来开展拨款工作。它们只为使用资金提供授权，而很大一部分支出要在今后几年中发生。③ 结果，对拨款的削减很少能带来支出等量下降。按照一个项目的支出比率，在预算授权上要削减 50 亿美元才能降低预算年度中 10 亿美元的支出。另外，不能通过在预算授权上的削减立刻减少一些长期项目的支出（例如大型建设项目）。

1967 年《支出限制法案》

在 1967 年到 1973 年的五年间，国会一直致力于限制联邦总支出。第一个这类议案出现在 1967 年，当时新财政年度开始不久。在 1967 年 4 月 3 日，约翰逊总统要求增税 10%（他此前要求征收 6% 的附加税）。他警告说如果国会不予批准，赤字额将可能达到 290 亿美元。总统预测联邦支出将高达 1435 亿美元，比一月份递

---

① 对公共债务的法定限制包括比美国真实负债额低得多的永久性限额和在现行债务水平上确定的临时性限额。这些安排都迫使政府对债务限额进行频繁调整。

② 在 1974 年，众议院把对收入分享的管辖权从筹款委员会转移到了政府运行委员会（Government Operations Committee）。在参议院，管辖权仍由财政委员会掌握。

③ 一项拨款是一种预算授权形式，在《国会预算法案》中被定义为："法律提供的授权，承担导致现在或将来政府资金支出的义务。"有时拨款会为"清偿"某项义务提供资金。在这种情形下，该拨款不能算作预算授权。

交的预算草案高出 85 亿美元。[1] 尼克松总统的提议导致共和党人试图将一个支出上限与连续决议（continuing resolution）挂钩，而连续决议旨在为尚未得到本财政年度常规拨款的联邦机构提供过渡性拨款。共和党人弗兰克·鲍（Frank Bow）提出了一项修正案，旨在把行政预算支出限制在 1315 亿美元之内，它要比最初以及之后对本财政年度的预算估计低几十亿美元。然而，鲍的修正案未能审议通过，因为国会认为它与连续决议没有密切联系。[2] 在国会辩论中，乔治·H. 马恩主席发布了一个声明，为拨款委员会的表现辩护（他声称有 40 亿美元已经从预算申请中砍掉，另外有 10 亿美元很可能在余下的拨款法案中削减掉），并做出如下承诺："委员会将仔细审查会期内的拨款法案，并决定是否在休会之前建议废止先前制定的拨款法案……"[3]

马恩还警告说，如果通过所提出的支出上限，就会拓展总统的扣留权限，并意味着议会对预算责任的放弃。然而，在一项投票中，众议院以 202 票对 182 票决定重新审议延续决议；[4] 该结果体现了两党在这个问题上立场鲜明的对峙，这种情况在通常没有党派倾向的拨款委员会中并不常见。

这个议题在一周后（1967 年 10 月 3 日）又出现了新变数。众议院推翻了它先前的决定，并通过了给联邦机构注资到 10 月 10 日的延续决议，该决议并未附加鲍的修正案。[5]

很快，众议院筹款委员会的共和党要员约翰·伯恩斯（John Byrnes）宣布："委员会已经召开过秘密会议，并且采纳了一项提议，决定委员会暂时搁置关于税收的问题，不再对增税进行进一步审议，除非总统和国会意识到执行有效的支出削减和控制是讨论增税计划的必然要求……"[6]

众议院的两个委员会在这里发生了直接的冲突。筹款委员会要求拨款委员会把定出支出上限作为增税计划的回报。这个冲突随着参议院批准了一项提供过渡资金的延续决议[7]而暂告一段落，而该方案已经两度延长。1967 年 10 月 18 日，众议院拨款委员会报告了一项新决议，它把联邦支出削减了 15 亿美元。但这个"妥协"被众议院大会否决，取而代之的决议把 1968 年的财政支出压回到 1967 年的水平，并且根据此前鲍的提议确定了 1315 亿美元的支出上限。[8]

然而，由于参议院拒绝了任何关于支出上限的决议，冲突并没有结束。参议院拨款委员会坚持削减支出"应当在拨款法案中完成，不应该在延续决议中进行整

---

① 要想获知 1967 和 1968 年间发生的税收和支出冲突的详情，请见劳伦斯·C. 皮尔斯（Lawrence C. Pierce）的《制定财政政策的政治》（Pacific Palisades，Calif.：Goodyear Publishing Company，1971）一书的 72 至 148 页。

② 113 国会记录 26960（1967 年 9 月 27 日）。

③ 113 国会记录 26963（1967 年 9 月 27 日）。

④ 这项发回重审的决议得到了所有投票的共和党人和其他 34 位民主党人的支持，包括众议院筹款委员会主席。

⑤ 关键的投票在于是否采纳考虑延续解决方案的规则。众议院以 213 票对 205 票通过了放弃了对鲍修正案的审议。

⑥ 113 国会记录 27659（1967 年 10 月 3 日）。

⑦ P. L. 90 - 102。

⑧ 压缩支出的提议由共和党人杰美·维顿（Jamie Whitten）提出，他是拨款委员会的领导人之一。鲍的修正案以 192 票对 131 票的结果得以附加。

体性削减”。[①] 直到10月25日，参议院一直坚持该立场。[②] 这个僵局最后随着行政机构提出削减2%的人事支出和10%的其他义务授权（Obligational authority，这个术语当时被用于指代预算授权）而被打破。值得关注的是，行政部门并未使自身卷入国会的战争，直至长达几个月的僵局显示参众两院自己无法解决这个争端时才介入。同样值得注意的是，行政部门的建议是在一次筹款委员会的听证会上提出，而非向任何一个拨款委员会。

在P. L. 90－218中确立的支出上限并没有限制1968财政年度的总支出，而是要求采取特定行动（2%和10%的削减）将义务和支出降至总统预算草案申请的数额之下，其下降额度分别为90亿美元和40亿美元。这也就是说，这些削减只是估计，而不是法定的确定数额。另外，不可控项目、托管基金和永久性拨款都被排除在“2% +10%”的公式之外。事实上，该限制只适用于拨款过程之内的可控项目。随后国会确定了一套双重标准，使得那些受制于拨款控制的项目相对于其他支出项目而言受到冷落。

尽管总支出确实比没有法定削减时低，但还是很难评估这个限制的有效性。然而，由于不可控制项目占据了预算相当大的份额，支出削减是否达到了预期水平仍有待商榷。

1968年《收入和支出控制法案》

制定出延续决议只是暂时缓解了预算削减上的冲突，因为国会仍然需要处理总统关于附加税的请求。1967年支出削减仍然没有满足筹款委员会的要求，该委员会原本希望在总统提出支出控制提议后再审议其税收法案。在1968年2月对一部消费税法案进行辩论的过程中，威尔伯·米尔斯（Wilbur Mills）主席重申了他所坚持的观点，即预算的两个方面必须联系在一起：“现在或许……是重申我对于附加税问题立场的一个机会，尽管我相信我的立场已经很清晰。我相信任何所得税的增长都要和对预算支出在形式上和实质上的严格监管联系在一起。虽然在这一点上已经做过很多改进，但据我判断，它仍然不足以确保增税的合理性。”[③]

基于该声明的立场，筹款委员会拒绝审议税收法案。然而，要想把附加税和支出上限结合起来，还面临一个难以逾越的障碍：附加税属于一个委员会管辖，而支出上限则属于另一个。筹款委员会担心，如果他们提交了有关附加税的法案，它可能在支出未受到任何削减的情况下便被批准通过。而众议院拨款委员会认为，当多种拨款法案被遵照执行时，应当将支出控制和税收事项分开审议，而不是采取一刀切的方式大幅度削减支出。

这个难题最后在参议院审议消费税法案时被一个不同寻常的策略解决了。参议员哈里森·A. 小威廉姆斯（Harrison A. Williams, Jr）和乔治·斯玛特（George Smathers）针对该法案提出了一项修正案，建议同时实施附加税和设立支出上限。

① S. Rept. No 90－672。
② 113国会记录30109（1967年10月25日）。
③ 114国会记录4704（1968年2月29日）。

而财政委员会主席、参议员罗素尔·隆（Russell Long）则转而反对设置支出上限，认为该议题应在拨款程序中审议："拨款委员会还没有审议 1969 财政年度的第一个拨款法案，但是这个修正案却把可以拨款的数额和用途强加给了拨款委员会。"①

参议员沃伦·N. 麦格诺森（Warren N. Magnuson）则代表拨款委员会阐明了立场，他警告道："那个决议的作用就是对拨款委员会说，'让我们忘掉你们委员开会逐项审议拨款法案的过程吧，至少要在全国财政状况的框架内审视并塑造它们'，然后他们的工作就可有可无了。"②

然而，参议院以 33 票对 56 票的票决结果拒绝了参议员罗素尔·隆的动议，其中大部分拨款委员会中的民主党人投票支持，而所有的共和党人则投了反对票。参议院随后通过了消费税法案，而附加税和支出上限的规定也一并通过。

在会议中，行政机构和国会领导人展开了广泛协商，达成的一揽子协议既能满足众议院拨款委员会和筹款委员会的要求，又能得到大多数议员的支持。作为策略的一部分，众议院拨款委员会用一项"委员会风格"（sense of Committee）的决议来承诺对大幅削减预算的支持。③ 这为 1968 年 6 月持久冲突的解决铺平了道路，但它仍不能否认这样一个事实，即削减支出的立法完全绕开了常规的拨款程序。④

1968 年的《收入和支出控制法案》（P. L. 90 - 364）给 1969 年的支出和新的责任授权定出了上限。尽管此前行政机构的参与会商讨出一个削减数额，但削减的最终数额还是由参加税务协商会议的代表决定。有四类支出不受这些限制的约束：越战支出、利息支出、退伍军人福利和社会保险支出。在随后的立法中，又有两类支出被纳入不受约束的范畴：9 亿美元的农产品价格补贴和超出预计的 5.6 亿美元公共补助金。为了把支出限制在法定上限以内，总统被授权可从支出责任中扣缴"满足预算上限必要数额的"资金。

1969 财政年度的实际支出比 P. L. 90 - 364 中定下的预算上限高 45 亿美元。没能达到事先要求的原因在于豁免项目中不可控支出的增长；尽管受上限约束的项目的总支出削减了 84 亿美元，但总支出削减 60 亿美元的目标仍未实现。⑤ 这种支出模式在随后的几年中变得更加常见；不可控支出数额大大超过了预算水平，而预算的受控支出部分则被压缩在预算预测金额以内。另外，国会的决议而不是支出限制导致了事实上所有预算授权的减少和几乎一半的预算支出削减。⑥

---

① 114 国会记录 7712（1968 年 3 月 26 日）。

② 114 国会记录 7719（1968 年 3 月 26 日）。

③ 这份决议的文本载于 114 国会记录 18059（1968 年 6 月 20 日）。

④ 要想确认在这个案例中使用程序的正当性，请看共和党人乔治·梅恩（George Mahon）在 114 国会记录 18058 中的论述。如果想看另一位拨款委员会领导人与之相反的观点，请见 114 国会记录 17975 中杰米·维顿（Jamie Whitten）的论述。

⑤ 正如在 1971 财政年度预算中解释的那样："不受上限约束的财政支出比最初的估计高出 69 亿美元，其中越南战争和国债利息的支出占超支额的五分之三。受到上限约束的项目支出比起最初的预算估计要低 84 亿美元，相当于削减了 9%。然而，由于不受上限约束的支出大大上升，总财政支出只下降了 15 亿美元。"《1971 年度美国政府预算》，第 46 页。

⑥ 请见联合研究委员会（Joint Study Committee）发布的《中期报告》中总结的 1969—1973 财政年度的记录报告（scorekeeping report）。

1969 年和 1970 年的支出限制

一旦一个全面的支出上限被确定下来，拨款委员会便决定接受这种预算控制方法。1969 年的《第二次补充拨款法案》（P. L. 91 - 47）中规定了支出限制，但并没有像前些年那样导致争端。在会议辩论时，马恩主席解释了这种新立场："很长时间以来，我一直在和要求设定支出上限的所谓鲍修正案展开斗争，我并不想为此道歉。但是，我现在已经得出结论，设立支出上限是有意义的，它会鼓励国会、民众和新闻界对财政支出给予更多关注。然而，虽然在这里支持关于支出上限的想法，但我不希望我们以任何方式逃避责任。最好、最合适和最有效的降低政府支出的方法，就是牢牢守住授权和拨款的关口。"①

P. L. 91 - 47 给 1970 财政年度定出了 1919 亿美元的支出上限，但并没有确定义务上限。再一次，如果某项不可控支出超出预算预计，上限就需要加以调整，但调整幅度被限制在 20 亿美元以内。另外，上限还会根据国会决议的预算数额偏离经修改的预算估计的程度进行调整。②

把支出限制在预算上限以内是不太可能的。两个问题尤其棘手：第一，不可控支出的增长是法律规定的 20 亿美元调整幅度的两倍多；第二，由于预算上限会根据国会对拨款的削减而自动下调，所以行政机构很难确保可控项目出现充足的结余。③ 面临不可控项目的超支，国会被迫把 1970 年预算上限提高到几乎和行政机构估算的申请额相等的水平。④

虽然如此，国会还是为下一个财政年度确定了支出上限，把 1971 年的支出确定为 2008 亿美元，和当年总统预算申请额相同。预算上限再一次受到国会决议的直接影响；总统获得授权，可以追加 45 亿美元用于社会保险、国债利息、农产品价格补贴和其他不可控项目的支出。1971 财政年度的实际支出比预算上限高出 100 亿美元，超额部分来自不可控项目支出和国会决议。⑤ 支出上限的规定并没有对财政年度的最终支出上限产生显著影响。

当 1967 年支出上限第一次被提出时，马恩主席警告说，支出上限可能会被总统拿来作为扣押已拨付资金的借口。这种担忧在尼克松政府时期成为现实。⑥ 为了避开围绕支出上限进一步的扣押行为，国会没有为 1972 财政年度定下任何上限。⑦

---

① 115 国会记录 13125（1969 年 5 月 20 日）。

② 经过修改的预算估计载于 115 国会记录 9351 - 56（1969 年 4 月 16 日）。当预算第一次递交国会时，预算上限比估计额度低 34 亿美元，但又只比 1969 年 4 月由尼克松总统递交的修改后的估计额低 10 亿美元。

③ 这些问题在 1971 年预算中作了解释。"当前对 1970 财政年度的预测表明，实际支出将比预算上限超出 22 亿美元。所有的超额都源于指定的不受上限限制的项目支出的增长。因此，给指定的不受限项目增长准备的 20 亿美元被证明是远远不够的。"《1971 财政年度美国政府预算》，第 47 页。

④ Title IV，P. L. 91 - 305。

⑤ 1972 年的预算估计，100 亿美元超额支出的 40% 是由于不可控项目支出的增长，剩下的 60% 则是国会对支出法案的相关决议造成的。《1972 财政年度美国政府预算》，第 56 页。

⑥ 第九十二届国会第一会期（1971 年）众议院拨款委员会关于水电发展及原子能公共建设工程拨款的听证会，卡斯帕 · 魏因贝格尔的论述。

⑦ 正如这一章的下一节所展示的那样，国会未能阻止总统的扣押行为。行政机构用各种办法为它的行为提供合理性证明，所以即使没有支出上限，它仍能继续扣押行为。

1972 年的支出争端

1972 年，尼克松总统要求国会为 1973 财政年度设立 2500 亿美元的支出上限，并威胁说如果国会不表决就采取单边行动，国会被迫重新审议了支出上限。这场斗争始于 1972 年 7 月 26 日，当时总统严厉抨击了“陈腐而传统的国会程序放任各类支出项目出现，就好像它们彼此独立、毫无关联一样”①。他要求为刚开始的财政年度设立 2500 亿美元的支出上限，这比最初预算草案的总额高 37 亿美元；同时他又警告说，如果没有上限约束，支出会比上限高出几十亿美元。

在 1972 年 9 月，关于支出上限的申请被附加在一项旨在提高国债法定限额的法案上。拨款程序再一次被绕开，国会委员会之间又一次围绕这种做法展开了公开论战。尽管 2500 亿美元的支出上限并没有引发任何公共争议（1972 年是总统大选年），但国会议员们还是无法在上限如何执行上达成共识。总统想拥有不受限制的自由裁量权来削减支出，行政部门的发言人拒绝由国会事先决定需要削减的项目。② 众议院筹款委员会在 1972 年 9 月 27 日发布的债务上限法案中支持了这种意见。③ 法案中还授权总统为了守住 2500 亿美元的上限“可不顾及其他法律条款”而扣押必要数额的资金。

在这项法案提交众议院审议时，众议员马恩提出了一项替代法案，拒绝授予总统自由裁量权。马恩认为，筹款委员会批准的举措会把立法权危险地转移到行政部门手中。根据马恩替代法案的要求，总统提出的特定削减项目必须经过国会批准才能生效。在议会辩论中，因积累已久的挫折感难以抑制，马恩主席抛弃了惯常的客套，为了捍卫自己的委员会，他把预算赤字的责任归咎于筹款委员会：“筹款委员会主席说马恩的替代方案华而不实……我那来自阿肯色州的好朋友能对经济和平衡预算发表如此热烈的看法真让我吃惊，要知道是他挑起了战争，导致我们陷入今天的局面。这个人谈起了经济，而且把手指戳到拨款委员会的脸上。这位来自阿肯色州的先生领导了一场为期十年的战斗，结果让政府下一财政年度的收入减少了 50 亿美元。要不是这些收入的减少，按照经济现有的运行状况，我们就能够实现财政盈余。但是这位先生现在却开始指责拨款委员会，这并不是问题所在。由于筹款委员会和这位来自阿肯色州的先生的领导而造成的收入减少和支出增加，使我们面临今天的危机。那位先生曾为 300 亿美元的收入分享（revenue sharing）而战，这在很大程度上导致我们陷入今天的危机，如今却为何又把支出问题归咎于拨款委员会呢？总统曾尽力阻止国会增长 20% 的社会保险支出。但在这位关心经济的筹款委员会主席的帮助下，总统的否决被推翻了，这 20% 的增长最终成为现实。”④

尽管马恩做了慷慨激昂的辩护，但他的替代方案还是以 167 票对 216 票的票决

---

① 《总统文件第八周周报（1972）》，1176 页。

② 众议院筹款委员会，《关于行政机构要求提高债务水平上限的听证会》，第 92 届国会第二会期（1972 年）。

③ H. Rept. No. 92 - 1456。

④ 118 国会记录 34599（1972 年 10 月 10 日）。

结果被否决。众议院随后以221票对163票通过了附加支出上限的H. R. 16810法案。[①] 债务上限的法案随后移交到参议院；参议院财政委员会再次授权总统可以根据自己的偏好削减支出项目。[②] 然而，参议院以46票对28票的结果批准了一项议会修正案，要求总统按比例削减各项目支出，并且对某一个行动或项目的支出削减不能超过10%。这个修正案还列举了9个可以免受总统削减的支出类别。附有这项条款的法案以61票对11票的结果获得通过。

在随后的会议中，参议院按比例削减项目支出的要求并没有得到满足，而总统得到授权可以对单个项目削减多达20%的支出。[③] 众议院在1972年10月17日通过了会议报告，但在同一天，参议院却以39票比27票的票决结果否决了这项报告。参议院随后通过了一项能够取消支出上限的修正案。[④] 在10月18日（第92届国会的最后一天）联席会议接受了参议院的修正案，并且两院都批准了这个法案。[⑤] 就是这个法案同时有制定和废除支出上限的相互抵触的条款，并且为了预算控制设立了联合研究委员会（Joint Study Committee）。

国会在控制支出方面的无效

定期出现的要求设立预算上限的努力对国会控制联邦支出的能力产生了一系列负面影响。首先，对不可控项目支出的优惠待遇更加刺激国会把自己偏好的项目变成"不可控的"。国会还通过把特定项目放在"预算外"（off - budget）而使其免受支出上限的约束——"预算外"项目支出不计入预算总额，当然也不受任何预算支出上限的限制。[⑥]

1967至1972年之间五次试图给支出设置上限的尝试表明国会缺乏考量支出上限的程序。在这些年里，国会使用了四种不同的立法工具：

——1967年，支出削减附加在连续决议之中；

——1968年，支出上限和税收法案捆绑在一起；

——1969年和1970年，预算限额被写入补充拨款决议之中；

——1972年支出限额被加入债务上限法案之中。

这些特别措施并不能有效限制联邦支出。尽管无法确定这些年预算限制的具体效果，但每年一度的总结还是能让我们略窥一二：

——1967年法案并没有确定支出上限，但是豁免了不可控支出的削减，同时决定按照一定比例对可控项目支出进行总体削减。有些削减虽然完成，但却没有达到法律规定的数量。

---

① 118国会记录34636（1972年10月10日）。

② S. Rept. No. 99 - 1292（1972）。

③ S. Rept. No. 92 - 1606（1972）。

④ 请参见118国会记录36854（1972年10月17日）中参议院隆（Long）对制定这项修正案原因的解释。

⑤ 这就是在本章开头提到的法案。详见Title II，P. L. 92 - 599。

⑥ 在1971年到1974年之间，预算外支出的待遇被授予环境融资局（Environmental Financing Authority）、进出口银行（Export - Import Bank）、联邦融资银行（Federal Financing Bank）、农村电气化和电话循环基金（Rural Electrification and Telephone Revolving Fund）、农村电话银行（Rural Telephone Bank）和美国铁路协会（United States Railway Association）。

——1968 年法案豁免了 6 类项目的支出，支出削减更多通过国会对单个支出议案的决议来完成，而非对整体设置上限。

——1969 年法案对不可控支出和国会决议采取了预算上限豁免，随后通过的预算上限也根据这些豁免条款做了相应调整。

——1970 年法案也给予不可控支出和国会决议享有豁免的地位，这两类支出实际上构成了支出中所有的非预算增长。

——1972 年法案否定了其自身对支出上限的规定。

立法冲突（legislative conflict）和预算无能（budgetary impotence）（国会试图控制支出而导致的孪生后果）是对寻求新预算程序强有力的刺激。当国会主要议员在选择何种类型的制度上产生分歧时，他们下定决心要共同摆脱他们在预算过程中的不利境地。

总统与国会：关于预算优先权的对抗

如果仅仅是对自己的预算过程不太满意，国会还没有足够大的动力去修改预算程序。国会需要一个明确的征兆，表明立法机构如果没有自己的预算程序，就会面临失去权力和威信的境地。这个来自白宫的必要挑衅在尼克松接任总统后出现。部分由于共和党控制的行政部门和民主党控制的国会之间的政治分歧，部分由于尼克松总统想要通过废除一些他前任刚启动的新项目来重新安排国家的优先权，于是行政部门和立法机构之间的冲突步步升级。但尼克松和国会之间的早期对抗还是温和的，至少与他在 1972 年和 1973 年挑起的斗争相比是这样。总统提出要削减一些项目（正如他在 1971 年和 1972 年所提出的那样），但其中大部分未获得国会的通过。而尼克松只是否决少数几项拨款法案，随后他通常会和国会达成妥协意见。例如，在否决了劳动、卫生、教育和福利部门 1970 财政年度的拨款议案之后，国会通过了一项决议，要求把支出义务压缩至拨款数额的 98%。凭借当时还有效的预算上限和对总统权力的主张，尼克松扣押了数额可观的资金，但他并未将扣押资金作为全面对抗国会的武器。

然而，随着总统把预算变成 1972 年大选运动的主要议题，斗争形势迅速恶化。首战是尼克松要求设立 2500 亿美元的支出上限，同时抨击了国会的财政程序和优先权。总统警告道，对于国会把支出提高到他所想要的水平之上的情况，他不会袖手旁观。他“不论国会配合与否”都要采取行动，并且威胁否决“过度支出的要求”。[①] 但是正如先前所分析的那样，国会拒绝设立支出上限，它还通过了各种超过行政部门申请的资金水平的拨款和授权法案。

在总统竞选中，尼克松公开抨击了国会“破坏预算”的行动。在当选后不到一个月的一次全国广播讲话中，他指责国会缺乏正规的预算程序：

“在审议联邦支出的过程中，国会深受制度缺陷之苦……国会在表决特定的一项支出法案时毫不顾及总的财政状况，甚至即使它想要这么做，也不存在一个这样

① 《每周总统文件汇编》（1972 年）第八期，第 1177 页。

的机制……因此，国会无从知晓自己大量彼此独立的决议是否以及在何时导致了高昂的价格或沉重的税负”①

当国会未能赞同他的要求时，尼克松就着手构筑“第二道防线”，即广泛使用他的否决权。

尼克松的否决

总统们一般都不愿意去否决拨款议案，更愿意鱼目混珠而非锱铢必较。但在1972年的一些议案中，尼克松和国会之间的分歧是如此之大，以至于通常情况下的预算妥协无法达成。尼克松否决了1973年对劳动、卫生、教育和福利部的拨款议案，并指责国会追加的18亿美元是“不增加税收或通货膨胀便无法完成的鲁莽支出的完美代表”。② 当国会无法强行通过此议案时，就修改了该法案，提出维持最初提出的支出水平，但授权总统可以扣押高达12亿美元的资金数额，这大约占争议数额的2/3。尼克松在1972年10月27日，即大选前仅仅一周国会刚开始休会时，用搁置不予签署的办法否决了第二个议案。国会于是放弃了对劳动、卫生、教育和福利部进行常规拨款的行动，而决定通过连续决议为这两个机构提供整个1973财政年度的资金。然而，和惯常做法截然不同的是，国会给这些机构提供的延续资金大大超过了上一年度和总统预算草案中的水平。③

尼克松对第二个劳动、卫生、教育和福利部拨款议案的否决只是九项否决案中的一项。它们都表达了总统的意见，尼克松总统希望通过这些否决案强调他和国会在预算上的不同立场。正如刚才所说的，尼克松在1972年否决了16项议案，其中的12项是在国会休会后进行的，这使国会已经来不及寻找强行通过的机会。大部分议案都是常规的授权议案，只有得到后来的拨款才能生效。在竞选运动的压力下，尼克松不愿意妥协去接受资金水平很高的授权议案，寄希望于这些资金能够在拨款中被削减。

然而预算战争并不仅仅是总统的一项竞选策略。事实证明，由于尼克松在10月17日对《联邦水污染控制法案修正案》的否决表明其立场有所改变，预算冲突在大选后愈演愈烈。尼克松预计国会将强行通过这个议案，尽管如此，他表示会拒绝使用所有这些资金：“即使这项法案会不顾行政部门的明智阻止而强行成为法律（即使国会不顾对纳税人应尽的义务），我依然会恪尽职守。S. 2770（被否决的法案）中的特定条款授予总统对支出享有自行判断、灵活掌握的权力。如果这个法案生效的话，我就要用这些条款尽可能阻止这些破坏预算的支出发生。”④

在国会推翻总统的否决之后，尼克松扣押了60亿美元的水污染控制资金，这个数目随后增长到90亿美元。他还扣押了拨付给其他国内项目的超过100亿美元

---

① 《每周总统文件汇编》（1972年）第八期，第1498页。

② 《每周总统文件汇编》（1972年）第八期，第1240页。

③ 连续决议规定向劳动、卫生、教育和福利部每个项目提供的资金都低于参众两院通过的1973财年最初拨款法案中的数额。然而，这些较低金额的加总却比总统申请的资金水平多出19亿美元。

④ 《每周总统文件汇编》（1972年）第八期，第1532页。

的资金，并且采取其他单边措施去阻止拨款的使用。与 1967 年至 1973 年间发生的其他任何将国会折磨得精疲力竭的预算争端不同，此次扣押引发的争端成为促使国会修改自己预算程序的导火索。

尼克松总统的拨款扣押

在当政的最初几年里，尼克松政府一般都把扣押拨款作为延迟支出的一种手段，而不是为了自己的政策倾向重新安排国家优先权。1971 年 5 月 17 日，管理与预算局的报告中罗列了在扣押中的 122 亿美元资金，其中的大部分都被安排在未来解冻。管理与预算局的估计如下：

——13.6 亿美元将被预留供紧急情况下使用；

——71.4 亿美元将在 1972 年 6 月 30 日前解冻；

——11.3 亿美元将在 1972 年 6 月 30 日之后解冻；

——13.8 亿美元根据国会的要求扣押；

——有 12 亿美元被扣押，但没有明确解冻时间。

一些拨款资金被行政部门以遵守国会设立的预算上限为由扣押。正如前文所述，为防止未来的资金再遭扣押，国会拒绝继续为下一财年设立支出上限。以限制支出为借口，尼克松政府无疑力图削减一些不符合自己政策优先方向的项目支出。然而，管理与预算局的观点是，大部分资金扣押都是因为财政或管理原因（而非政策原因）。对于被扣押的 123 亿美元，1971 年 5 月 17 日的报告中坚称："这绝对不是资金的冻结，我们所拥有的是资金流和对资金流的调控，这是对国会拨付的资金的审慎管理……这是资金流入又流出的连续过程。"[①]

在输掉了 1972 年支出上限战争却赢得大选之后，尼克松总统开始花费很大的力气去推翻由国会设立的优先权。一反执政常规的是，尼克松在 1972 年后期和 1973 年的扣押意在以国会权力和意旨为代价去重塑国家政策。尼克松的目的在于取消不想要的项目而不是延迟支出。农业是总统的首要目标，5 个农村发展计划被终止。尼克松从农村环境扶助项目中扣押了 2.25 亿美元，从水银行项目中扣押了 1000 万美元，从农村用水和污水管补助金中扣押了 1200 万美元，而从紧急贷款和农村电气化项目中扣押的资金则数额不明；对于后两个项目，行政部门命令暂停处理新的贷款申请，因此切断了行政渠道对资金的供给。行政部门在 1973 年 1 月 5 日采用了相同的策略，停止了所有住房项目补助，也不再向家庭住房援助、租赁住房援助、租金补贴和其他扶助项目提供新的行政预约（给住房补贴提供资金的程序）。联邦人力训练项目的人员招募也暂时中止。

1973 年 2 月 5 日，管理与预算局报告说 87 亿美元仍在扣押之中，这个数额大大低于 1971 年 5 月报告的数据。然而遗憾的是，管理与预算局的清单并不完整而且有误导性。它没有包括根据总统命令而被扣押的 60 亿美元水污染控制资金。管理与预算局承认，这笔资金的确被扣押了，但它根据一个牵强的技术原因把这些资

---

① 美国管理与预算局 1971 年 5 月 17 日"关于扣押资金的声明"。

金排除在扣押清单之外。[①] 管理与预算局也没有把连续决议划拨到劳动、卫生、教育和福利部门的19亿美元资金统计在内，其理由也是某种牵强的技术性原因。[②] 根据行政部门的报告，这些以及其他未被列入的项目支出总计达87亿美元，所以扣押资金的真实水平达到180亿美元，远远超过以往任何总统扣押的数额。

扣押资金的数量仅反映了尼克松总统扣押拨款的一个方面；其他方面涉及扣押拨款的目的、持续时间和扣押资金的分布，以及它们对联邦政策和优先权产生的影响。评估扣押资金时，最关键的问题就确认这些资金在解冻之前是否出现流失。管理与预算局避开了这个问题，只是声称“资金受到扣押的持续时间完全取决于对资金流失情况进行评估的结果”。然而，尼克松的意图在他1974年的预算中显露无疑，这份预算报告发布在扣押报告公布前不久。预算中包含了一长串资金节余的清单，这些节省的资金来自预计的项目削减和废止，也包括当时所处的1973财政年度预期的节余。这些资金节余中的很大一部分只能通过总统的拨款扣押来实现。在1973年预计要削减和中止的项目包括污水管道补贴、农村环境补助和农村电气化直接贷款，以及其他也被直接列在扣押资金名单中的项目。引人注目的是，用于国防支出的所有扣押款项都是临时性的——把建设和采购经费推迟到使用时才拨付的常规延迟。国内项目是总统扣押政策针对的重点。扣押资金的目的是要改变预算支出的结构，而不仅仅是支出的水平。

当一位总统在预算优先权上与国会产生意见分歧时，他会把一份反映他偏好的预算草案推荐给国会，并且努力抵制国会对这些偏好的背离。他可以否决不符合他预算优先权的支出法案，把他和国会的争端告知公众。尼克松做了所有这些事情，他还扣押了拨付的资金。扣押拨款和其他策略的不同主要体现在两个方面，而这两者都会恶化总统和国会的关系。第一，扣押拨款是一个单边行动，可以在国会完全没有参与的情况下执行。[③] 当尼克松因为政策原因扣押拨款时，他实际上就是在告诉国会，“我并不在乎你给哪个项目拨款。我来决定那些钱该怎么花。”第二，扣押拨款没有提供明确的、可以解决行政和立法机构之间预算冲突的程序。如果国会强行推翻总统的否决，那国会的预算优先权就将获胜；而如果国会未能获得三分之二议员的赞成票，那么总统的优先权就会赢得胜利。相比之下，扣押拨款就会导致僵局和持久的冲突。[④]

① 这些资金根据一个很牵强的技术性原因而被排除在外。水污染控制项目的合同授权（contract authority）涉及到两个行政程序：第一，资金根据一个法定公式分配到每一个州；第二，各州依据它们分配到的资金数额开始履行义务。由于总统命令不拨付这些资金，各州也就无法开始履行义务。因此，管理与预算局辩解认为预算授权并未被扣押下来。

② 连续决议中拨付的资金通常都不受《反赤字法案》(the Anti - deficiency Act) 中条款的约束，这项法案规定资金的拨付需在整个财政年度中进行，以防在年度的后半部分出现资金短缺。但是连续决议一般仅提供在常规拨款确定前的过渡性资金。出于这个原因，资金分配过程（apportionment process）并不适用于此类决议。

③ 扣押拨款还具有单项否决的特点。它对付的目标是特定的项目而不是整个法案。

④ 对于扣押拨款事件，就像其他冲突一样，一般最终交由法院裁决。在尼克松的扣押行动之后，法院做出了大量法庭仲裁，而大部分的判决结果都对总统不利。1975年2月，最高法院一致判决尼克松扣押90亿美元水污染控制资金的行动无效。最高法院对第一起扣押拨款案的裁决是以法定解释（statutory interpretation）为依据，而不是宪法原则（constitutional principles）。

结　论

在关于扣押拨款的冲突中，总统相对于国会占据上风。尽管因政策原因扣押拨款没有得到法律认可，但只要政策未付诸实施，就意味着总统的预算优先选项赢得了胜利。这场争端持续的时间越长，国会对预算的控制就越弱。国会无法允许这种僵局继续以这种不利的方式持续下去。因此，在 1973 年早期，就在国会开始制定预算决策程序时，国会还着手设立了旨在管理自己与行政部门关系的拨款扣押控制程序。然而，扣押拨款问题仅仅是国会在制定新预算程序时不得不应对的问题之一。本章中分析的预算冲突表明，国会内部的冲突也如国会和行政部门之间的冲突一样激烈而持久。在构建预算改革的立法上，相对于和行政部门的关系，国会更关注自己内部的税收、拨款和授权委员会之间的权力再分配。关于这些权力再分配的描述会在下一章中讲到，读者也将会看到国会预算程序的“庐山真面目”。

第三章

1974 年的国会预算协定

一直到 1973 年，令人厌倦的预算冲突和长期的预算赤字（之前 32 年里有 25 年存在财政赤字）终于使国会意识到，如果没有自身的预算程序，它将无法继续做出财政决策。[①] 在 1973 年的最初几个月里，国会收到几十份与建立国会预算程序和控制总统扣押行为有关的议案。可是，尽管国会已经决定就该问题采取措施，它也不可能匆匆行动、一蹴而就。预算改革的核心理念和具体过程经过了 5 个立法部门的审核才确定最终版本。然而，鉴于其对国会工作流程以及委员会权力的潜在影响，改革推进的势头虽然迅猛，但也历尽坎坷。最终，《预算法案》在 1974 年 7 月 12 日正式被签署为一部法律；这距离人们最初开始预算改革的激辩不到两年时间。

在探索如何建立预算程序的过程中，国会受到以往的失败和当时立法现实的双重限制。自 1921 年《预算和会计法案》构建了总统预算程序之后，大部分完善预算机制的努力都集中在行政部门，大多数情况下国会都未能参与其中。[②] 或许国会为改进其自身预算工作所做的最雄心勃勃的尝试就是 1946 年《立法重组法案》（the Legislative Reorganization Act of 1946）中的条款，规定由国会决定每年拨款的最高金额（the maximum amount）。[③] 在 1947 年到 1948 年间，国会曾试图构建立法机构的预算，但相继以失败告终。[④] 国会在 1950 年又仓促推出了一个更加适中的解决方法，希望将所有的拨款整合到一个法案中。然而，这个方案被否决了，因为拨款小组委员会（the Appropriations subcommittees）担心它会使全体委员会（the

---

① “联合研究委员会认为，各方未能在国会预算决议中就预算总额达成一致的现实在一定程度上促成了当前的巨额赤字……而对于总支出是否与实际需要相符的问题，国会中没有任何一个委员会能够承担责任，这一情况是导致赤字问题的主要原因。”参见预算控制联合研究委员会的报告，1973 年 4 月 18 日，第 8 页。

② 这些年来，行政机构通过行政命令（特别是 8248 号行政命令，它阐释了预算局升格为总统行政办公室后的职能）、重组（例如 1970 年的第二号重组计划，这个计划建立了管理与预算局，其前身即预算局）以及行政行为［例如预算局 66 - 3 公告在联邦机构中颁布实施了计划项目预算（PPB）系统］来改进行政机构的预算过程。

③ 第 138 款允许参众两院拨款委员会和税收委员会的议员每年成立一个联合委员会，并提出立法机关的预算。第 138 款并没有要求成立一个长期性的预算委员会，也没有提供实施立法机关预算的手段。

④ 参见艾利·雷瑟森（Avery Leiserson）的《在 1946 年〈立法重组法案〉下的联邦政府预算和拨款程序的协调》，刊载于国家税收期刊 1948 年 6 月第一期，第 118 页。

full committee）的权力过度集中。[①]

国会意识到，任何有关预算方法的重大改变都会不可避免地在立法机构内部引起权力和地位的再分配。一个新的预算程序可能会加强立法机构对于行政机构的权力，而与此同时，这也会对一些委员会和利益团体产生负面影响。在国会加强预算控制的立法进程中，扩张国会权力的目标和国会内部不可避免的权力再分配之间的紧张无所不在。新的预算过程会在很大程度上改进国会对预算的审议，并且也不会公开剥夺当前权力所有者从现有机制中获得的既得利益。国会必须协调各方意见，并且避免权力集中化；它不得不持续赋予许多利益群体部分预算权，同时还必须将这些群体的利益纳入到一个合理而持续的预算政策之中。这是一项复杂的任务，因为大家都知道，任何改革对于未来预算结果的影响都不会是中性的。各方将围绕改革的规则和程序展开激辩，但处于风口浪尖的将是那些会在预算程序中获得资金的项目和利益团体。

委员会通常是立法的关键环节；它们对预算改革的态度尤其坚决。国会议员们都必须对预算感兴趣，即使他们被技术或者会计上的细节弄得茫然无措。他们选区的选民、项目利益以及委员会任命都与预算决策息息相关。在 1973 年到 1974 年间，反对预算改革并没有政治吸引力；而且有关新预算过程的重要决策都不会由参众两院大会制定。那些想保护自身利益或是想影响政策制定的人，不得不通过编制法案的委员会去想办法。各委员会积极地致力于国会预算过程的重构，而委员会的多样性也为各类利益集团提供了充分的机会去参与制定最后的决策。在每个阶段，负责起草法案的委员会的背景都深刻地影响着预算立法。

本章将根据五个国会委员会在预算改革全过程中的主要行为去追寻预算改革的路径，总结那些委员会在推进改革时所采用的不成文的原则，并将大致阐述在这次改革过程中新出现的化解预算冲突的方法。表 3－1 罗列了《国会预算和扣押控制法案》的立法历史。

表 3－1　《国会预算和扣押控制法案》的立法历史

日　期	行　动	引　用
1972 年 10 月 27 日	联合研究委员会成立	第四章第 92—599 页
1973 年 4 月 11 日	引入 S. 1541	
1973 年 4 月 17 日	参议院政府运行委员会报告 S. 373（扣押控制）	S. Rept. No. 93－121（参议院 93－121 号报告）
1973 年 4 月 18 日	发布联合研究委员会的报告	关于改进国会对预算支出和收入总额控制的建议（H. R. 7130 和 S. 1641）
1973 年 5 月 10 日	参议院通过 S. 373	
1973 年 6 月 27 日	众议院规则委员会（House Rules Committee）报告 H. R. 8480（扣押控制）	H. Rept. No. 93－336（众议院 93－336 号报告）

① 参见达尔马斯·H. 尼尔森（Dalmas H. Nelson）的《1946 年综合拨款法案》，刊载于政治期刊 1953 年第十五期，第 88—274 页。

续表

日　期	行　动	引　用
1973 年 7 月 25 日	众议院通过 H. R. 8480	
1973 年 11 月 20 日	众议院规则委员会报告 H. R. 7130	H. Rept. No. 93 - 658
1973 年 11 月 28 日	参议院政府运行委员会报告 S. 1541	S. Rept. No. 93 - 579
1973 年 11 月 4—5 日	众议院辩论并通过 H. R. 7130	
1974 年 2 月 21 日	参议院管理与规则委员会报告 S. 1541	S. Rept. No. 93 - 688
1974 年 3 月 19—22 日	参议院辩论并通过 S. 1541	
1974 年 6 月 11—12 日	会议委员会（Conference Committee）发布报告	S. Rept. No. 93 - 1101；S. Rept. No. 93 - 924
1974 年 6 月 18 日	众议院通过会议委员会的报告	
1974 年 6 月 21 日	参议院通过会议委员会的报告	
1974 年 7 月 12 日	总统签署《国会预算和扣押控制法案》	第 93—344 页

预算改革的发展

首先提出要进行预算改革的是预算控制联合研究委员会，这是一个专门研究对预算进行立法控制的小组，其任务在于就立法控制的方式提出建议。在众议院，预算改革法案被提交到了规则委员会；这一举动得到了 H. R. 7130 的支持。[①] 参议院对预算改革的考量始于政府执行委员会，该委员会的主席是山姆·厄尔文（Sam Ervin）议员，他提出了自己的预算改革方案（S. 1541）。该法案随后也被提交给规则与管理委员会，[②] 表面上是要评估预算改革对国会运作的影响，尽管后来委员会将审查延伸到了所有的立法层面。在会议委员会协调了众议院和参议院两个不同的版本之后，《预算法案》最终得以通过。

预算控制联合研究委员会：协调税收和拨款委员会的利益

由于联合研究委员会的产生源于国会内部拨款和税收两方面委员会在支出限制问题上的对抗，因而它也为这两个利益相关方所掌控。联合研究委员会三十二名议员中有二十八人来自参众两院的拨款委员会、众议院筹款委员会以及参议院财政委员会。只有四名议员来自参众两院的其他部门，并且没有人来自党派的领导层。还需注意的是，联合研究委员会的联合主席和所有的行政职员都来自支出和收入方面

① 该标题是对实施条款之前安排的草案的简要描述。它通常指导国会议员在委员会之间分配对某个法案的管辖权。H. R. 7130 最初的版本有如下表述“为了改善参众两院的规则”。在众议院通过 H. R. 7130 后不久，这段表述被删除了。

② “后续程序”的意思是，在第一个委员会报告了某个法案后，法案将被提交给另一个委员会，后者将提出它的法案版本。在第二个委员会报告其法案后，才会对最终版本进行大会审议。

的委员会。[①]

这样的成员组成意味着联合研究委员会不需要考虑预算改革对国会内相关利益团体造成的潜在影响。相反，联合研究委员会的主要任务就是设计出一个能让支出和收入双方委员都能够接受的预算协调机制。于是，联合研究委员会尝试通过在二者之间分配预算权力来结束双方的预算之争。显而易见，平息预算争端最简单的方法就是捍卫甚至增加拨款委员会和税收委员会的权力，而牺牲那些在联合研究委员会中未被充分代表的国会团体的利益。

联合研究委员会首先要做的是为这次改革造势，以说服国会接受它的建议。在提交给国会的两份报告中，联合研究委员会都罗列了反映当前国会预算方式缺陷的清单：没有将预算作为一个整体考虑，拨款项目之间缺乏关联性，不可控支出增多，在税收政策和支出政策之间缺乏协调，以及国会对拨款项目过于迟缓的授权所造成的延迟影响（delaying effects）。委员会还在报告后面附加了一个统计表以佐证这些观点，统计表显示了巨额的预算赤字和结转平衡、拨款削减和国会后门支出的增加、不可控支出的连年上涨、授权额和拨款额的差异以及其他一些预算相关数据。

拨款和税收委员会都想确保这个新的国会预算过程不会削弱它们现有的权力。然而，预算改革的推进对它们形成了直接而明显的威胁。新预算委员会毫无疑问将负责处理各类支出、债务和税收问题，而这些都是拨款、筹款和财政委员会的核心利益所在。解决这个问题最可靠的办法就是不成立预算委员会，或者在国会审议预算期间成立临时委员会。但任何替代方案都不会受到欢迎。近期的预算斗争让联合研究委员会意识到，国会需要一个制度化的机制去协调预算中收入和支出两方面的利益。没有预算委员会，税收和支出委员会在未来将会继续为保护自己的势力范围明争暗斗。并且，未组建常设的预算委员会也被视为1946年立法机构预算方案的一个主要缺陷。[②]

所以，退而求其次的选择是确保每个新预算委员会都受到拨款和税收两方面委员会的掌控。在这项工作的起始阶段，联合研究委员会考虑按照其自身模式成立新的参众两院预算委员会的可能性；这样两院的预算委员会都将有十六名议员，而其中只有两名议员从参众两院海选。但联合研究委员会后来决定预算委员会中三分之一的成员从外部挑选，保留三分之二的席位给拨款和税收两方面的委员会。[③]

由联合研究委员会制定的法律反映了拨款和税收委员会对预算改革的掌控。联合研究委员会最基本的建议就是在现有的国会收入和拨款程序上再设置一个新的预算程序。一份预算共同决议将对新的预算授权和支出设置总额上限，并将在国会各委员会和拨款小组委员会之间分配这些支出额度。预算决议也将确定收入、债务、

---

① 联合主席分别是众议员杰米·维特（Jamie Whitten）和众议员艾尔·厄尔曼（Al Ullman），他们都是众议院拨款委员会和筹款委员会的民主党领袖。四个工作人员中有三个来自税收委员会，剩下的一个则来自支出委员会。

② 在20世纪60年代，国会不断收到要求建立两院联合预算委员会的法案。参议院批准了其中的一些法案，但众议院却始终不愿意接受联合委员会这个概念。

③ 按照这个提议，两院的预算委员会主席由税收和拨款委员会的成员轮流担任。当拨款委员会的议员担任众议院预算委员会主席时，参议院预算委员会将由来自参议院财政委员会的议员来领导，反之亦然。

预算盈余或赤字的总水平。关于预算决议的大会辩论将遵循“一致性规则”，该规则要求所有即席修正案（floor amendments）在审议的每个阶段都和决议保持数学上的一致性（the mathematical consistency）。所以，如果修正案建议增加某个类别的预算支出，那么它所建议的预算总额也必须相应提高，或者等量削减其他类别支出。采用该规则后，预算决议将能够限制那些各自为政的支出方案。

联合研究委员会提出的预算程序可能有助于强化拨款委员会对议会行动（floor action）的控制。众议院拨款委员会希望能够减少诸如修正案之类的独立的议会活动；联合研究委员会则以一系列的条款回应它的利益诉求，这些条款可能会对拨款的审议产生影响。例如，联合研究委员会建议，关于减少拨款的修正案将优先考虑，只有审议完这些修正案之后，才能考虑那些要求增加拨款的修正案。此外，委员会还建议那些所申请的拨款超过预算共同决议分配金额的修正案将会受到质询。这两个条款都未能在后来的预算改革立法中保留下来。

尽管它们是国会预算中最具影响力的利益相关者，两类委员会均有理由对国会内的财政趋势不满。拨款委员会在支出方面的管辖权已经受到侵蚀，因此它们在联合研究委员会中的主要目标之一就是结束“后门支出”。但是，这个目标和筹款委员会以及财政委员会的利益诉求背道而驰，这两个委员会负责所有的社会保障立法和其他“后门支出”项目。拨款委员会因而无法随心所欲地从联合研究委员会那里得到它所期望的利益；授权委员会推出的后门支出项目会受到一些限制，但税收委员会对于“后门支出”的管辖权依然受到保护。另一个拨款委员会关注的重点是授权法案的延后颁布，这会导致国会延迟对拨款法案的审议。对这个问题，拨款委员会的议员们可以将他们的工作提前，而不必公然对抗授权委员会。联合研究委员会则建议国会在这些授权生效的前一个财政年度颁布实施授权法案。

当拨款委员会的预算权力在近几十年有所削弱时，筹款委员会和参议院财政委员会正着手巩固它们的地位，特别是对“后门支出”项目和支出上限的控制。这些委员会的领导人很关注近来严重困扰预算的赤字问题。收入委员会倾向于对支出进行严格控制——这个立场它们在之前关于支出上限的斗争中就曾提出过。两类委员会的观点再次相左，而收入委员会的意见也再次占据上风。联合研究委员会制定的协定表达了它们对于严格控制支出的偏好。一致性规则以及在预算决议中事先设定的预算上限均显示了联合研究委员会将强有力的控制纳入新预算过程的决心。

但最直接体现联合研究委员会立场倾向的是它关于控制预算分项的建议。尽管成立的目的是构建控制预算总额的程序，但联合研究委员会早已决定将新控制延伸到预算的各类支出分项之中。在很多国会议员看来，1947 年到 1948 年以失败告终的立法机构预算就已表明，除非国会对预算中每个支出分项分别设定上限，否则这些限制将形同虚设。然而，问题在于对于预算分项总额的控制会侵害到拨款委员会及其小组委员会的管辖权。尽管如此，联合研究委员会还是一致建议国会应该在每年 5 月 1 日之前为每一个预算分项都设置上限。

正如联合研究委员会所设想的，预算决议将在项目或小组委员会之间分配支出和预算授权。为了缓和支出上限对拨款委员会的限制，联合研究委员会提出将一些资金作为意外事件的应急准备金而预留，也可作为新项目的应急储备金；这些资金的分配权仍然属于拨款委员会。联合研究委员会还提出了另一个改变拨款方式的建议，即建立一套新的拨款程序，在该程序下每个拨款法案将能够限制当前财政年度内根据它产生的支出。这个程序将使拨款委员会对实际支出而非仅仅对每个法案上新的预算授权负责。

为什么拨款委员会同意在它传统的运作模式上附加这些限制呢？如前所述，联合研究委员会的建议被一致通过，而且在预算立法改革层面各方未出现任何公开的异议。另一种并不全面的解释是，众议院拨款委员会（相对于参议院拨款委员会，它在联合研究委员会里的表现更为活跃）因做出的妥协得到了一定的回报。授权有了截止期限，而新的“后门支出”和长期拨款也受到了上限限制。在联合研究委员会内部各种得失的权衡交易中，所有的资金委员会（money committees）都必须牺牲一些既有特权。而由于联合研究委员会提出了一套可能会迫使国会对增税进行表决的程序，[①] 因而收入委员会也必须放弃一些权力，虽然没有拨款委员会那么多。

尽管拨款委员会拥有联合研究委员会近半数的席位，但随着预算立法的参与度逐步增强，更多的利益群体被纳入预算立法的考量，这使得拨款委员会在这个领域中的影响力一点点地衰弱。在联合研究委员会中，主要是负责支出一方和负责税收一方的较量，这两个竞争的权力中心在过去几十年里纠葛不断。在最近的几次对抗中，税收委员会再次占据上风。这其中至少有两个因素：首先，人们更倾向于将预算赤字归咎于支出过度而非税收不足；对很多立法议员来说，预算控制意味着对支出的控制，而这样的观点在联合研究委员会的改革方案中也有所体现。其次，在联合研究委员会拟定改革方案时，筹款委员会正处于它立法权力的巅峰时期，而与此同时，拨款委员会却正在遭受着严重的权力侵蚀。[②]

联合研究委员会两个基础性的决定塑造了预算改革的未来。一个是在现有收入和拨款流程上设置新国会预算过程的决定。联合研究委员会甚至没有考虑过融合授权和拨款机制的可能性。[③] 不论新增的机制会引发怎样的问题，联合研究委员会的方案具有一个无与伦比的优势：没有一个国会委员会在基础的管辖权上遭受损失。[④] 要实现国会预算改革就必须创建新的预算过程，而不是对旧的流程进行统合。这一点在之后的所有提案中都有所体现，并且最终被《预算法案》采用。

联合研究委员会的第二个决定是创造一个独立于总统而仅依靠议会行动的机制。新机制的关键在于共同决议，这是一份不需要提交总统审核的法案。经过与总统在预算优先权和经济政策上长达数年的斗争后，国会已经形成不以总统偏好为转

① 联合研究委员会的法案要求税收委员会在预计的赤字（或盈余）高于（或低于）第二个预算决议所设定的水平时提交附加税法案。这一要求并未出现在之后的预算立法之中。

② 对于拨款委员会的衰落问题，艾伦·希克在其发表在 1975 年美国政治科学协会年会的报告“拨款委员会和国会的对抗”一文中做过探讨。拨款委员会地位的下降反映在“后门支出”、长期性拨款和不可控支出的增长之中。

③ 查尔斯·L. 舒尔茨（Charles L. Schultze）是一名经济学家，他在约翰逊政府时期曾任预算局局长，也是公认的联邦预算专家。他在众议院规则委员会中提出了这个融合方案。详情参见关于 1973 年预算控制法案的听证会，第 93 届国会，第一会期，第 319 页。

④ 当然，由于预算立法具有诸如限制“后门支出”项目等特征，一些委员会将不可避免地丧失其部分管辖权。

移的自身运作机制。这个特征在之后的预算改革立法中也被保留下来。

联合研究委员会宪章并未授权它报告立法（report legislation）。因此，只有根据其报告拟定的法案（H. R. 7130 和 S. 1641）被提交参众两院常务委员会（standing committees）。[①]

众议院规则委员会：来自领导层的观点

H. R. 7130 通过规则委员会掌控在众议院手中，它对该预算草案的态度在数个方面与大多数国会委员会不同。规则委员会对立法没有初审管辖权；它通常就像众议院的“交通”协管员，决定议会中审议法案的特定环境。[②] 尽管规则委员会在 1973 年初编制并报告了一份扣押控制法案，但当需要它在该年晚些时候审议预算控制法案时，它在法案细节的制定上却几乎毫无经验。

在先前的几十年里，规则委员会成为众议院民主党领导层的一个分支，放弃了它作为一个独立立法审核机构的地位。作为多数党代理人，规则委员会要编制出能够代表多个委员会利益的预算法案，该法案应能够得到民主党内多数派的支持，并且不会在大会上激起强烈反对。因此，除了众议院拨款委员会和筹款委员会外，规则委员会制定的法案还必须符合其他委员会的利益，而同时也不至于招致这两个权力中心的不满。

作为一个委员会，规则委员会的职责不是进行政治游说，也不是平衡众议院各方的不同利益。规则委员会是一个排他性的委员会；其中的大多数议员也没有在其他委员会任职。其他委员会在预算改革中的任何利益都无法通过委员重复任职的途径传递到规则委员会中。除此之外，规则委员会没有小组委员会，也几乎没有自己的行政职员。该委员会习惯于对法案进行“整体性”考虑，而不是逐款审议。

在对 H. R. 7130 的修订中，规则委员会与外界沟通的渠道是理查德·波尔林（Richard Bolling）议员，他是民主党内第三号人物，也是众议院议员中机构改革的主要倡导者。在波尔林议员从事预算立法方面工作的这段时间里，他同时还领导了一个为改革众议院管辖权和运作而成立的特别委员会（select committee）。

波尔林使预算改革法案更有利于拨款委员会，与筹款委员会的利益则略有不同。联合研究委员会倾向的逆转有多方面驱动因素：（1）波尔林本人的职位（它的特别委员会希望剥夺筹款委员会的部分管辖权）；[③]（2）他对筹款委员会领导人可能存在的不满；（3）自由民主党人（liberal Democrats）与拨款委员会之间利益上的关联。甚至在规则委员会审核 H. R. 7130 之前，它就得知众议院的自由民主党

① 约翰·安德森（John B. Anderson）议员提出了一个使联合研究委员会能够报告立法的决议，但就该决议未采取任何行动。然而，联合研究委员会的建议还是被写入法案（H. R. 7130 和 S. 1641）后提交给参众两院。

② 一些类型的法律是“有特权的”；它们可以直接由众议院审议而不通过规则委员会审核。然而，大部分立法在众议院受理之前需要制定一个“规则”。规则通常在众议院审议法律实质性条款之前确定，它一般会规定提交修正案的期限（如果有修正案的话），以及对法案进行议会辩论的有效时间。如果待定立法与众议院规则冲突，它通常会提供规则豁免。

③ 波尔林的特别委员会建议剥夺筹款委员会在收入分享、公债、母幼保健以及工作激励项目等方面的管辖权。根据这项计划，筹款委员会将负责管辖食品券发放，但总体来说它非常得不偿失。众议院所通过的 988 号报告剥夺了筹款委员会对收入分享的管辖权，但未采纳波尔林团队提出的其他建议。

人将拒绝联合研究委员会的法案版本。在一份更加详细而言辞苛刻的对联合研究委员会的攻击报告中，由众议院自由民主党人组成的民主党研究小组（Democratic Study Group）指出，这样安排预算会“使得国会预算机制在相当长的时间里一成不变、成为一种保守的模式，并且中止近年来参众两院预算机制民主化和集中化改革的进程”①。这个小组严厉地批评了联合研究委员会计划中的很多观点，就新的预算委员会提出了很多相反的意见：“联合研究委员会提议建立的参众两院预算委员会将成为国会中最有权的委员会——精英中的精英（super elite）……这个委员会的人员构成将不会广泛代表整个众议院……这个委员会将被保守派所统治。”②

规则委员会在波尔林议员的领导下逐渐能够将自由派的反对和拨款委员会的疑虑转化为对替代方案的广泛支持。尽管一直以来认为拨款委员会是财政保守主义的堡垒，那些倾向于最低限度支出控制的自由民主党人也还是能够和拨款委员会展开合作。在自由民主党人看来，通过较弱的拨款机制向项目提供资金比从拨款和预算两个层面同时实施控制更好。

众议院拨款委员会在联合研究委员会中任职的议员们基本认可了 H. R. 7130 的初稿，但他们的利益关切集中在某些特定条文而非整个法案之上。在出席六月份的众议院专门委员会和八月份的规则委员会会议时，马洪主席就曾赞赏过联合研究委员会的出色工作，同时也提出了几点期望。主要的期望就是终结“后门支出”，并为授权立法设定有效期。③ 马洪主席的支持对于预算立法来说非常关键。如果他站出来公开反对新委员会或独立的预算流程，那么整个计划就可能在联合研究委员会或规则委员会流产。但这不是马洪的风格。马洪他不仅回避了一些冲突性的问题（正如他担任拨款委员会主席时所做的），而且他的确想在联邦政府的支出和预算赤字方面有所作为。作为一个在财政方面比较保守的人，马洪认为，建立一个预算机制对国会来说理所应当；而且对他来说，为维护管辖权而阻碍改革的努力是不可想象的。

但马洪的一些同僚们觉得改革给他们带来了很多困扰。自由派议员戴维·欧泊（David Obey）认为新预算委员会可能会被保守派控制。④ 他认为，一个重构的预算机制应该以现有拨款委员会为中心，而非新预算委员会。他倡议在拨款委员会内部建立一个更为整合的机制，包括概况听证（overview hearings）、更多来自授权委员会的信息、议会针对单个拨款法案的统一决议，以及委员会在众议院通过法案后对各类法案的重新审议。而这样做的实际结果将会是拨款小组委员会的部分权力转移至全体委员会。

在欧泊的立场可能成为部分众议院拨款委员会议员和自由派民主党人首选的同

---

① 民主党研究小组，《联合研究委员会关于预算控制的建议》，1973年5月10日，第17页。

② 民主党研究小组，《联合研究委员会关于预算控制的建议》，1973年5月10日，第18页。

③ 马洪在规则委员会上证实了这一点，参见关于《1973年预算控制法案》的听证会，第93届国会，第一会期，第46—125页。

④ 欧泊议员也是DSG特别工作组的领导人，该工作组曾发布报告批评联合研究委员会。在一份与威斯康辛州威廉姆·斯坦格（William A. Steiger）议员的联合声明中，他讽刺地说：“这个预算改革初衷在于减少分裂，但却以建立另一个委员会告终”。

时，同意成立新预算委员会的呼声也非常强烈。拨款委员会本身无法提供对宏观经济的指导，无法整合支出和税收政策，也无权审议那些寻求建立新预算程序的群体所关注的国家优先项目。所以拨款委员会不得不接受成立新预算委员会，即使最初的 H. R. 7130 无此内容。

拨款委员会一些议员的意见体现在杰米·怀顿（Jamie Whitten）议员 1973 年 10 月 16 日提交的法案之中；怀顿议员是众议院拨款委员会的重要成员，也是联合研究委员会的联合主席。怀顿的法案（H. R. 10961）将预算委员会的职能限制在提供宏观经济咨询的层面，而这正是拨款委员会欠缺的技能。预算委员会将拟定一份仅针对各项支出总额的决议；这些支出总额将会指导但不会限制接下去针对单个拨款法案的决议。规则委员会将怀顿的法案变成它预算立法的一部分。该委员会已经拟定了一份它自己预算草案的草稿，与怀顿法案的思路基本一致，只是后者没有次分配。[①] 但规则委员会若要颁布一个能获得广泛支持和认可的法案，就必须整合三个版本的改革意见：它自己的草案、H. R. 10961 以及联合研究委员会版本的修改版。[②]

由于差异主要体现在怀顿的版本和联合研究委员会的版本之间，因此，二者之间达成的且不违背向自由派做出妥协（比如改变预算委员会的构成）的任何共识都可能被规则委员会采纳。在这个层面的协商中，筹款委员会维护联合研究委员会的立场，因为拨款委员会已经申明了它的既定立场。双方做出的妥协更倾向于怀顿的立场。在这种权衡和交易中，很有必要照顾到拨款委员会的核心利益，即保留它对支出事务的管辖权；其结果是受影响较小的各方也认同了拨款委员会的权利要求。而且，由于规则委员会中有一个稳定多数的议员支持拨款委员会的立场，因而筹款委员会无法决定这些立法条款。

虽然规则委员会保留了联合研究委员会版本的基本框架，但它也对具体条款做了很多修改。它提出将拨款委员会和筹款委员会在众议院预算委员会中成员的占比从三分之二下调到不超过 45%；另外，预算委员会成员应该实行轮换制，即 10 年内任何人的任期都不能超过 4 年。第一个预算决议将成为一个目标而非上限，它对即席修正案没有“一致性”限制。预算决议的资金按照预算功能（budget function）而非拨款类别分配。支出立法和国会预算会在秋季进行协调整合，而第二个预算决议也会在同一时间通过审议。在波尔林议员的坚持下，先前通过的扣押控制法案（H. R. 8480）被附加在了预算立法之中。

经过修改后，H. R. 7130 由规则委员会一致通过，但一些议员保留了提出即席修正案的权力。然而，在两天的大会辩论中，一些议员又屡次提出要修改法案，只有两个比较小的修正案（关注的是委员会报告预算决议和大会审议预算决议的间隔期）被采纳了。为了防止整个方案分崩离析，达成妥协的三个主要方面（尤其

① 规则委员会和其他委员会一样，也通过一系列委员会记录（committee prints）提炼其立法草案，这些记录是对议题感兴趣的议员和行政职员讨论的文字版，这样委员会便能够在这些经过深入探讨的信息基础上编制法案。

② 因为怀顿议员有自己的一份法案，所以联合研究委员会的版本指的是另一位联合主席乌尔曼（Ullman）议员的版本。

是波尔林、厄尔曼和怀顿）都没有接受任何修正案，即使是那些他们赞成的意见。在最后的投票中，很多对某些条款有疑虑的议员都投票支持 H. R. 7130。只有 23 张反对票，预算控制法案跨过了付诸实施前最大的一道障碍。

参议院政府运行委员会：整合自由派和保守派的观点

在参议院中，预算改革的方式不太一样，因为政府运行委员会对立法本身有初审管辖权。尽管政府运行委员会在参议院里并不是主要的委员会之一[①]，但它的很多成员在参议院里都是领导级的人物。在过去二十年里，政府运行委员会的主席是约翰·迈克莱伦（John McClellan），他在 1972 年放弃了政府运行委员会主席一职，转而担任参议院拨款委员会主席。尽管迈克莱伦参议员在 1950 年到 1960 年间对预算改革一直抱有高度关注，但他并没有积极参与新立法工作。1973 年之后政府运行委员会的主席是山姆·厄尔文（Sam Ervin）参议员，是他提交了政府运行委员会拟定的 S. 1541。[②] 尽管他当时很积极地参与了水门事件的调查工作，但他始终希望在退休之前能通过立法的方式让国会重新掌握对钱袋的控制权。对 S. 1541 的第一次审议在由李·梅特卡尔夫（Lee Metcalf）参议员领导的预算、管理和支出小组委员会（the Subcommittee on Budgeting, Management, and Expenditures）中进行。

所有政府运行委员会中的参议员都至少在参议院的另一个其他委员会中兼职，所以他们对预算改革对参议院其他利益群体有什么样的潜在影响很敏感。这个更宽泛的视角部分解释了梅特卡尔夫的小组委员会为什么不愿接受联合研究委员会的建议。比如，梅特卡尔夫的团队通过投票方式解除了对新参议院预算委员会人员构成上的配额限定，这能增加非财政和拨款委员会参议员进入预算委员会的机会。

尽管梅特卡尔夫小组委员会已经就新预算权在国会内部分配方式的问题达成共识，但他们却因权力实质的问题而四分五裂。保守派人士将新预算程序视为强力控制支出和抑制联邦赤字的机会。然而，自由派则倾向于构建一个不会干涉国会对政府项目拨款的机制。小组委员会分裂成两派，分别有五个人和四个人，一方希望能向先前所决定的那样对支出及其分项均设置上限（与联合研究委员会的建议相同），而另一方则坚持认为最初的预算决定应是目标性的，不能限制其后的国会行动。多数派寻求的是通过预算程序限制国会支出项目对第一个预算决议决定的背离。少数派则担心这个限制性机制会行不通，并且不会为国会所接受。

尽管双方的立场分歧很大，但是他们有理由寻求妥协。小组委员会中 5 对 4 的分裂对于它在全体委员会或大会中的立法工作来说不是好兆头。而且，在国会推进预算改革的整个过程中，它也在努力寻求更广泛的立法支持。议员们不希望在这个法案上被标上党派标签，也不希望其措施互相矛盾。因此，当全体委员会在 1973 年 9 月审议 S. 1541 时，它同时也收到了参议员马斯基（Muskie）和珀西（Percy）

---

① 1970 年的《立法机关重组法案》将政府运行委员会分在参议院主要委员会之列，因此，其成员最多只能在另一个主要委员会中任职（但那些已经在政府运行委员会任职的成员则不受“两委员会”任职的限制）。但事实上，政府运行委员会并不具备其他主要参议院委员会的地位。

② S. 1541 在联合研究委员会报告其法案前一周被提交，但它在框架结构上吸收了联合研究委员会法案的一些特点。通过抢先提交法案，厄尔文参议员成功地向外界传达了政府运行委员会的决议。

提交的协调方案；他们分别是自由派和保守派观点的主要代表。政府运行委员会最终完成的法案提供了一个复杂的流程，包含了上限和目标。国会将可以接受超过其预算决议规定的资金水平的拨款，但在国会颁布实施特别“启动”法案之前，任何支出法案都无法生效。然而，只有在支出法案的金额不超过预算决议金额限制的前提下，国会才能审议“启动”法案。

政府运行委员会的法案也规定了处理“后门支出”项目立法以及对授权设置有效期限的流程。法案中增加了一些处理预算信息、项目授权以及对新项目进行引导测试（pilot testing）的条款。很多此类条款都是“个人”修正案，即只有一个参议员关注。而类似的修改在参议院中出现的次数比众议院多得多，这在很大程度上扩大了预算改革立法的范围，且超过了联合研究委员会和众议院规则委员会的设想。

参议院规则和管理委员会：来自参议院的意见

在政府运行委员会颁布了 S. 1541 后，多数党领袖罗伯特·伯德（Robert G. Byrd）提出，法案应提交规则和管理委员会（这是他任职的委员会，而且他是该委员会的小组规则委员会主席），以评估其对参议院一些规则和运行的影响。[①] 但是，规则和管理委员会在收到法案后，立即修改了整个法案，并且拟定了一个新的版本，该版本更近似于众议院通过（而非政府运行委员会起草）的法案。

伯德参议员意识到，尽管预算改革影响到每个委员会及其成员的利益，除了在政府运行委员会任职的参议员外，很少有参议员真正了解这个悬而未决的预算法案。很多参议员都只在法案限制他们参与为数不多的大会议题讨论时才关注 S. 1541 法案。但因为预算改革广受支持，伯德倾向于在大会审议之前就对法案做重大修改。伯德还有另一个工作重心。他在几年间一直努力推动参议院中的议会行动，直到最近才成功地推动各方一致同意建立一个有效机制，使参议院的立法事务能在有序的安排下进行。[②] 但这个由政府运行委员会起草的法案还有很多潜在缺陷，比如参议院对某些法令的审议可能会因为新的预算规则而被迫终止。[③] 所以伯德必须做两件事以获取各方对规则和管理委员会针对法案所做的重大修改的支持，首先是引起主要参议员对 S. 1541 的关注，其次是表明规则和管理委员会收到的法案还没有付诸实施。这两个目标都通过一种双管齐下的方式实现了。

第一，他们写了一封信（由规则和管理委员会主席霍华德·卡农签署的）给参议院所有委员会的主席。在阐述了 S. 1541 的一些要点后，信中提到：“似乎法案的起草者未就这些要点专门征求过任何一位委员会主席的意见，而且委员会主席

---

① 参议院的运作比众议院更具连续性，部分是由于它在一致同意协议下审议大多数法案。如果某个参议员提交到他所属委员会的申请被否决，他可以延迟该法案并影响其议会审议的前景。

② 每个一致同意决议的产生通常也意味着参议院某一条或多条规则的作废。虽然一致同意规则几乎从参议院成立时就存在，但在 19 世纪 70 年代，伯德参议员还是大大扩展了它的使用范围。现在，几乎所有的立法提交大会辩论之前都需要就期限协议（time – limit agreement）进行协商。

③ 预算控制机制越严格，就越有可能对财政支出立法形成阻碍。所以说，由于政府运行委员会的法案设置了比较严紧的预算控制，它同时也不得不制定很多规章以推动控制机制的运作。

们都是在法案递交到梅特卡尔夫小组委员会之后才接触到法案”。信的最后警告说：“由于该法案直接影响到参议院及其诸多委员会的工作，因而每个委员会就法案所有条款对其自身运作的影响进行仔细评估很重要”。作为回应，这五位参议院委员会的主席联合回了一封信，对 S. 1541 提了很多问题，还建议说这个法案需要“非常细致的研究和立法上的精炼”。[①]

第二个策略就是举行一个为期一天的听证会，听证会虽然简短，但却在很大程度上对政府运行委员会的工作提出了挑战。伯德参议员仔细研究了参议院金融及拨款委员会的成员名单，其中只有不到十分之一的人在政府运行委员会中兼职，然后他费尽全力地阐释自己的观点，让大家意识到政府运行委员会未能充分与参议院的其他人进行协商。经过那封信对充满疑虑的委员会主席们的游说，以及公开听证会上对政府运行委员会工作的抨击，规则和管理委员会成功地建立了其对 S. 1541 的全部管辖权。[②]

当规则和管理委员会变成参议院利益的维护者之后，它必须构建一个整合所有利益的平台。于是，正如它在关于 S. 1541 的报告中所描述的那样，该委员会成立了一个工作小组：“所有的常设委员会都受邀指派工作小组的代表。最终确定下来的小组成员正努力起草一份在参议院历史上几乎是史无前例的“一致通过（consensus）”法案。总共有 45 名工作人员参与其中……他们来自参议院的十个常设委员会、两院的四个联合委员会、众议院的拨款委员会、国会研究服务部（Congressional Research Service）以及国会立法咨询办公室…… 在 16 天时间里，这个工作小组开了 25 次会议，总共长达 90 个小时。”[③]

这个小组的运作方式并不是很正式，会议讨论的话题可以随意转换。小组内部并未就任何问题投票表决，但在工作结束时，它起草了一部肯定能在参议院通过的法案。有些委员会从头至尾都参与了这个过程，而有些却几乎没有参与过。委员会的参与程度一般取决于每个委员会自身的利益与 S. 1541 的关联程度。在授权委员会中，那些有“后门支出”立法的委员会的参与最为积极。财政委员会在税收和权利立法中警惕地维护着自身的利益，其对于法案详细条款的关注对最终的结果影响很大。参议院拨款委员会选择了旁观者的角色，只是偶尔地表达自身的观点与偏好。然而，在这部由两院协商制定、非同寻常的法案中，众议院拨款委员会的众议员们积极有效地参与了工作小组的工作，保护了参议院拨款委员会的利益，并且确保 S. 1541 的修改更贴近众议院的版本。

规则和管理委员会将第一个预算决议转变为一个目标，并为第二个决议添加了一个可以选择的协商程序。在处理“后门支出”项目时出现了一些变化，合同和借款授权与资格授权之间有所差异。对新项目进行引导测试和对授权设定有效期的

---

① 这封信写于 1973 年 12 月 19 日，并没有被任何一个《国会预算法案》相关的文件所记载。但是这些委员会主席的意见都附加在规则和管理委员会就国会控制联邦预算所进行的听证会的记录中。参见关于国会控制联邦预算的听证会，第九十三届国会，第二会期，1974 年，第 56—149 页。

② 事实上，规则和管理委员会给了政府运行委员会对其法案进行修改的机会，但后者表示反对，很可能是因为修改后的版本也必须交由规则和管理委员会审核。

③ S. Rept. No. 93 – 688。

条款被删除，取而代之的是加强国会在项目评估中地位的条款。

规则和管理委员会在1974年2月21号公布了它取得“一致通过”的法案，而参议院也在一个月后通过了该法案。工作小组并没有强制要求参议员参加协商，在协商中大概有20个即席修正案被采纳。这些修改的幅度均比较小，也不会打破委员会中达成的平衡。然而，几个实质性的修改导致对于拨款和资格授权控制的加强，以确保那些偏向于放松控制的议员只能在委员会而非大会上表达他们的意愿。经过四天辩论，参议院以80票对0票的投票结果一致通过了S.1541。[①]

会议委员会：协调扣押控制和预算改革

在参众两院的协调下，各方对于预算改革的观点分歧已经大大减少，大家都以为联席会议的氛围将比较轻松。但是，事实并非如此。在第一次会议上，与会人员就因扣押控制问题相持不下，这导致预算改革可能因这个延续长达一年的争论而止步不前。1973年5月，参议院通过了S.373，这是一份由厄尔文参议员提出的扣押法案。两个月之后，众议院又通过了H.R.8480，这是它们自己扣押控制法案的版本，这个法案的主旨随后也被预算改革立法H.R.7130所吸收。这两个法案在国会扣押控制问题上的立场差异很大。S.373要求，除非能够在60天内获得国会同意，否则扣押行为应当终止。而H.R.8480提出，在60天的期限内，只要未能通过参众两院任何一方的审议，扣押行为就必须终止。如果国会无法对行政部门的扣押行为采取措施，参议院的法案将会强制解冻资金，而众议院的法案则会承认扣押行为继续有效。

于是，与会者决定分开处理扣押控制和预算改革这两个问题，尽管他们也意识到如果扣押控制问题无法解决，那么在预算改革问题上也不可能最终达成一致。后来，扣押被划分为废止（rescissions）和延迟（deferrals）两类，并且S.373和H.R.8480中的一些要素被融合到《国会预算和扣押控制法案》中，僵局随之被打破。废止的程序按照S.373的要求设定，需要国会两院的批准。除非国会在得到总统通知后的45天内通过废止法案，否则总统必须解冻扣押的资金。而延迟的程序则遵循了H.R.8480的规定，在参众两院的任何一方否决议案的情况下延迟才会终止。与会者同时也通过了一项《反赤字法案》的修正案，旨在限制建立预算准备金。

在国会预算程序中，会议委员会会在春季提交一份目标性决议，并在秋季提供协商程序。相对于实施授权立法，它更乐于为报告设置截止日期。它规定1976年可以选择性地实施新的预算过程，1977年则全面推行。

众议院在1974年6月18日以401票对6票通过了最后的法案，而参议院也在6月21日以75票对0票通过，在这些法案于1974年7月12日被签署为法律时，一些条款（比如扣押控制）也马上生效，但大部分条款在1975年初及之后才开始生效。

---

① 参议院花了四天时间审议S.1541——1974年3月19日到3月22日。

预算改革的原则

没有一个立法机构的利益群体能够从国会预算法案中获得其全部利益，当然也不会有什么利益是完全不能满足的。在立法过程中，野心制衡着野心，而最终的结果则由各个受到影响的主要利益群体通过协商达成。保守派中那些希望建立强势的预算委员会和实施严格的预算机制的议员们必须接受一个能够让国会在支出方面不受过多限制的机制。那些担心预算机制可能对国内项目造成影响的自由派则不得不接受新的预算控制。授权委员会能够庇护现有的“后门支出”项目，但对于大多数新产生的“后门支出”项目则无能为力。它们成功地抵制了对授权法案实施设置截止日期的努力，但却无法回避对此类法案的报告所设置的最后期限。拨款委员会避免了预算金额依据拨款类别分配，但必须接受以广泛的预算功能为依据的分配。税收委员会一直阻挠将税式支出在国会预算中单独列出的提议，但他们也必须接受对于联邦政府预算在税式支出上关注度的提升。

尽管各委员会努力维护自身的大部分关键利益，但这并不意味着《预算法案》会向现状妥协。国会内部的斗争中从来就有赢家和失败者，但没有任何一方会赢得所有它想要的，也不会失去一切它拥有的。法案没有明确地标示出权力的转移；而努力在新预算委员会中谋求席位以参与国会政策制定则是各个委员会的天性。仅通过《预算法案》无法确定各委员会在立法地位上的得失；但法案还是明确地传递出了一个信息，即改变不可避免。

回顾往事，不难发现预算法案受强势一方的影响要大于弱势一方，也就是说，它更多地受到税收委员会而不是拨款委员会的影响。这一点不仅仅体现在法案条款上，在现实中也能体会到拨款委员会的地位已经受到很大削弱，不可能对新预算程序构成威胁；然而，对于筹款委员会和财政委员会而言，虽然它们正处于权力巅峰，但也不可避免地将在税收政策制定过程中面对新的对手。但是税收委员会也必须接受预算法案带来的改变，因为对他们管辖权的威胁是潜在的而非公开的。

《预算法案》的每个条款都受到议员们的关注。虽然国会已经接受了联合研究委员会设计的总体框架，但它对细节的设计已经明显偏离了初衷。尽管达成妥协的动力来自于各利益相关方以及国会内部讨价还价所形成的压力，但要找到影响国会制定《预算法案》的原则还是有可能的。

机制的中立性

那些希望减少联邦支出和预算赤字的人都对联合研究委员会的版本赞赏有加。从预算改革的背景和联合研究委员会的人员构成来看，出现这种倾向是意料之中的。但国会无法赞同这种带有倾向性的、明确支持支出削减的机制。如果国会接受了这个机制，那么它的立法权力将受到制约，因为预算程序对立法结果的影响将凌驾于多数派意愿之上。因此，最终出现的预算机制在表面上看起来比较中立。它可用于增加支出和赤字，也可用于减少支出和赤字。它对于预算结果的影响取决于国会的偏好，而非程序性限制。

预算机制的中立性主要是指把第一个预算决议中的限制转变为目标。如果第一个决议作为一种限制措施（禁止国会审议超过资金上限的法案）来运作的话，它无可避免地将倾向于限制支出的增加。这种倾向很可能对未被之前预算接纳的新项目非常不利。而现有项目在争取立法支持上将获得显而易见的优势，实际上在任何预算机制下都是这种状况。将限制转变为目标并不是由其本身消除预算不支持新项目的倾向，而是至少消除一些立法方面的程序阻碍。

在从限制向目标转变的过程中，国会避免明确支持预算委员会的决议，压制拨款委员会的意见，以此来保持预算中立。如果预先设置上限，拨款委员会的权力将不可避免地受到损害。预算委员会的支出偏好总是凌驾于拨款委员会之上，《预算法案》本身也将着手解决这个问题。如前所述，《预算法案》没有明确地标示出权力的转移；这样做体现了中立性原则。通过将第一个决议中的限制转变为目标，《预算法案》淡化了它对预算结果以及未来国会委员会之间行为和关系的影响。

对于平衡的承诺同样也体现在第二个预算决议的编制过程中。在最初构想第二个预算决议时，它的内容被限制在预算支出方面。但颁布的版本同样也涉及收入。在国会通过财政年度的第二个预算决议之后，它所通过的法案的支出不能高于决议所确定的资金额度，同时收入也不能低于决议的规定。通过一视同仁地对待税收和支出立法，国会表达了它想建立一个不会预设结果的预算机制的意愿。

在评估《预算法案》中立性时，两个重要的事件值得关注。

首先，《预算法案》的中立是从立法过程中审议议题和替代项的角度来说的。鉴于美国政治系统根本性的偏见，《预算法案》几乎无法保持中立。国会致力于针对支出和赤字采取措施，因为它也受到当前盛行的政治偏见的影响，即联邦支出太高且人们不希望看到赤字。国会也只是在立法过程中保持中立，而不是在根本的政治价值上。如果不为"主流"政治所限，国会也许会实行一种不同的机制，例如一种支持高额支出的机制。所谓《预算法案》的中立性，是指国会没有很明显地倾向于支持它收到所有方案中的某一个。

其次，预算过程的任何重大改变都可能影响预算结果。国会提出《预算法案》是因为它希望有一些东西在将来能有所改变。但在改变方向的问题上，国会则选择通过其内部各利益集团之间的博弈来解决，并以此保持它自身的中立性。

国会根据其预算偏好对法案的决定权

伴随着一个"限制性"决议，联合研究委员会提出很多规则来限制国会在预算相关立法上的决定权。某些规定与预算过程的时间安排有关；其他则涉及立法决议的内容。国会不能在某个特定日期之前考虑拨款，也不能在超过某个日期之后再考虑下一财年的授权。在审议拨款法案时，国会被迫首先考虑支出削减，并且不能考虑超出国会预算限额的支出。联合研究委员会在预算立法过程中共提出了十几个"暂停点"，即在特定情况下国会必须暂停其行动。并且，为了防止这些特定规则被立法中的权宜之计蒙蔽，联合研究委员会建议任何一条新国会预算规则的废弃必须得到三分之二以上议员的同意。

许多严格的程序在众议院规则委员会版的 H. R. 7130 中被废弃；其他则被参议

院删除或修改。规则委员会相信国会马上会打破它现有的预算机制，而不是遵守那些对于其立法权力而言无法容忍的限制："并不是每件贴有'立法机构预算'标签的事情都行得通……新的预算程序必须遵循国会预算的现实……预算改革不能沦为限制国会表达其对于支出政策意见的工具……预算改革的目标永远是让国会知晓其预算决议并对之承担责任，并不是剥夺国会行动的权力。"[①]

这个观点在《预算法案》中居于主导地位。要求三分之二以上赞成才能废除规则的规定被废止，而那个教条的"一致性规则"（禁止一切针对预算决议的、无法保证所有总额与分项总额一致性的即席修正案）也不复存在。但很多特别的规则也被保留下来，主要是为了推动而非阻止立法进程。

信息对控制的替代

《预算法案》保留了很多对预算过程运作至关重要的控制措施。比如说，除非特殊情况，否则在通过第一个预算决议之前，国会不能审议财政年度的支出、税收或负债法案。同时，他们降低税收或提高支出的幅度也必须遵循第二个预算决议的规定。没有这些控制措施，预算机制就无法有效发挥作用。国会可能在第一个决议完成之前通过法案，也可能使税收和支出的数额偏离第二个决议的规定，这些做法都将妨碍预算机制的运行。

尽管如此，相对于联合研究委员会的建议，这个机制施加的控制强度还是要弱得多。但是，对于在控制中失去的东西，国会则试图通过全面而及时的预算信息来得到部分补偿。国会对支出限制的处置就是佐证之一。联合研究委员会提出，在特定情况下，应该通过拨款法案限制新的预算授权引发的支出。这样做的前提是第一个预算决议规定支出法案可以包含支出限制。国会还被要求对长期拨款支出施加限制，这些资金可以在没有国会当前决议的情况下生效。

在预算改革的立法过程中，国会选择用委员会报告中的支出信息来代替法定限制。于是，《预算法案》第308款要求委员会估算未来五年由新预算授权引发的支出。第308款同样还要求国会预算局就国会预算状况发布周期性报告。《预算法案》的其他条款则要求发布关于预算决议中各个功能分类的资金如何在国会委员会和小组委员会之间分配的报告（第302款）、众议院拨款委员会关于所有常规性拨款法案的总结报告（第307款）、关于税式支出立法的报告（第308款），以及国会预算局关于授权立法的报告（第403款）。

大量披露预算信息的目的在于确保国会每次要做出对预算有影响的行为时能够清醒地意识到它在做什么。基于"阻止国会采取其希望做出的行动是徒劳的"这个设想，《预算法案》努力让国会对其行为负责。

预算过程中广泛的代表性和参与度

正如之前所提到的，联合研究委员会最初提出给予众议院和参议院预算委员会相同的席位分配比例。按照最初的分配方案，两个预算委员会中三分之一的席位分

① H. Rept. No. 93－685，第29页。

配给拨款委员会，三分之一分配给筹款委员会和财政委员会，剩下三分之一分配给两院的其他议员。此外，两个预算委员会的主席一职将由支出和收入委员会的议员轮流担任。然而，委员会的组成从一开始就是预算立法中最具争议的问题。主要的不满在于众议院和参议院的利益群体（特别是自由派）无法有效参与和影响新预算过程。联合委员会主席厄尔曼众议员为“协同的”预算委员会架构申辩：“预算委员会承担了那些原来由众议院和参议院所有委员会掌控的预算工作，现在将由拨款委员会和税收委员会行使全部职能”①。

这两个预算委员会成员的代表性比联合研究委员会设想得更为广泛。众议院预算委员会的席位按照公式在主要的预算利益群体间分配（拨款委员会、筹款委员会、不分区代表和政党领导层）；而参议院预算委员会则按照通常的委员会任命方式来遴选代表。

预算法案的其他方面也体现了对广泛参与度的强调。在编制第一份预算决议时，预算委员会必须清楚国会内其他利益群体的观点和偏好。要让某个委员会了解与每年预算流程相关的所有项目和议题是不可能的。即便两个预算委员会在编制第一个预算决议之前召开听证会，在有限的时间内它们也只能涉及很小的一部分问题。而联合研究委员会的法案则希望通过让拨款委员会和税收委员会在一年里的早些时候提交各自的预算观点来补救这个问题。众议院的法案增加了一个条款，允许（而非要求）其他任何国会委员会向同级预算委员会报告其观点和评估。参议院的规则和管理委员会则在这方面向前迈了一大步，它要求每个国会委员会每年都要向预算委员会通报在它们管辖范围内所有与预算有关的问题。此后，预算委员会在做出第一个决议之前就能够获得广泛且多样化的观点。

广泛参与本身并不是一种终结，而是一个有效运行的机制的必要前提。在国会无法获得对其决议的广泛支持时，预算机制是无法运行的。通过给予所有利益群体表达意见的渠道，国会有效地获得了各方对其预算相关决定的支持。

国会对于预算决策的责任

从一开始，预算改革的主要目的就是要落实国会对财政的责任。但是，在《预算法案》发展的过程中，国会将责任的概念从一个实质性的标准转化为一个程序性的标准。

财政责任最初与更小的预算赤字和更少的政府支出相联系。联合研究委员会报告的第一个执行部分正好是以对一再出现并持续增长的预算赤字的指控开篇。正如先前所提到的，联合研究委员会的法案希望能对立法支出施加严格控制，但这些控制都因允许国会根据它的偏好行事的机制而放松了。国会对财政责任的概念进行了重新定义，但并未丢弃这个概念。也正如实际执行的那样，预算责任意味着国会将在预算机制的框架内（而非框架外）做出财政决议。如果国会根据《预算法案》规定的程序行事，它就可以对任何税收和支出项目采取它认为适当的行动。

程序规则中的最重要的一条是要求国会通过第一个预算决议之前不要审议税收

① 众议员规则委员会，1973 年关于《预算控制法案》的听证会，第 57 页。

和支出法案。《预算法案》将这种限制延伸到了权利性立法之中，这是法案最终版本中为数不多的比联合研究委员会的建议还要严格的限制。在下一财政年度开始之前，国会也被禁止实施新的权利性法案。这些限制措施的目的在于确保权利性立法也和其他财政行为一样受到预算机制的制约。

然而，预算责任仅仅针对周期为一年的国会预算。虽然了解它的行为在未来五年可能导致的成本，但在那些会影响到未来预算的行为上，国会依然没有受到限制。这种“一年一次”的机制符合联邦预算的惯例，但却使得长期预算责任的落实更加复杂。

保护既有利益

国会和其他机构一样，要从掌权者手里收回权力并实现改革的目的非常困难。如果因过度改变而激怒了它们，这些有权势的利益集团不仅会反击对其地位的威胁，甚至还会阻挠整个改革。所以，实施变革更可行的办法是接受现有的安排，不要尝试去剥夺权力拥有者的特权。新规则将适用于利益分配尚未成型的新事务。《预算法案》在实际运行中阐释了这一原则。预算的权力并非通过直接削弱授权、拨款和税收委员会的权力获得。这些委员会的管辖权没有受到直接影响，每个委员就像以前一样行使权力。但是，改变主要集中在新的预算机制上，在这个领域内现有的委员会都尚未形成既得利益。当然，预算机制有可能会干涉其他委员会的工作，但是这将由之后的实践去决定，而非法案简单的条款。

事实上，每一次想要收回既有特权的努力都会在预算立法的过程中被迫放弃。联合研究委员会提出在预算程序中引入担保贷款，但是此类贷款在后来被否决了，因为它们是美国的或有债务。众议院规则委员会的法案也提出对既有的“后门支出”项目进行控制，但是《预算法案》只对新的“后门支出”项目使用此类程序。政府运行委员会增加了新的条款，将所有授权（包括现有授权）的有效期限定为三年，但是这一规定在随后的立法行动中被删除。参议院的规则和管理委员会尝试取消六个机构的预算外地位，但是《预算法案》未采纳这一提议。既有的特权是“祖父级别的”，国会使用这个术语以使过去的实践不受规则改变的影响。

使国会预算所有主要的参与者受益

如果说改革之路建立在保护既得利益的基础之上，那么向这些利益群体输送特定的好处也推动了改革的进程。为了能让既有的委员会接受新规则，它们还必须得到一些实在的好处以补偿未来出现损失的风险。

拨款委员会一半的要求得到了满足。新的合同授权和借款授权属于它们管辖，在权利性项目上面它们也分了一杯羹。这些委员会未能成功地对授权法案的实施设置时间限制，但是成功设立了授权报告的截止日期。税收委员会实现了它们的主要目标，即建立立法程序限制联邦支出。它们还保留了另一项特权，即可以通过周期性的立法提高公债的法定上限，这样做可以缓解政治责任。授权委员会有机会在拨款委员会有所行动之前影响预算结果。

这些收益不是在各类参与者之间平均分配的。承担风险最少的授权委员会获得的也最少。但是，拨款委员会已经放弃了部分对于联邦支出的管辖权，作为补偿，它们管辖权的范围也得到了扩张。

不确定的和平

《预算法案》未能终结预算上的斗争，它所带来的和平并不比半个世纪前总统预算机制的引入更多。《预算法案》是一个暂时的缓解，也是一个方向性的转变。尽管它不能保证预算的稳定，但是它至少能为未来的预算斗争提供一个新环境。

国会能够在《预算法案》中调和各方利益最主要的原因在于法案建立的机制是模糊而宽松的。尽管有些事务（比如日程安排）已经制定得很详细，但还有一些其他的事情需留待日后决定。比如说预算委员会可能会对国会委员会产生很大的影响，它会对所有要用钱的项目和政策的决定进行审核修改。但也许它只会作为一个很无力的参与者，没有实际的立法权力，要依靠其他预算部门的支持才能维持下去。预算法案没有明示什么才是最终结果，也没有阐明新的预算机制对拨款、授权和税收委员会的影响。没有人能仅仅凭借仔细检验《预算法案》去预测将来。它完全取决于各方在国会中如何相互影响。

单从这一点来看，《预算法案》激化了预算冲突。法案提供了许可和机会、威胁以及各种可能性。对于 1974 年的条款，各方均被迫用不光彩的手段牟取先机、申明特权以及规避他人的侵犯。事实上，新机制扩大了国会内部的冲突，因为它扩大了参与的范围，并且强迫国会做出更多明确的预算抉择。优先项目必须得到明确；部分必须与总体保持一致；国会必须对预算和赤字的规模公开表明立场；税式支出必须公开，并接受质疑；立法成本及其对国会预算的影响必须明确。

不仅如此，《预算法案》还在其他方面让冲突更加激烈。《预算法案》颁布之前，预算各个部分都是相互分离的。税收政策由税收类委员会制定；拨款有自己的运行机制；授权委员会也按照既定的方式运作。《预算法案》则意味着没有任何一类委员会能够单独制定某个财政决策。收入的决定涉及税收委员会和预算委员会。预算委员会与拨款委员会共同分享决定支出的权力。这些委员会的意愿都必须在国会预算的编制过程中予以调和。

在这个新环境里，预算委员会只能拥有它已经攫取的权力。它们必须抢占先机，并申明立场；其立场通常与原有的委员会相冲突。如果原有委员会的特权和工作方式不能有所改变，预算委员会和预算机制便都不能有效运作。新的预算机制标志着国会内预算冲突的制度化。

正如行政部门的预算，国会预算每年都得进行一次。《预算法案》指导国会用新的预算机制提供的程序和渠道去达成和平的局面。通过允许国会多数派实现他们的利益，《预算法案》增加了实现和平的可能性。多数派可以根据自己的意愿设定和修改预算数字。每当国会能够获得多数人对其任何预算立场的支持时，它也就向预算和平的目标迈进了一步。但是，当国会如此分裂、议员们相互倾轧，以至于无法就任何问题获得大多数的支持时，将会发生什么事情呢？我们现在提出这个问题，暗示着国会内部的政治斗争，而非 1974 年《预算法案》小题大做的制度设计，才是国会预算改革最大的威胁。国会在 1974 年里除了协商出了这个法案外，在其他方面则一事无成。

接下去两章描述了依据法案加入预算过程中的新参与者（预算委员会和国会预算局）的职能和结构，之后将转而探讨各方在这个法案下如何运作。

第四章

预算委员会

国会在1974年决定它必须拥有自己的专门机构，即致力于推动预算机制顺利运行的委员会，以及一批拥有做出合理财政决策所必需的专业素质和资料的行政人员。随后，国会将新的众议院和参议院预算委员会的预算权力制度化，并且建立了国会预算局。这一章将着重探讨预算委员会的构架和人员组成，它的成员和主席的活动与角色，以及两院预算委员会在运作上的一些区别。

强大，但不能称霸

国会有充足的理由去建立自己的预算委员会。它知道预算不能自行实施，所以，为了让新机制能够管理并规范国会行为，单单将机制变成法案是不够的。国会必须在其内部设置预算监护人，即确保预算要求得以贯彻的委员会。预算委员会将警惕地维护新预算机制，否则其自身利益亦将岌岌可危。

最初对于预算委员会的大多数争议都含有担忧的色彩，觉得它们会变成精英集团或超级委员会，会控制立法过程并凌驾于其他委员会的利益之上。这种担忧部分来自于预算机制的集中化趋势。因为预算机制将涉及国会活动的方方面面，所以，这个机制有可能会给新委员会过度的权力去影响其他立法参与者。

预算改革法案中的各类条款都会强化这种天然的优势。联合研究委员会的提议可能会使得在大会上对预算决议提出修正案变得非常困难，也将迫使所有委员会遵循第一个预算决议所设定的上限。然而，事实上预算委员会拥有的权力比起初预想的要少。由联合研究委员会提出的严格的大会规则要么被废弃，要么标准被大大放宽；最终的《预算法案》对于修正案的提出没有施加任何限制。随着第一个决议从限制转变为目标，人们将更多的关注放在第二个决议上，拨款和收入委员会的行为在很大程度上体现了这种转变。

对预算委员会权力最严重的削弱是委员会地位转变的副产品，这种转变使得预算委员会从一个与其他委员会具有同等地位的委员会变成一个代表委员会。如果联合研究委员会的版本为大家所接受，那么预算委员会就会作为收入和拨款委员会的代理人而运作，而不是一个独立的权力中心。预算委员会的地位会因为这些有权势的委员会而被夸大。但是，在赋予预算委员会一定独立性的同时，《预算法案》也确保委员会在预算权力方面会遇到竞争对手。《预算法案》没有再成立一些弱势委员会，但是它也没有赋予预算委员会确定的权力。预算委员会也许会通过战胜税收和拨款委员会这些竞争对手而成为超级委员会，但更有可能发生的是与其他委员会结成暂时性的同盟，在同盟里预算委员会将因为想要和潜在的对手保持良好关系而受到限制。

预算委员会在第 93 届国会的最后几个月里，也就是《预算法案》被签署为法律之后不久，开始正式运作。1974 年夏天，9 个民主党党员和 6 个共和党党员被任命为参议院预算委员会委员；在第 95 届国会开始时，又增加了第 10 个民主党党员；在第 96 届国会时，委员会扩大到了 12 个民主党党员和 8 个共和党党员。其中只有 5 个民主党党员和 2 个共和党党员从第 94 届国会至今一直在参议院预算委员会里任职。大多数民主党党员由于不再担任参议院议员而离职，而大多数共和党党员则因为党内关于委员会任命的规定而被替换。参议员埃德蒙·马斯基（Edmund Muskie）是在这个研究进行的 5 年里委员会唯一的主席。参议员亨利·贝尔蒙（Henry Bellmon）被共和党任命为少数党副主席。

众议院预算委员会在 1974 年 8 月成立，厄尔曼众议员被选举为第一任主席。但是，厄尔曼在几个月之后就放弃了这个职位，因为他希望担任众议院筹款委员会主席。厄尔曼在众议院预算委员会主席一职的继任者是布洛克·亚当斯（Brock Adams）众议员，后者在该职位上服务了两年。罗伯特·吉阿莫（Robert Giaimo）众议员在第 95 届国会开始时被选为主席，并在第 96 届国会期间一直担任该职务。德尔波特·拉塔（Delbert Latta）参议员是第 95 届、96 届和 97 届国会的委员会共和党副主席。众议院预算委员会在 1975 年从 23 个委员扩大到 25 个委员，给了民主党党员 17—18 个名额。在这项研究所涵盖的三届国会的时间内，只有 5 个民主党党员一直在委员会中任职，而这期间共和党方面则有一半人留任。众议院预算委员会的人员调整一方面是由于国会议员的离职，另一方面则是由于《预算法案》在众议院预算委员会成员任期上的限制。

预算委员会的政治人口统计学

1974 年，国会废除了税收和拨款委员会对预算的主导权，转而选择囊括了两院所有政治利益的预算委员会。这种维护平衡的努力也体现在众议院预算委员会的人员构成上：筹款委员会和众议院拨款委员会各 5 名成员；13 名成员来自其他的众议院委员会；还有 2 名成员来自民主党和共和党的领导层。[①]《预算法案》中的条款也体现了这种达成平衡的意愿，法案规定众议院预算委员会成员的任命“应不考虑资历”。参议院预算委员会的成员由正式的党派过程选举产生，没有任何强

① 1974 年法案付诸实施的时候，众议院预算委员会有 23 名成员，包括 11 名来自众议院其他委员会的委员。在第 94 届国会开始时（1975 年），众议院预算委员会的成员增加到 25 个，其中是 13 个来自众议院除筹款和拨款委员会外的其他委员会。

制性规定。在《预算法案》成为法律后不到一周的时间里，多数党领袖麦克·曼斯菲尔德（Mike Mansfield）就敦促参议院民主党大会不要“像对待一个日常委员会任命一样处理当前的任命问题”：“……当前亟需平衡地域和意识形态的差异……在预算委员会中任职的民主党人应该……能够精确地反映出参议院中民主党议员的基本构成。”①

在立法机构这个大背景里，地域、资历、政治意识形态和其他委员会的委任是在不同利益群体的议员中进行遴选的最重要的标准。我们将对每个标准依次进行讨论，并重点关注各个要素在预算委员会构成中的变迁，研究的时间段是存在预算委员会的三届国会（第94届、95届、96届）。②

地域

两个预算委员会都在南方民主党人占比的问题上做了很多平衡。在第94届国会中，这些委员会的南北分裂（the North - South split）实际上和参众两院内部的分化是一样的。众议员预算委员会中17名民主党党员中的5人（29%）和参议院预算委员会中10名民主党党员中的3人（30%）来自南方各州，与之相比较，参众两院南方民主党党员的比例分别是31%和29%。这种数字上的接近是因为民主党努力在两个预算委员会内部建立地域上的平衡。当两个南方民主党人在第95届国会之初离开众议院预算委员会时，另外两个来自南方的民主党人顶替了他们。由于在1977年要吸引民主党人在参议院预算委员会中任职是比较困难的事情，因此新的成员都是那些被说服接受这个职位的议员。在第95届国会时，有1个南方的民主党人退出了参议院预算委员会，之后又加了2个进来。在1979年委员会扩大时，这4个南方民主党人占了参议院预算委员会民主党人的三分之一。

资历

在一开始，预算委员会是“自由”的委员会——参议员和众议员不需要放弃任何其他立法机构的职位就可以加入进来③——并且在预算机制运行期间加入预算委员会被视为一种奖励性的任命。所以，预算委员会很快便成为国会资历较深的议员的势力范围。

但这种情况并没有发生。国会要人和当权者并没有控制任何一个预算委员会。两个党派的领导人根据《预算法案》的规定在众议院预算委员会任职，但

① 曼斯菲尔德的这个陈述载于《120号国会记录》（1974年7月22日）。

② 如前所述，预算委员会成立于1974年夏天，也就是将近第93届国会的末尾。在第94届国会之前，它们履行的立法职能非常少；因此本章不会去讨论它们在1975年之前的表现，除非所讨论的问题直接涉及到它们。

③ 然而，如果一名众议员被委任到众议院预算委员会的同时还是其他两个众议员委员会的委员，那么在预算委员会任职期间，另外两个职务中的一个就要被暂时搁置，但是资历仍将保留。马斯基参议员为其参议院预算委员会主席一职付出了代价。根据一项“不受新规定约束（grandfather）”的安排，他是仍然保留主要委员会职务的参议员之一。因此，参议院预算委员会将是他任职的第四个主要委员会。然而，迫于曼斯菲尔德参议员的压力，马斯基离开了对外关系委员会（Foreign Relations Committee）。后来，他从政府事务委员会（Government Affairs Committee）辞职并重返对外关系委员会。

是几乎没有其他资历较深的议员。没有任何众议院委员会的主席或者拨款和筹款小组委员会主席就职于众议院预算委员会。尽管规定说“不考虑资历”，但是两党都倾向于任命相对而言资历较深的议员。最初的民主党人中有 5 人在众议院里做了三任或少于三任，但是有 10 人在众议院里工作超过六任。共和党方面在资历较浅和较深的议员分配上比较不均衡；除了 2 名成员，其他议员在众议院里的任期都超过七任。

民主党希望在对参议院预算委员会最初的任命里保持成员资历的平衡。虽然两个预算委员会的主席职务都分配给了它，但是 10 名民主党人里有 4 人在参议院属于第一任期，另有 5 个是在做第二或第三任期。在第 94 届国会期间，共和党方面的组成则是 4 个人属于第一任议员，2 个是第二任议员。总的来说，参议院预算委员会的议员在国会中的平均任职年限要远小于众议院预算委员会（参议院预算委员是 8 年，而众议院预算委员是 13 年），这意味着参议院在将资历较浅的议员委任到预算委员会方面获得了更大的成功，或者说资历较深的参议员们在回避参议院预算委员会方面取得了成功。

几个制度性的因素可以解释这两个预算委员会之间的区别。第一，尽管参议员只能在两个“主要”委员会中任职（这是在参议院的规定里写明的），《预算法案》（就像最初被批准通过时的那样）允许参议院预算委员会的议员在第 94 届国会期间担任三个委员会的职务。按照这个规定，参议员在加入参议院预算委员会后，要在两年之内放弃预算委员会或者其他的某一个委员会的职务。相对于尚未在参议院中获得实权职位的参议员来说，那些在其他委员会中已经积累了较多资历的参议员更不愿意让自己陷入这样的窘境。第二，资历较深的参议员一般都有很多委员会和小组委员会的任职；所以，很多人不愿意再承担额外的工作职责。第三个理由则适用于参议院预算委员会里的共和党员。参议院共和党大会将预算委员会和四个其他的参议院委员会归为一类，共和党人最多只能在这些委员会中的一个任职。其他四个委员会是拨款、海陆空三军（Armed Services）、财政和对外关系委员会，这些委员会对资历较深的议员很有吸引力。这个规定里有一个例外，就是在拨款委员会和财政委员会里的共和党党员可以在每个委员会里指派一个人成为预算委员会的成员。但这个规定的总体效应是使得参议院预算委员会向资历较浅的共和党人倾斜。

资历较浅与较深的国会议员之间职务分配的变化为探寻议员们对委员会吸引力的态度提供了线索。表 4－1 比较了预算委员会成员从第 94 届国会到第 96 届国会期间的任职记录。在第 94 届的国会里，预算委员会是新成立的，缺乏一些可以体现它们的表现或潜力的记录。在之后一届的国会里，预算委员会就表现出了它们的能力和不足。如果议员们认为委员会的工作卓有成效并且富有回报，那很可能会使得预算委员会里资历较深的议员数有所上升。第 95 届国会期间的情况则恰恰相反。两个委员会长期任职的国会议员数量都出现了明显的下降。众议院预算委员会成员在众议院的平均任职时间从 13 年下降至 10 年；参议院预算委员会的情况则是从 7.6 年下降到 7 年。而在第 96 届国会里，两个委员会都再次经历了这样的下降，下降主要集中在预算委员会的民主党之中。

表 4－1　　　　预算委员会议员的任职情况

众议院预算委员会	国会（在众议院的平均任职年限）		
	第 94 届	第 95 届	第 96 届
所有众议员	13.0	10.0	8.2
民主党	12.9	10.2	7.4
离开委员会	—	14.0	11.0
加入委员会	—	6.0	2.8
共和党[a]	13.3	9.3	9.8
离开委员会[b]	—	13.7	9.7
加入委员会[c]	—	6.5	5.3
参议院预算委员会	**国会（在参议院的平均任职年限）**		
	第 94 届	第 95 届	第 96 届
所有参议员	7.6	7.0	6.6
民主党	9.6	8.6	8.2
离开委员会	—	9.3	6.0
加入委员会	—	1.3	2.0
共和党	4.3	4.3	4.3
离开委员会	—	4.0	5.0
加入委员会	—	0	3.0

a. 根据第 94 届国会之初最初的成员身份确定。

b. 包括黑斯廷斯（Hastings）和克劳森（Clawson），他们在第 94 届国会第二会期之初离职。

c. 包括霍尔特（Holt）和罗塞洛特（Rousselot），他们在第 94 届国会第二会期之初加入委员会。

来源：依据委员会名册编制而成。

从这些统计数据中并不能完全看出委员会对于资历较浅的议员日益增长的依赖。在 1977 年加入众议院预算委员会的 8 个民主党党员中，有三个是第二任任期，一个是第一任；1979 年，新加入的民主党党员中有两个是第一任任期，两个是第二任任期，三个是第三任任期，但没有人在众议院里任职超过 6 年。1977 年，新加入委员会的民主党人在众议院平均任职年限是 6 年，相比较而言，他们所替代的民主党人平均国会服务年限为 14 年。1979 年，离任的民主党众议员平均任职年限是 11 年，而新上任众议员的平均值仅为 3 年。众议院委员会的共和党人中也发生了类似转变，第 95 届和第 96 届国会新任命的议员平均国会服务年限仅为离职者的一半。

第 95 届国会期间，参议院预算委员会里有 5 个职位发生了变化。四个新成员刚刚开始他们的参议员生涯，而另一个也只是在他的第一个任期内。因此，没有一个"再次当选"的参议员在参议院预算委员会任职。1979 年，有 11 个参议员加入了参议院预算委员会，只有一个人是在他的第一个任期，五个只是刚刚担任参议员一职。

这些数据显著地反映了在这两个预算委员会成立后的两年内，它们在很大程度上失去了对资历较深的议员的吸引力。如果对于"当红委员会（a popular committee)"的操作性定义是一个众议员或者参议员愿意放弃在其他委员会的职务而去任职的委员会，那么预算委员会显然不符合标准。没有人选择离开其他委员会而去预算委员会任职。资历较深的国会议员也不愿意用他们的国会地位去换取预算委员会里的职务。从 1975 年开始，两个预算委员会有将近 40 个席位的变化和增补；其中只有 4 个任命的对象是政党内资历较深的议员。

参众两院的党派领导人认为将老议员安排进这些委员会并不重要。的确，参议院共和党大会的限制性规定确保了参议院预算委员会里的大多数来自少数党的成员都在第一任期内。预算委员会成立的时候，民主党在国会内的领导者不能确定它们有多大的权力和影响力。为了消除这种不确定感，他们在预算委员会里安排了资历较深的议员，这些人都是他们比较信任的，也能够制约和引导新的委员会。因此，会出现民主党施加大量的压力以帮助马格鲁森（Magnuson）参议员获得参议院预算委员会职位的情况。在众议院，民主党领导人也在寻觅那些不担任委员会和小组委员会主席且较为成熟的议员。但是，一旦新预算机制运行了一到两个周期之后，党派领导人知道可以从这个机制里获得些什么，于是他们就不再依靠资历较深的议员了。而且，众议院的民主党领导人也越来越依靠年轻的议员支持新机制。由于 1974 年到 1976 年间国会选举导致频繁的人员更替，到 1977 年有超过一百名众议院民主党党人仅在国会任职一届或两届。民主党内新的权力中心是那些只有一年到两年任期的阶层。没有他们的支持，领导人们便不可能通过预算决议。作为一个"代表性的"委员会，众议院预算委员会变得越来越年轻，这反映了众议院年龄构成的变化。

政治意识形态

为了平衡，预算委员会将涵纳国会内所有的意识形态观点。委员会中保守派和自由派议员的比例和参众两院以及每个政党的政治趋势基本一致。表 4－2 和表 4－3 结合了两个关于意识形态投票的标准方法（由自由美国人争取民主行动组织和保守美国人维护宪法行动组织发布的评级），表现了众议院和参议院预算委员会成员相对于两院全体议员的意识形态倾向。[①] 这个组合的评级中，数值越高，代表自由派的倾向越大。

① 自由美国人争取民主行动组织（the liberal Americans for Democratic Actions，ADA）和保守美国人维护宪法行动组织（the conservative Americans for Constitutional Action，ACA）的评级是基于参众两院小众群体的关键性投票。保守派联盟的评分包括了所有的投票，在投票中共和党人和大多数南方民主党人在一方，而多数北方民主党人在另一方。

表 4－2　第 94 届和第 95 届国会全体参议员和参议院预算委员会成员政治意识形态的比较

类　别	第 94 届国会		第 95 届国会	
	参议院	预算委员会	参议院	预算委员会
政治意识形态平均得分				
所有议员	55.4	53.3	54.4	55.3
民主党人	68.8	72.8	68.8	69.6
共和党人	33.6	20.8	33.6	26.1
政治意识形态得分的分布（%）				
所有议员				
0—40	36.0	43.8	34.0	38.0
40—60	10.0	12.5	12.0	12.0
60—75	12.0	0.0	17.0	12.0
75—100	42.0	43.8	37.0	38.0
	100.0	100.0	100.0	100.0
民主党人				
0—40	17.7	10.0	16.0	10.0
40—60	9.7	20.0	16.0	20.0
60—75	14.5	0.0	14.0	10.0
75—100	58.1	70.0	53.0	60.0
	100.0	100.0	100.0	100.0
共和党人				
0—40	65.8	100.0	63.0	83.0
40—60	10.5	0.0	5.0	0.0
60—75	7.9	0.0	21.0	17.0
75—100	15.8	0.0	10.0	0.0
	100.0	100.0	100.0	100.0

来源：戈登·威尔（Gordon L. Weil），政治情报时事通讯（*Political Intelligence Newsletter*）。威尔的评价体系将 ADA 和 ACA 的评级整合为一个评分。评分也参考了议员六年的投票记录（除去那些在国会的任职时间未到六年的议员）。

表 4－3　第 94 届和第 95 届国会全体众议员和众议院预算委员会成员政治意识形态的比较

类　别	第 94 届国会		第 95 届国会	
	众议院	预算委员会	众议院	预算委员会
政治意识形态平均得分				
所有议员	52.3	49.9	49.6	55.0
民主党人	66.2	66.5	62.9	73.8
共和党人	22.3	14.5	23.6	15.0

续表

类 别	第 94 届国会		第 95 届国会	
	众议院	预算委员会	众议院	预算委员会
政治意识形态得分的分布（%）				
所有议员				
0—40	40.3	44.0	41.3	36.0
40—60	10.7	12.0	15.2	12.0
60—75	13.3	4.0	16.2	8.0
75—100	35.7	40.0	27.7	44.0
	100.0	100.0	100.0	100.0
民主党人				
0—40	20.8	17.6	21.4	5.9
40—60	9.5	17.6	16.1	17.6
60—75	16.9	5.9	21.8	11.6
75—100	52.8	58.8	40.7	64.7
	100.0	100.0	100.0	100.0
共和党人				
0—40	78.6	100.0	79.7	100.0
40—60	13.1	0.0	13.5	0.0
60—75	6.2	0.0	5.4	0.0
75—100	2.1	0.0	1.4	0.0
	100.0	100.0	100.0	100.0

来源：参见表 4－2。

民主党和共和党在决定组成预算委员会的意识形态结构时，追求的目标各不相同。曼斯菲尔德对参议院预算委员会中民主党人的政治色彩提出了温和的批评，参议院民主党也注意到了这一点。参议院预算委员会的民主党包括一大批自由派，也有一部分温和派和保守派。民主党在参议院预算委员会的人员构成基本反映了参议院内各种观点的分布。在第 94 届国会期间，依据 ADA/ACA 评价计算出参议院预算委员会民主党人平均得分仅比参议院民主党人的平均得分高 4 分；而在第 95 届国会期间，这一差距已不足 1 分。而且，参议院预算委员会中民主党人政治意识形态的分布和参议院民主党人政治意识形态的分布很相似。在第 94 届国会期间，有 27% 的民主党人和 30% 在参议院预算委员会任职的民主党人的政治意识形态得分低于 60 分。在第 95 届国会期间，同一数据则分别为 32% 和 30%。

在众议院，民主党人起初寻求的是意识形态上的平衡，但随后他们就被迫使民主派占据数量上的优势。第 94 届国会期间大约三分之二的众议院预算委员会民主党人是自由派或者温和派，和众议院的比例相当。总体来说，民主党人在众议院预算委员会和众议院中的政治意识形态得分相同，仅有 0.3 分的差异。

但两个委员会中共和党的情况则显著不同。第 94 届和 95 届国会期间所有在众议院预算委员会的共和党人都持最保守的政治意识形态；这期间众议院预算委员会的共和党人中只有一人的 ADA/ACA 得分高于 60 分。预算委员会中民主、共和两党的这种区别不能只用党派的意识形态构成来解释。预算委员会里的共和党人并不是众议院或参议院里共和党人的代表。根据 ADA/ACA 评级，众议院预算委员会和参议院预算委员会里的共和党人比其同级的共和党党员要保守得多。在第 94 届国会期间，参议院预算委员会共和党人的得分比参议院共和党人得分低 13 分；在第 95 届国会里，这个数值要低 7 分。相同的情况也出现在众议院，第 94 届和 95 届国会期间众议院预算委员会的共和党人比众议院共和党人的平均得分低 8 分。

在预算委员会里呈现出这样的保守意识形态倾向并非偶然，而是共和党故意为之，因为他们担心自由派会在两个委员会里占据主导。共和党领导人关切的是：如果两党根据意识形态平衡的原则分配席位，那么预算委员会将趋向于高额支出和巨额赤字。为了杜绝这种可能性，他们尽量将保守派党员安排到两个委员会之中。正如一个共和党领袖在众议院所言："预算委员会已经偏向民主党一方，所以我们也必须从相反的方向采取措施来保持平衡……所以，你会看到我们共和党在预算委员会里的成员几乎都是财政保守派。"

民主党的平衡和共和党的不平衡使委员会无法代表参众两院的意识形态分布。在第 94 届国会期间，两个委员会都表现得比其上级机构保守。在两个委员会中，共和党和保守派联盟几乎都占大多数。参议院预算委员会的 6 个共和党人和 3 个南方民主党人经常以多数票击败自由派集团。众议院预算委员会中民主党人 17—18 个席位分配确保了民主派和温和派在多数议题上能够占据多数，但也有很多次是侥幸过关，并且预算决议在开支政策方面也没有表现出一些民主党人所期望的自由主义倾向。

在第 95 届国会期间，众议院民主党党员用自由派替换掉中立派和保守派来应对共和党的策略。由于众议院预算委员会的任期限制确保了人员的快速更替，所以要替换 17 个民主党员中的 8 个也是可能的。众议院预算委员会中被替换的成员的政治意识形态平均得分是 63 分；而新增的民主党人的平均得分是 83 分。这样的替换揭示了众议院预算委员会的自由派倾向。拨款委员会中的一个席位也从温和派换成了自由派的成员；筹款委员会里有两个成员也做出了类似的调整。在竞争众议院预算委员会席位的 11 个民主党人中，唯一被党团核心会议拒绝的是最保守的朗内尔斯。

这些调整使预算委员会不再具有众议院民主党的代表性。众议院预算委员会的民主党人政治意识形态得分比众议院的民主党人高 12 分，这种偏差在最为自由化的群体中体现得尤为明显（政治意识形态得分在 75 分以上）。三分之二的众议院预算委员会民主党人属于最自由化的一类，而众议院中这一比例为 40%。民主党的这一策略对两党在预算委员会中的极度两极化有深远的影响。第 95 届国会期间，众议院预算委员会中的民主党和共和党党员的得分相差 60 分，而众议院中的两党得分相差 40 分。

保守派力量给参议院预算委员会的民主党人造成了更多潜在的麻烦，因为民主党在这个委员会里只有 4 个席位的优势。尽管如此，民主党还是坚持意识形态上的平衡，避免在众议院出现困扰预算机制的两极分化。其结果是，一个几乎融合最自由的民主党和最保守的共和党的两党工作关系成功地掩盖了意识形态上的差异。委员会绝大多数人已经习惯于将预算问题看做是关于“多少”的争论，而不是将其视为意识形态的象征。随着参议院预算委员会有能力取得对其预算决议压倒性的支持，参议院民主党领导人也不倾向于改变它的人员结构。第95届国会期间，马斯基参议员试图补充一些自由派议员，但那时参议院预算委员会已经很难再吸引参议员加入，而要吸收资历较深的自由派议员则更是天方夜谭。在第96届国会期间，预算委员会变得更具吸引力，部分原因在于之后将探讨的规则的改变。因为成员名额的竞争，委员会由16人扩张到20人，新加入的民主党中有4人是温和派或自由派。

委员会代表

预算委员会对大部分其他国会委员会的立法权力形成了干扰。它直接影响了税收委员会和拨款委员会，还影响了授权委员会的工作。国会预算机制的这种交错也预示着平衡的最终态势，即让预算委员会广泛吸纳两院各委员会的成员，使其人员组成呈现多样性。表4-4是预算委员会的成员在众议院和参议院其他常设委员会中任职人数的情况。

表4-4　第95届和96届国会预算委员会的成员在参众两院其他常设委员会中任职人数

委员会	第95届国会	第96届国会
众议院：		
农业	0	1
拨款	5	5
海陆空三军	2	1
银行、金融和城市事务	5	2
哥伦比亚特区	0	1
教育和劳工	1	1
政府运行	0	0
住房管理	0	1
内务和岛屿事务	0	0
国际关系[a]	1	2
州际和国外贸易	1	2
司法	1	1
商船和渔业	2	1
邮政和公共服务	2	0
公共工程和交通	1	2

续表

委员会	第95届国会	第96届国会
规则	1	1
科学和技术	0	1
小企业	0	0
公务行为准则	0	0
退伍军人事务	0	0
筹款	5	5
参议院:		
农业、营养和林业	3	1
拨款	6	6
海陆空三军	1	2
银行、住房和城市事务	2	3
商业、科学和交通	2	7
能源和自然资源	4	4
环境和公共工程	4	5
财政	1	2
对外关系	1	2
政府事务	4	2
人力资源[b]	2	4
司法	2	3
规则和管理	0	0
退伍军人事务	1	0

a. 在第96届国会更名为对外事务。

b. 在第96届国会更名为劳工和人力资源。

来源：依据委员会名册编制而成。

尽管众议院预算委员会比参议院预算委员会的人数多，但它与其他委员会的人员重叠较少。在第95届国会期间，只有一个参议院委员会（规则与管理委员会）在参议院预算委员会中没有代表。相反，众议院中则有9个委员会没有成员在预算委员会任职。这个差距在第96届国会期间变小了，6个众议院委员会和2个参议院委员会在预算委员会中没有代表。两院之间出现这种差异的主要原因是众议院预算委员会有10个成员仅从两个委员会中挑选出来，而参议院预算委员会的所有成员则从整个参议院中遴选。而另一个原因是，所有的参议员都在至少两个常设委员会（预算委员会之外）任职，而众议员只能在另一个委员会兼职。所以在第95届国会期间，16个参议院预算委员会的参议员有33个其他委员会的职务，而众议院预算委员会的25个成员却只有27个其他职务。由于众议院预算委员会中有10个成员席位要为拨款委员会和筹款委员会保留，因而没有足够的席位覆盖所有其他众议院委员会。由于很多委员会根本没有代表，且大多数其他委员会由一名多数党或者少数党的议员代表，所以众议院预算委员会无法按照通常的做法将其成员作为和众议院其他委员会联系的渠道。在众议院预算委员会内部，这种联系可能变强，也可能变弱，取决于某个委员会是否有成员在众议院预算委员会中任职，也取决于成员愿意在多大程度上代表他们的委员会。

因为拨款和筹款小组委员会的主席都没有入选众议院预算委员会，所以大部分重叠的成员都未能成为与预算委员会进行沟通的主要渠道。众议院预算委员会主席吉尔莫（Giaimo）是拨款委员会里的一名民主党党员，但是他不能代表自主运行的小组委员会。巴伯尔·科耐伯（Barber Conable）利用他在筹款委员会的共和党副主席身份就筹款委员会的一些利益与众议院预算委员会进行沟通，但他少数党的地位限制了他作为与税收委员会联系渠道的作用的发挥。而大部分其他的在预算委员会和拨款或筹款委员会里同时任职的人要么太过保守，要么资历太浅以至于不足以作为他们委员会的非正式发言人，即便他们已经对与他们所关切的利益相关的问题有一定的影响。

尽管参议院预算委员会的成员来自大多数的参议院委员会，但他们并没有平均覆盖所有委员会。一些委员会只有一个人在参议院预算委员会里任职，而有的有7个之多，并且在第95届和第96届国会期间，拨款委员会都有六个参议员拥有参议院预算委员会的职务。财政委员会和海陆空三军委员会是两个在参议院预算委员会中代表最少的委员会。尽管广泛地牵扯到预算事务之中，但在第95届国会期间财政委员会中没有一个在参议院预算委员会中任职的民主党人，而在第96届国会期间也只有一个。海陆空三军委员会只向预算委员会派出了一个资历较浅的共和党党员。当山姆·努恩（Sam Nunn）在1974年被选入预算委员会时，他是在海陆空三军委员会中排名最后的民主党党员，而当他在1977年离开参议院预算委员会时，顶替他位子的温德尔·安德森（Wendell Anderson）则是第95届国会期间海陆空三军委员会中最新入职的民主党党员。海陆空三军委员会在第96届国会期间的代表数量有所上升，但是那两个新的赴任者也都在其参议院任职的第一个任期之内。

加入和离开预算委员会

每一个国会议员都有可能成为预算委员会成员，但是选任的方法和标准却在很大程度上限制了被选中的可能性。民主党在第94届国会期间提出的“平衡性”提名、它们在第95届国会期间对于自由派的倾斜以及共和党对于保守派的偏好都展示了进入预算委员会的遴选机制，在这个机制中议员们无法仅仅根据其自身的希望加入预算委员会。共和党里的自由派被拒之门外；而在参议院中，民主党中的保守派也面临同样的窘境。当参议院预算委员会在1974年临时成立时，查尔斯·佩西（Charles H. Percy）参议员在预算委员会席位上落选，尽管他曾是共和党中《国会预算法案》最积极的起草者，并且对预算委员会的工作表示了极大的兴趣。1977

年，哈罗德·兰纳尔（Harold Runnels）众议员在第一次申请连任（两年一届）众议院预算委员会委员时被拒绝，虽然最初确定的任期是四年。

领导人的角色

从上文的描述可以看到，民主党和共和党的领导人在遴选过程中扮演着积极的角色。在众议院，民主党候选人由党派的督导和政策委员会（Steering and Policy Committee，领导层的左膀右臂）提名，并需经政党核心会议批准。这与民主党任命众议院其他委员会委员的程序非常相似，但它又在一定程度上背离了1974和1975年众议院预算委员会第一次选举时所采用的方法。起初，筹款委员会和拨款委员会的主席分别从他们的委员会里提名3名民主党党员，但1977年是由督导和政策委员会来负责所有提名。这种权力转移强化了领导人在任命时的作用，而且增加了自由派进入众议院预算委员会的机会。核心会议分别对拨款委员会、筹款委员会以及代表所有议员投票，这样每个委员会中的候选人就必须为赢得众议院预算委员会的职位而彼此竞争。在参议院里，民主党的提名由督导委员会决定，也必须获得民主党大会的认可。

共和党在众议院和参议院里的遴选由党派领导人决定，他们通过委员会发挥作用。尽管这样的安排给予他们主导性话语权，但国会领导人并不总能为所欲为。在1974年，6个被提名的共和党参议员都来自拨款委员会和财政委员会，但普通的共和党党员通过大会投票将其中两人换成了其他委员会的成员。

在确定人选时，政党领导人通常会做两方面考量：一方面是符合需要的预算委员会人员构成，另一方面是议员们所表达的意愿。在不打破委员会平衡或者背离他们政治意识形态的情况下，领导人通常会挑选国会议员中对预算有兴趣的成员。在那些对委员会席位竞争很小或者根本不存在竞争的年份里，意愿的表达就显得至关重要。1974年，众议院预算委员会的3个民主党竞争者被核心会议否决；1975和1977年，又分别有2名议员竞选失败。但在1979年，对于预算委员会的关注度大幅增加。在众议院，有超过20个民主党员申请了委员一职，这是空缺席位数的三倍；而在参议院，参议院预算委员会增加了4个席位以满足参议员想要加入预算委员会的愿望。预算委员会和其他委员会一样，在不同的立法时期受到的关注度不尽相同。

对于意愿的表达解释了预算委员会名额在国会各个委员会之间分配的不均衡。特别是在参议院，有更多成员关注新机制的委员会通常比那些抵触或不关心预算机制的委员会在预算委员会里拥有更多职位。参议院政府事务委员会（the Senate Governmental Affairs Committee）的一些议员表达了他们对于预算机制的意愿，而这种意愿也被转化为该委员会在第95届国会期间在参议院预算委员会中的4个席位。同样，参议院拨款委员会也和预算委员会建立了工作关系，这种关系的渠道就是预算委员会中的6个席位。但大多数海陆空三军委员会和财政委员会的参议员都谨慎地和预算机制保持距离，并不希望为预算委员会服务。这也是这些委员会在参议院预算委员会中只有1个席位的主要原因。

国会领导人偶尔会尝试用不给某个国会议员预算委员会资格的方法来挫败他的

野心。在第95届国会开始之前，福特尼·斯塔克（Fortney H. Stark）议员宣布他想竞选众议院预算委员会主席一职，尽管当时他还不是委员会的成员。要获得参选主席的资格，斯塔克必须赢得筹款委员会民主党人在众议院预算委员会中三个席位中的一席。但因为在四个候选人里的得票数最低，斯塔克被踢出局。两年之后，众议院领导人想阻挠另一个民主党筹款委员会委员的相同诉求，但最终没有阻止成功。吉米·琼斯（Jim Jones）众议员是筹款委员会民主党提名的众议院预算委员会候选人，但通过了更加倾向于挑选自由派议员的督导和政策委员会的审批。琼斯挫败了阻挠，并成为民主党的核心成员。

也许最引人注目的拒绝事件发生在1977年。根据受访者的描述，当时参议员隆（Long）私下里表达了希望在参议院预算委员会中谋取席位的意愿，但是并未成功。但是据说在他的要求下，他的一个路易斯安那的同事本内特·约翰斯顿（Bennett Johnston）进入了预算委员会。

成员的任期

议员们参加各种委员会，因为他们希望能在那里度过他们的立法生涯。资历体系促使议员们将他们在委员会的任职看作一项长期工作。立法机构人员的流动通常集中在议员们国会生涯的最初几年，大家会离开不受欢迎的岗位而调往较好的职位。

从这个角度来看，众议院预算委员会在国会中算是异类了：这是一个有长期使命的常设委员会，但其成员却不停地轮换。《预算法案》限制了任期，规定每个成员在任何一个10年期间内任期不得超过4年，但在民主党核心成员的煽动下，这个限期在1979年被延长到6年。延长期限的理由包括：成员如果能在接受预算事务和技能的教育之后继续留在预算委员会，他们将得以更加有效地发挥作用。但是，支持延长众议院预算委员会任期的议员很少。结果，加入众议院预算委员会的众议员们知道他们与预算委员会的关系将最多持续6年，所以，无论他们怎样努力工作也无法在委员会中建立资历。虽然在众议院预算委员会中任职，他们仍旧继续履行在那些任期不限的委员会中的职责；在这些可长期任职的委员会中，他们可以发挥从过去的工作中积累的立法影响力，也可以做那些能够在将来增加认可度的工作。在长期性的职务中，国会议员们能够获得立法专家的身份；而在众议院预算委员会中，他们无法在工作中看到未来的回报。

众议院预算委员会独特的限制意味着国会成员不需要考虑在预算委员会的任职对他们国会生涯的长远影响。他们轮流加入委员会，在任期到了之后就离开。大多数众议院预算委员会的成员将这种轮换视为理所当然，甚至把这种安排看做是必须的。在调查过程中，有很多议员计划着在第95届国会结束时离开众议院预算委员会，这说明轮换规则在让更多议员接触预算机制以及帮助他们以更广泛的视角理解联邦政府运作方面是一种非常好的途径，而在常规委员会工作则很难有这种好处。由于议员们不会长期在众议院预算委员会任职，因而大多数议员将他们的离职视为一种稀松平常的事情，并不把它看成预算利益的丧失。

在这次研究的各类访谈中，只有一个众议院预算委员会的成员背离了这种模式；他是一个年轻的民主党员，他声称："我不允许我自己去想有关离开委员会的事情；我真的会非常想念这里。有一次我想起这件事情时心里感到非常难过。预算委员会是一个真正能让我有机会成为预算机制一部分并且做一些贡献的地方。"这个议员与其他众议院预算委员会成员有一种根本的不同：预算机制已经成为他主要的立法兴趣所在，成为他衡量自己立法委员价值的标准。他不再仅仅是一个暂时的预算委员会成员。他是极少数立法行为受到预算机制深刻影响的议员中的一位。尽管如此，当另一个他同样拥有职业兴趣的委员会的大门向他敞开时，这位议员还是为了新的任职离开了预算委员会。由于前文所述的规则上的改变，他可以在预算委员会多工作两年，但这种诱惑并不足以让他继续留在预算委员会。

众议院预算委员会议员的轮换特征与它的行政职员的长期任职形成对比。行政职员确保了委员会工作的连续性，能够摆脱国会对于资历的依赖，并向新成员传承组织的作用和期望。尽管预算委员会的议员们通常都很尊重行政职员，但在工作上对他们的依赖还是让议员们感到不舒服。国会的一名议员为这种常任的行政职员和轮转的议员结合的模式辩解称："这种结合使决策过程从遴选产生的议员中分离，并在一定程度上给予影子内阁的工作人员决策权。"

参议院在让参议员接受参议院预算委员会职务的事情上遇到了困难，这迫使参议院改变了原有的"两委员会任职"限制。《预算法案》允许参议院预算委员会的成员在第94届国会期间同时在三个委员会中任职。然而，在1977年第95届国会组建完成时，参议员们被要求放弃参议院预算委员会或其他委员会中的任何一个任职。1976年夏天，据马斯基参议员的预算行政人员估计，如果"两委员会任职"的限制被重新启用，参议院预算委员会可能会失去所有其他的民主党人。尽管如此，他还是建议马斯基参议员不要试图去推迟"两委员会任职"的限制，而是将精力集中于劝说一些议员留任，而将空出的席位给予一些资历较浅的议员。[①] 这个建议是基于很多假设和预期提出的，比如新加入的议员会更专注于预算工作，以及他们会比有经验的、已经在其他委员会积累了一定资历和专业素质的议员更积极地响应马斯基的领导，马斯基意识到对于是否实施"两委员会任职"限制的不确定性阻碍了议员们完全接纳参议院预算委员会。不难理解，只要参议院预算委员会在能否成为议员们第三个长期同时任职的委员会的问题上悬而不决，议员们将避讳他们预算委员会委员的身份。如果限制付诸实施，那么他们将不会留在预算委员会；但如果存在预算委员会成为第三个可同时任职的委员会的可能性，议员们还是会有兴趣去强化预算委员会的作用。尽管参议院预算委员会的团队联系比众议院委员会要强，但参议员们还是很谨慎地限制着自己在这个可能几年后不得不离开的委员会上的投入。

引诱资历较浅的议员投身参议院预算委员会的工作，并把委员会作为他们任职的两个主要委员会之一；这一点被证明是不可能的。这个尴尬的情境导致参议院在第95届国会开始之初通过了一系列针对参议院预算委员会的规则，但是，在一周

① 《委员会成员资格和重组》，马斯基参议员的备忘录，1976年8月23日。这份备忘录是四个参议院预算委员会里的高级民主党行政人员整理的。

之后决定委员会任命时不得不违反这些规则。作为委员会架构重组的一部分，参议院在 1977 年 2 月投票决定给予之前在预算委员会任职的参议员增加两年任期的特权，但是将参议院预算委员会算做新加入委员会的参议员的主要委员会之一。几天后，作为向多数党领袖伯德所形容的"应对临时情况的情有可原的安排"的妥协，参议院向预算委员会任命了五名议员，并准许他们在另外两个主要委员会任职。[①]

但是这种"情有可原的安排"并不会消失。1979 年，参议院再次面对这个议题，此时对于预算工作的关注度正在上升。参议院预算委员会里的参议员希望将其作为可同时任职的第三个委员会；而其他人希望能在不放弃其他职务的情况下加入进来。于是，参议院预算委员会不可避免地成为可以长期任职的第三个委员会；对于一些参议员来说，这是他们的第四个主要职务了。在确定了可长期任职的规则后，参议院预算委员会便成为其成员立法生涯的重要组成部分。

当议员们感受到了一种与他们工作的委员会休戚相关的共同命运时，他们就会努力巩固委员会在国会中的地位。在决定如何对影响到委员会利益的问题进行投票时，他们更乐意接受来自委员会的暗示。当委员会受到其他国会权力拥有者的威胁时，他们能与委员会站在一起。委员会作为一个整体有效地运作符合他们的利益，即使有时需要议员们为整体的利益放弃个人偏好。然而，如果成员不想长久地待在委员会里，他们就会按照个人利益行动，并接受来自委员会之外的暗示。他们将使整体利益从属于个人利益，并且不会为委员会成为国会的一个权力中心而努力。

议员们在这方面的考量也在一定程度上解释了两个预算委员会之间的行为差异。众议院预算委员会任期的暂时性并没有让它的成员对预算结果漠不关心，或使他们对立法工作的责任感降低。然而，它影响了国会议员们对于预算委员会命运与自身立法地位关系的判断。众议院预算委员会是一个有限的投资，因为它只能带给它的成员有限回报。而随着自身境遇的改善，参议院预算委员会则能够提供可观的前景。如果成员提升了委员会在国会中的地位，参议院预算委员会也可以回报他们。（引人注目的是，即便在参议院预算委员会的地位未确定的时期，其大多数成员依然希望保留委员会的席位，即便只是因为参议员不愿意撤销委员会任命。因此，他们有理由像长期任职的委员一样工作。）

本研究将详细分析两个委员会之间的各类差异。而源自这些差异的关键的运作上的区别可以总结为以下几点：众议院预算委员会被分裂成为不同的党派阵营；参议院预算委员会通常会在统一的职务下掩盖党派性。众议院预算委员会的成员会按照自己的方式辩论预算决议；参议院预算委员会的成员则在大会上压倒性地支持他们的决议。众议院预算委员会在公开和其他委员会对抗时比较犹豫；参议院预算委员会针对各类参议院委员会开展了许多公开斗争。众议院预算委员会越来越依靠党派领导人；参议院预算委员会完全独立于党派领导人。以上提到的每一点都使参议院预算委员会获得其成员更多的效忠，但也使众议院预算委员会愈益丧失对其成员的控制。

但是，这两个委员会之间的差异只是一个程度问题。参议院预算委员会从来就

① 《123 号国会记录》（1977 年 2 月 11 日）S2648。

没有很好地整合成一个完整的整体，众议院预算委员会也没有分裂成25个各行其是的个体。而且，成员的任期只不过是影响预算委员会及其成员行为的因素之一。预算工作的特征（即将探讨）也降低了成员和委员会之间的关联度。

离开委员会

预算委员会的成员轮换非常频繁。1975年参议院预算委员会的16个参议员和众议院预算委员会里的25个众议员在四年后分别只有5人和8人仍然留在委员会中。其中有半数是因为离开国会的原因离开委员会；而其他人要么是被对手击败，要么是用委员会的位子换到了更好的职务。由于对民主党人而言保留参议院预算委员会的委员资格不需要付出什么代价，因此，即使对委员会的地位和表现不满，他们仍然会留在委员会中。一个值得一提的例外是山姆·努恩（Sam Nunn）参议员，他在1977年主动放弃了参议院预算委员会的职务。努恩的离开之所以会引起关注，是因为他是参议员资历较浅的议员中最有前途的新星之一，他聪明、勤奋，且有可能年纪轻轻就当选海陆空三军委员会主席。①“他一定是觉得无聊”，一位参议院预算委员会的行政职员如是猜测，而另一个人则认为努恩是因为反感庞大的预算赤字而决定离开预算机制的。其他的参议员则通过缺席参议院预算委员会的会议（下一节将讨论的实践活动）来表达自己对委员会工作兴趣的缺乏。

参议院预算委员会的共和党人所面对的激励机制则完全不同，因为他们的党派规定不允许他们同时在一些享有声望的参议院委员会就职。很少有参议员会通过放弃财政委员会、拨款委员会、海陆空三军委员会或对外关系委员会的职务来保留预算委员会中的职务。1979年，三个共和党党员放弃了他们在参议院预算委员会中的位子，换得了在其他委员会里地位较高的职务。一些没有资历去争取更好职位的新人顶替了他们。对于地位不断上升的共和党党员来说，参议院预算委员会也许只是一个起步，而不是一个实现立法志向的永久性舞台。

在众议院，议员有限的任期使得国会里的成员大量轮换。但即使是这样，很多国会议员在他们任期结束之前就离开了委员会。理查德·波尔林（Richard Bolling）众议员曾经是众议院《预算法案》的监察人（floor manager），他在众议院预算委员会里任职了没多久之后就离开了，转到了联合经济委员会（the Joint Economic Committee），成为那里的联合主席。在第95届国会期间，约翰·罗德（John Rhodes）众议员离开了众议院预算委员会，因为他想花更多的精力在他的少数党领袖一职上。其他一些共和党副主席（例如艾尔弗德·赛德伯格和戴尔·克罗森）也离开了委员会，他们声称其他的立法工作需要很多时间。

当成员的任期在1979年从4年延长到6年后，很多原来打算要离开的成员又改变了主意，决定继续留任。增加的两年对于这些成员来说是“天上掉下来的馅饼”，因而他们欣然接受。但是也有少数例外。巴特勒·德里克（Butler Derrick）为在规则委员会任职而离开了众议院预算委员会，派伦·米特希尔（Parren Mitch-

① 多恩·温特尔，《勤奋刻苦让佐治亚的山姆·努恩得益》，《国家新闻期刊》（1977年11月26日），pp. 1850—1852。

ell）选择留在小型企业委员会（the Small Business Committee）和联合经济委员会。这两个人都是在众议院预算委员会里非常重要而活跃的民主党员：德里克曾带领了一支由众议院议长组织的特别工作组在众议院为预算决议辩护；米特希尔是委员会里关于社会项目最重要的发言人。这两人都没有发现增加的两年任期对实现自己的长期国会目标有任何助益。

成为预算委员会的成员

当国会议员加入了一个委员会，他们就成为这个不断发展的社会系统的一部分。他们学习委员会处理事务的方式、传统和团体规范，以及将成员纳入社会功能单元的不成文规则。这个社会化的过程没有任何危险；基本上都是成员融入这些他们将在其中度过立法生涯的委员会的习惯之中。社会化的影响对所有的委员会不尽相同，也不是对所有的国会议员都有同等效果。一些委员会对传统有一个很强的认同；其他的却倾向于与过去决裂。一些成员是"为了搞好关系而选择合作"；其他的却喜欢通过挑战既有的规则留下自己的印记。但是大多数成员都根据他们委员会的身份认同来定义他们的职业生涯、塑造他们的立法兴趣。对大多数人来说，地位和权力只是他们委员会工作的副产品。这种认同让他们成为源自他们所任职的委员会的特定立法领域的专家。

预算委员会在成立之初，没有过去，没有传统，也没有在其中新成员能够实现社会化的预期和行为清单。委员会必须同它的成员一起学习；它们需要在发展过程中临时制订成文和不成文的行为规则。例如，成员们必须设法应对预算委员会的党派问题，委员会可能因党派而分裂，也可能作为一个统合的整体而运作；这两种模式共存于国会中，且为国会所接受，但是每个委员会必须探索其自身的路径。

这种不带有历史负担的特性并没有阻止成员的社会化。相反，这意味着每一个预算委员会必须在一个新的基础上融合它的成员，而非囿于既有的传统和规范。激动的心情、远大的目标以及对于预算机制很高的预期可能会将两院预算委员会的成员结合成立法兴趣受到团队认同强烈影响的政治单元。

但这种情况并没有出现。对于大多数成员而言，与预算委员会的关联是有限且脆弱的。极少有成员显著地改变他们的立法兴趣或行为。也极少有成员认为他们是一个有着共同目标和精神的委员会的一部分。到 1977 年，新奇感和兴奋感都已经消逝，推动委员会运作的是大量的常规事务、对预算决议的周期性处理以及实施预算过程的忙碌工作。当留在预算委员会里需要付出成本时，大部分人会很轻易地选择离开委员会，这意味着委员会对于委员们的立法职业生涯并没有非常重要的影响。但已经在预算工作方面崭露头角、广受赞誉的委员会主席以及参议院预算委员会共和党副主席则是例外，也许还有一些其他人。对于大多数成员来说，在委员会任职已经成为一种折磨，最多不过是为他们提供了保护其他立法利益的机会。

委员们了解到，即便在预算委员会中共事，他们要各行其是也没有关系。这种分裂的现象在众议院预算委员会中尤为明显，鉴于其成员资格的临时性，出现这种情况不难理解。委员会允许委员们利用预算机制保护或推动自己偏好的项目。除了一些程序性问题，委员会中很少有团队忠诚和目标共享。参议院预算委员会一位重要的行政职员这样评价众议院预算委员会的行为：“当你有来自主要权力中心的法定代表资格，并且每个人都有一个将在几年内回归的母委员会（a parent committee）时，预算委员会不太可能在没有母委员会主导的情况下积极主动地工作”。一位众议院预算委员会的高级行政职员也做出了类似的评论：“我认为众议院议员们将预算委员会看作整个众议院而不是某个单独且明确的利益的代表”。众议院预算委员会的报告总是体现大量分歧和不同的观点，而不像众议院拨款委员会，这个委员会有传统（尽管在某些时候这个传统并不有效），不允许在委员会中出现公开的异议。

参议院预算委员会里的组织忠诚度毫无疑问要高得多。成员们总是联合起来支持他们的决议，并且防止预算委员会在大会辩论中受到攻击。但是，由于委员们和其他委员会存在隶属关系，这使得共同的目标会在面对由这种隶属关系所产生的竞争性目标时不得不有所退让。参议院预算委员会成员对 1980 财政年度的第一个决议提出的几个即席修正案就体现了参议院预算委员会力量的相对性和相互竞争的忠诚。霍华德·梅岑鲍姆（Howard N. Metzenbaum）参议员成功地为惠及美国老年人的营养项目争取到更多资金。两个在参议院预算委员会的同事非常支持他，这两个人同时还在对于营养项目有管辖权的劳工和人力资源委员会任职。罗顿·奇里斯（Lawton Chiles）参议员寻求对社会保障金的偿付，这个项目在他作为参议院老龄化特别委员会（Special Committee on Aging）主席时就非常关注。马格鲁森参议员为食品救济券项目争取到了额外资金，这正是他任主席的拨款委员会准备解决的议题。议员们对其他方面的立法关注通常会凌驾于对参议院预算委员会的忠诚之上。

预算委员会在对其成员进行财政政策和预算知识教育方面取得了显著成效。在委员会成立之初，只有极少的议员熟悉预算方面的技能、术语和分析方法。议员们受到行政职员“填鸭式的教育”（小组讨论和简报在第一年里是很常见的），而更重要的是，他们在处理预算数据和编制预算决议的工作过程中学到了很多。慢慢地，人们能感觉到议员们在谈论这些数字时的信心逐渐增强。活跃的预算委员会成员都已经掌握了预算的程序和语言。联邦政府的预算是一个非常复杂的过程，而且在一开始，预算委员会的成员被这个过程弄得如坠五里雾中。在编制预算过程中，对于该怎么说或怎么做的问题，他们必须不断地征求行政职员的意见。成员们通常会混淆预算授权（国会授权的开支责任）和开支（政府花出去的资金）。他们经常会陷入本意要处理拨款（为项目提供资金的立法）而讨论的却是授权（批准建立项目的立法）的窘况。不到一年时间，大部分成员都有能力谈论预算问题而不至于将它们互相混淆。皮特·多米尼西（Pete V. Domenici）谈到参议院预算委员会第二次审议预算决议时说：“我开始在脑子里有了授权和预算授权两者的区别。我不肯定六个月之前我是否能做到，但是现在我肯定可以。我认为我在讨论的是授权而非预算授权。”①

预算机制同样教会委员会成员去关注他们特定立法兴趣之外的一系列联邦项

① 参议院预算委员会对 1976 财政年度第二个预算决议的审议，副本，p. 205。

目。其结果是，他们对于项目之间如何联系以及项目如何进入联邦预算之中有了更加宽泛的理解。他们得到的是通识教育——不能够使他们成为所有联邦项目的专家，但足以对项目的资金问题做出合理判断。当谈到成员轮换的优势时，众议院预算委员会的议员们都会涉及预算机制的这个效果。他们相信国会将从更加广泛的层面受益。

预算委员会的成员对于预算政策的经济内涵有了更透彻的了解。大部分成员在进入预算委员会之时，对于预算赤字、通货膨胀、失业问题就有先入为主的观念。极少有人知道预算中的这些数据对经济究竟有什么影响。在经历了国会预算过程后，很多人对这些经济工具和概念有了较正确的理解；一些人还能够熟练地解读这些经济数据并将它们与预算问题相关联。参议院预算委员会在经济方面的培训似乎比众议院更有效，也许是因为众议院预算委员会里的议员更倾向于固守特定的意识形态而缺乏理解预算问题的大局观念。

经济知识教育是从两个层面上进行的：一个是深化对于预算"算术"方面的理解，另一个就是改变一些人对于财政政策的观念。在预算机制被引入之前，议员们通常认为减少联邦政府的开支将同等程度地降低预算赤字。而现在很多预算委员会成员认识到在高失业率时期削减开支会导致税收下降，所以不会导致预算赤字同等程度减少。对一些成员而言，新的理解会带给他们对于财政政策思考方式的转变。下面这段对话发生在财政保守派参议员亨利·贝尔蒙提出支持提高公共服务开支以降低失业补偿和食品救济项目的成本之后：

奇里斯："你真的这么认为么?"

霍尔林斯："你真的这么认为吗?"

贝尔蒙："对，我真的这么觉得。"

奇里斯："你现在就像个经济学家。"

贝尔蒙："此时此刻，我的确是。"①

然而，教育并不是社会化的替代物。社会化一方面与委员会成员实质的技能有关，另一方面则关乎组织行为。当他们在预算方面更加娴熟时，他们并没有表现出与预算机制更多的关联性，也没有表现出对于委员会的向心力。预算委员会的成员们不断地受到各种因素的阻碍而无法与预算机制建立深入的联系。其中的一个原因已经探讨过，即预算委员会任期的暂时性和不稳定性。另一个原因源自预算工作在国会里的特殊性。预算委员会并没有正式的立法议程；它们制定法案的方式与其他国会委员会不同。要理解预算委员会，就必须了解它们工作的性质。

在预算委员会里工作

委员会体系是国会用来在议员间分配立法工作和立法权力的方式。这个体系给了每个人一部分权力，但也确保了没有人能掌控立法的所有领域。这个体系还将成员与委员会捆绑在一起，因为对于大多数国会成员来说，权力和身份是以他们服务

① 参议院预算委员会对1976财政年度第一个预算决议的审议，副本，p. 635。

的委员会为基础的。在接受一个委员会的任命之后，一名议员就变成这个拥有特定立法领域监管权的组织的一部分。成员对于委员会管辖范围内的事务都非常关注，通过在国会行使权力的方式获得技能、职务以及对行政职员的控制。专门化是通向立法成功最可靠的保障，这一点对于委员会和议员而言都一样。

专门化

预算委员会遇到的一个问题是，它们几乎没有排他性的专门化领域。它们所要做的每一件事几乎都会涉及其他委员会的管辖权。由于它们没有不受干扰的势力范围，也没有独立于其他委员会的公共政策领域，所以它们不能给予其成员发展个人专业性的机会，而这恰恰又是国会中事业的根基。更确切地说，预算委员会和它们的委员们总是被其他委员会的人视为游手好闲的半吊子或爱管闲事的干涉者，而不是有名望的立法专家。更糟糕的是，与其他委员会人员和利益的重叠使预算委员会的议员们无法区分他们的忠诚对象，更不用说在处理预算议题时明确他们的立法关切。他们没有忘记也没有忽略这样一个事实，那就是他们的一个同事来自于海陆空三军委员会，另一个人来自教育和劳工委员会，第三个人来自司法委员会，这个名单可以一直列下去。预算委员会的成员们被聚集到一起，在日常的立法工作中处理那些使他们陷入分裂的问题。每个人都带着各自的专业性知识走进会议室，而且在整个预算的讨论过程中，大多数人不断地展示他们对于其所任职的委员会的身份认同。只要看看预算决议的审议过程，一个旁观者就能判断出很多预算委员会成员的立法兴趣到底在哪里。

预算程序是预算委员会的管辖范围，是它们获得作为国会专家的身份认同的主要机会。预算委员会是预算机制的监护人，它们是汇总各类数据和监控预算相关进展的专家。预算委员会的兴趣在于齐心协力地支持用于规范国会内预算事务的机制。如果它们不能维护好业已建立的制订预算决策的机制，委员会就会失去在国会中的意义和地位。在处理关于程序方面的问题时，预算委员会的议员们能够放下那些导致他们分裂的在实质性问题上的分歧，并且为了共同的立场而团结起来。但是，程序无法完全脱离实质。比如，即便一个委员会非常希望对某个其管辖权范围内的法案采取行动，但《预算法案》规定的截止日期却能够冻结它的所有行为。这些同时在预算委员会和其他立法委员会任职的国会议员们究竟按什么原则来处理事务：是推动预算委员会所辖预算机制的执行，还是促进其他立法委员会关注的项目？

由于预算机制在程序上的统一和实质上的分裂，对于预算委员会而言，从过程角度去处理这些事务更为可行。程序性问题不仅能够更好地将预算委员会团结在一起，而且也更容易获得参众两院的支持。预算委员会在作为程序方面的专家工作时，行为方式与其平时有所不同。众议院预算委员会很审慎地强调了遵守《预算法案》关于截止日期和技术方面要求的必要性，只在极少数情况下会涉及实质性的议题。然而，参议院预算委员会则试图将各类实质性议题视为影响预算过程可持续性的问题。有时候，参议院预算委员会会强烈地质疑税收和开支立法对于预算决议所规定数额的偏离，认为这违背了预算机制的要求。后面的章节将探讨国会预算决策的制定和实施，而这两个委员会在程序性和实质性方面的差异也将是研究的主题之一。

在预算委员会之中，最“社会化”的是那些将主要精力聚焦于程序性问题的议员。他们认为预算过程是一种将预算纪律引入国会的机制，而非促进他们所关注的项目利益的手段。巴特勒·德里克（Butler Derrick）参议员的例子就能很好地诠释众议院中的这种行为。德里克被任命到众议院预算委员会时还是个新人，那时他尚未在其他委员会中建立其立法兴趣。尽管缺乏资历，但他是众议院预算委员会中最活跃的成员之一，担任预算过程中一个特别工作组的主席，支持发表了一系列关于预算控制问题的出版物，并且推动了预算决议在大会上的通过。德里克是一个来自保守的州（南卡罗莱纳）的新人，他在1975年投票反对第一个预算决议。但对预算机制相关工作的热情投入促使他的投票出现重大逆转，在那之后他转而支持预算决议。

但是，德里克是预算委员会中极少数把对于程序性的关切置于实质性结果之上的议员。其他大多数人都会衡量预算机制达成的结果对他们各自委员会的影响。

财政政策

预算委员会还有一个专门化的领域，就是国家经济政策。尽管联合经济委员会（JEC）在二战后专门为此成立，但它缺乏立法管辖权，也不能发挥提建议和调研的作用。国会不需要按照JEC的报告或建议去采取任何行动。但它必须对预算委员会提交的“宏观”数据有所反应，这样做的话，国会就能够根据经济增长、就业和通货膨胀的情况参与国家政策制定。从管辖权的角度来说，预算委员会似乎可以很容易地宣称它们在财政政策方面是国会中的专家。

预算委员会发现，财政政策通常会涉及一些这个时代极具争议性的政治议题：适当的联邦政府规模，在增加就业和通胀之间的平衡，赤字规模等等。一个强调这些议题的预算机制激化了预算委员会和国会内部的分歧。并且，如果将预算争议聚焦于财政领域，预算委员会可能将为经济运行状况承担更多超过其承受能力的责任。它们可能会因为经济下滑或因为容忍高失业率和通胀率的预算目标而受到谴责。

尽管预算委员会非常直率地表明了它们的建议所基于的经济假设，但它们并不鼓励就国家性的经济目标进行广泛而公开的辩论。财政政策只是一个附带的关注点，讨论通常会集中于预算数字而不是就业、经济增长和物价。预算委员会的成员从来不直接对经济政策投票，也从来不在众议院和参议院对预算进行辩论时就经济问题投票。JEC的经济假设和目标并未受到干扰，预算委员会会断然拒绝那些强调经济事务的建议。因此，众议院预算委员会的民主党人阻止了共和党人想要将大会辩论划分为不同阶段的企图。后者希望大会辩论能够经历两个阶段，一个是决定预算总量的宏观经济阶段，另一个是在预算类别之间分配支出的功能阶段。

当国会在1978年实施《汉弗莱—霍金斯（Humphrey - Hawkins）法案》，将充分就业设定为美国的经济目标，预算委员会的财政角色也随之逐渐减弱。法案在1978年3月提交众议院审议时，包含了有关明确国会对国家经济目标的决定的条款。JEC将编制“经济目标”决议，该决议将在第一个预算决议出台之前两周被审议通过。JEC将在财政政策的制定上发挥非常重要的作用，预算委员会则会因此失去这方面的话语权，而JEC的工作也将使年度预算过程黯然失色。

众议院预算委员会那些一直致力于推动两阶段预算过程并希望首先对总额进行投票的共和党人不愿意支持关于明确财政目标的要求，而委员会中反对“宏观”程序的自由派则对这种经济目标路径（the economic objectives approach）表示拥护。巴伯尔·科耐伯是反对派领袖，他认为新计划会使“预算委员会在很大程度上沦为算术工具”。众议院预算委员会共和党副主席德尔波特·拉塔反对这种“对于预算程序和预算委员会管辖权的攻击”，而资历较浅的共和党员拉尔夫·雷古拉（Ralph Regula）则敦促众议院“避免破坏这种处理预算问题的有效方式”。[①]

众议院预算委员会共和党人坚定的反对立场与预算委员会的管辖权没有一点关系，而是出于对《汉弗莱—霍金斯法案》中体现的社会政策的不满。如果说共和党人是为了他们的政治利益而不是为了预算委员会投票，那么众议院预算委员会的自由派也采用了同样的方式，为了促进那些相互抵触的目标而背弃了他们的委员会。戴维·欧泊支持JEC倡导的新程序，因为它将“对诸如失业率、就业率提高之类的问题进行直接投票……我不希望众议院失去对这些特定目标进行直接投票的能力。”众议院预算委员会的同事派伦·米特希尔指出，如果没有新的对于财政政策的强调，关于就业的信息“将最多成为预算决议的一个附件”。众议院预算委员会的第三号民主党人唐纳德·弗雷泽（Donald Fraser）解释了财政政策议题在预算过程中被掩盖的原因：“我们在预算委员会中处理各种各样的问题：国防开支、福利支出，有的涉及卫生问题，还有的涉及教育方面的支出问题。所以，除非我们首先确定目标，然后围绕目标进行讨论研究，做出决定，之后尝试用预算机制去解释这些目标，不然的话，《汉弗莱—霍金斯法案》相关的目标肯定会被埋没在预算委员会审议的这堆乱糟糟的议题之中。”[②]

由于众议院预算委员会的议员不愿意将这个问题视为对他们委员会管辖权的挑战，因此针对科耐伯关于废除JEC程序的动议的投票按政治立场分为两派。所有的共和党人以及大多数温和派和保守派民主党人支持科耐伯的修正案；包括主席吉阿莫在内的七个众议院预算委员会民主党人则投了反对票。[③]

在参议院，《汉弗莱—霍金斯法案》以不同的方式挑战了参议院预算委员会在财政政策方面的角色。一个建议是将联邦政府的预算限制在GNP的20%以内。另一个要求是如果总统认定截至法案设定的最后期限（1983年）失业率降至4%的目标无法实现，预算委员会便需要设定一个新的日期。马斯基参议员成功地推动参议院通过修正案，删除了法案第一款中精确的定量目标；贝尔蒙参议员也随即提出修正案，提出给予预算委员会对失业率目标的决定权。两位参议院预算委员会的领

① 《124号国会记录》（1978年3月16日），H2137、H2138。

② 《124号国会记录》（1978年3月16日），H2139。

③ 据称，吉阿莫用这样的投票给予JEC在财政政策上的控制权，以换取支持他再担任两年众议院预算委员会主席的承诺。

导人为确保预算委员会的灵活性调整了议题，以应对不同的财政需要和境况。[①] 但大多数参议院预算委员会的普通成员都是根据他们的政治倾向投票的。实际上，12位参与两个修正案投票的参议院预算委员会成员中有8人突然改变了对预算委员会管辖权问题的立场。参议院预算委员会的自由派支持马斯基关于废除联邦预算上限的动议，但是反对贝尔蒙关于使预算委员会摆脱就业率目标束缚的建议。保守派则投票支持贝尔蒙，但反对马斯基，以表达他们希望限制联邦预算但反对僵化的充分就业目标的立场。只有马斯基、贝尔蒙和少数几个温和派成员站在预算委员会的立场上投票。

工作量

国会成员通常要面对许多会导致他们时间安排上出现冲突的要求。委员会的事务只是他们要参与的事务之一。一个议程安排得很满的委员会通常不能引起其成员对它的关注，但如果一个委员会的工作量很少，它也无法在成员的立法生涯中占据很重要的位置。

预算委员会的工作具有季节性，即编制春秋两季的预算决议。委员会其他的工作，比如全年的立法跟踪和预算数据的更新，可以由行政职员来完成，不需要普通成员的参与。由于它们有来自外部的强制性议程，因此预算委员会成员不需要聚到一起决定委员会的工作内容。来自外部的法定要求使团队目标的确定不再困难，同时也使得委员会不需要再为获取成员的团队支持耗费太多精力。

由于成员只是按照规定的议程行事，而不是真正投入到预算工作之中，所以两个预算委员会总是在编制两份预算决议之间的那段时间里设法吸引成员的关注。众议院预算委员会为其成员举办"早期预警"情况介绍会，这样工作人员便可以复查一些与预算有关的还未解决的立法问题。通常这些会议的出席率很低，主要是因为它们通常不在议员们的议程安排之内。成员们会谈论一些预算议题，但是很少对此采取行动。参议院预算委员会则更加积极地发展"无决议"行动。在这个行动成立之后，参议院预算委员会声称拥有对扣押建议的联合管辖权（与拨款委员会一起）。在1974年和1975年，它举办了一系列关于扣押措施的会议，但这项事务随着扣押的常规化和政策性扣押的减少而渐渐消失。参议院预算委员会还尝试利用《预算法案》插手弃权（waivers）问题（与报告授权立法的法定截止日期以及预算相关立法的审议期有关），但是，尽管被弃权的数量大幅上升，这个行动同样也被禁止。在一开始，参议院预算委员会召集其成员讨论弃权请求，但是到了1977年，很多弃权问题通常都通过电话投票的方式处理，不需要经过委员会会议。

参与度

工作量是委员会吸引其成员关注的一个必要但非充分条件。为了真正引起重视，委员会的工作必须有一个立法目标，使其能够在议员们拥挤的日程表中占据优

① 参见《124号国会记录》（1978年10月13日），S18898中马斯基参议员的论述，以及S18914中贝尔蒙参议员的论述。

先地位。国会成员就算对某个委员会失去兴趣，一般也不从委员会中辞职退出，他们只是不再参加相关活动。一些委员会的会议几乎能汇集所有议员；而另一些委员会却难以达到开会所要求的法定人数。在一些委员会中，议员们在投票时几乎每场必到；而另一些委员会中，议员们则在投票中广泛地使用代理权。

表4－5总结了预算委员会的成员在1976—1979年间对预算决议投票的参与比例。[①] 没有可比较的数据，就没有判断这些比例是否与参众两院其他委员会相一致的基础。然而，也可以在预算委员会的成员之间以及两院的预算委员会之间进行比较。就像预料的那样，预算委员会的成员在投票中的表现大相径庭。有三分之一的成员投票参与度非常高；90%的投票签到册上都有他们的名字，他们几乎不使用投票代理权。两院预算委员会的主席就属于这一类，他们的投票参与度是最高的。而另一个极端是，有不到三分之一的成员经常缺席投票，并且广泛地使用代理权。参议院预算委员会有一名叫詹姆斯·阿布雷兹克的参议员，在他的四年任期内超过100次的投票中，他只参加过几次。

表4－5　1976—1979年间两院预算委员会的投票参与比例

预算委员会		出现并投票（%）	未投票（%）
众议院			
1976年			
	所有议员	75.4	6.5
	民主党	73.3	8.6
	共和党	79.8	1.9
1977年			
	所有议员	77.8	4.3
	民主党	79.5	4.9
	共和党	73.9	3.1
1978年			
	所有议员	65.0	4.4
	民主党	61.1	5.0
	共和党	73.5	3.3
1979年[a]			
	所有议员	79.7	0.8
	民主党	78.9	0.6
	共和党	81.4	1.4
参议院			

① 这里的日期是日历年度。所以，委员会在1976年投票的对象是1977财政年度的预算决议。1979年的投票对象则是1980财政年度的第一个预算决议。

续表

预算委员会		出现并投票（%）	未投票（%）
1976 年			
	所有议员	77.2	14.5
	民主党	68.5	20.3
	共和党	91.7	20.3
1977 年			
	所有议员	58.2	19.8
	民主党	55.0	23.8
	共和党	63.5	13.1
1978 年			
	所有议员	50.5	19.0
	民主党	43.6	20.4
	共和党	63.5	16.7
1979 年[a]			
	所有议员	80.1	19.9
	民主党	77.9	22.1
	共和党	83.3	16.7

a 只统计了对 1980 财政年度第一个预算决议的投票。

来源：根据众议院预算委员会期刊和参议院预算委员会关于预算决议的报告汇编而成。

由于参议员所拥有的委员会（和小组委员会）职务比众议员要多，因此可以预计参议院预算委员会的投票参与度比众议院预算委员会低。但 1976 年却并非如此。参议院预算委员会比众议院预算委员会成员的投票比例还要略高一点（77% 比 75%）。尽管所有的参议员都至少拥有两份其他委员会的任职，但他们中的大多数人还是在安排工作日程时将预算工作放在优先地位。这种积极的参与反映出他们对于刚投入运作的预算机制的重视和期望。但是，1977 年参议院预算委员会的参与度下降了 20 个百分点，而 1978 年则进一步下跌。这导致参议院预算委员会的投票参与度大大低于众议院预算委员会。这种参与度的下降出现在参议院预算委员会的所有团体之中：民主党和共和党，自由派和保守派。新上任的成员对工作没有激情；他们的投票参与度和老成员基本相当。只过了两年，预算机制就失去了立法上的关注度和重要性。对于一些成员而言，它成了一件苦差事；对于另一些人而言，它毫无意义。许多在预算委员会的参议员不再把预算工作放在优先考虑的位置；“有其他安排”成了缺席参议院预算委员会审议的充分理由。

但是，1979 年情况发生了大逆转，参议院预算委员会成员的投票参与率飙升到第一年的最高点之上。平均有超过 80% 的成员参与投票，并且共和党的参与度高于民主党，每个留任参议员的参与度都比前一年高。但这个乐观的比较结果因

1979年出台的不能代理投票的规定打了折扣。在之前几年里，缺席成员可以委托代理投票。而推出这个规定之后，参议院预算委员会的成员如果不参加会议，就会丧失投票权。当奇里斯参议员提出废止代理投票的建议时，马斯基主席表示反对，他担心一些成员会因此选择退出委员会的活动，而非参加冗长的审议。但是他的担忧并没有成为现实，至少在废除代理投票的第一年是如此。

值得注意的是，未投票的比例从1977年到1979年一直保持不变。这意味着废除代理投票并未导致该比例上升。其结果是参议院预算委员会的成员们对于委员会工作的投入在1979年急剧增加。当然，仅废除代理投票不会导致这么明显的改变，1979年还出现了其他影响预算机制的变化，比如前文讨论过的议员们在预算委员会任职意愿的增强。

众议院预算委员会的参与度随着委员会的人员构成与国会对预算关注的改变而变化。参与比例在1977年有所上升，主要是因为新加入的委员们投票积极，特别是自由派民主党人。这些新加入者把他们的任职视为将国会预算向自由派方向引导的机会。但是，在他们任职的第二年（1978年），国会对预算的关注度就下降了，委员会内其他成员的热情也随之减弱。1979年参与度的上升与国会对预算机制关注度的上升一致。

预算工作的回报

国会成员有各种各样的理由加入立法事务办公室，但不管他们的目的是什么，大部分回报还是来自于委员会的工作。在一些委员会中，对于成员的奖励权集中在少数几个人手里，通常是委员会主席或者极少数安排立法议程和控制行政职员的权力拥有者。在其他委员会之中，权力和机会较为分散，而且行政职员只在小组委员会里工作。基于这两方考虑，预算委员会给它的普通成员带来的利益非常有限。

不设立小组委员会

两个预算委员会很早就反对设立小组委员会。它们分别有一个立法成果——一份全面而连续的预算决议。所以很容易理解，两个委员会都不希望预算决议的成果被诸多相互竞争的小组委员会瓜分，通常会有各类议员希望通过其所在的小组委员会推进其所偏好的项目。每一个预算决议都是关于国家优先项的财政决定；预算委员会不希望出现一些下属单位以成员互投赞成票的方式通过那些被硬塞进来的“愿望清单”。设立需通过预算实现的财政目标的责任体现了对于整合的视野的需要，而不是依据单个项目逐个做出决定。

每个预算委员会建立了专门的特别小组来替代小组委员会，赋予其“研究”而不是“立法”功能。在第94届国会期间，参议院预算委员会设立了4个这样的小组：其中3个小组（能源、税收政策和税收开支、资本需求）的职能涉及预算功能的所有领域，还有1个小组（国防）覆盖了一个单独的开支类别。众议院预算委员会成立了7个特别小组，其中4个（国家安全、人力资源、物质资源、社会资源）覆盖了预算的所有功能项，另外2个（税式支出和经济规划）涉及收入和财政政策，还有 1 个（预算机制）关乎国会预算控制的有效性。

众议院预算委员会的特别小组还是比较活跃的，尽管它们的活跃程度尚不及其他可以报告立法的小组委员会。参议院预算委员会的特别小组在第 94 届国会期间的表现普遍不活跃，而且在第 95 届国会期间几乎全部消失。由于众议院预算委员会的特别小组参与到国会预算决议的制定之中，因此它们和委员会的工作有关，这也使得它们在吸引成员兴趣方面较为成功。通过特别小组的参与，众议院预算委员会的成员得以尝试扩大他们对预算特定领域的影响，而且可以将众议院预算委员会的工作与他们的其他立法活动联系起来。比如，众议员吉阿莫是国家安全特别小组的领导，而他同时在国防拨款小组委员会中非常活跃。米切尔参议员人力资源小组主席的身份与他的国会黑人同盟（the Black Caucus）领导人的职务也相得益彰。而参议院预算委员会特别小组的工作和预算决议没有直接联系，而且参议员在加入参议院预算委员会的这些小组之后并未在立法事业上有更好的发展前景。

但是，对于参议院预算委员会特别小组的失败有一个更有说服力的解释。在第 94 届国会期间，参议院预算委员会里的每个民主党员都是一个或者多个参议院委员会或小组委员会主席。大多数共和党党员都在各自的委员会或小组委员会里有少数党副主席的地位。参议院预算委员会的成员已经能够发出自己的声音并推动自己的立法兴趣。在缺乏立法目标且没有行政职员的特别小组里，他们能得到的回馈非常少。但是，众议院预算委员会民主党人的情况却不一样，他们当中很少有人参加小组委员会。他们能够通过参加特别小组的活动提升其吸引媒体关注和影响立法过程的能力。

在参议院预算委员会特别小组成立之后的几个月里，成员们才意识到特别小组远非小组委员会的替代物。在 1975 年 2 月 21 日，约翰·麦克沃伊（John McEvoy）（当时的委员会主要顾问，后来成为行政职员主管）在行政职员备忘录中写道，“鉴于委员会的声望、它的公众形象以及它所覆盖的工作范围，不设立权限明确的小组委员会是一个重大失误。”[①] 麦克沃伊提到了“部分成员所感受到的巨大的挫折”，也提及了参议院预算委员会民主党人在委员会中发挥更大作用的要求。然而，由于参议院预算委员会的领导们仍然认为特别小组能够恰当地替代永久性的小组委员会，所以这方面工作没有任何改观。而这个议题在 1976 年的夏天又重新被提及，马斯基主席考虑到如果“两委员会任职”的限制被重新启用，那么可能会失去大部分民主党党员。在这时，特别小组已经难以为继，参议院预算委员会需要用一些筹码来留住成员或者招收新人。有一些高级行政职员向他建议：“特别小组的领导权不明确，其章程也比较模糊。其设计的初衷就是要规避小组委员会的长期性和授权，而不是作为它们的替代……小组委员会可以开展研究、辩论、发布报告以及召开听证会……它们可以在不占用委员会全部人力和时间（包括您的）的情况下为所有重要议题的公开辩论提供平台。”[②]

马斯基主席在第 95 届国会的一次参议院预算委员会会议上表达了他对于小组

① 参议院预算委员会文件。

② 《给马斯基参议员的行政职员备忘录》，1976 年 8 月 23 日，p. 4。

委员会计划的支持："……我更倾向于接受建立小组委员会的主要理由是，我感到很多成员在预算委员会工作的这一年里，没有感受到足够的挑战……我不希望这个委员会变成一个人或者两个人的个人秀；我希望它成为十三个人或者十六个人展现自己的平台。所以如果我们能够通过设立小组委员会解决这个问题，如果这是委员会成员的强烈意愿，如果这样做可以让他们更加投入到委员会的工作中去，那么，我希望能够试一试。"①

但是，小组委员会的成立已经太晚了；大部分参议院预算委员会的成员已经对预算工作失去兴趣。并且小组委员会的地位也不会很高，因为马斯基已经明确表示不会为新增的行政职员提供资金。1977 年，设立小组委员会的提议既没有被接受，也没有人反对；没人对这个已经过时的话题表示出关切的态度，这个提议便在无人问津的状态下被人们淡忘了。

行政职员

当马斯基主席扼杀了增加行政职员的可能性时，他同时也破坏了成立小组委员会的一个有利动因。尽管参议院的一些委员会有集中管理的行政职员，它们一般都是拥有实权的委员会（比如海陆空三军委员会和财政委员会），而且拥有对重要立法项目的发言权，这种权力带来的好处足以吸引议员加入委员会。正如之前所说的，如果一个委员会缺乏立法上的重要地位，而且其小组委员会没有自己的行政职员，那么它对于成员的回报就会非常贫乏。

每一个预算委员会在 1979 年都有超过 75 个行政职员（包括配备给单个议员的行政职员）。其行政职员的规模比大多数国会委员会都要大。每个委员会近四分之三的行政职员被组成为一个核心小组，包括项目专家、经济学家、预算专家以及辅助人员。参议院预算委员会的核心行政职员由多数党、少数党以及无党派人士组成。多数党的行政职员由主席来领导，而少数党的行政职员则对参议院预算委员会里的共和党副主席负责。所有的众议院预算委员会核心行政职员对主席负责；一个较小的少数党小组为共和党成员服务。参议院预算委员会给每一个参议员都配了一名专业助理和一个文书助理；众议院预算委员会直到 1977 年才开始为每个众议员配备专业助理。

在两个委员会中，那些"核心"和"助理"行政职员是彼此独立的。参议院预算委员会多数党和少数党的"核心"行政职员在相邻的办公室工作，而且彼此之间有很频繁的联系；而助理行政职员一度参与到其他办公室的工作中，尽管他们统一管理，但他们只能偶尔处理核心小组的事务。大部分参议院预算委员会的助理行政职员在其服务对象的办公室而非参议院预算委员会总部工作。两个委员会中这两类行政职员的联系很少，而且受到限制。核心职员抱怨那些助理没有受过良好的训练，或对预算细节不感兴趣。"他们只想博取自己领导的欢心"是对助理行政职员最常见的抱怨。而那些助理对这个问题却有不同的看法。他们抱怨自己总是只能在幕后处理委员会事务，从未受邀参加核心小组能够做出行政职员这个层次上重要

① 参议院预算委员会对 1977 财政年度第三个预算决议的审议，副本，p. 7。

决定的会议，并且总是在委员会会议快开始的时候才拿到文件。民主党在参议院预算委员会里的行政职员特别厌恶马斯基的核心小组总是咨询贝尔蒙的少数党行政职员，而经常忽略他们的意见。

不像核心的行政职员总是忙于预算机制的决策事宜，那些为议员工作的行政职员很少参与预算方面的工作。在参议院预算委员会里，这种现象更加严重，因为他们没有特别小组可以让这些行政职员参与其中。为了让所服务的议员能够专注于专业工作，这些助理人员花费了相当多的时间去处理非预算工作。

宣传和影响力

小组委员会和行政职员并不是做好自己的事就行了，他们还要吸引别人的注意，影响立法结果。尽管媒体在一开始便把对预算机制的部分兴趣放在委员会成员的身上（当时有很多成员都希望通过新闻和时事通讯向选民宣传自己的预算角色），但时间一长，媒体关注的焦点就集中到预算委员会主席身上了。毕竟新鲜感一过，一般成员就很难凭预算工作吸引注意力了。

除此之外，他们也没有发现在预算委员会的任职能增加自身对于项目的影响力。有些人也许会期望联邦预算能为委员会成员提供足够的机会以自己所希望的方式影响预算结果。关于预算的讨价还价将最终形成偏向于委员会利益的决议。当能够为项目扩张提供的资金非常有限时，委员会成员就需要占据优势地位为其所关注的项目筹集资金。此外，预算对于所有联邦项目广泛的管理应当能够主导成员之间相互妥协的讨价还价的过程。简言之，预算委员会至少应该能够带给其成员在联邦资金的开支上更大的发言权。

这些猜测似乎也被委员会成员在审议预算决议期间的行为所证实。尽管两个预算委员会的决策风格不尽相同，它们的成员都经常会为特定的项目干预决策。由于众议院预算委员会采取的是“逐项”决策的方式，因而其成员会努力确保资金已经包括在特定项目的功能目标之中。参议院预算委员会成员通常会满足于“立法历史”，这意味着拨付给某项功能的资金对特定项目而言已经足够了。

尽管能够干预决策，预算委员会的成员还是认为自己对于项目的影响有限。在访谈中，他们提到了预算委员会面临的艰难选择，也提到为了就可行的预算达成一致，不得不放弃自己的项目利益。一位同时在预算委员会和授权委员会任职的议员将其自己在两个委员会的行为做了比较：“在授权委员会，我们能够决定哪些是好的且有价值的，并拨付资金；在这里，我们不得不对很多不错的项目说‘不’。”一个参议院预算委员会的领导人指出，“委员会不能给我们带来什么好处”是议员们不愿意在委员会里任职的主要原因：“我们没有什么能够拿得出手的东西；我们所拥有的只是纪律。你无法通过预算委员会为你的选民办太多的事情，因此，参议员们不愿意放弃他们在其他委员会的职务，他们认为那些职务能够为他们的选民带来一定的利益。”

如何才能化解预算委员会成员的这些已有的干涉行为与他们自身的无力感之间的矛盾呢？使委员会成员相信他们的行为符合国会的期望可以部分解决这个问题。大多数国会议员认为，预算程序的建立是为了控制联邦开支。预算委员会被授权约束国会内部增加开支的压力；它们并没有被认为是新开支项目的促进者。而人们期望其他委员会能够继续扮演项目倡导者的角色，所以就需要对国会内的人员进行划分，其结果是预算委员会发挥控制和制衡的作用。对于那些将他们所支持的项目的启动视为预算成功的成员来说，他们的行为也必将和预算过程的主要目标背道而驰。

除去一些例外情况，成员一般都践行“防卫性”的预算策略，它源于这样一个观点，即预算过程对于他们所支持的项目弊大于利。当成员们努力维护项目免遭预算削减，或者当他们试图阻止国会将目标设定在可能切断对已有项目的资金供应水平时，防卫性预算就出现了。当需要为启动或者扩张项目而增加资金时，防御性预算的践行者通常不会采取行动。一些预算委员会成员在努力确保预算委员会不会妨碍他们实现其通过其他委员会追求的项目目标，他们的行为方式也最为咄咄逼人。比如，当马格努森参议员推动参议院预算委员会增加对于健康功能项目的拨款，并且导致总额大大超过总统申请额时，他的理由仅仅是他所服务的拨款小组委员会希望如此。

听到预算委员会成员对于他们所支持的项目的结果不满，让人想起了一个众所周知的对预算的定义：“对不满的统一分配”。[①] 事实上，所有的人在参加完年度预算之后都会发现得到的比预期的少。甚至在开始预算审议之前，预算委员会的成员们就会面对一张张显示出巨额赤字的工作表。他们得到的信息是，这一年增加的预算已被耗尽，赤字将比他们期望的高得多，对新项目注资只会增加预算赤字，并且为了达成预算协议，他们必须限制自己的项目目标。

预算委员会教会其成员如何面对预算挫折。他们了解到每一个预算都是过去决定的产物，以至于一年的预算工作很少能达成新的目标。两院预算委员会的成员都无法按照他们偏好的项目优先性和经济政策重塑预算。他们都发现，预算是一个非常好的延续机制，可以按照或者几乎按照当前的运作水平维持政府的机构和项目。预算挫折对于那些最为意识形态化的成员影响最大，他们寻求强行使预算脱离渐进式的轨道。我们可以看到，自由派和保守派都反对预算决议中的项目优先安排；中间派更倾向于遵从现状，不做改变。

有两个因素抑制了成员的预算成就感。首先，预算决策是由更高层集体做出的（而不是通过国会对拨款或者授权的投票）。其次，预算决策并不足以达成项目目标，它必须通过其他的立法手段付诸实施。所以，当成员们在拨款法案中增加一个条款或提高某个项目的授权水平时，他们并不确定这些行为所能够产生的影响。

担任委员会主席的回报

马斯基参议员在第 94 届国会开始时召开了参议院预算委员会的第一次组织会议，他说：“我不希望看到这个委员会变成只是主席和副主席承担参议院大会所布置的工作任务的地方，也不希望只有他们在参议院大会上为我们的政策决议获得通

① 这个说法源自莫里斯·斯坦（Maurice Stans），1959—1960 年的预算局局长。

过而努力。”①

但是，情况没有往那个方向发展。在每个委员会，委员会主席承担了大部分工作，并且也获得了大部分好处。主席控制了核心行政职员，并且在两个预算决议之间的间隔期内依然保持着对预算事务的积极参与。他掌控着能够产生委员会唯一立法成果的程序。预算委员会的预算决议是在主席的领导下编制和通过审议的，这不同于拨款法案，后者被分裂成十余个单独的法案，每个法案都有自己的小组委员会和监察人。

尽管如此，在评价主席的作用和权威时，我们必须将主席在委员会内部的表现和他们与国会其他部门和媒体的外部关系做出明确的区分。在委员会里，持反对意见的成员并没有因为主席行使其权力而被强制接受预算决议。两个委员会的主席都试图将预算决议导向他们所希望的结果。在任何特定的问题上，主席也许会屈从于某个拥有投票权或者与议题的利害关系更为紧密的同事；但是，就总体的预算而言，主席一般还是比其他成员有更多的话语权。

在预算委员会之外，主席的作用和重要性被夸大了。布洛克·亚当斯和埃德蒙·马斯基在刚上任做主席的时候被媒体大量报道。在关于新预算程序的各类新闻报道中他们也被大书特书。他们站在个人的立场上解释了国会需要重新获得对联邦预算控制权的原因。如果预算机制有效，那就是因为亚当斯的审慎、马斯基的坚持以及两个人的技能和努力工作。媒体对预算机制的关注度逐渐减弱，但两个主席的光辉形象却没有消退，他们依然被视为凭一己之力维系各自委员会内预算机制运作的英雄。

委员会主席也掌控着与其他国会参与者相关的事务，尽管掌控的方式不尽相同。他们监控其他委员会的预算活动，并且倾向于干涉预算过程的细枝末节。其他成员也愿意让主席主持工作，将荣誉和责任一并交给他：“处理海量的工作细节非常耗费时间，而且有时还会出现管理上的混乱。很多参议员都不屑将时间花在预算委员会。委员之间没有合作，他们只想将工作交给马斯基。他也非常愿意承担这些工作，而且也做得非常好。”

与两院联席会议中通常出现的情况一样，不论是在公开会议时还是在解决两院大部分分歧的秘密磋商中，主席都主导着协商过程。尽管马斯基有时会因为生病缺席会议，但用一位众议院与会者的话来讲，他就是“参议院里的预算委员会，联席会议中参议院的大部分演说都是他来做的……”

马斯基的工作包括大量关于评价未决立法和国会预算之间关系的大会陈述。在实施预算程序的最初四年里，他就 150 多份法案做了大会报告，以此向参议院汇报拨款、权利和授权立法中涉及的资金是否和最新的预算决议相一致。马斯基以违反预算程序为由一次又一次对其他委员会报告的法案提出异议。这些公开场合的露面和对峙使马斯基作为预算委员会主席的身份更加突出。

众议院预算委员会更倾向于用私下沟通的方式解决问题，当其他委员会的法案与预算的要求不符时，它的主席会向这些委员会提出忠告。主席通常会就如何解决

---

① 参议院预算委员会组织大会，1975 年 1 月 28 日，副本，p. 8。

问题向受影响的委员会提出建议，而这些问题一般会在未引起公众注意且未卷入其他预算委员会成员的情况下被解决。

主席在获得回报的同时也付出了成本。主席需要承受国会对预算限制的不满和愤懑带来的冲击。恰恰由于他们是最显眼的委员会成员，同时也是“对外关系”的运作者，主席们成为针对预算程序发动的攻击的目标。“马斯基已是遍体鳞伤”，一位核心顾问在解释马斯基在第95届国会期间较为低调的原因时透露说。众议院预算委员会的一位主席承认，“一个好的预算委员会主席会在若干年的服务后心力交瘁。我不确定两年是否足够，也许是四年”。随着时间的流逝，一个主席的作用可能会因他树立的敌对力量的增强而被削弱。

主席是国会预算“孤独的守护者”，他们不是从个人偏好出发独自对预算程序的成果和不足负责，而是在履行他们作为预算委员会代表者和战斗者的机构角色。这个角色比其他国会成员的控制力更强。吉阿莫接替了亚当斯担任众议院预算委员会主席，他并未对众议院的国会预算行为做出重大调整。有一次，马斯基在参议院预算委员会与参议院财政委员会就能源立法问题相峙不下时生病了，霍尔林斯参议员在履行代理主席职责时表现得非常活跃。只要一个全面的预算决议是他们唯一的工作成果，那么预算委员会就可以通过它们的主席为他人所感知。主席这个角色所面临的压力可能可以通过建立由委员会自己的行政职员组成的小组委员会而有所缓解，但主席仍然是关键人物。

很少有迹象表明预算委员会的其他成员想要分担主席的重担。在一次与参议员隆就财政委员会的税收法案进行的漫长的大会辩论中，马斯基在其间的一次参议院预算委员会特别会议上恳请他的同事：“我非常希望你们能在这项工作上和我一起努力。它是如此重要，因此，我们要确定我们能够理解它。大家必须明白的是，这不再是马斯基和隆之间的对抗，而是所有人都能够深切感知的事情。如果你们能够那样做，对工作的帮助将会很大。我想我只是点燃了星星之火……”①

但是没有一个成员对他的建议直接做出回应，谈话在不知不觉中转向了其他话题，而主席仍旧是预算机制的主要负责人。

预算委员会的地位

国会成员遵守团队规则是因为他们看到了与团队保持一致所能带来的好处。如果一个委员会在国会里有立法权和地位，它的成员便会因此受益。弱势委员会几乎不能要求其成员做什么，因为它能给予成员的回报也极其有限。而且它们也不能对那些违反组织规定的成员施加有效制裁。

在参议院对社会保障立法进行紧张辩论时，参议员摩根（他不是参议院预算委员会的成员）对于参议员不想加入预算委员会的问题提出了自己的看法：“昨天在吃午饭的时候，我听到有人说：‘我们不能让任何人加入预算委员会，某某人已经想要退出该委员会了，因此，我们不能让任何人再进入了。’为什么？因为在短

① 参议院预算委员会关于H. R. 14114《临时性债务上限法案》修正案的会议，1976年6月29日，副本，p. 20。

短的两年里，预算委员会已经没什么用处了，因为我们通常绕过它继续我们的工作。主席先生，我不想加入这个在立法上没有一点实际用处的委员会。”①

摩根也许因为他的社会保障法案没有得到通过产生不满而言过其实了一点，但他的话并不能简单地被视为在立法项目上受挫后的负气之辞而不予理睬。

在摩根发表这番激烈的言辞后不到一年时间，预算委员会呈现出了不同的面貌，主要体现为议员加入预算委员会的兴趣和委员会审议时参与率的提高。如果说1977年预算委员会的境况似乎已经每况愈下，那么1979年它们则已经成为议员们的不二选择。令人费解的是，在预算工作愈益艰难时，成员们对它的关注度反而更高。在预算机制付诸实施的最初几年，每天的工作日程都相当紧凑，预算委员会的成员对于开支增量的分配都有发言权。但是近些年，对于委员会工作的参与度有所下降，对于预算委员会职务的竞争也不像以往那么激烈。但是，随着20世纪70年代末紧缩开支的呼声日益高涨，议员们开始竞相角逐两院预算委员会为数不多的几个公开职位。人们也许会猜测，在预算短缺时，国会议员会更有动力去实施防卫性预算，这种方式比较适合预算委员会成员。利用他们在预算委员会的优势地位，成员可以确保他们的项目免遭预算削减。

但这个解释并不全面。并没有迹象表明在两院预算委员会中出现了更多的防卫性行为。事实上，新来的成员在推动预算节余和效能上更加积极。另一个解释则与预算在美国政治体系中的地位有关。预算在每一年的重要性和关注度都不相同。虽然从一个周期到另一个周期预算程序很少发生变化，但预算的重要性每年都在改变。在70年代末，对于平衡预算和财政节俭的呼声高涨，这也提高了预算工作在国会里的重要性。正如一个在1979年成功得到预算委员会职务的新成员所说，“预算委员会是一个能有所作为的地方。它对于新立法项目或那些规模庞大且昂贵的项目没有什么兴趣，但大家的关注都集中在预算上。只要是需要通过国会审议的事务都必须接受预算委员会仔细的价格审查。”

在预算委员会工作并不仅仅意味着预算只是国会的决策机制之一。成员们将立法上的成功视为工作的中心；随着对于预算议题的全国性关注的上升，预算委员会成员的热情也随之上升。

因此，预算委员会应该能够预见到他们未来立法工作的起伏。它们会碰到情况不错的年份，也会有情况并不乐观的时候；它们的建议不会每年都被采纳。有时候，委员会会议室在审议预算决议时挤满了人；有时候，成员们会经常缺席会议。在一些年份里，吸引一些不愿意加入的成员的参与是必要的；在其他年份，领导人会面对诸多候选人而难以抉择。总的来说，对于预算的各种回报，人们的重视程度并不相同。或许最有价值的回报就是成为这个重要机制的一部分。这就是在预算机制实施之初以及1979年，当华盛顿被平衡预算的浪潮淹没时，预算委员会成员得到的报偿。

① 《123号国会记录》，1977年11月2日，S18608。

第五章

新的预算分析者

当国会预算局在 1975 年开始运作时，美国国会终于有了自己的预算机构。①虽然《预算法案》中明确规定了这一新智囊机构的职能，但国会并不确定它想得到什么或它将获得什么。就如《预算法案》中的其他条款一样，国会预算局的创建源自于各方的妥协，而法案在关键问题上留下了足够的模糊空间使各方能够达成一致。

所有人都希望国会能够有自己的预算智囊机构。在为预算而斗争的年代里，国会发现自己在挑战行政部门时总是处于很大的劣势之中。总统有自己的管理与预算局（Office of Management and Budget，OMB），并在各个行政机构中拥有大批预算专家和政策分析师。因此，所有版本的国会预算改革方案都呼吁建立一个新智囊机构，但在应当建立何种形式的机构、该机构应当为谁工作、应当具备何种职能等方面各方案又有所不同。虽然成立预算机构最正当的理由是立法机构与行政机构之间信息和资源的分配不当，但除了行政和立法的关系外，国会成员们同样也关注国会内部的权力分配。他们承认，在预算方面，权力来源于信息。如果多数人对于预算项目的取舍和结果一无所知，那么掌握信息的少数人将获得巨大的优势。相对而言，如果预算信息能够被广泛分享，那么财政权力也将被分散。

作为它向预算委员会集中权力的计划的一部分，联合研究委员会希望设立一个能够独立行使职能的立法机构预算单位，作为参众两院预算委员会的联合智囊机构，而不是两个委员会各自拥有自己的工作部门。预算智囊机构在国会中扮演的角色将会同为众议院筹款委员会和参议院财政委员会服务的联合税务委员会相似。这一新智囊机构的首要任务将是操作“数字”，即为预算程序处理所需的数据和报告。这一限制性概念被众议院规则委员会纳入 H. R. 7130 之中。然而，参议院预算改革方案中提出的计划更为雄心勃勃。除了两个预算工作委员会分别设立智囊机构外，这一方案还设定了一个相对独立的预算局。这个预算局将会协助国会中的其他机构，并为国会编制关于预算优先项和替代项的年度报告。

---

① 《预算法案》第 905 款 b 项规定国会预算局在其第一任负责人得到任命的那一天成立。这一天是 1975 年的 2 月 24 日。

希望由预算委员会掌控预算智囊机构的国会成员们力图使这两个委员会凭借信息优势占据先机；而那些希望这一智囊机构为整个国会服务的成员们则更乐意看到预算权力被广泛分配。最终诞生的国会预算局是一种艺术性的妥协，它在组织结构和潜能方面向参议院的立场倾斜，同时也被附加了足够的限制以满足众议院的要求。国会预算委员会有使用国会预算局资源的优先权，而其他委员会和它们的成员也有权根据明确的优先顺序要求该局协助：（1）国会预算局有责任协助预算委员会处理所有在后者管辖范围内的事务；（2）拨款委员会、众议院筹款委员会和参议院财政委员会也可以就它们管辖范围内的事务获得国会预算局的协助；（3）其他委员会仅有权在一定的适用范围内（即在满足了以上首要客户的需求之后）要求国会预算局协助；（4）即使某些研究并非是受其委托而进行，国会成员也有权利得到所有信息。

参众两院关于国会预算局的分歧还在于这一新智囊机构的法定功能。这些功能可以分成三类：预算协助、经济分析和政策分析。在《预算法案》中规定的严格意义上的预算活动包括对未决立法的成本估计、数据记录报告以及五年预算预测。国会预算局同时负责编制关于“考虑到预期经济因素的财政政策”[①] 的年度报告。

总而言之，《预算法案》给予国会预算局四类上级机构，三项截然不同的任务，并遗留下参众两院关于其建立目的和职能范围的分歧，以及成长为一个小小的预算单位或是国会主要分析机构的双重许可。

参众两院关于国会预算局的斗争延伸到了对于其第一任负责人的任命上。这一任命是启动这一新机构的先决条件。众议院预算委员会偏好具有大量预算方面经验、能够为预算过程提供技术支持的业内人士。其推出的主要候选人是联邦审计总署的菲利普·休斯（Philip S. Hughes），他是预算局前任官员，并从一个普通职员一直做到该局的副局长。参议院预算委员会的马斯基同意休斯“能够完全胜任管理工作”，但他需要的是“能够从全局视角去把握这个委员会将要面对的问题的人”。[②] 参议院预算委员会的选择是布鲁金斯学会的经济学家爱丽丝·芮芙林（Alice Rivlin），她曾是美国卫生、教育和福利部的首席分析师，并撰写过关于联邦政府运用分析方法的著名论著。[③] 最终，参议院成功地在“预算”与“分析”的争斗中获胜，随后爱丽丝·芮芙林也在《预算法案》通过的 7 个月后，即 1975 年的 2 月 24 日，被任命为国会预算局的首位负责人。

为预算程序雇佣职员

在选择负责人上的耽搁对于早期国会预算局的作用及其与预算委员会之间的关

① 第 202 款 f 项。参议院版本的预算法案规定国会预算局应当向国会提交报告；作为妥协的一部分，预算法最终规定年度报告的提交对象是参众两院的预算委员会。

② 参议院预算委员会会议记录，1974 年 12 月 19 日，第 2 页。

③ 芮芙林博士在卫生、教育和福利部任职之前以及卸任之后都在担任布鲁金斯学会的高级职员。在布鲁金斯任职期间，她同他人合著了数本年度《确立国家优先项》（Setting National priorities）书刊。关于她对政策分析的看法，详见《对社会行动的系统思考》（Systematic Thinking for Social Action），华盛顿特区：布鲁金斯学会，1971 年版。

系产生了显著的影响。在国会预算局成立之前，国会已经拥有了两套颇具规模的从事预算工作的人马。为了在国会预算局开始提供实质协助之前能够制定出国会预算，两个预算委员会都征募了一批财政和项目专家。众议院预算委员会倾向于雇佣具有预算及技术技能的人；其最高级别的行政职员包括一位众议院拨款委员会主席的重要助理和一位曾为政府预算局工作并有丰富的预算数据处理经验的经济学家。参议院预算委员会选择的是具有政治背景的人以及财政和预算专家。不过这样说有点夸大两套人马之间的差别。每个委员会都拥有具有国会政治经验以及具有预算技术的人。进而言之，使政治导向的人掌握预算实践或使预算专家们熟悉国会的政治环境并不需要太长时间。

在被组织起来之后不久，这些委员会的行政职员们就不得不开始首次使用部分（而非全部）的新预算程序来编制 1976 年国会财政预算。他们依靠管理与预算局的数据、其他国会智囊机构的协助以及自身在预算方面的能力。虽然国会预算局在第一个预算决议完成之前已经开始运作，但它却非常谨慎地避免介入这项工作，而是集中力量开始建立自己的人员班子和信息资源。

国会在起草《预算法案》时并未特别去考虑新的国会预算局的规模。众议院大体上认为国会预算局应该保持在 50 到 100 人左右的较小规模。参议院对于国会预算局的期望更大，因而期待成立一个更为庞大的组织。在芮芙林被任命之前，一份参议院预算委员会的备忘录上计划的职员规模是 118 人；马斯基在 1975 年 1 月的会议上估计国会预算局将会有 100 到 200 名专家和办事人员。[①]

然而，芮芙林并未被这些预测限制住。《预算法案》授权国会预算局的负责人任命"国会预算局实现其职能和履行其职责所必需的人员"。[②] 同时，法律也允许国会预算局在得到国会常规拨款之前就立刻开始雇佣人员。[③] 结果是，尽管国会预算局在正式的监督听证会上以及同委员会领袖进行磋商时和国会预算委员会一起审查了它自己的雇员计划，但它仍然在拨款委员会尚未给出指导标准的情况下招募了规模庞大的行政职员。[④] 在 1975 年 10 月国会预算局面临第一次拨款听证会时，它已经雇佣或承诺雇佣了 193 人；并且，它要求国会为 259 个职位提供经费，并认为这一规模是提供《预算法案》规定的所有服务所应有的适当的人员规模。

国会预算局的雇员计划被卷入众议院拨款委员会的一片反对声中，其中共和党人的反对最为强烈，他们希望这一组织远小于现在的规模。在两天的听证会中，芮

① 参议院预算委员会会议记录，1975 年 1 月 28 日，第 25 页。

② 第 201 款 b 项。立法者在这一款的规定中留下了适当的模糊空间："立法者希望预算局的成长和发展要与国会预算程序的需要，以及各委员会及其成员对预算局协助的需求相一致。"

③ 国会预算局被允许在不超过一年的时间内使用参议院应急专款来支付其费用。因为在国会预算局能够获得其第一笔常规拨款之前这一财政年度就已期满，所以它必须申请 1976 财年的追加拨款。

④ 在第一次国会预算局拨款听证会上，芮芙林向拨款委员会保证她会同预算委员会商讨雇员计划。然而，众议员考夫林引用了众议员拉塔（众议员预算委员会的少数党副主席）的一份声明，即国会预算局"至少在雇佣职员方面从未请求过这位成员的准许"。芮芙林用少见的直言不讳的评论来回应这份声明："恕我直言，拉塔先生在这方面有误解。我与拉塔先生讨论过我们的计划，也知道他不同意这份计划。这种事情不需要遮遮掩掩。"这一交锋暗示芮芙林同保守的共和党党员之间的紧张关系。参见众议院拨款委员会，1976 财政年度追加拨款听证会，第一部分，第 109 页，第 94 届国会，第一会期（1975 年）。此后将会记录为众议院追加拨款案。

芮林一遍又一遍地被迫为国会预算局的目的和工作辩护。在好不容易挫败了将国会预算局的人员规模削减为所要求人数一半以内的努力后，众议院拨款委员会最终同意为已经雇佣或承若雇佣的193个职位支付经费。众议院同意了这一数字，但也接受了共和党人提出的修正案，在拨款法案中将193个职位设置为雇员规模的上限，由此阻碍了国会预算局用可获得的经费去设立临时职位。[①] 国会预算局以这一职员规模与其法定责任不相称并会影响这些义务的履行为理由，向参议院拨款委员会请求再设35个职位，后来委员会（包括参议院）同意了这个要求。然而，众议院拒绝让步，国会最终只为193个职位提供了经费，并将这一上限写入当年的拨款法案。国会预算局在1977财政年度申请并获得了另外的15个职位，但它同时也保证，除非国会明显增加其工作量，否则它将不再继续申请更多的雇员职位。[②]（1979年，国会成员为了让国会预算局分析通货膨胀对联邦政府行为的影响而主动增加了它的职员数量。）

对于职员规模热火朝天的争论远非一场数字游戏。它并不是国会预算局预计拨款委员会会削减申请额而故意增加申请数字。在拨款听证会上，国会成员关注的是成员和职能的重叠、拥有自己工作重点及标准的立法官僚机构的创立、国会预算局所承担研究的范围和资金来源，以及国会预算局同预算委员会和其他国会机构的关系。而媒体的报道显示国会预算局（在其负责人的报告和声明中）似乎在政策性问题上持有自己的观点，这更增加了各方对于它的关注。

国会预算局的麻烦因为预算委员会和拨款委员会中的保守派议员对芮芙林的不信任而变得更为复杂。芮芙林自由主义和政策优先主义的背景引发了他们对芮芙林可能把国会预算局变成大政府主义者“智囊团”的恐惧。国会预算局雄心勃勃的工作计划和第一份工作报告似乎印证了这些忧虑。那些对《预算法案》中规定的国会预算局角色和芮芙林的任命不满意的保守主义者们拼命利用国会预算局请求259个职位的机会来攻击这一新诞生的组织。一位保守主义的领导人警告众议院，“在芮芙林博士的领导下，国会预算局将会介入各个领域的政治和政策问题”。他同时控诉芮芙林将国会预算局建成了“一个政策研究（这一名称正好同一个左翼研究机构相同）和政策建议机构”[③]。

这些指责远比伤害国会预算局负责人的自尊更为严重。国会预算局是立法机关对新预算程序的担忧的避雷针。在启用新预算程序后，国会拨款委员会直接面临着失去立法管辖权的潜在威胁。通过挫伤国会预算局的雄心壮志，这些委员会也达到对预算程序上的野心发出警告的目的。它们以这种方式告知国会预算局和预算委员会预算在国会中的范围和界限。

不过，这场战斗的核心还是在争夺对国会预算局的控制权上。国会预算局的早期行为为它贴上了“致力于成为实际上独立于国会和预算委员会的组织”的标签。

---

① 正常情况下，拨款委员会会在委员会的报告中明确对于职员的限制（如果有限制的话）。将对国会预算局职员规模的限制包含在拨款法案中的做法背离了常规。写入1976年拨款法案的限制在后来的拨款法案中被修正。

② 众议院拨款委员会采取了很不寻常的做法，将芮芙林的保证写入1977年立法机构拨款清单的报告之中。H. Rept. No. 94－1225，p. 18。

③ 第121号国会记录（每日版，1975年11月13日），H11095号文件，众议员鲍曼的评论。

以拨款委员会为主发起的攻击是为了使国会预算局对国会的关切做出反应。

为预算委员会工作

虽然诞生于争议之中，但如果允许自己作为预算委员会的左膀右臂，国会预算局也可以安安静静地成为国会中普通的一分子。它也可以通过这种方式获得一个类似于联合税务委员会那样的角色，成为安静的、幕后的、默默无闻但受人尊敬的预算专家团队。即使是参议院预算委员会（或至少是其行政职员）也会对一个对其指派的工作和研究随叫随到的预算机构表示赞许。但在芮芙林得到任命后，这一有限的角色便不再是一个可能的选项；这位新的负责人对于她的组织有更为远大而独立的目标。

虽然承认国会预算局同预算委员会的关系要比同国会其他机构的关系更为重要和更具有持续性，但芮芙林仍然有足够的理由避免她的国会预算局同预算委员会靠得太过紧密。如果国会预算局对预算委员会负责，那么它就仅仅是委员会的智囊机构，或者更为糟糕的是，它有可能发展成为委员会智囊机构的智囊机构。鉴于预算委员会的智囊机构建立于国会预算局之前的事实，国会预算局很有可能被当做按委员会智囊机构吩咐办事的辅助机构。预算委员会的智囊机构将会维护他们同委员会成员的关系，并试图将国会预算局排除在外。“委员会的许多智囊机构行政职员相信”，1975 年 7 月的一份参议院预算委员会议记录上记载，“国会预算局对于预算委员会来说应当更类似于‘雇员’的角色。”[①] 作为雇员，国会预算局（和芮芙林）只能同国会成员有非常有限的接触，并且将会被用来处理委员会智囊机构没有时间或没有兴趣处理的工作。国会预算局将几乎没有什么机会来决定自己想要从事的研究。众议员吉阿莫（Giaimo）在回答他将会向谁获取预算信息这一问题时描述了这样一种关系：“我首要并几乎完全依赖于我所在的众议院预算委员会的智囊机构，不过这些智囊机构每时每刻都在和国会预算局打交道。”[②]

如何满足两个预算委员会的要求让国会预算局伤透了脑筋，因为两者对国会预算局是什么和应该做什么的看法并不一致。众议院预算委员会的智囊机构认为自己可以胜任所有工作，无需国会预算局在分析方面进行协助。它希望国会预算局能够为预算程序、信息系统、数据记录、成本预测等提供专门性的辅助。由于本身已经精通了这些领域，众议院预算委员会的智囊机构对国会预算局的工作并不满意。他们不停地抱怨国会预算局老是去做无关紧要的分析性工作，而技术性工作却做得远远不够。

参议院预算委员会的智囊机构更容易被满足，因为它需要分析研究，并将把这些研究视为直接关注国会面临的财政和项目选择的手段。但参议院预算委员会智囊机构的人对芮芙林直接同其他委员会主席和成员接触的行为大为恼怒。他们希望通过控制国会预算局同国会成员接触的方式来控制国会预算局本身。如果国会预算局

① 马克·拉克瑞茨（Mark Lackritz）写给约翰·麦克沃伊的备忘录，1975 年 7 月 8 日，参议院预算委员会文件。
② 众议院追加拨款案，第 78 页。

能够同国会成员直接打交道，参议院预算委员会智囊机构的特殊地位将会受到威胁。

因此，鉴于两种不同的理由，两个委员会的智囊机构都不仅仅把国会预算局作为委员会的附属物，它们将其看做“竞争对手而非合作伙伴”①，以及一个为了自己的目的奋斗的组织。这两个智囊机构对国会预算局的独立性感到不安，同时也无法把握它们自己与国会预算局之间的确切关系。它们无法把国会预算局视为它们自身成功和发挥效能的关键因素，但却仍然不得不在公开场合对国会预算局表示支持。结果就是，它们在私下里挤兑国会预算局，但当国会预算局遇到其他委员会的攻击时又支持它。在这样紧张的环境下，国会预算局尽力在独立于预算委员会和预算程序的道路上缓慢前进。

分析的独立性

在获得任命后不久，芮芙林对采访者说：“国会预算局是一个独立的组织，它对整个国会负责。”② 等式的两边是相互关联的：独立于预算委员会是在国会内保持独立的前提。在宣告对整个国会负责后，国会预算局将会成功地保持自身的自由而不受这些委员会的影响。

芮芙林在其国会工作的早期就提出了这个关于独立性的公式。在 1975 年 10 月的听证会上她勇敢地告诉参议院预算委员会：“这个新设立的组织并不是只为预算委员会服务。我为整个国会工作，并对所有委员会和所有国会成员负责。”③ 在随后的一个月芮芙林对众议院拨款委员会重复了这一声明：“我们为整个国会工作。我强调这一点是因为我认为你们中存在一种认为我们只为预算委员会工作的印象。”④

独立性被视为用全面而合格的分析能力为国会服务的前提。尽管国会预算局并未明确表示希望通过独立性来做什么，其早期的行动却很清楚地显示了这一点。国会预算局希望有决定自身研究对象的实质性自由（除了那些由法律规定的活动外），也希望能够自由挑选其研究中使用的假设和可供考虑的替代项。它不愿意自己的分析工作因为听命于那些会掌控调研工作的国会掌权者而变质。独立的方式包括用国会预算局自己的名义发表报告（而不是以委员会的名义出版）和局长的公开声明。在芮芙林看来，思想独立（分析工作的要件）只有在国会预算局拥有独立于预算委员会身份的前提下才有机会实现。

芮芙林拒绝采纳国会中已有的所有组织形式：“国会预算局这个小家伙在国会里是独一无二的。事实上它的建立同国会曾经做过的所有事情都不同……它不像委

① 这一说法和结论来自众议院信息与设备委员会的《国会预算局：关于组织效能的研究》报告，众议院文献第 95－20（1977）号，第 10 页。这一委员会暗示这只不过是三方之间的“最初”关系，这一问题在随后会有所缓解。

② 《挑战》（Challenge），1975 年 7 月/8 月刊，第 28 页。

③ 美国国会，参议院预算委员会，《国会预算局监察》（Congressional Budget Office Oversight），1975 年 10 月 6 日，第 4 页。

④ 众议院追加拨款案，第 45 页。

员会的智囊机构，它不像任何东西。它是国会山上的全新事物。”①

站在分析的角度，委员会智囊机构的问题在于其过于接近立法程序及其“雇主”。这些智囊机构往往成了立法活动持续进行的关键点；对它们来说，关联度和忠诚比审慎和客观更为重要。国会预算局能够为自己的独立性而奋斗是因为参众两院的预算委员会之前已经建立了它们自己的智囊机构。如果被要求完成预算委员会每天的日常工作，国会预算局可能就无法成功地同委员会保持从事分析工作所必需的距离。它可能就不得不成为智囊机构而为它们提供协助，并对它们每时每刻的需要和兴趣做出回应。

国会预算局不想成为委员会的智囊机构，也不想成为其他任何被国家审计总署和国会研究部的传统服务角色所定型的国会辅助性机构。国会预算局想要成为自己的主人，自己决定什么该做、什么不该做。它把老旧的支持性机构看做回应特定问题却缺乏长远目光的国会常规协助的来源。通过申明独立性，国会预算局告诉国会它希望得到和其他机构不同的对待。

芮芙林对国会预算局的定位是强大的分析组织（就像她在卫生、教育和福利部所领导的组织）和智库（就像她度过了大半职业生涯的布鲁金斯学会）的结合。换句话说，国会预算局是芮芙林成功的政策分析师职业生涯的混合物。它将会被“射入系统之中”，却能够保有足够的分析的活力和客观性来控制所看到的“射击”行为。芮芙林挑选拥有分析技能的人（主要是经济学家）来担任大多数国会预算局的高级职务。在 24 位担任最高管理职务的人中，有四分之三拥有在行政部门工作的经历，9 位曾经为智囊机构工作过，在两种类型的组织中都工作过的人有 6 位，而只有 1 人之前有过国会工作经历。一位观察家写道：“按照某些人的说法，国会预算局的工作班子完全是按照芮芙林自己的喜好搭建的。”②

缺少具有国会经验的人才暗示了国会中存在将国会预算局推向独立的观念。在分析师们的眼中，国会是一个不重视分析工作、在政策制定中充满了党派利益，并且拼命地使用数据为既定结果服务的机构。分析工作在国会中所处的位置将会在本章的稍后部分讨论。而现在，必须说明的是很多国会预算局的分析师们是带着对国会的怀疑和天真的想法来到工作岗位上的。他们把国会视为一个习惯为了想当然的理由而争吵，而不是系统地去考虑证据的无序混乱的机构。这些偏见再次加强了国会预算局独立的渴望。分析师中的一些人带着偏见来工作，随后带着“国会不可能是他们分析产品的忠实客户”这一极其坚定的信念很快离开。但也有一些人留了下来，并逐渐意识到，在国会中分析工作虽然重要，但它仅仅是国会制定立法决策所考量的诸多因素之一。

如果国会预算局不得不根据立法日程的变动或对国会成员关切的回应来安排工作，它就将失去设定自己研究日程的自由。国会预算局也将面对一个行政机构的分析师们已经相当熟悉的问题——如何在满足日常工作需求的前提下进行长远思考。

---

① 美国国会，参议院预算委员会，《国会预算局监察》，1975 年 10 月 6 日，第 4 页。

② 威廉姆·卡普伦（William M. Capron），《国会预算局》，载《国会辅助机构》，美国国会参议院执行委员会，第 94 届国会，第 2 会期（1976），第 80 页。

只是这一次，需求来自于国会各个独立委员会和议员，而非仅仅是一小部分“客户”。对于那些国会不想触碰的问题，国会预算局也无法自由地开展研究。除非甘愿冒挑战现状的风险，否则它的研究就会被限制在安全而狭窄的立法政治系统内。国会预算局想避免由国会来划定自己分析的边界。当参议员罗伯特·道尔（Robert Dole）询问参议院预算委员会成员是否有机会说某些特定的问题不适宜国会预算局研究时，芮芙林坚定地回答道：“如果您想阻止我们去研究某样东西，我会予以抵制。报告是我们的报告……”①

独立性对于国会预算局来说还有另一层含义：使其远离预算的常规程序和限制。芮芙林相信只有独立于国会的预算程序才能为这一程序服务。她不想让国会预算局的工作和观点被制定预算的压力所束缚。被预算的例行事务束缚的国会预算局将能够恰当地去完成其法定的琐碎工作——估计委员会所报告的法案的成本，记录国会的活动，以及预测未来的预算数额。但这样的国会预算局却无法参与创造性的政策分析，而这才是芮芙林认为国会预算局最为本质的工作。通过独立，芮芙林想要确保国会预算局远远不只是国会的书记员，仅仅记录过去决策的成本，而非探索它们未来的可能性。

芮芙林认为年度预算程序是违反分析原则的，这一程序被不断增长的日常工作所驱使，习惯性地避开对重要问题的评估，并会缩小决策者选择的范围。对于预算，她有着与这一递增模式不同的看法，并希望通过国会预算局的工作来使国会的预算程序朝她希望的方向改变。在国会预算局建立的数年之前，芮芙林就支持国会舍弃年度预算，转而使用多年预算计划的观点。她认为一年一次的方式只不过是在实行表面上的控制，而实质上却阻碍了国会（或总统）对每年预算行使自由处置权。② 在被任命为国会预算局负责人的仅仅几天之前，她向参议院预算委员会（在一次赢得委员会对其支持的闭门会谈之中）提出了她的分析性预算程序的主张。在这一程序中，财政决策能够用分析的方法做出：“我大胆预计假如这一程序取得成功，你们最后将越来越多地进行提前思考，并通过两年或三年的预算计划来做出决策。我认为这是你们真正掌控联邦政府开支的唯一方法。”③

只要国会预算是在一年期的框架内做出的，国会预算局就需要通过同预算程序保持距离来开展自己的分析工作。即使预算委员会要保持自己渐进的方式，国会预算局也会搁置当前的问题，并寻找机会改变联邦项目和预算优先项。独立因此就来源于这样的信念：为了帮助国会，国会预算局必须将自己置身于如永不停息的流水般的预算工作之外。

芮芙林把国会预算局视为国会变革的推动者——这并非针对任何特定的改变（她令人敬佩地在面对一些国会议员的不信任时仍然支持国会预算局的中立主张），而是主张国会应该为现行项目寻找更多兼具效率和效用的替代方案。政策分析天生倾向于“改变”，但这一点却与预算对“持续”的偏好对立。分析师的干预是为了

---

① 美国国会，参议院预算委员会，《国会预算局监察》，1975 年 10 月 6 日，第 35 页。

② 这些观点中的一部分见于国会预算局，《提高预算制定能力：一份给国会的报告》，1977 年 2 月 24 日。

③ 参议院预算委员会秘密行政会议，与爱丽丝·芮芙林博士的会谈，1975 年 2 月 20 日，第 23 页。

改变政策的结果，而预算制定者将稳定和秩序置于很高的位置。国会预算局通过数据记录和其他“数字”活动来服务于预算维持现状的功能，但在分析方面的独立性同样也使得这个组织参与到推动变革的进程之中。

国会预算局独立的主张意味着国会成员们无法参照其余他们熟悉的组织来形成对它的期待。如果国会预算局没有固定的角色模式，同样，即使国会成员们对其早期的表现感到不安，他们也无法找出任何可供比较的角色。在第一年的国会预算局监督听证会和拨款听证会上，芮芙林被一遍遍地质问她的职员们是否在重复其他组织的工作。一个又一个的国会成员试图尽力将国会预算局同诸如预算委员会、联合经济委员、审计总署、国会研究部门等其他的立法职能机构相比较，比较同时也囊括了立法机构外的组织，比如总统管理与预算局以及布鲁金斯学会。听证会上的一些问题很明显是为了表明国会预算局并不需要这么多的工作人员；然而，更多的问题却源于对于国会预算局所扮演角色的困惑。众议员吉阿莫在一次监督会议上评论道：“国会成员问的是国会预算局将会成为何种角色。”[①] 虽然芮芙林的回答坚定而清晰，但仍然只是增加了这一困惑。在每一回合的问答中，她都非常耐心地坚称国会预算局是不同的，它不会去做他人已经在做的工作。

对国会预算局角色的不确定也为其独立性敲响了警钟。拨款委员会成员同时也是众议院民主党督导的众议员约翰·麦克弗（John J. McFall）婉转地评论道：“我们正试图用我们的方式来理解你所领导的究竟是什么样的组织……如果它没用的话你可以把它称作怪物，如果它有用的话你可以称它为美人。现在发生的事情是我们已经创造了这样一个机构：它自己产生自己的目的，不受众议院和参议院任何一方控制；它不但接过了拨款委员会的部分功能，同时也兼具了一些立法委员会决定政策的职能。这就是在所有问你的那些问题背后我们所担心的事情之一。我们现在仍然无法确定我们是否已经得到了答案。也许我说得不是很明白，不过这是因为我自己无法确定我们之中是否有人清晰地理解了你们究竟要做什么。鉴于这个委员会是少数关注你们运作的单位之一，我们觉得我们应该要得到一些答案。这也是我们的问题看上去有一些重复和给人感觉没有完全理解这一程序到底是什么的原因之一……我想要确定参众两院是否确实能够掌握你的组织内所进行的事情。”[②]

芮芙林很有新意地回应说国会“正在创造同你们以前拥有的完全不同的新事物”。她同时保证预算委员会的监督将会“确保国会预算局不会失控。同时监督也会使我们不只对预算委员会，也对其他的国会成员做出回应”。预算委员会和拨款委员会成员、众议员吉阿莫提供了国会成员们想要的答案：一个国会预算局不会脱离国会控制的保证。这场关于国会预算局角色的讨论在芮芙林保证了这一点和满足了麦克弗对这一控制将会由国会实行的要求后终于告一段落。

吉阿莫：“众议院各委员会的成员们意识到了这一问题。他们非常关注这一问题。事实是，你要建立的国会预算局这个独一无二的实体同以往我们拥有的任何一种智囊机构都不同。它可能脱离我们的掌握，它会开始宣布自己的政策主张和声

① 美国国会，众议院预算委员会，《国会预算局监察》，第94届国会，第一会期，1975年12月17日，第10页。

② 众议院追加拨款法案，第91—92页。

明。这很危险。我可以很确定地告诉你众议院委员会及其智囊机构的人员都非常关注国会预算局在做什么。他们在看着你们。事实上，主席已经成立了一个特别工作小组，该小组有权监督和观察国会预算局在进行什么工作，并确保它还在众议院各委员会的掌控之内。我猜想参议院那边也在做相同的事情。你明白了吗？"

芮芙林博士："是的。"

吉阿莫："所以这一担心是有可能发生的，同时委员会也在确保它不会发生。"

麦克弗："如果先生们认同这一回复，我将非常高兴，因为只要一部分国会成员能够掌控国会预算局，那么其他国会成员就能得到他们想得到的所有结果。并且他们能够从众议院得到某种确信，即便这支持了或者有悖于他们的信念。"①

参议院预算委员会的成员们并不像他们众议院的同事们那么担心。"我们希望你们独立但不要放弃合作。"马斯基在一次对监督听证会做总结时对芮芙林建议道。这一声明同时也暗示了国会预算局在保持独立和服务于国会这两项活动之间将持续存在紧张状态②。

独立战略

独立远不仅仅是芮芙林和她的国会预算局花言巧语的说辞。它是做出关于组织结构和日常工作重大决策的指导方针；而其中一些决策成了国会预算局与预算委员会及拨款委员会之间斗争的新焦点。

将预算与政策分析分离

芮芙林对分析工作需要机构独立的坚定信仰反映在国会预算局的组织架构中。国会预算局的组织方案在预算方面分了几个部门，分别进行数据记录、法案成本估计以及五年期预测等工作；同时，在政策分析研究方面它也按照项目进行了划分。在这一安排下，估测一项农业法案的工作将由负责预算工作的职员进行，而对于农业政策更为深入的研究将由该项目的分析师来完成。

预算和分析工作的分离使国会预算局需要大量的职员。由于第一次关于人力资源的申请是针对预算工作的，因而芮芙林认识到组织越小，可以用于政策分析的人手就越少。259 个职位的方案中分配了 50 个职位给预算部门，不到一半数量的职位则留给分析部门，税务与财政政策部分的职位数量之和大致与分析部门相同。

两大功能的分离使负责预算工作的职员成为国会预算局内的"二等公民"。他们是掌握预算细节却缺少分析技能来处理那些"有趣"问题的"嚼数字者"。在监督听证会上芮芙林如此描述预算部门："这个部门最忙。它的职员将精于处理预算数字，并熟悉成本核算、项目规划的技术细节以及政府项目的运作方式…… 从某种程度上说，我们将其视为入门工作，用来训练刚从诸如公共管理硕士项目中走出

---

① 众议院追加拨款法案，第 93 页。

② 美国国会，参议院预算委员会，《国会预算局监察》，1975 年 10 月 6 日，第 43 页。

来的那些人。”①

相比之下，分析师们将会主要从经济学家中招募。这些人必须接受过优质训练，并拥有在行政机构工作的经历，同时，他们也将占据国会预算局中大部分高报酬的职位。然而，马斯基对这一逐渐明朗的结构感到不适，他更倾向于让所有职员都从事分析工作。“预算部门，”他在回应芮芙林的描述时暗示，“也许形容的是进行短期分析的人。这些人关注的是年度预算，而不是5年预算。而其他6个部门更关注长期分析。这个表述还不错吧?”②

芮芙林完全不认为预算部分的员工可以进行分析工作：“我不认为短期/长期是对于这两者区别的准确表述。其中真正的区别是成本核算和项目运作这些技术性、数字化的操作与对于替代项和可选项的分析之间的区别。”③

然而，两个预算委员会的成员和行政职员普遍认为预算职员和分析职员的划分是一个“无知的错误”，是“对资源的不当分配”。两个委员会进一步认为这样事实上把国会预算局分成了两个机构，一个同国会的预算程序相关并回应了它们的要求，一个则是在“做自己的事情”，对于国会预算的制定者来说没有半点用处。

不过，预算/分析的区分令两个委员会不悦却并非出于同一理由。众议院委员会成员和其行政职员认为国会预算局应该成为一个专职的（或者主要的——根据某些人的说法）预算办公机构。让一个大型组织拥有自己的分析工作安排是一个“立法上的错误……他们为我们做的事情我们最多只要五个人就能完成”。一位委员会内的民主党议员在一次访谈中回答有关国会预算局分析工作的问题时说道：“我不知道他们是做什么的。你来告诉我吧。”国会成员们不但贬低国会预算局的分析工作，也用同样的办法来抬高它的“数字”服务。“我认为国会预算局正在从事了不起的工作。”一位众议院拨款委员会的重要工作人员说完这句话后立刻补充道，“我指的是它的预算工作。”尽管如此，芮芙林拒绝承认进行预算工作是国会预算局的主要功能。以下这段在1975年拨款听证会上的对话就说明了这一点：

考夫林先生：“这是你运作的核心，是吗?”

芮芙林博士：“我认为这是其中非常重要的部分。”

考夫林先生：“预算分析就是国会预算局工作的全部。”

芮芙林博士：“这只是其中的一部分。”

考夫林先生：“它的工作就应该是这些。”

芮芙林博士：“这些不过是根据法律招募的从事技术性工作的人，他们主要进行成本核算和项目规划。他们是成本分析师、统计员，以及预测政府项目成本的专家。”④

① 美国国会，参议院预算委员会，《国会预算局监察》，1975年10月6日，第11页。

② 美国国会，参议院预算委员会，《国会预算局监察》，1975年10月6日，第13页。

③ 美国国会，参议院预算委员会，《国会预算局监察》，1975年10月6日，第14页。

④ 众议院追加拨款法案，第131页。

参议院预算委员会的人同样也被预算/分析的区分所困扰。他们认为预算工作和分析工作不是需要不同技能的相互独立的两项操作，而是通过互动能够相互获益的互补性活动。有实际项目规划知识的人的参与会使法案成本核算工作的质量得到显著提高；而预算工作者的加入则会使项目分析更为合理。

尽管如此，在国会预算局内部，两个部门的划分仍然持续下去；这在很大程度上是由于芮芙林坚信如果政策分析师被纳入预算工作，国会预算局就会失去其在分析上的动力和关键职员。不过，国会预算局也被迫为预算部分分配了比原来多得多的职位。通过将国会预算局的职位从259个减少到193个，众议院拨款委员会坚持国会预算局："必须仔细地履行国会《预算法案》中所规定的优先事务；尤其是优先处理数据记录、成本分析以及其他报告，从而在编制及修订预算共同决议案方面支持预算委员会的工作。"①

参议院拨款委员会传达了类似的告诫，② 并在一年后的一份关于国会预算局1977财年预算申请的报告中用强硬的语气再次强调了这一点。在列举了数据记录报告、成本估计、对国会财政方面的委员会提供所需支持等等对国会预算局而言最重要的任务后，参议院拨款委员会指示国会预算局"采取足够的手段（包括在必要时重新分配和组织资源）"③ 来确保这些预算功能上的表现令人满意。

尽管原先计划的组织规模被大幅度削减，但国会预算局得到消息后依旧扩大了预算部门的规模。在208个永久性职位中，国会预算局给了预算部门68席。再分配的许多职位原先属于分析部门，而分析部门在国会预算局内所占的职员比例从45%下降到了35%。

另一项同样重要的进展是预算和分析之间差别的模糊化。尽管使用的方法相对于预算人员所惯常使用的方法而言更具分析性，但政策分析部门已经在很大程度上介入到预算工作之中。得到赞赏和关切的渴望激发了分析师们对预算数据的兴趣。虽然分析师们仍然更热衷于政策分析，但（主要是预算委员会）对分析部门有意且私下的苛刻批评也发挥了一定的效果。分析师们并不喜欢被告知他们的研究对于国会的预算决策毫无价值，因而他们中的很多人开始乐于顺应时下国会的兴趣。

项目分析部门成功地提供了远比其他预算机构基础的数据记录能力更为老到的数据分析。比如说，国会预算局成功地用一个贫困人口模型来预测对食品券计划的不同更改方案各阶段的成效。这一预测被广泛运用于农业委员会对食品券立法的审查中。当国会预算局在吹嘘自己的成就时，比起其他被广泛采用的分析报告，它更愿意提及与预算有关的工作。一位国会预算局某项目分析部门的相关领导承认："如果要我指出我们部门的显著成就，我会指出那些'数字型'的事情。我们部门做过的事情中最有用的那些都以预算数字为核心。预算问题成了我们的主要研究

---

① 众议院第94－645号文件（1975年11月7日），第32页。

② 参议院拨款委员会"完全同意众议院拨款委员关于国会预算局优先工作的报告……预算局必须要仔细地履行国会预算法中规定的优先事务"。参议院第94－511号文件（1975年12月5日）。

③ 参议院第94－1201号文件，第28页。

兴趣。”

与芮芙林的设想相比，国会预算局中预算机构的成分多了一些，而分析机构的成分少了一些。这一结果减少了对国会预算局角色和表现的忧虑，并使这一组织成为国会预算常规流程的一部分。不过，这并不意味着国会预算局完全遗弃了对分析工作的追求。国会预算局最终的成功来自预算与分析的结合，而不是分离。

设置日程

对于国会预算局来说，独立性意味着能够自行确定分析兴趣点和优先分析事项。当然，芮芙林承认国会预算局也必须根据国会的要求而承担许许多多的研究任务，但她也希望国会预算局能够开展自己的研究活动。当1975年在预算委员会和拨款委员会前首次亮相时，她提交了一份列有约36份研究计划的清单，其中已经开始的研究中超过一半都不是出自国会委员会或议员的委托。但是这种主动性并没有为她赢来掌声，而是让她因没有得到国会指示便自作主张而受到严厉指责。“根据我的理解，”参议员道尔抗议道，“国会预算局的首要作用是对国会的指示和需要负责。但现在看来，它有超过一半的研究是自主进行的。”他怀疑“现在国会预算局的研究也许已经无法向参众两院的委员会提供有用的资源。你让国会预算局完全埋头于你自己的研究中。你实际上根本没有回应国会和预算委员会的要求”。芮芙林反驳说，虽然“国会预算局正试图尽其所能地回应所有委员会的要求，但我并不认为做到这一点的方法是让一个智囊机构只有在别人问到它时才能派上用场”。[①]

更强烈的反对声音来自众议院的议员们。众议院拨款委员会一位温和派民主党议员埃文斯（Evans）要求芮芙林提供《预算法案》中授权进行专门的交通情况研究的条款。芮芙林回答说“法律并没有特别规定过研究对象”，并同时提及国会预算局编制关于预算优先项和替代项的年度报告的职责。这一回答暗示所有的分析工作都可以说成是编制年度报告的需要，并以此得到正当性。这一辩护令立法机构拨款小组委员会主席、众议员罗伯特·凯西（Robert R. Casey）非常担忧：“鉴于这个国家内发生的所有事情都可以以某种方式在某种程度上影响国家经济，这就意味着你们可以去研究任何东西。”芮芙林对这一点有不同看法，她辩称“我们并不想研究这个国家内发生的所有事情，而是想帮助国会和委员会研究由政府的主要功能决定的主要议题”。[②] 不过，她也承认他们在没有得到任何委员会委托及授权的情况下进行了特定的研究。这一供认使众议员富兰克林·埃文斯重新加入了这场争辩之中：“你会同样自发去研究其他可能性是否得到了授权委员会的认真考虑？……你是否想去研究立法或拨款委员会根本不会去认真考虑的事情？”

芮芙林站在她的立场上，向国会成员保证国会预算局不会去研究没人感兴趣的问题，但有具有考量项目议题的权利：“法律说得很清楚：这是一个由我们自己来判断的问题。我们通过与国会的互动来选择一些研究议题并获得一些支持。这些议

---

① 美国国会，参议院预算委员会，《国会预算局监察》，1975年10月6日，第35页。

② 众议院追加拨款案，第41页。

题都是国会感兴趣的。”①

但拨款委员会并不愿意把研究议题的选择权留给国会预算局。他们担心这些自发性研究会给各立法委员会造成尴尬。不过，他们并不希望简单地剥夺所有的主动性，因为这种行为会使这个新组织受到致命打击。作为替代，他们重新抬出了《预算法案》中决定国会预算局工作优先顺序的公式。众议院拨款委员会警告说，“对国会成员个人的协助必须和《预算法案》中所列举的委员会汇编的信息相关。”② 同样的话也记录在了参议院拨款委员会的报告中。

这些严厉的指责迫使国会预算局不再坚持宣称其自主选择研究对象的独立性。国会预算局开始同预算委员会进行协商，确定了一系列决定该研究什么的指导方针。芮芙林在证实这一政策变化时说：“我认为我们已经从过去的几个月中学到了一些东西……关于我们职责的性质：这就是，法律在被创造出来时就已经很仔细地写明了国会预算局‘顾客’的等级结构。”③

表 5－1 的数据反映了国会预算局从自发研究到为预算委员会和其他国会“顾客”工作的转变。事实上，国会预算局现在正在避免其任何一项研究被贴上“自发性”的标签，并小心翼翼地把这些工作归类于《预算法案》的法定要求或年度报告的一个组成部分。从国会预算局建立到 1979 年 3 月，这两类研究占了国会预算局所有完成的研究计划的四分之一，但 1979 年这些计划中还在进行的只有 2%。国会预算局为参议院预算委员会进行的研究从占总数（指已完成的研究）的 20% 上升到了占正在进行的研究总数的 40%。众议院预算委员会对国会预算局的研究没那么感兴趣，其资助的研究不到参议院预算委员会的一半。尽管如此，这些数据实际上描述了国会预算局在满足预算委员会和其他委员会（尽管远少于前者）需要上做出的努力。这正好就是国会预算局希望塑造的形象。

表 5－1　1975 年 2 月至 1979 年 3 月国会预算局所有已完成和正在进行的研究项目的资助关系

发起人	完成的研究		进行中的研究	
	数量	百分比	数量	百分比
参议院预算委员会	90	29	21	41
众议院预算委员会	64	20	7	14
拨款与税收委员会				
众议院	14	4	1	2
参议院	11	3	1	2
授权委员会				
众议院	30	10	9	18
参议院	23	7	10	20

① 众议院追加拨款案，第 74 页。

② 众议院第 94－645 号文件（1975），第 32 页。

③ 美国国会，参议院拨款委员会，1976 财政年度追加拨款案，1975 年 11 月，第 641 页。

续表

发起人	完成的研究		进行中的研究	
	数量	百分比	数量	百分比
国会联合委员会	3	1	1	2
法定需求	29	9	1	2
年度报告	49	16	0	0
总数	313[a]	100	51[b]	100

注：由于四舍五入，百分比相加之和不一定是100。

a. 由于一些国会预算局报告是应多个委员会请求编制的，所以这里313个请求代表了279份报告。

b. 这里51个请求代表了45份报告。

数据来源：国会预算局。

不过这一形象并非完全准确。国会预算局学会了如何从委员会得到其想进行的研究的资助。在国会复杂的环境中，国会预算局要通过让委员会对其拟进行的研究进行委托的方式来为其自主性罩上一层面纱并非难事。国会预算局也学会了如何（单独或同其“顾客”进行商议）重新定义国会委员会们请求的协助。国会预算局对预算委员会的请求几乎从不说“不”，但经常通过重塑这些工作来适应自己的研究对象。委员会通常给予的是范围狭窄、逐项列出的协助请求，而扩充它们以适合自己的研究日程对于国会预算局来说并非难事。一些请求本身就是宽泛和模糊的；国会预算局能够通过提炼和再诠释来确保自己的独立性。最终产品有时候和最初的请求基本没什么关联，但各方至少不能用对国会的需求不积极这个“臭名远扬”的罪名来对国会预算局进行指责。

国会预算局为谁工作已不再是问题。国会预算局优先履行其预算和成本估计的职责，不以官方名义接受国会成员个人的研究请求，几乎不进行自发性的研究，也有数据表明其大多数工作都是为预算委员会所做。就像其他的国会智囊机构一样，国会预算局学会了如何在看上去不太独立的同时保持自己的独立。预算委员会和其智囊机构关注着正在发生的事情，但只要国会预算局自己不惹麻烦，那么它们也就没有充分的理由去干涉预算局的工作安排。

宣传国会预算局

国会预算局维护自身独立性的第三根支柱是对其研究和领导权的积极宣传。国会预算局成功地为自己塑造了一个独立于预算委员会的身份。在很短的时间内，国会预算局不断地制造新闻并获得了公众的认可。根据同时代的政治标准，国会预算局所做的用来吸引注意力的事情并不特别。它发布研究成果和新闻稿，召开新闻发布会来公布一些有新闻价值的报告，还建立了一个信息中心来处理公众对文件和其他材料的问询。芮芙林会接受采访，偶尔举办讲座，并且发布公开声明。国会预算局并不需要花费太大的力气来自我宣传。新兴媒体对国会预算局和它能说会道的负责人异常感兴趣。国会预算局是一个很好的报道题材，对于它的大多数报道都广受欢迎。人们也许认为国会将欢迎这些对国会预算局的关注，因为这显示了这一新预算程序在政治上的成功。

但是让国会预算局声名鹊起并且帮助它招募到资深分析人员的宣传浪潮也使得其与预算委员会的关系陷入麻烦。其中的一个问题（该问题将会在下一节中讨论）是国会预算局的公开表现让它成为某些特定观点的倡导者，而不是中立的预算机构。更为严重的是，国会预算局的公共活动与对国会智囊机构的正常管理不符。国会智囊机构通常向委托研究的国会成员和委员会提交研究报告，而是否公开这些报告则由委托方决定。智囊机构在正常情况下不会举行新闻发布会或积极公开其工作。它们在幕后默默地发挥作用，并不试图用自己的活动来吸引公众的注意力。国会预算局违反了这些国会标准，成功地声明自己不仅仅是一个智囊机构，同时也有属于自己的身份和认同。它同时得到了可观的政治信任度和媒体关注度，而这些也增加了委员会和国会成员的研究委托。

主要来自于众议院的抗议声也接踵而至。同异常愤怒的众议院预算委员会的重要成员们相比，参议院预算委员会的成员们要少一些不安。“这可能是因为参议员们能比众议员们更受公众关注。”一位预算助理暗示道，“大概参议员们更习惯于给自己的工作人员一些自由。”较早的一次打击出现在1975年12月的一次众议院预算委员会的监督听证会上。国会预算局关于石油政策的报告的部分内容在报告被正式公布之前就出现在媒体上。另一份关于失业的报告也被媒体广泛转载，这触怒了一些保守派议员。亚当斯主席敦促芮芙林在传播国会预算局的报告和工作文件时应更加小心：“……上个月这方面的问题让我头痛无比。我个人并不想指责你或国会预算局的任何成员，但……还没有发布的那份报告的部分内容已经被这里某些立场的持有者用来支持或反对某一边的观点了。”①

众议院拨款委员会警告国会预算局“在立法机构中，有关公共政策的争论必须由被选举出来的官员来引导。”同时委员会还设置了这样一条与公众联系的指导方针：“当国会预算局必须回答对其运行状况和个别报告的问询时，其公布信息的功能必须具有严格的中立性，不能用来提升国会预算局本身的形象，也不能支持任何特定政策。”②

对于国会预算局公共活动最强烈的攻击来自众议院信息与设备委员会对国会预算局组织有效性的评价。虽然对国会预算局的迅速发展和分析能力颇为赞许，但这一委员会对其公布和推广研究成果的行为极为不满。委员会的报告一开头便抱怨国会预算局“把自己的姿态弄得太高”。接下来是对这一“中心结论”的详细说明：“它要成为国会辅助机构中独一无二之存在的昭然之心会严重削弱其作为一个前途远大、成果丰硕的政策研究机构的有效性和忠诚性……（国会预算局）不是一个独立机构，也不具有任何制定政策的权力。它为参众两院的委员会及成员们提供信息和分析，只有这些人才被宪法赋予了做出决策的权力。然而，国会预算局过于频繁地忘记或者说无视它与国会之间的恰当关系。国会成员们常常在国会预算局对国家经济的看法通过官方渠道散播之前就在日报上读到了对国会预算局观点的报道。

① 美国国会，参议院预算委员会，《国会预算局监察》，1975年12月17日，第17页。

② 众议院第94-645号文件（1975），第32页。

这一现象也许反映了媒体对一个新的专业舆论主体的痴迷，但这同时也是国会预算局‘全身心’地投入公众联系工作的结果。这可不是和国会的‘顾客’们交流的正常方式。”①

除了这些警告外，对国会预算局公共声明的争论一直会时不时地迸出点火花来。其中的一件事情发生在1977年，当时芮芙林正在就国会预算局对卡特总统能源项目评价报告的公布召开基本情况介绍会。而这一行为正好发生在委托研究的委员会预计召开关于报告的听证会的前一天。芮芙林在介绍会上直言不讳地声称这一项目将无法实现政府能源目标，她的评论被新闻媒体广泛报道。在几天后的众议院特别工作小组会议上，芮芙林受到了主席吉阿莫的尖锐质问：“作为国会预算局的负责人，你难道认为召开报告的新闻发布会和公布结论是你的任务吗?”芮芙林部分回答了这一问题：“我没有公布任何结论。”吉阿莫并不想放过这一问题，他援引了关于芮芙林评论的报道，然后说：“现在，在这件事里你是在代表国会说话吗?”② 芮芙林解释说她只不过是在讨论报告的结论而已。这一质询持续了下去，然后吉阿莫开始要求为国会预算局报告的公开设置基本规则。这时两位众议院预算委员会的成员（一位是自由派的民主党人，一位是保守派共和党人）为芮芙林做了一些辩护。这一会议最后以芮芙林表达了希望得到国会指导的愿望而告终，不过她同时也坚持“最大限度地公布报告中有用的部分，以及让人们知道结果和结果如何产生非常重要”。③

国会预算局随后在处理公共关系方面变得谨慎起来。它经常在决定如何公布报告之前征询提出该研究申请要求的委员会的意见。国会预算局不再召开那么多新闻发布会，不过这一减少部分是因为它要避免与媒体接触，部分则是因为它失去了新奇感。不过，国会预算局仍然把公众的认可当做鼓舞其员工士气和确保组织地位的重要保证。如果想避免成为另一个幕后的、对国会毕恭毕敬的智囊机构，它就必须具有公众知名度。因此国会预算局欣然把在公共活动方面的偶尔争吵看成是其不屈从命运的标志。

事实上，国会预算局认为公众的注意对其分析任务来说是必不可少的。对于其报告的新闻报道通常是让国会成员和主要智囊机构关注其工作的唯一途径。正如国会预算局的领导们辩解的那样，寻求媒体协助不仅仅是建立机构自尊的一种方式，他们采用这一手段同时也是因为他们认识到国会的成员们有可能从报纸或电视报道中得到他们的大部分信息。

成为分析机构引发的问题

“如果分析师们说一些有用和有意义的东西”，爱丽丝·芮芙林在得到国会预

① 美国国会，国会信息与设备委员会，《国会预算局：一份关于其组织有效性的报告》，众议院文献95-20号，1977年1月4日，第1—2页。

② 美国国会，众议院预算委员会，预算程序特别工作小组，《国会预算局监察》，1977年6月2日，第19页。

③ 同上，第42页。

算局职位的数年之前曾写道，“就会有人听他们的。”[①] 但是谁会听他们的呢？是其他的分析师还是政策制定者？分析师群体对国会预算局的分析产品一开始就很关注。同行分析师们非常认可国会预算局的成就和分析产品的质量。他们看上去经常把国会预算局，而不是预算程序当作真正重要的谈资。因此，用一位分析界重要的观察家的话说，“国会预算局是关键……如果《预算法案》有效的话，国会预算局肯定不仅有高明的技术，同时也会有权力、影响力和庞大的组织规模。”[②] 这段写于《预算法案》通过数周之前的话成为组织新的国会预算局的蓝图。

芮芙林的自信和把国会预算局视为预算程序核心的观念反映了一种“分析中心”的偏好，[③] 即坚信提高公共决策质量最有把握的做法是让更多分析师进行更多分析。仔细想来，国会预算局“成长的烦恼”就来自这种对于公共政策的“分析中心”论。这种偏好事实上被国会预算的现实所抑制。

政策分析师们对于国会的感觉是很复杂的。他们正确地感知到国会不是分析师的主要“客户”，至少和行政机构的“生意”比起来要少得多。一些分析师把国会写得毫无希望；一些人却将其看成是一个所有运作都能够被分析师和他们的分析彻底改变的机构。前一观点假设认为，由于分析不可能成为国会的主要考虑因素，因此它就不可能在立法过程中扮演重要角色。后者则假设分析将远远不只是向国会输入数字。然而，没有一个观点站得住脚。20 世纪 70 年代国会对分析的利用已经显著增加，但一个分析机构（无论其是专门用于预算程序还是更广泛地参与立法程序）的作用也仅限于在国会山上增加一点分析活动。那些期待国会预算局大幅提升国会对分析的利用程度的人很不幸地遭遇挫折。这种挫折感很大程度上是由于误解了分析在立法程序中的地位造成的。

立法活动中有分析的市场，而这一市场的状况在不同时期和不同政策领域中都不相同。[④] 对国会来说，政策分析最多是一种偶尔有选择性地、时断时续地使用的工具，不会大规模地用于辅助政策制定。国会就像一个巨大的扫描仪，从一堆杂乱无章的资源中吸收数据，然后精炼成立法素材。在这一过程中，国会对待分析就像对待新闻、选民邮件、利益集团传单、地方报纸等等材料一样。所有东西都是送给国会这个大磨房的谷物，在知识分子的圈子里受到尊重并没有让分析获得任何优先地位。由于这个原因，立法产品就是分析（通常是经过“转译”或失真的版本）和一堆其他输入数据的组合。一些数据会以分析的口径输入，很多却不是。然而，所有的分析都有可能对立法进程产生作用。分析工作局限性的深层原因是国会在代议民主中所扮演的代表角色。当有同外界接触的窗口时，国会就能最好地履行自己

① 爱丽丝·芮芙林：《对社会行动的系统思考》（Systematic Thinking for Social Action），华盛顿特区：布鲁金斯学会，1971 年版，第 6 页。

② 沃尔特·威廉姆（Walter Williams）：《国会预算局：预算改革的关键一环》，西雅图：华盛顿大学政府研究院，1974 年 7 月版，第 4 页。

③ 参见艾伦·希克（Allen Schick）：《超越分析》，载《公共管理评论》，第 37 期（1977 年 5/6 月刊），第 258—263 页。

④ 对于这一观点的详细说明，参见艾伦·希克：《国会山政策分析的供与需》，载《政策分析》，1976 年春季第二期，第 215—234 页。

的职责，因为它不会被各种分析的结论所约束。如果国会被赋予充足的分析资源，那么它就有可能仅仅依赖自己的才智和数据。而这对代议制民主来说是一个巨大的损失。

和那些希望国会预算局能够把国会转变为分析研究的忠实客户的人的期望相反，国会预算局第一年的记录很让人失望。国会预算局在其所擅长领域（比如说福利政策）的分析工作的质量非常高。不过，虽然这些“数字”工作在预算中发挥了一些作用，但这些可靠的分析产品自身并没有对很多立法结果产生影响或引起国会更多的兴趣。国会预算局的主要问题是“知识产业”的老毛病：做出的分析与被使用的分析之间并不平衡。在美国政策分析研究的产出远大于需求。芮芙林在国会预算局开始分析进程时对这种不平衡非常敏感。在第一次参加众议院预算委员会听证会时，她坦言“对于国会预算局来说最糟糕的事情是被忽视或不被利用。”[①] 这一“最糟糕事件”的情节正好可以描述国会预算局早期的窘境。在对国会预算局分析质量进行高度评价后，一位表示同情的观察家总结道：“我发现没有清晰的证据显示国会预算局的正式产品已经能够直接、明确地影响结果。”[②] 在各类访谈中，国会预算局的领导们并没有质疑这一说法，虽然他们中的一些认为随着情况的转好和国会预算局对政策研究变得更为熟悉和适应，国会会更愿意使用他们的研究。一位德高望重并曾在分析事务第一线工作过的国会预算局官员表达了一个不那么乐观的观点：“除了技术性支持以及税务和财政分析外，我们仍然处于预算程序的外围。非常不幸，国会预算局同政策与项目评估相关的研究中的50%到60%与预算程序的关联度都非常有限。我无法确定国会是否对这类东西感兴趣。我到这里来并不是因为抱有‘国会会对这类研究有非常浓厚的兴趣’这样的幻想。我从不认为国会预算局在这些领域的作品的市场在国会山上。真正的问题是，如果没有兴趣让国会预算局作为国会具有创造性的左膀右臂来开展这项工作，政策分析（以及其得出的众多选项）是否仍然是我们可以继续做下去的事情。”

国会预算局在分析方面的问题反映在编制一份有用的年度报告的困难上。其第一次努力，即400页的《1977财政年度预算事项选择》报告，同时被两个预算委员会的智囊机构批评。抱怨的理由各有不同：这份报告只是把选择不同项目时的成本估算了一下，没有考虑到政策问题和优先顺序；报告所处理的那些项目问题与年度预算事项的关联度不高；这份报告试图把握预算的整体而没有集中关注一小部分关键问题。

在第二次报告中，国会预算局尝试了不同的方式：一系列关于预算事项的研究文件（总共大概有20份）外加一份更简短、更早出台（2月份）的年度报告。它的想法是用单独的文件讨论特定的议题，而在报告中涉及对整体预算的见解。这些特定议题的文件在分析圈子里大受欢迎，但预算委员会对它的使用很有限。对报告的负面评价减少了，但那时委员会对国会预算局年度文件有效性的期待也已经降

① 美国国会，众议员预算委员会，关于国会预算局组织与活动的听证会，第94届国会，第一会期，1975年7月23日，第5页。

② 卡普伦（Capron），见前述文件，第81页。

低。国会预算局在1979财政年度和1980财政年度进一步改进了报告程序，保留了针对特定问题的一系列研究文件，并用两份较为简短的报告（每份大概有40页）替代了年度报告。这两份报告涉及长期的预算前景和近期的财政政策。国会预算局放弃了编制主要预算项目领域分析报告的努力。

国会预算局尽最大的努力要让自己对预算问题的研究文件被纳入国会的考虑范围，但它同时也对预算委员会不事先协商和交流就对它发号施令的单方面要求感到不快。参议院预算委员会的工作人员认为如果他们能规定国会预算局的研究日程，对分析产品的利用便能够提高。"我们无法找到一种方式能够结合我们在分析方面的需求和国会预算局的期望，"一位参议院预算委员会的高级官员抱怨道，"国会预算局没有把它们的分析工作和国会所面临的实际选择融合在一起。"不过，参议院预算委员会对国会预算局的评价总体来说还是积极乐观的：国会预算局正在变得更好和更具有回应性。

当参议院那边的情况逐渐好转时，众议院预算委员会对预算程序和国会预算局角色的看法直接否定了芮芙林想要用分析的视角来考虑联邦项目预算的雄心勃勃的想法。在不断提出意见然后被置若罔闻两年后，芮芙林公开请求众议院预算委员会指导和介入分析程序。"我是这么看待我们和这个委员会及其智囊机构的关系的"，1977年6月她在众议院预算委员会的监督听证会上公开声明道："编制预算问题研究文件和研究报告时我们最需要得到帮助。如果我们能够了解什么对委员会来说有用，什么问题你们感兴趣，什么模式有用的话，我们会异常感激。在数字工作、预算估测和成本估计的范围内，我们方向明确，一点问题也没有。但是，我们希望能在报告撰写问题上同委员会成员和智囊机构有更多交流。"①

这一请求同样如石沉大海。众议院预算委员会知道自己想从国会预算局那里得到什么，也知道自己想要使用的预算控制形式。它所感兴趣的是：（1）追踪拨款；（2）防止出现"后门支出"；（3）执行《预算法案》规定的程序；（4）防止财政活动出现异常和中止。它对用研究项目选项和优先事项的方法来预测未来的政策结果不感兴趣。众议院预算委员会作为国会预算局研究的发起者的次数大幅度减少。1979年3月，当国会预算局正在为新一年的预算周期积极准备研究文件时，众议院预算委员会只要求了7项研究计划，与之相比的是参议院预算委员会要求了21项。众议院预算委员会在国会预算局的工作负荷中所占的比例从已完成项目中的20%下降到进行中项目的14%。

1977年国会预算局决定引起授权委员会对分析服务的兴趣。利用通过立法案成本预测工作所打开的与这些委员会的交流途径，国会预算局提高了针对这些授权客户的工作的比重。统计数字（已经在表5-1中列出）无法很好地显示这一趋势，因为国会预算局熟练于从预算委员会那里（通常是参议院预算委员会）获得对这些实际上是为授权委员会进行的研究的资助。这一"倾斜"（预算委员会和国会预算局的成员们也使用同样的措词）不仅提高了国会预算局的独立性，同时也

① 美国国会，众议院预算委员会，预算程序特别工作小组，对国会预算局的监督性听证会，第95届国会，第一会期，1977年6月2日，第17页。

使其能够开展那些与预算程序的即时困扰没有紧密关联的工作。与芮芙林的“年度预算程序不是考虑预算优先事项的有效方法”这一强硬观点相一致的是，国会预算局大胆地假设，为授权委员会进行的分析研究与专门针对现行预算问题的研究相比，能够对预算结果产生更大的长期影响。一位国会预算局的高级官员很有说服力地解释了这一战略：“如果我们要试图影响结果，并在当国会进行事关未来数年的预算优先事项决策时对决策程序有任何形式的影响，我们就必须为授权委员会服务。你能为参议院预算委员会写一份漂亮的分析报告，但这并不意味着会发生任何事情。它甚至可能影响到预算决议，但如果无法影响参议院做出主要决策的授权程序，我们就无法产生任何影响。”

这一“倾斜”使众议院预算委员会智囊机构对国会预算局同年度预算程序不太相关活动的用处产生了怀疑，并担心为授权委员会服务可能会对国会预算局的预算工作不利。参议院预算委员会的智囊机构则大体上欢迎这一发展，并把它视为国会预算局立法工作能力成熟及其分析师对国会需求和兴趣反应灵敏的表现。

向授权委员会开放也许使国会预算局能够追求一条更具分析性的路径，但这些委员会不能替代预算委员会成为国会预算局的主要监督者和掌控者，或者说这些分析也不能代替预算成为国会预算局为国会提供的主要服务。

国会预算局的遭遇不只是分析的成果没有派上用场，还包括分析的成果被误用。主要通过新闻媒体来了解国会预算局的国会成员们会对其产生一种印象，即这是一个涉及面太广、党派性强、在有争议的问题上推出和提倡自己偏好的组织。这一认知部分是国会预算局对其工作进行宣传的自然结果，但也部分来源于对其分析和主张的长期且也许是无法改变的困惑。芮芙林努力地试图将列出选项和表明立场区分开来，但未能成功。“让我坚定地响亮地说，”她在1975年向参议院预算委员会正式宣布，“国会预算局希望变得公正而没有党派性。它想要成为并被理解为一个专业的、坦率的分析机构。我们看到什么就会说什么，不会带有任何政治偏见。”①

虽然国会预算局希望成为不受党派影响的机构，但其同时也想得到不受限制地发表意见的自由。然而这两者无法兼得，国会预算局不能在声明中立的同时又说一个选项比另一个选项耗费成本更高或效率更低。当国会预算局预测如果预算赤字下降失业率就会上升时，它就被某些国会议员视为某一特定政府经济学理论的拥护者。当它的报告说联邦预算中防务支出出现了实际增长（而不只是因为通胀而增长）时，它就会被视为倾向于减少在国家安全问题上的支出。但是，当国会预算局建议应投入更多资金同苏联的国防建设速度相匹配时，它看上去就是要争取在有争议的领域加大投入。国会预算局回避政策建议的声明并不能掩盖这样一个清晰明了的事实：政策分析无法在国会中保持中立。

国会中对政策分析最强烈的需求来自某项政策的拥护者，而不是仍未决定、等待证据到来的中立者。无论分析是来自国会预算局还是其他同立法机构无关的分析

---

① 美国国会，参议院预算委员会，国会预算局监察听证会，第94届国会，第一会期，1975年10月6日，第25页。

提供者，国会都擅长于将客观结果用于党派目的。国会预算局因此要面对一个非常凄凉的前景——它被使用得越多，它的中立性所受的损害就越大。为了避免受到偏袒某一方的指责，国会预算局唯一的办法只有“后退”，并发表些不痛不痒的声明，或干些预算的技术性工作。如果国会预算局想发表一些大胆的分析成果，那么它就必须得到可能滥用或误用其成果的立法机构的客户们的支持，或得到预算委员会的庇护。后一个选项在众议院这边已经不可行了；前一个选项则是国会预算局为授权委员会提供的服务的副产品。

当研究数据支持某个项目主张时，保持中立立场自然很困难，但这种天然的困难却被国会预算局的公众地位弄得更为复杂。即便芮芙林拒绝承认国会预算局是在推荐政策，媒体还是经常把国会预算局的成果报道成对某项政策的推介。此外，国会预算局报告中字斟句酌的措辞有时会在新闻发布会和访谈的交流中被转换成无法严谨地持守中立立场的词汇。有时候，关于负责人评论的转述只是盗取了报告中的文本标题。并且尽管芮芙林为国会预算局的中立性作担保，但她同时也认为国会预算局有责任引起公众和国会对所面临的困难的财政选择的注意。在很多场合中，芮芙林公开表明他们会考虑在一系列相互竞争的优先事项、狭小的项目自主性空间、有价值的互不兼容的对象中（比如收支平衡的预算和低失业率）做出选择的需要。她督促国会面对现在所做的决策在未来的结果，并用比一年一次的预算制度所能提供的更长远的目光来看待问题。这类发言让芮芙林即便没有赞同任何结果，也似乎已经站在了某个立场之上。

国会预算局的成熟

“你的陈述和辩护很不错，让人感觉所有的问题都已经不成问题了。”[①] 众议院立法机构拨款小组委员会主席乔治·希普利（George E. Shipley）在1978财政年度国会预算局拨款申请听证会上进行总结时对芮芙林赞赏道。在听证会上，众议员R. 劳伦斯·考夫林（R. Lawrence Coughlin）（近几年国会预算局最严厉的批评者之一）称赞芮芙林发展出了“高度专业化的运作能力和坚韧精简的组织机构”。[②] 在同年的参议院拨款听证会上，50分钟的会议里只有主席发言。这两个听证会同国会预算局1976财政年度第一次为争取经费而参加拨款听证会时的混乱嘈杂和剑拔弩张形成了鲜明对比。1976财政年度国会预算局申请的拨款被削减了超过400万美元，[③] 而第二年的拨款申请则分文未减，随后历年中也是如此。

当国会预算局与拨款委员会的关系逐渐稳定时，它也同预算委员会发展了更为亲密的关系。一位从国会预算局建立之始就在其中拥有高级职位的重要官员解释了原因：

---

① 美国国会，众议院拨款委员会，1978年财政年度立法机构拨款听证会，第95届国会，第一会期，1977年2月，第422页。

② 同上，第418页。

③ 国会预算局为12个月申请了1020万美元（包括1976财政年度的9个月和3个月的过渡季）；国会为其中的9个月拨款了590万美元（1976财政年度的6个月加上过渡季）。

“国会预算局的角色变得更为确定，减少了委员会们的忧虑。我们现在为他们提供的服务变得相对常规化。对于界限在哪里以及我们下一个奋斗目标是什么的紧张已经消除了。”

相互平衡的是，国会预算局不再是芮芙林心目中的分析机构，也没有按照众议院预算委员会的期望被限制在数字运作的范畴之内。没有人能够完全按照自己的想法塑造国会预算局，但也没有人完全失去了自己想要之物。“站在众议院预算委员会的立场上，”一位观察者评论道，“‘咀嚼数字的工作’被证明是非常有用的，其他的功能则是为了得到技术支持而可以容忍的。”芮芙林还是将分析作为国会预算局的核心，尽管她没有成功地把分析作为组织仅有的活动。参议院预算委员会并没有对塑造国会预算局达成统一的意向，它看上去更希望国会预算局什么都是：一个独立的分析团体，一个反应灵敏的服务机构，一个处理当年预算的技术性细节的国会预算局，一个透过现在的忧虑看到未来问题和机遇的智囊机构。国会预算局也许最接近参议院的版本，它是一个不得不一直满足各类不同客户的组织。

在“数字工作”方面，国会预算局的能力和自信在不断增长。它包揽了几乎所有支出性立法的成本估测，具有相应管辖权的委员会对国会预算局所扮演的角色和它所提供的数字均表示认可。国会预算局的预测成为立法过程中的常规项目，国会成员们在为委员会准备修正案和考虑发言时经常需要这些数字。国会预算局精通于用防护性假设来保护这些数字，有时它会向那些吵闹的议员提供几组不同的估计数字以阻止他们将自己的假设硬塞进分析过程。

国会预算局的数据记录工作也在技术上日臻成熟并被广为接受。数据记录报告的最初成果中出现的小差错已经被完全根除，国会预算局利用自己的数据库搭建了一座与拨款委员会连接的有效桥梁，而在这之前，两个机构都无法自己追踪预算数字。国会预算局的总体费用估测被证明比任何行政机构做出来的都要精准（这部分是因为这些估测公布的时间更晚），其经济预测也正努力接近其他机构的水准。

因此，在这些年中，国会预算局从一张蓝图成为一个不断发展的有效的预算机构。在一份众议院的报告中用官方语言记录着这样一段话：“它把自己建成了一个羽翼丰满、能力强大、受人尊敬的国会辅助性机构大家庭中的一员。”[①]

在得到承认后，国会预算局失去了激情、新鲜感和上进心。它不再生活于可能毁灭的威胁之下，但也不再是富有冒险精神、全力以赴的智囊机构。一位国会预算局的“老手”总结了这一变化：“现在环境变得常规化和官僚化。我认为这是随着机构成长而逐渐在机构中扩散出来的一种特质。国会预算局的官僚化有90%源于内部，而非对外部因素的反应。这是机构的老化，而令我们惊讶的是这一切发生得如此迅速。”

国会预算局就这么存在了。虽然其角色没有完全确定下来，但它最初几年的经历提供了线索，让人们知道它肯定会成为和肯定不会成为的组织类型。

① 美国国会，众议院信息与设备委员会，前引书，第5页。

第二部分

运作中的新规则：制定和实施预算决议

第六章

申请和申请者

政府中存在预算是因为他们没有足够的资金来满足所有在其资源上的利益相关者的需求。从这方面说，立法和行政预算没有区别：它们都是为了应付对公共资金的过量需求。因为国会是一个广泛分享权力的政治机构，它需要提供各种各样的机会让利益集团、政府机构、国会议员和委员会表达自己对预算的需求。

如果国会只有一条简单的途径来传递所有的预算申请，那么一些重要的利益集团肯定会无法表达他们的需求。预算的“看门人”就有机会压制特定的利益群体对于自身偏好的表达。通过建立自己的预算程序，国会就能既不关闭已经存在的议员和委员会的这一联结点，也不增加对总统预算建议的依赖。相应地，它在不减少旧的沟通渠道的同时为预算意愿的表达增加了新的途径。

结果是，对预算的申请从各种各样的来源汇聚到国会。一些来自行政机构（或者说经过其过滤而来的）。[①] 总统预算仍然对国会预算有较强的（也许是主导性的）影响力。[②] 但鉴于本研究聚焦于国会的实践，这一章所探讨的申请和申请者都来自国会内部。

国会有两个主要的产生预算申请的途径：（1）由国会委员会所推动的授权立法；（2）有关预算的观点和预测的年度报告。第一条途径是一个长期构建的过程，尽管近30年来它已经经历了重大变化。第二条则是1974年《预算法案》的要求，它使国会的委员会不得不成为联邦经费的申请者。

授权程序

根据国会的规则，项目和机构在能够得到拨款资金之前都必须经过授权。众议院21号规则的第二条规定，“支出中没有被法律授权的任何拨款项目都不得纳入

① 1921年的《预算与会计法》第206节禁止行政机构直接向国会提出预算申请；作为替代，它们必须首先经过行政预算程序的审查。然而在20世纪70年代，国会拆除了这面保密墙。举例来说，根据1972年的相关立法规定，消费产品安全委员会会同时向总统和国会递交预算申请。

② 尤其是众议院拨款委员会对总统预算建议高度敏感，它（和参议院拨款委员会）把自己的每一步行动都与总统的数字相比较。

拨款法案及其修正案。”参议院16号规则的第二节禁止“附有修正案的拨款法案提出新的立法或常规立法”。这种授权/拨款“两步走”的程序的主要目的在于把国会内部的项目决策和财政决策分离。这些规则规定了一种必要的分工，它可以防止拨款委员会干涉其他委员会的立法事务，并且可以防止立法委员会做出拨款决策。因此，为了避免立法力量的过度集中，这些规则的要旨在于通过阻止拨款委员会接触实质性的政策来限制其对财政事务的干预。

但是，这些规则并不像看上去那么清晰明了。在决定拨款法案的立法内容方面，两院都有各自复杂的传统。[①] 再者，只有当一位国会成员（以规定的形式）提出异议之后，规则才能生效。事实上，实质性的立法经常由于大会审议过程中无人反对而被纳入拨款法案之中。另外，两院都有放弃或绕开不能在拨款法案中包含实质性立法的限制的正式程序。如果国会向一项“未经授权”的项目拨款，那么这项开支就可以得到经费，即使按照法律（而不仅仅是参众两院的规则）的要求必须得到授权。不过，大多数拨款都依照授权来进行。

授权立法和拨款压力

在过去的30年里，授权程序已经成为国会和立法委员会定期表达他们针对特定项目或者机构预算目标的一种方式，它们通过在授权立法中阐明期望的资助水平来达到这一目的。然而，事实并非总是如此。直到第二次世界大战结束之前，实际上所有的联邦预算项目（除了临时的建设计划外）都属于永久性授权的范围。国会建立了一个机构之后，它经常授权这一新的组织无限期地持续运作。这一通常的模式（即授权“可能需要的金额”）意味着授权委员会不必介入每年的预算程序，除非它们提出新的项目或修改已有的项目。缺少来自国会的专门财政指导的拨款委员会通常将总统预算作为它们的基准。

永久性授权仍然适用于超过半数的联邦政府预算项目，但这些项目集中于三类：公共债务利息、强制的权利性项目（比如社会保障、退伍军人福利和公共援助）以及大多数内阁部门的基本运行。然而，许多建立于20世纪50年代的重要项目和机构都是临时性（一年或多年一次）授权。国会也将一些最老的联邦机构的授权从永久性的转为有限期的形式。这样做的结果是，越来越多的机构现在为了确保从国会获得资金，必须定期参加它们的授权委员会召开的会议。通过限制授权的期限，实际上参众两院的每个委员会都得以在预算政策中发挥一定的作用。

年度授权的项目加起来总共占联邦开支的10%到15%。从钱的角度来看，最大的年度授权一般是针对国防部的某个计划。通向这一点的最关键一步是1959年国会颁布了对飞行器、导弹和军舰采购项目进行年度授权的法律。现在，军事采购、建设、研究、开发、测试评估以及民防系统的项目都必须每年进行重新授权。

---

① 德斯基勒程序（Deschler's Procedure，由众议院一位熟知议事法规的众议员汇编的最新的议事规则）在拨款法案中留下了比其他任何事务都要多的立法和限制的空间。虽然用简洁的语句来概括所有的情况非常困难，但作为普遍适用的规则，如果用约束性语言来强加新的责任或要求，就很有可能会因触犯其他规章而被判定无效；如果仅仅是对拨款法案的使用进行限制，那么这类条款就可能获得支持。

在1977年的军事拨款法案中，众议院提议整个国防部的预算都必须进行年度授权，但这一提议在两院联席会议上被否决了。

国务院、司法部以及情报活动现在也需要年度授权。1971年《对外援助法》(The Foreign Assistance Act) 规定“除非过去的立法授权在此后被国会通过”，否则国务院或美国信息局（现在称为美国国际交流局）的拨款法案不能生效。虽然这一表述没有强制要求进行年度授权，但它暗含了每年一次立法授权的意思。国务院因此就成为所有拨款都要接受年度授权的第一个内阁部门。1976年关于法律援助管理机构（Law Enforcement Assistance Administration）立法的附加条款使司法部加入年度授权行列，从而终止了其自1870年以来的永久性授权。情报项目的永久性授权也在1976年被终止。当时参议院通过决议，禁止为中央情报局、国家安全局、国防情报局以及国务院、国防部和联邦调查局的各类情报活动提供经费，“除非这些以前被法案或联合决议授权的项目在当年或今后的财政年度内被参议院再次通过”。这一“简单”决议只适用于参议院，但在1977年众议院也提出了类似的要求。众议院决议规定，除了由连续决议拨付的暂时性资金外，禁止为尚未得到国会授权的情报活动拨款。

国会有时在建立新项目或终止已有项目的永久性授权上会选择二到五年的授权有效期。在任何单一年份里，需要更新授权的多年期授权项目资金总额不超过预算的10%，但是所有多年期授权新项目的年度支出总额超过了1000亿美元。多年期授权项目包括收入再分配、经济发展、高速公路建设、水污染控制、大多数教育项目以及各种各样的卫生项目。这种时间框架在补助款（grant - in - aid）项目（尤其是1960年后设置的项目）中也运用较多。通过设置二到五年的授权期限，国会既表明了不愿意给予新的或未尝试过的援助项目永久性地位的立场，又证明了它能够理解州及地方政府对于提前了解它们可能获得的联邦补助金额的需要。

立法委员会有两个截然不同的追求有限期授权的动机。其一是提高国会监督和控制行政机构的能力；其二是使委员会能够成为其所欣赏的项目的拥护者。在探讨将国务院、司法部和情报领域纳入有限期授权行列时最重要的考虑因素是监督作用。因此，1976年众议院司法委员会主席彼得·罗迪诺（Peter W. Rodino）敦促终止司法部的永久性授权，因为：“我们的公民需要国会负责而警觉的监督。……（司法）委员会相信对司法部职责和活动周详而有序的授权更符合国会的利益……”①

国会也能够利用其授权权力来控制行政机构的活动，其方式往往是通过在授权性立法中加入条件和限制。这种情况在用立法来指导外交政策时非常常见。②

当国会认为不必再详审一个项目时，它很少会考虑重新恢复永久性授权。而作

---

① 122号国会记录（编辑日期1976年8月31日）H9277。

② 例如，在1976财政年度《对外关系授权法案》禁止国务院开发机器可读的护照系统；宣布政治捐款不能成为奖励大使职位的标准；敦促重开瑞典哥特堡的领事馆；指示军备控制和裁军局研究武器限制对军事开支的影响；修改了对于承包商进行安全调查的法定要求；限制美国对某些国际组织和活动的分担额；要求外事官员为国会、州、地方和公共组织提供临时援助；建立外事工作人员的申诉程序；授权一些雇员携带枪械。这只是附加在年度授权程序之上的国会所关切事务的清单之一。

为替代，周期性的授权变成走过场，即无需辩论和争议就能在国会通过。一个很好的例子是对高达数十亿美元与国防相关的原子能项目的授权。作为一个曾经颇具争议的项目，在1977年参议院进行审议时，没有出现一个针对该法案的即席修正案。授权委员会主席是唯一就这一法案发表意见的参议员。他简短的评论表明参议院对这一法案缺乏兴趣："我想因为这个法案比较重要，所以必须对它说点什么。不过，除了它已通过审议并被全体一致地推荐写入拨款法案之外，也没有其他能说的东西了。"①

有限期授权的第二个目的是给立法委员会影响预算结果的机会。永久性立法通常不能详细规定拨款数额。因此，拨款委员会不用受来自授权委员会压力的影响而自行决定永久性项目的开支。但是，如果授权委员会希望为其项目拨付更多钱，它就可以通过年度拨款或多年期拨款立法来调整这一年（或这些年）拨款的最大数额。这就是20年前将军事采购从永久性立法改为年度立法的主要动机。更近的一个例子是众议院邮政和公共服务委员会努力把政府间人事项目从"可能需要的数额"转变为精确的授权。这一项目的拨款大概是每年1500万美元，但委员会希望得到更大的拨款额度。因此提议在1976财政年度拨款4000万美元和在1977财政年度拨款5000万美元来替代"此类数额"的法律条款。邮政和公共服务委员会承认这一改变是"为了显示其为这一项目争取更多资金的想法"，但其目的却受到一些希望拨款委员会抵御更高开支压力的国会议员的反对。②

不管有限期授权的动机是什么，这些立法行动都变成了对联邦资金的要求。在《国会预算法案》出台之前，这些要求主要提请拨款委员会审议；而在新程序里，这些要求同样也提交给预算委员会。

授权与拨款之间的差距

在评估授权作为预算主张的效力时，必须先对年度立法和多年期立法作一定的区分。在以一年为周期的情况下，国会经常在同年决定授权和拨款的数额。通常情况下，国会会在相应的授权法案通过后仅仅几周内就开始讨论拨款法案。结果是，授权非常可能对随后的拨款产生直接影响。对大多数年度授权而言，实际拨款金额都会达到授权数额的90%以上。这一模式在授权委员会与拨款委员会的项目目标一致时尤其稳定。在国防项目上，授权与拨款之间的关联被参议院陆海空三军委员会同拨款委员会人员的重叠以及众议院拨款委员会对国防项目的大力支持所强化。③ 但是当两个委员会对某个项目持不同观点时，授权和拨款就会趋于分离。这在一定程度上解释了为什么对外援助的授权数额有时会高于实际拨款数额。

虽然授权是由国会做出的决策，但它能够传递到拨款委员会的信号可能比总统预算所传递的更微弱。这些委员会一丝不苟地将它们的每一个行动与总统的申请相

① 123号国会记录（编辑日期1977年5月23日）S8372，斯坦尼斯（Stennis）参议员的评论。

② 明确授权的支持者不得不声辩这一委员会建议对拨款加以限制，而不是期待未来更高的支出。参见121号国会记录，1975年9月3日，众议员福特和鲁斯洛特的评论，H8255。

③ 参议院陆海空三军委员会主席参议员斯特尼斯多年来都担任国防拨款小组委员会的领导。1978年他成为这一小组委员会的主席，因而同时领导了国防项目的拨款单位和授权单位。

比较。只要授权数额没有大幅度超过预算，拨款就可能与之接近。但如果授权大大超过预算申请，那么拨款委员会就会适当地用总统的数字作为基准，进而导致授权数额与拨款数额之间的不一致。这两类国会行为之间差距的出现有时是因为年度授权被授权委员会当做促进其项目利益的手段。然而，一旦授权委员会的角色常规化之后，预算申请、授权和拨款就会趋同。

在多年期授权的情况下，授权与拨款程序之间的联系通常要松散得多。正如前文所述，多年期授权集中在一些大型项目上，州和地方政府以及利益集团通常会针对项目施加巨大的压力以获得更多的联邦资助。为了回应这些压力，授权委员会经常会在授权立法的年限内逐年增加授权数额。这一战略对于授权委员会来说有两大好处：（1）它向利益集团表明委员会支持他们的目的，然而是以一种将大部分资金的增长推迟到未来预算中的方式；（2）它会向拨款委员会施加压力，促使其为这些项目提供更多资金。

但是，拨款委员会并不需要遵从这些主张。一个标准的授权没有法律效力（资金不能依照它来使用），除非其因拨款而“生效”。拨款委员会能继续将拨款额度维持在更接近总统预算而非授权立法的水平。

在过去的十年里，许多大型项目的“授权与拨款”之间由于授权数额的急剧增长未得到拨款增长的回应而存在巨大差距。这个差距从20世纪60年代中期开始出现，当时国会（为了应对越南战争的支出压力）在“伟大社会计划”（Great Society Program）上的实际拨款小于授权数额。在1970年的一份报告中，政府间关系咨询委员会（the Advisory Commission on Intergovernmental Relations）计算出169个大型项目授权数额与拨款数额之间的差额已经从1966年的27亿美元上升到1970年的85亿美元。“用百分比来表示，联邦援助拨款1966年约为授权数额的80%，而1970年则下降到授权数额的65%（预计）。”① 由于在70年代的前半段授权委员会尽全力鼓动支持更高的拨款，两者之间的差距进一步扩大。他们认为授权应该反映项目的财政需求，而不是政府的预算条件。因此，国会在1975财政年度为卫生、教育和福利部的教育项目批准了148亿美元，但实际只拨款了62亿美元，只达到授权额度的42%。②

地区医疗项目可以显示这个差距是如何发展出来的。每年的增长使这一项目的授权数额从1969财政年度的6500万美元上升到1973财政年度的2.5亿美元。在第一年拨款数额是5620万美元，达到授权数额的90%。在1973年，拨款数额翻了三倍，达到1.59亿美元，但其占授权数额的比例却下降到了64%。③

进入预算程序

授权事务在制定《预算法案》的磋商议程中排在前列。拨款委员会想要重新

① 美国政府间关系咨询委员会，联邦援助资金授权和拨款之间的差距，1970年7月。

② 121号国会记录（编辑日期1975年6月3日）S9456。

③ 众议院州际和国外贸易委员会，1973年到期的卫生授权的财政数据，委员会资料No.1，1973年3月，第13页。

获得它们因有限期授权和“后门支出”而失去的权力。最后，它们勉强接受了对“后门支出”的立法限制、报告授权法案的截止日期以及一些把授权委员会与新预算程序联系起来的条款。授权程序的基本框架没有被触及；作为替代，授权必须在新的预算常规程序范畴内进行操作。

作为预算程序的结果，授权委员会对其项目的财政地位颇为敏感。在《预算法案》出台之前，许多委员会无法确定它们的项目已经申请或拨付多少资金；一些委员会也无法确定哪些项目事实上属于它们的管辖范围。这一问题部分是由于一些委员会（比如说那些拥有永久授权的委员会）没有知道的必要。一个复杂的因素是授权与拨款之间的结构性差异。联邦政府项目的数目比拨款账目的数目大得多；大多数拨款都在单一的账户内附带了许多独立的授权。在通常情况下，新项目会被纳入已经存在的拨款案中；这使得授权委员会很难持续跟踪财政资金的动态。

当总统每年向国会递交他的预算时，很少有授权委员会能够确切了解有多少开支将会用在它们管辖范围内的项目上。许多委员会甚至没有试图去找出答案。只有那些需要每年进行授权的委员会才会有持续的动机来监视其所负责的项目的预算。由于《预算法案》要求所有的委员会都必须报告对自身管辖范围内所有预算问题的观点和预测，这种情况也随之被完全改变了。在实践中，委员会不得不对以前已经批准授权的项目和预期新立法的开支水平发表意见。但为了满足这些年度要求，委员会必须比以往更了解自己的项目在预算中的地位。它们必须能够就它们所有的项目应得的预算资金和拨款金额向国会提出建议。它们不能在这项责任上打马虎眼，因为如果没有有效提出资金要求，它们的项目就可能受到损害。

大多数授权委员会在其行政职员中增加了预算专家以监督国会预算程序的所有阶段，并在全年维持同预算委员会和国会预算局的联系。伴随委员会授权立法报告出现的国会预算局的成本预测加强了委员会对授权的预算含义的认识。虽然这一步骤开始时推行很慢，但国会预算局的成本预测已成为国会接受的固定程序。国会预算局和审计总署都开发了一套把授权和拨款联系起来的信息系统。现在很多授权委员会都使用两者列出的信息来准备他们每年 3 月 15 日的报告。

没有人能确定预算意识的增长是否有效地影响了授权委员会的行为。毕竟看上去没什么理由来改变处理永久性授权和年度授权的方式。委员会没有必要对它们在预算和拨款程序中的永久性授权采取任何立法行动。它们要做的只是预测基于已经生效的法律的支出所能获得（或需要）的资金额度。对于年度授权来说，总统预算一直以来都是委员会行动的基准，并且它也会继续在国会预算程序中享有这样的地位。在采访中，一些授权委员会的议员和行政职员认为预算程序已经为授权水平的决定带来了现实感。一些人暗示那些不切实际、好似空中楼阁的授权已经因为意识到此种行为可能无效并且可能招致预算失责的指控而得到抑制。然而，另一些人坚持认为委员会应该继续根据自己对项目需求的认识来进行授权，即使这一操作可能意味着授权数额将远远超出预算和拨款的额度。

虽然两者的差距在一定程度上已经有所减小，但并未消除。例如在 1978 财政年度，教育局的项目资助额度仅略高于授权额度的 50%。[①] 这一记录比《预算法案》颁布前要好，但可能是预算程序之外的因素在起作用。针对政府开支更保守的观点以及迫使国会接受预算控制的相同条件抑制了对费用高昂的项目的需求。再者，一些项目的授权数额受到总统行为的影响。从 1972 年到 1976 年，总统尼克松和福特否决了一大批授权法案；他们拒绝接受预期拨款额度很低的高额授权。作为回应，国会随之降低了某些被否决授权法案的授权数额。例如，在福特 1974 年成功地否决了两个卫生类的授权法案后，国会在 1975 年通过了一个新的授权法案。这一授权法案比先前授权法案的数额降低了 30%，仅在 1976 财政年度就从 12 亿美元降低至 8 亿美元。[②] 当福特再次对授权法案使用他的否决权时，国会用绝对多数的优势推翻了总统的决议。即使是共和党人也抛弃了他们的政党领袖，把保卫新授权法案作为他们在财政方面的立场。共和党议员詹姆斯·布罗伊修（James T. Broyhill）在为支持相对温和的授权法案作辩护时说，如果我们"将这些授权额度与去年的授权法案相比较，会发现它们更为适度，并且事实上比前些年的授权数额更低。"[③]

国会成员在进行授权和拨款时必须应对两种压力。通过授权程序，国会证明了它对于特定利益的反应性；通过拨款决策，国会应对着联邦政府的财政限制。在过去导致授权和拨款出现差异的基本政治条件并没有在预算程序中被根本性地改变。授权与拨款之间的持续性差异反映了国会在开支政策上的矛盾心理和委员会之间的紧张关系。由于国会自身在预算中同时担任申请者和预算申请裁决者的双重角色，冲突因此更为激烈。国会通过授权公开表明对特定项目的支持；通过拨款，它决定了要在何种程度上满足这些申请。

委员会通过暗示改善未来的财政环境来争取提升其多年期授权的额度，这也可能会促使国会从现在的水平上大幅提升拨款数额。委员会向国会保证真正的开支决策会在拨款阶段做出，以此赢得了高额授权。例如在 1975 年，国会通过了一份会议报告将残疾人教育项目的 7 年期授权经费从 1 亿美元调高至 3.2 亿美元。在众议院的辩论中，委员会成员们保证实际的资助额度将会每年由拨款程序决定。授权法案的一位负责人告诉众议院，"我不知道我们是否会得到那么多拨款。"他又补充道："我认为我们现在在这里做的事情表明了我们的目的。如果无视其他的联邦优先项目，我们认为这种程度的资助可以接受。不过到了拨款的时候就是另一届国会了，许多拨款程序都是这样。在晚些时候，如果国会觉得过去设定的额度过高，感到它做出了错误的承诺，我们可以在那时做出改变。"[④]

因此，预算程序的引入为通过推动更高授权额度来支持项目提供了新动机。为了使国会预算限制取得预期效果，授权委员会可能希望在未来预算中申明自己的权

① 这一百分比包括固定（确定）授权项目，而不是不确定授权项目。参见美国教育局，对提交给拨款委员会的拨款估计的解释，1979 财政年度。

② 福特在 1974 年否决了两个卫生类的授权法案，H. R. 14214 和 H. R. 17085。这两个授权法案被合并成了授权法案 S. 66，并在 1975 年被国会不顾福特的否决而通过，但是其授权额度远远低于之前的授权法案。

③ 121 号国会记录（编辑日期 1975 年 7 月 29 日）H7729。

④ 121 号国会记录（编辑日期 1975 年 11 月 18 日）H11349，众议员奎益（Quie）的论述。

利。他们可以将授权不会约束对未来拨款的承诺和对于预算水平的相应表态结合起来。

有关这种行为的一个案例出现在1975年。当时参议院内政委员会提交了一份授权法案（S. 327），旨在将水陆保护基金授权额度从每年的3亿美元提高到10亿美元。授权法案的监察人向参议院保证不会将提议的授权数额视为对未来拨款数额的坚定承诺："……我们意识到这一拨款案要求的10亿美元今年不可能得到全额拨款。我们理解这一点，我们认识到这一点，我们把法案中的措辞仅仅当作授权，而不会自动转译成拨款。"①

参议员马斯基对这一声明并不满意。他预见到那些坚持认为国会已经投票同意增加项目开支的人会对预算委员会施加压力。他希望得到明确的保证，即"S. 327的规定并不意味着一种预先判断，认为资助将由预算程序和拨款程序决定"。② 这一问题最终通过预算委员会和内政委员会主席之间交换信件、一次大会讨论以及一份声明得以解决，声明承认"对于这一立法项目的实际资助水平将取决于预算委员会评估经济和财政政策及审议联邦开支申请的程序。"③

虽然马斯基在针对水陆保护基金的辩论中积极地斡旋，但《预算法案》并没有为预算委员会在授权程序中的角色提供清晰的指导原则。两个预算委员会可以进行的活动包括"研究相关事务或建议的立法对预算开支的影响"。但是，由于预算决议处理的是预算授权而非授权问题，所以预算委员会没有介入授权程序的必要。

就像在许多其他预算议题上一样，两院的预算委员会依然持有不同的立场。众议院预算委员会一般不对授权法案发表意见，虽然在对开支法案的"早期预警"检测（先于大会辩论）中它将在审议拨款和权利性法案的同时一并审议授权。众议院预算委员会只有在当一个授权法案错过了5月15日的报告截止时间，或其包含"后门支出"或者权利性支出条款，或出现其他有问题的财政安排时，才会对法案进行公开审议。委员会对自己的战略定位是预算程序的幕后守护者，只在需要维护《预算法案》的规定时才出面干涉。众议院通过表明真正的开支决议由拨款程序做出来证实自己在授权方面的有限角色。即使国会通过了不现实的授权，在委员会看来只要拨款程序符合国会预算决议，国会就不会失去对预算的控制。

众议院预算委员会主席偶尔也会打破其在授权法案上的沉默来支持国会的预算程序，比如当预算程序受到总统否决权的威胁时。众议院预算委员会主席亚当斯呼吁对遭福特总统否决的1975年卫生类授权法案进行复议。他向众议院建议说"这一授权案不会'胀破'预算"。亚当斯预测，如果众议院通过了这一预算案，并且国会仍然继续当前的进程，那么预算数字将会比预算决议中低30多亿美元。④

① 121号国会记录（编辑日期1975年10月29日）S18901，参议员约翰斯顿（Johnston）的论述。
② 同上，S18904。
③ 同上，S18905，参议员杰克逊的声明。
④ 121号国会记录（编辑日期1975年7月29日）H7728。

然而，为支持授权委员而进行的干涉（就像亚当斯在卫生立法上做的那样）和为反对委员会行动而进行的干涉之间还是有很大差别。从一开始，参议院预算委员会就积极地反对那些会导致拨款数额超过预算指标的授权。参议院预算委员会的行政职员准备了一份等候参议院审议的重要授权法案的详细备忘录，其中的很多内容都被委员会的领导者们引用作为会议发言。在运行预算程序的第一年，参议院预算委员会的领导者们对几十份授权法案进行了评论。参议院预算委员会也会利用数据记录程序对参议院的授权事务进行小心翼翼的监视。对选定的那些可能导致拨款超预算（或预期）的授权项目的估计报告也被纳入提交给参议院委员会及其议员的数据记录材料之中。①

参议院预算委员会认为如果退出授权程序，就等于默许超出国会预算额度或者会剥夺未来预算选择权的立法。因此，它不仅仅将授权视为对立法意向充满希望的表达，同时也当作对拨款决策所施加的实质性影响。在这一观点看来，如果授权控制失效，那么委员会影响拨款程序的能力将会被削弱。

参议院预算委员会在其成立第一年通过对一份两院联席会议就年度军事采购授权法案发布的报告提出异议而获得巨大成功。虽然这一授权事项在预算决议分配给国防职责的数额中只占不到三分之一，但马斯基（委员会内大多数民主党员和共和党员同时支持他）质疑这一授权会导致整体国防支出超出预算决议设置的指标额度。他们基于对国会处理这类不需经过授权程序的国防开支的方式的假设做出这个估算。拨款委员会主席、参议员约翰·麦克莱伦要求委员会通过这份联席会议报告，因为"法案中的任何项目超过预算额度都将被审议。"他表示："它仍然需要拨付，而在拨款案中任何超出预算委员会认为合适数额的内容都必须进行修正、更改和讨论，然后问题才能解决。"②

在马斯基方面，他承认说"我们正在审议这份无法直接提供预算授权的授权法案。"但是，他警告参议院"这份议案为接下去的支出议案开了先例……根据我的判断，如果我们接受这些数字，那么我们就不得不接受并忍受其结果。"③ 马斯基的观点占了上风，参议院以 42 对 48 票驳回了联席会议的报告，这是对参议院最有权力的委员会的一次不同寻常的断然回绝。一个月后，委员会会议重新提交了开支更低的军事授权议案。

这一胜利最重大的意义在于将参议院预算委员会塑造成为一个警惕的新预算程序的守护者。不过它同时也把委员会带入一个困境之中。它无法攻击每一个违反国会预算指标的授权法案，因为这么做实际上会使委员会走向一条与参议院所有委员会对抗的道路。但是它也不能厚此薄彼，即反对它不喜欢而且超过预算指标的授权项目，并忽略那些受到其成员支持的项目。这一问题没有立刻浮出水面，因为人们将参议院预算委员会对国防授权法案的反对同它对一份关于"学校午餐"项目的

---

① 国会预算局不只是为国会准备定期的数据记录报告；它还为众议院和参议院预算委员会分别提供记录的数据分析。众议院预算委员会的数据记录报告不包含授权项目。

② 121 号国会记录（编辑日期 1975 年 8 月 29 日）S14723。

③ 同上，S14722。

未决联席会议报告的反对联系在一起。[①] 这一串联战略不仅仅使参议院预算委员会获得了其成员跨党派的近乎全体一致的支持，同时也使委员会展现出不受自由或保守色彩影响，公平地审议开支议案的形象。

然而，参议院预算委员会不能长期忽视授权之间的差别。第一，常规授权与权利性项目之间必须做出明确区分。第二，一些授权法案强烈影响到国会的拨款数额，而另一些却几乎没什么影响。再者，同现行（或第二年）预算程序密切相关的年度授权和主要影响未来预算的多年期授权之间必须有所区别。参议院预算委员会在干涉年度法案时比多年期法案有更坚实的预算基础。这些方面的考量使国防授权项目从大多数国会的立法授权项目中被分离出来。军事采购和建设必须每年进行授权，而拨款数额和授权数额的偏差一般不会超过几个百分点。正是基于这一事实，参议院预算委员会才在1975年对国防授权法案提出异议。然而，这一问题在卫生和教育项目上截然不同。这些项目的授权通常会延伸到未来数年，而拨款数额通常远低于授权水平。

参议院预算委员会也不得不考虑到授权和拨款之间的差异。委员会不能把每个授权法案都当作好像为开支提供了实际资金一样，因为这么做会抹杀国会内两组不同委员会之间的区别。在1976财政年度的第二个预算决议的审议中，参议院预算委员会就遭遇了这些问题。这次审议发生于委员会在国防授权法案和学校午餐授权法案上获得双重成功之后不久。尽管有了这些成功，参议院预算委员会仍然面临着提高一些预算功能项目的资金分配以使其高于该财政年度第一个预算决议设定金额的需要。参议员山姆·努恩不能“理解我们在没有遇到实质性挑战的情况下如何会远远超出一个预算类别指标”。[②] 作为回应，参议员马斯基解释了授权、权利性项目和拨款之间的区别，并承认“坦白地说，在6月（在国防和学校午餐授权法案之前）我们对自己拥有何种影响力、拥有什么样的信誉、可以处理什么问题的了解远比现在少。现在我们更为确信自己的能力，也要面对更艰巨的现实。”[③]

参议员努恩提出了另一个问题。通过质疑“现实主义的”授权法案，预算委员会也许会刺激授权委员会提出代价更为高昂的法案：“如果制定同国防类似的授权法案和拨款法案的酬劳是让它们每年被预算委员会质问，那么我就得说，该授权委员会还是会走其他授权委员会的老路，我们应展现的图景是目标应该是什么，而不是全力以赴地去削减资金。”[④]

尽管马斯基声明授权和拨款必须区别对待，但他早期的一些言论却不总是表明他认可两套程序间的差别。在参议院对1977财政年度的第一个预算决议进行审议

① 当时学校午餐项目的授权法案正在1975年9月进入参议院的辩论程序，这一时间正好是参议院拒绝批准军事授权法案的一个月后。马斯基敦促重新考虑这一项目：“今天我们有机会显示我们对财政纪律承诺的范围。在8月1日我们投票使军事开支接近于国会预算中的数额。今天我们能通过投票重新考虑提交给联席会议的儿童营养法案来为国内项目的开支添加相同的限制。”121号国会记录（编辑日期1975年11月5日）S15396。这一“重新考虑”得到了76对0票的一致通过。

② 参议院预算委员会，对1976财政年度第二个共同决议的审议，副本，第316页。

③ 同上，第322页。

④ 同上，第325页。

的辩论发言中，马斯基承诺对授权和拨款同时保持警惕："超出预算指标的开支议案将会增加赤字。向拨款委员会施压以突破预算指标的授权同样也会危及我们在预算上的成功。预算委员会及其主席将会根据预算决议中的指标在整个程序执行期间仔细检查开支和授权议案。当那些指标受到开支或授权议案的威胁时，我们会毫不犹豫地向参议院揭露出来。我们会毫不犹豫地反对那些对这些指标造成威胁的议案、修正案、甚至联席会议报告。"[①]

这一强硬的声明将马斯基置于站不住脚的立场之上。他不能发动一场运动来反对超出预算的每一项立法；他也不能使用预算程序来反对委员会根据对项目需求的评价来确定授权额度的倾向。在一封写给马斯基的处理卫生类授权议案的信件中，参议员爱德华·肯尼迪（Edward M. Kennedy）呼吁要限制对授权议案的预算控制："我们（劳动与公众福利）委员会制定的授权额度历史性地反映了特定领域的需求，以及相关的行政部门和机构推进项目的能力。这些未必反映在为预算和拨款程序必要的权衡和限制而设定的拨款数额上。至少，授权必须体现出足够的灵活性，这样我们可以根据特殊的需要或机遇做出削减某个卫生项目资金或将另一个项目扩大到其预算指标以上的决定。如果授权数额与预算数字一样的话，这种形式的互动将不可能，因为拨款的任何增加都会超出授权数额。事实上，如果授权数额仅代表了预算中设定的数量，那么我们就使拨款程序沦为仅仅是一次对于预算委员会及授权委员会所做决策的回顾。"[②]

除了与肯尼迪的观点有共鸣之处外，马斯基和参议院预算委员会都有自己不反对所有超过预算水平的授权项目的理由。考虑到国会为许多社会项目"过度授权"的趋势，"无例外"规则将迫使参议院预算委员会持续与那些广受欢迎的立法展开斗争。作为一个惯常的"说不者"，参议院预算委员会将会冒触怒几乎所有参议院成员的风险，它自身的信誉也将受到损害。参议院预算委员会将会很快被视为偏颇、执拗的财政保守主义的前哨，而不是公正、平衡的委员会。它的建议将会受到置疑，即使是在确实破坏了预算纪律的事例中也是如此。再者，参议院预算委员会成员也参加其他委员会，并支持自己喜欢的项目获得更高的开支。因而它们自身的立法效能会因对预算控制的顽固忠诚而受到损害。

在实践中，马斯基和他的参议院预算委员会会小心选择他们的战斗，他们所挑战的超出预算的授权项目非常少。马斯基的工作人员建议他采取"一种对授权项目高度选择性的方式"，并建议通过三条标准来决定参议院预算委员会的态度。最基本的一条是，在拨款额度可以被合理预期的前提下，坚决反对那些必然与功能目标以及会期内需要的其他立法相冲突的授权。[③] 这条规则说起来容易做起来难，参议院预算委员会的行政职员制作了一连串的备忘录，试图澄清委员会的立场，并在实践中保持立场的一贯性。[④] 当某个预算类别中只包括少量授权法案，并且所有的

---

① 122 号国会记录（编辑日期 1976 年 5 月 12 日） S7070。

② 引自约翰·麦克沃伊致马斯基参议员的备忘录，1976 年 5 月 25 日。参议院预算委员会文件。

③ 同上。

④ 除了在 1976 年 5 月 25 日的备忘录中，这一事项还在 1975 年 10 月 1 日和 1976 年 5 月 17 日的备忘录中有所涉及。

开支项目实际上均包含在单一的拨款法案中时，参议院预算委员会要选择一个立场就相对容易一些。国防就具备这些特征，但预算中的其他大多数功能则在复杂多样的授权法案和拨款法案之间展开。在这种情况下，参议院预算委员会必须对国会将采取何种措施做出一系列的主观判断。

举例来说，该问题在1976年6月就出现了，仅仅在马斯基宣布参议院预算委员会将干涉过度授权的1个月之后。当时参议院正在审议对联邦能源局的授权法案，该项目是这一会期中可能会有的九个（或者更多）能源类项目的授权法案之一。仅仅是联邦能源局的这个法案并不会超过预算指标，但如果加上其他预期进行立法的法案，授权的总额就将是10亿美元，超过预算中为能源活动所分配的额度。

马斯基无法成功地反对这一法案，甚至不能使别人相信这一议案会对预算产生威胁。作为替代，他决定仅仅将事实陈列在参议院面前，并用数据来反驳意图在委员会报告的数额之上再增加能源授权数额的修正案。他放弃了授权和拨款应遵循相同预算标准的立场，并表明“这是一份授权法案，而不是拨款法案，我们并不想竭力给授权法案强加上同拨款法案一样的预算纪律。”①

他随后提醒参议院，预算中并没有空间留给不同委员会递交的所有能源计划：“我意识到今天我们面前的联邦能源局法案……只是整个能源项目的一小部分。我也意识到许多授权案可能无法得到全额资助。但是我们都知道，高数额的授权会给拨款委员会带来压力，从而提高资助额度。因此我必须建议参议院，如果我们需要将授权数额保留在预算决议的指标之内，那么在一些情况下拨款委员会将不得不以低于授权数额的标准来资助能源项目。”②

这类声明成为马斯基（和他的参议院预算委员会）对会在未来威胁预算指标或者申请的开支额度极不合理的授权立法的具有特色的回应。马斯基通常用警告其对预算的压力或者表达对是否能全额资助授权项目的疑虑来批注立法项目，而不是在辩论中直接对授权法案提出反对意见。这一战略使参议院预算委员会既扮演了预算守护者的角色，又不至于触怒那些授权委员会。③

1975年，当参议院审议残疾人教育的授权法案时，马斯基就采用了这一“支持，但带有警告”的战术。虽然这一项目不太可能会得到全额资助，但马斯基意识到这一法案会为未来开支的激增铺路。马斯基选择了针对议案对未来预算的影响进行警告，而不是正面攻击这一广受好评的立法。“……这一立法引起了预算上称为‘楔子’的东西。那就是，我们似乎正在建立一个可能现在看上去像一个伟大的承诺，但不久之后就可能会需要大量物质支持的项目。…… 授权委员会的职责是确认这方面的项目需求。我非常欣赏劳动与公共福利委员会为将这一需求转述成法案中清晰的表达的努力。…… 然而，我们满足这一需求的可能性似乎很小。我

---

① 122号国会记录（编辑日期1976年6月15日）S9411。

② 同上。

③ 这是马斯基在参议院预算委员会内部辩论中对委员会在授权法案问题上所扮演的角色的解释：“我们试图（特别是在过去的两到三个月中）在我们写入记录的声明中为我们在职责之中所看到的相继出现的危险升起警示旗和红旗，即使我们不能在那时证明目标已经被违背。我们还是试着发出警告……” 参见对1976财政年度第二个共同决议的审议，副本，第323页。

突然想到，除非我们违反对联邦预算中其他重要优先事项的承诺，否则我们就不可能在未来成功地按照授权水平来资助这一项目。…… 主席先生，这一法案使我陷入矛盾。我对这一法案中跨年度授权的安排表示赞成；但是，我对于这个会在未来导致巨额支出的授权持保留意见。”①

马斯基采取警示性声明而不是直接反对的方式是因为标准的授权项目只能按照拨款的数额来支出。他因此采纳了同样的观点，即授权委员会习惯于推动在成本支出上不现实的项目。当参议院在1977年通过了对价值56亿美元的大众运输项目的多年期授权且授权数额的大部分在未来支出时，马斯基采用了同样的办法。他宣称他会投票支持这一议案，因为“参议院不会失去这次通过未来预算决议和拨款法案控制对资本补助项目资助水平的机会”。并且，法案“给予拨款委员会足够的灵活性，使其有权选择向最终被证明最为合适的资本补助项目注资，而不论项目的类型和组成”。②

马斯基关于授权立法的一系列发言声明加起来构成了一幅清晰的画面：一位主席意图回避与授权委员会的公开冲突，但始终坚定地一遍又一遍提醒参议院服从预算纪律的必要性。

虽然授权委员会会很高兴预算委员会没有对他们的立法评头论足，但它们也并非不愿意利用预算程序来达成自己的目的。比如说，这种情况就发生在1977年的参议院辩论上，当时一份25亿美元的能源项目的授权法案引发了大量的即席修正案。参议员弗兰克·丘奇（Frank Church，该法案的监察人）举起了预算控制的大旗，而不是直接就发言的内容进行反驳。“如果我们在面对每一份主要法案时都无视预算决议，我不知道为什么要通过预算决议。”③ 参议院虽然拒绝了成本最高的计划，但还是通过了提高指定能源项目授权数额的7个即席修正案。

预算委员会和授权委员会之间充其量不过是一晃而逝的同盟，它们有共同利益的时候就会联合起来，但他们在大多数问题上都分道扬镳。作为预算程序中的“申请者”，授权委员会通常与那些必须应付过度需求的委员会的观点和利益不相同。在国会这个特殊的世界中，授权委员会和预算委员会在分开的领域中活动，只有在预算程序的范围内两者才不得不进行频繁的接触。授权委员会希望同新的预算制定者和平共处，不只是因为这是国会的一贯做法，还因为它们不想被视为对预算事务不负责任。迄今为止，授权委员会一直成功地在不会实质性影响其行为方式的预算的统治下生存着。事实上，预算程序的主要影响在于它们立法运作的时间安排，这一问题一直深深地困扰着很多授权委员会。

加速授权程序

“《预算法案》几乎让授权程序成为马后炮，”最有权力的授权委员会之一的一

① 121号国会记录（编辑日期1975年11月19日）S20456。
② 123号国会记录（编辑日期1977年6月23日）S10578。
③ 123号国会记录（编辑日期1977年6月13日）S9593。

位行政职员负责人抱怨道。他的愤怒直指《法案》关于所有委员会在5月15日报告下一财政年度授权立法的要求，而这一日期也是针对第一个预算决议的所有国会行动的截止时间。因为授权程序的延误会妨碍国会在下一财政年度之初完成拨款操作，所以拨款委员会一直在争取一个截止时间。拨款委员会希望为授权的生效设置截止时间，但国会不可能接受一个会干扰其在一年的大多数时间内的基本立法的截止时间。

虽然5月15日这一截止时间是为适应拨款程序而设定的，但这一日期也与国会的预算制定有着同样的关联。预算程序必须要按照一张时间表来进行操作，这张时间表未必要非常正式或者适用于所有事项，但必须涵盖所有的重大事件。不按照预算的惯常程序也可以进行财政决策（国会已经成功地按照这种方法运作了近200年），但如果“申请者”可以自由地在任何想要的时间内提出要求，或决策者可以在任何自己觉得合适的时间里进行决策，那么预算程序可能就会失去效力。截止日期非常重要，因为它告知参与者在一个周期的某一阶段内必须完成哪些事情。

根据预算的要求，通常情况下授权应在预算被决定之前提交。如果授权可以在一年的任何时间内进行，预算委员会就会很难在准备完第一个预算决议之前弄清授权委员会的立法意图。然而，预算和授权过程的完美同步需要比5月15日更早报告截止日期。5月15日的截止日期是拨款委员会要求更早的截止时间和授权委员会反对时间限制这两种要求之间妥协的结果。不难理解，授权委员会把自己的许多要求都积压到截止日期附近来提出，结果就是大多数第一个预算决议的决定都与授权项目的报告诞生于同一时间。举例来说，众议院预算委员会报告了超过40项的公共议案，其中的大多数授权项目都提出于1976年的5月14至15日。同一年，参议院的委员会在截止日期前的最后几天报告了超过了75项议案，而在5月17日多数党领袖麦克·曼斯菲尔德宣称在参议院的议事日程上还有94件立法事项没有解决。从那时起，5月15日报告日附近的这种“大阻塞”每年都会发生。

预算委员会与授权委员会之间的连续接触使前者不会被意料之外的立法案所震惊。在第一个预算决议的准备工作进入冲刺阶段时，预算委员会对即将到来的授权法案也有了较好的心理准备。然而，有时飞速变化的环境会迫使授权委员会突然偏离预先设想的路线。这种情况出现在1977年，当时参议院农业委员会报告的立法案实际上超过了最近采用的预算决议中农业项目的指标额度。如果可以让农业委员会在预算决议的额度确定下来之前就明确农业立法内容，那么预算委员会和农业委员会（将会在之后的一章中讨论）之间由这件事而导致的冲突就会缓和不少。

国会中常规程序的形成并不容易；国会是一个臭名昭著的“痉挛性”组织，它所依循的日程安排几乎没有固定的间隔期。经常是过了数月而某项立法仍旧毫无进展，突然紧跟着一个冲刺就把某项议案彻底完成。然而，《预算法案》中规定的截止日期给国会作为一个整体带来了一些秩序。工作期和休息期根据心中的预算程序排定了下来。国会领导人欢迎5月15日截止日期所提供的日程安排纪律，并鼓励授权委员会制订工作计划以使他们能够在这个日子到来之前明确立法事项。在《预算法案》生效后，卡尔·阿尔伯特（Carl Albert）议长召集了数次众议院委员会主席会议来解释预算程序，并要求这些委员会在新的时间框架内工作。在参议院，罗伯特·伯德（Robert Byrd）支持时间表并敦促委员会们在5月15日之前报告他们的立法事项。

委员会已经适应了5月15日这个截止日期，它们在会期的最初几个月解决大部分立法事务，而不是把这些事都推到年末完成。按照惯例，财政年度开始后国防授权法案依然会在国会中滞留很久，而现在在财政年度开始之前就会进入国会的审批流程；军事建设法案以前曾被视为“人质”立法（也就是说它会被拖到会期末尾以诱使国会成员们在其他立法案上进行合作），现在它被处理的时间则要早很多。授权委员会的行政职员证实了截止日期的力量：“如果你没有截止日期，”其中的一个说，“那么所有的组织，尤其是委员会就会有一种慢慢散步然后越走越偏的倾向。它们会把时间、精力和资源花在无关紧要的事情上，而在真正重要的事情上却不花什么时间。截止日期迫使委员会设定并专注于自己的优先事务。”处理着一大堆年度授权项目的众议院委员会智囊机构负责人非常高兴，因为“现在（1977年夏初）我们所有的授权立法项目都已经下放到白宫，而这在以前从未有过。它建立的纪律真是太好了”。

不过，不是所有方面都得到了改善。授权程序和拨款程序之间的关系肯定受到了影响，而根据很多经验丰富的国会助理的说法，立法的质量被降低了。因为《预算法案》要求在夏天结束之前完成常规拨款法案的所有手续，国会就无法在授权案转变成立法案之前处理所有积压的授权法案。众议院大约在6月份开始审议拨款法案，而此时很多作为先决条件的授权法案还未得到通过。比如说在1976年，尽管预期的拨款中有将近400亿美元缺乏授权，众议院还是开始了它的拨款阶段。但是拨款委员会没有等待所有项目授权完毕，而是把尚未得到授权的项目放在一边，开始着手处理其余项目。其中涉及一个在众议院中获得通过，但在国会的法定手续还没有全部完成的项目，随即委员会就依据规则取消了对未获得授权的拨款的禁令。在1977—1979财政年度间，超过一半的众议院审议的常规拨款项目得到了第二十一号规则第2款的豁免。在一个例子中（即1979年对国务院、司法部和商务部的拨款），拨款小组委员会主席拒绝请求豁免，因此他的法案就因议事程序问题而被删除了大部分条款。

众议院拨款委员会一直有这些选择的自由，但《预算法案》把这个委员会放在了相对于授权委员会而言更占优势的位置之上。没有经过授权的拨款是对授权委员会意图和权力的侵犯。它违背了两类委员会之间规定的工作分工，使拨款者得以在国会决定实质性事务之前就确定开支水平。拨款委员会如果试图在授权委员会的工作完成之前推进拨款程序，它将面临受到威胁的授权委员会的严重挑战。因此，在过去众议院拨款委员会常常推迟自身的工作，直到授权委员会项目的授权生效，或至少被众议院通过。如果必要的话，委员会会在报告常规拨款法案之前等待好几个月；即使财政年度已经开始了，委员会还是会根据授权立法的优先性进行拨款。

《预算法案》鼓励拨款委员会无需等待授权而自己行动。这些委员会可以声称除非能够推进拨款，否则它们不会遵守《预算法案》中设计的紧凑的时间表。比如说，1977年司法部拨款法案即在当年司法援助管理局（Law enforcement Assistance Administration）授权法案没有通过的情况下为它提供了资金。在司法援助管理局的拨款法案被通过后，国会被迫面对一个反常的局面，即被要求为1977财政年度提供比已经拨付的资金更高的授权金额。①

当委员会为了赶上截止日期而忽视那些只要有足够时间就可能完成的事务时，加速了的日程表就会影响立法的质量和实质内容。这一问题对于授权工作量大的委员会来说最为严重，而（因为委员会工作的多样性）它在参议院引起的麻烦也比在众议院引起的麻烦大。参议院的某个重要委员会的一位智囊机构负责人生动地描述了这一问题："5月15日这个截止日期使工作强度大大增加。它给时间安排带来问题，使参议院要在同一时间处理两到三个授权法案。5月15日之前的一个月是地狱之月，预算决议在那时进入辩论程序，授权委员会那时正在审议法案，拨款委员会也在审议法案。要了解所有发生的事情是很困难的。"

来自各种各样的委员会的行政职员抱怨截止日期对他们工作的影响。"为了赶上5月15日，我们在两天内审议了九个法案。我们中的很多人对我们所做之事的了解比记忆中的任何时候都少。"一个工作量更大的委员会的一位行政职员评论道："这个委员会在三次秘密会议中汇报了36项法案。实际上，分配给每个法案的时间都不超过两分钟。在前些年，我们可以在6到8个月的时间内汇报相同数量的法案，每项法案的时间是半个小时。截止日期导致对法案的仔细审查减少，举行听证会和整合观点的时间也减少了，而委员会审查议案的机会自然也大幅减少。"

一些委员会通过在5月15日之前报告法案概要，再在之后丰富法案内容的方式来规避这一问题。它们有时会在大会辩论上对截止日期之前没有考虑到的东西用修正案的形式加以补充。在一些情况下，委员会制定了一份替代法案来取代原来的版本。授权委员会也可以选择在众议院通过规则委员会以及在参议院通过预算委员会来获得对截止日期的豁免权。② 虽然《预算法案》没有规定众议院预算委员会在这方面的正式角色，众议院预算委员会仍然坚持在给予豁免之前应该先征询它的意见，③ 而在一般情况下规则委员会只有在众议院预算委员会首肯的前提下才会同意豁免。为了严格地与《预算法案》上对程序的表述保持一致，众议院预算委员会对5月15日截止日期的豁免审核总体上采取严格的态度，虽然鉴于预算程序已经成熟地融入国会日常工作，其态度相对而言已经变得逐渐宽松起来。根据委员会的记录，1977年有19项议案得到截止日期的豁免。其中的7项是由于"技术原因"，5项是因为"紧急"目的，另外的7项则是因为国会采纳的1977财政年度第三个预算决议使新的立法事项成为可能。④ 在对于决议的报告中，众议院预算委员会宣布它将支持因预算增长导致的立法豁免。⑤

---

① 1976年7月26日（司法援助管理局1977财政年度拨款法案通过的两周后）参议院通过了司法援助管理局的授权法案。授权法案为管理局1977财政年度授权了10亿美元的额度，而拨款数额比授权数额低了2.47亿美元。

② 国会预算法第402节b款规定了众议院的豁免权，第402节c款明确规定了参议院内的豁免程序。

③ 在一些案例中，众议院预算委员会主席（或代表）在规则委员会之前出场来详述委员会对于该豁免的看法。在大多数情况下，众议院预算委员会主席会写信给规则委员会来说明委员会的立场。

④ 参见众议院预算委员会，就预算程序问题接受特别工作组的听证，国会对预算程序的监督，第95届国会，第一会期。

⑤ H. Rept. No. 95－12（1977），p.9。

参议院的程序比众议院更为开放，因为《预算法案》规定的5月15日截止日期的豁免由具有法案最初管辖权的委员会提出，同时在进入审议程序之前必须经过预算委员会的复核。这一程序看上去给了预算委员会极大的权力，但其缺点也同样明显。每一次豁免都代表着来自另一个委员会的正式请求，即要求获得一次机会将它们的法案提交大会审议。豁免请求大多数在大会审议即将开始时提出。在这种情况下，参议院预算委员会事实上不得不附和每一份豁免申请。在1976年，它同意了其他委员会递交的22份豁免申请中的21份；在随后的时间里，它同意通过申请的数目大概是1976年的两倍。按照参议院预算委员会的惯例，只有在受影响的立法案存在实质性问题时才反对豁免。

许多豁免权被授予并不意味着5月15日截止日期无效；大多数委员会都通过切实的努力在这个日子之前提交它们所有的立法案。然而，国会并不会让自己因为预算引出的截止日期而停止运转。国会似乎既加速了对授权法案的处理，又为无法（或者不愿意）在5月15日之前完成工作的委员会敞开了大门。

这些长期性问题困扰着国会。国会有年度的拨款程序，也一直在朝年度授权程序迈进，现在起它也有了年度的预算程序。但这些活动之间的联系却没有被精确地界定；因此冲突就出现在三组委员会各自所扮演的角色之间，而国会成员和委员会身上的时间压力则加剧了这种冲突。

3月的申请

授权是立法利益的官方表达。即使这些表达充满了对未来开支充满希望的期待，这些通过的授权仍然比每年数以千计的议案和国会成员的声明更强烈地代表着对联邦资源的要求。如果没有时间上的问题，国会就能够在处理完财政年度的所有授权后来再来考虑预算水平和资金分配。因为这种理想状态是可望而不可即的，所以国会必须带着对立法委员会所准备的许多授权法案的前景的不确定来处理年度预算的常规工作。

预算委员会能够填补固定的职员工作和关于预算特定方面的听证会之间的部分差距。但他们无法在每年的听证会上涉及所有的预算议题；也没有自信说他们自己的行政职员对于预算中与他们相关的利益都有足够的了解。《预算法案》部分弥补了这一问题，它要求所有国会委员会在3月15日之前向预算委员会报告它对自己管辖范围内所有预算事务的“观点和预测”。这个日期远在国会或相关委员会开始进行下一财政年度的许多重要授权之前。

3月15日程序

《预算法案》没有对如何准备报告进行指导。然而，两个预算委员会都发布了文件，指明了报告应该包含哪些信息。参议院和众议院的常务委员会都各显神通地来完成他们繁琐的3月15日工作，这一点并不难理解。这些报告最主要的共同点是都满足了《预算法案》中的正式要求。一些报告就是该委员会主席写的一封简短的信件，没有正式征询过任何委员会其他成员的意见；其他的报告则以委员会的智囊机构或小组委员会准备的草稿为基础，再装点上有委员会全体成员名字的精美文件。大体上来说，委员会在预算中占的份额越小，其3月15日的手续就办得越随便。负责一堆小项目的众议院管理委员会将3月15日的程序委托给他们的主席去完成。参议院政府事务委员会的报告是其主席和少数党副主席共同完成的，没有任何委员会普通成员的参与。相对而言，众议院筹款委员会和参议院财政委员会则向每一个成员发放了简报文件供委员会集体审议。

由于来自普通成员的压力以及其他一些原因，委员会报告正在朝着越来越正式、越来越周详的趋势发展。1976年，众议院司法委员会主席罗迪诺（Rodino）发布了一封长达三页的信来回应各方的要求。这一单边行为招致委员会中10位共和党人的强烈抗议，他们抱怨《预算法案》要求考虑的是来自委员会的观点和预测，而不是来自主席的声明。① 众议员罗伯特·艾德戈尔（Robert W. Edgar）向众议院预算委员会诉说了他对3月15日报告的不满："在我工作过的两个委员会（公共工程委员会和退伍军人事务委员会）里，操作流程都一样。智囊机构准备一份文件，然后需要主席批准以及多数党和少数党副主席点头。但是在递交给预算委员会之前，全体委员会成员甚至都无法看到文件。"②

到了1979年，大多数委员会至少举行一次委员会全体会议来审议报告。退伍军人事务委员会（众议员艾德戈尔抗议的目标之一）1977年修改了自己的程序。一位智囊机构的官员描述了那时候采用的程序："我们要做的就是与主席及小组委员会主席会面，然后同他们整理探讨他们想要进行的立法事项和下一年度委员会的监督职能。接下来我们会把这些写成草案的形式，完成后立刻由他们签署。随后我们安排一次委员会全体会议，主席及少数党副主席会将一份建议项目交由全体委员会成员审议。在草案按照委员会全体成员的要求修改之后，我们会在3月15日截止日期之前将其提交。换句话说，这份由委员会提交的报告是真正的委员会报告，因为我们的确对其进行过表决。"

众议院委员会倾向于发布比参议院委员会更详细的报告，尽管也存在一些例外。在一个极端的例子里，众议院陆海空三军委员会在1977和1978财政年度的报告中详细列出了数十个国防议题和项目；而相较之下，其参议院的同行只发布了一份含有国防开支总数的长度为两页的文件。造成两大立法委员会不同的原因有两个：众议院委员会更早地开始处理3月15日的授权立法，而众议院议员服务的委员会较少，因此能有更多时间用来准备预算观点和预测。

各个国会委员会内部的党派关系差别很大，而这些关系不可避免地影响到了3月15日的程序。即使在处理很有争议的问题时，参议院劳动与人力资源委员会依旧有两党合作的传统。多数党成员、少数党成员和智囊机构一起准备委员会对预算的观点和预测，并在消除意见分歧后予以公布。然而，众议院教育与劳工委员会成员被党派划分为两部分，这一划分在制订3月15日报告的工作中也得以体现："每

① 众议院预算委员会，关于1977财政年度国会预算的观点和预测，第94届国会，第二会期，1976年3月22日，第407—409页。

② 众议院预算委员会，关于预算程序的特别小组，《国会预算程序的监察》，第95届国会，第一会期，第19页。

个小组委员会多数党的行政职员与小组委员会主席开会并审议总统的申请。他们为每个项目敲定他们觉得不错的数字。其结果将被汇编成册，随后全体委员会的主席和小组委员会的主席将召开会议。这仍然只是多数党的事情，至今少数党仍未介入。在会议中，他们审查数字，做一些修改，然后形成委员会文件。这也烙上了主席的印记。这又都是多数党决定的事情。”

虽然全体委员会随后开始审议 3 月 15 日报告，但鉴于大多数委员会的共和党议员持不同意见或其他观点，这一进程从未摆脱其党派性。

小组委员会在报告过程中的角色往往取决于小组委员会的整体地位。在众议院拨款委员会中，小组委员会的自治权已被奉若神明数十年：“小组委员会提供观点和预测，而这些在全体委员会层面得到认可。报告本身随之被全体委员会批准，然后我们将其送到预算委员会。从理论上讲，我们在全体委员会的层面对其进行审议，但在那一层面已经没有太多可做的事，因为小组委员会有机会审议各自负责的部分。在全体委员会层面，没有什么实质性的东西可以增加。”

众议员罗伯特·艾德戈尔建议要求委员会在递交报告前召开公开听证会，但几乎没有什么委员会采纳这种传统的国会方式来收集信息和考察立法建议中的利益。然而，由于预算程序的建立，联邦机构和利益团体越来越认识到让拨款委员会知道它们的预算偏好的好处。国防部追踪陆海空三军委员会 3 月 15 日的工作，并对预算及项目事项提出意见。退伍军人团体游说退伍军人事务委员会成员和工作人员。劳工与人力资源委员会与其“客户”之间的传统亲密关系也延伸至3 月 15 日的程序之内：“利益团体们意识到这是他们针对预算的‘第一枪’，所以我认为比起让他们最感兴趣的法案每每在两年、三年或四年的等待时间内化为泡影，这一程序大大加速来了他们与我们在常规制度上的接触。这给了他们更为紧张的感觉：‘我们已经在一月或二月与授权委员会沟通，以使 3 月 15 日报告以恰当的方式考虑我们的建议。’”

因为很少有听证会且审议（如果有的话）往往被压缩，所以委员会需要在极大程度上仰仗自己的智囊机构来起草报告和决定报告包含的内容。虽然每个委员会都有自身特定的“成员——智囊机构”关系，但众议院农业委员会的经验通常是：“很多工作都是由智囊机构来完成的。我们为委员会举办必要的会议来通过我们自己的预算建议，但这一工作进行得非常匆忙，因为委员会成员们往往不愿意花费那么多时间来倾听各种机构的预算申请。报告制定得也很匆忙，智囊机构不得不像疯了一样地找出一些东西呈现给成员们，但实际上很少有委员会成员参与进来。”

在国会山智囊机构蓬勃发展的年代里，没有什么不受智囊机构的影响。颇为不同寻常的是，许多委员会智囊机构似乎在决定将什么放入 3 月 15 日报告时有很广泛的选择范围。无论是因为时间压力、对预算常规程序的蔑视、3 月 15 日报告自身的不成熟或是其他什么原因，国会成员们（除了一些有名的例外）并没有像委员会审查法案那样仔细小心地审查智囊机构准备的预测。

政策和内容

委员会能够自由地决定 3 月 15 日报告中需要提出什么请求。两个预算委员会为报告设计了标准模板，但都不希望对委员会的观点和预测强加实质性的限制。

根据参议员马斯基和贝尔蒙在一封写给参议院各委员会主席的信中的说 3 月 15 日报告是“委员会通知预算委员会其可能影响预算预期行动的首要方法”。[①] 然而，只有当委员会递交了真实的预测，能够使那些关注待议计划立法前景的预算委员会了解相关情况时，这些报告才能满足这一目的。如果委员会习惯性地夸大预测，那么报告就无法表达对预算的真实请求，也无法为预期的行动提供可信赖的指示。如果预算委员会试图把他们的决策建立在国会委员会的虚假请求之上，那么他们将会误入歧途。

就如结果所显示出来的那样，这些报告既不是对预期立法成本的明确预测，也不是不现实的“希望列表”。预算程序不是相关利益团体请求的被动接受者。预算的常规程序促使申请者寻找施加于政府的新需求。如果没有国会预算程序，那些想要更多钱的人就只能走制度外通道，并为自己谋求特殊利益。3 月 15 日程序的实用性在于其为新利益的增加提供了一条授权渠道。预算程序因此邀请申请者们申请更多资金并使新的需求合法化，即便大体而言它未必给予这些新需求同旧需求一样的保护。在例行预算程序已经完备的情况下，如果政府缺少处理申请的常规程序，那就不太合理了。为了回应（或者说是“预期”）“对预测的要求”，申请者们会讨论他们的操作方式，并征询相关利益方的意见，以决定提出哪些需求。

在国会预算中，3 月 15 日程序是立法委员会刺激申请的强力兴奋剂。在这一程序中，委员会不只是被要求预测近期立法在下一年的成本或维持各项目目前支出水平所必需的预算额度。他们被要求确认和推动他们在当年可能发起的立法动议。同行政机构的行为模式颇为相似的是，国会委员会们回应这一“要求”的方式是自己着手追求更大的预算。

3 月 15 日报告迫使委员会扮演项目拥护者的角色。它们不仅要展示它们的预测，还要为它们所赞同的立法寻求各种辩护和支持。一些策略通常与已经被纳入立法进程的机构预算联系起来。因此，委员会要利用表明它们的项目在联邦预算中实际份额下降的统计数据来为它们增加开支的申请辩护。参议院退伍军人事务委员会 1977 财政年度报告的开场白就是尽管退伍军人的人数增加了，但退伍军人项目的开支却在过去的 20 年内从占联邦预算的 7% 下降到 5%。参议院农业委员会指出，分配给农业项目的资金在 1968 年占联邦预算的 3.7%，而 12 年后却滑落至 1.2%。“委员会感到很挫败，虽然国会赋予农业部新责任，国家和世界也面临越来越严重的农业问题，但国会对农业部门的支持却减少了。”参议院劳工与人力资源委员会采用了相同的办法，指出即使所有的预算建议被国会通过，这些项目的支出占联邦支出的百分比还是会下降。“委员会……强调对我们管辖范围内人力资源项目的投资物超所值。用如此适度比例的联邦资源获得巨大的经济和社会回报被委员会视作极端重要的政策。”

有人也许会希望相对于授权立法的过程，委员会们在 3 月 15 日的申请能够获得较少的压制。毕竟，在常规的立法过程中，委员会为了获得国会对它们项目的批

① 1978 年 2 月 3 日函件，参议院预算委员会文件。

准必须限制它们的目标。一个留意众议院或参议院整体利益的委员会不仅仅要报告所提出项目中每一个精彩或吸引人的想法。如果要使项目具有审议的高通过率，它就必须在一系列的可能性中进行选择。而委员会在决定它们的3月15日数字时则不会受到这样的限制。委员会的单方面行动不必得到众议院或参议院整体的赞同，因而它们也许会认为提高申请额以形成更高开支的先例是有利的。

再者，报告的时间安排也使大多数委员会提交的申请无法严格按照预期的预算分配额度来限制他们提交的申请。几乎没有授权委员会能在3月15日之前做出最终决定。大多数委员会仅仅开始着手于当年的立法活动，而（特别是每届国会的第一年）最重要的立法仍然在起步阶段。3月15日的要求连同5月15日的截止日期一起鼓励一些委员会更快地筹备起来，并加速它们的立法进程。例如在1976年，众议院海陆空三军委员会提前了对于军事采购授权法案的听证和审议，以使该工作能在3月15日之前完成。结果就是，委员会成功地在3月15日的报告中包含了大部分最终决策结果。不过，在1977年这一程序被打破了，因为新一届的国会被组建起来，而政府方针也出现了变化。卡特总统在掌权的一个月后提交了一份新的预算，距离必须提交"观点和预测"的日子只剩一个月。于是，当海陆空三军委员会提交3月15日的报告时，它仍旧处于年度授权程序的初始阶段。

委员会通过提出"观点和预测"还需要修正的警告以及拒绝对未决法案做出固定决策的方式来应对它们报告的不得已的早熟。很多委员会呼吁关注它们的建议。参议院商业委员会在报告的开始评论道，预测"必须要进行进一步的审核并且不应该……被认为代表任何成员个人的观点"。众议院农业委员会建议它对预算中许多项目的沉默"不应该以任何方式被解释为是反映了对总统的预算权威和提出的开支数字的赞同"。参议院海陆空三军委员会将其推荐表述为"由于总统的审查和补充申请而造成的可能需要进一步调节的目标"。众议院拨款委员会强调"这份报告明确了预算中的一些主要的需要进一步检查的意外开支和领域，而报告也不能被看做是来自委员会的推荐。"

为了防止观点与预测被修改，一些委员会选择提交有关总体开支水平的声明，而不会涉及项目细节。这一方法深受参议院海陆空三军委员会和财政委员会的喜爱，两者都避免了将自己限制在预期立法的立场上。海陆空三军委员会主席约翰·斯坦尼斯在一封关于委员会第一份3月15日报告的介绍信中，直截了当地否定了预算时间表对项目决策的影响："……《国会预算法案》的时间安排可能会迫使国会在确定关于整体联邦预算的数字与决定哪些包含在整体数字之内的特定项目最有利于国家之间做出选择。我们不应该必须做这样的选择。"

委员会也用截然相反的方法来保护自己的"观点和预测"。它们提交支出计划的"购物清单"，并将预测设置在足够高的水平以包含比可能在国会获得通过的数量更多的立法动议，以此来避免过早做出承诺。众议院海陆空三军委员会在对1978年预算的评论中承认了这一做法："委员会们仍然在对总统申请的所有预算修订的合理性进行详细检查。因此委员会建议在进行进一步的听证和研究之前，对某些账户的预算授权应高于总统申请额。"在对支出立法做出决策之前，委员会特别不愿意同意总统提议的项目削减。获得对项目削减的立法支持几乎一直都是一件很困难的事。在委员会匆忙地进行判断时，它还没有能力仔细研究问题或获得对行动的支持，在这种情况下，削减实际上是不可能的。

保护自己建议的需要使委员会对3月15日程序的价值产生怀疑。提及自己作为参议院银行、住房与城市事务委员会主席的经历时，参议员威廉·波克斯迈尔(William Proxmire)承认他的委员会："……从来没有成功地在3月15日之前提供过一份有关其预期授权法案的明确、现实的报告。在许多情况下，听证会并未完成。在大多数情况下，委员会没有在此之前召开审议会议来讨论授权法案。委员会的一些特定成员对特定的授权立法尤其感兴趣，他们试图在3月15日的报告中给予这些立法全额资助。即使稍后委员会全体会议可能在授权法案中对其进行削减，但在委员会正式投票表决法案之前很难否决成员个人的'申诉（day in court）'。再者，事关资助的决策在很大程度上取决于委员会已经同意的项目细节。由于这些原因，我们3月15日的报告倾向于几乎不带有任何象征意义地囊括所有待议计划，以此表示任何个人项目都有可能得到通过。这意味着我们的预测会不同寻常地高。它们能包含任何东西，包括厨房里的洗涤盆。"①

波克斯迈尔的观点在国会中与授权程序密切相关的人群里得到广泛认同。一些其他委员会成员的访谈节选可以证明这一点。

参议院能源与自然资源委员会："当我们在国会提出要求的三周后开始这项工作时，我们拿到了提交给这个委员会的一千多份法案，并在之后的一个月里还将收到一千多份。我无法告诉你这些议案中哪些会成为3月15日报告重点关注的法案。即使我有五份法案并知道其中三份会被通过，我也无法在一开始就知道是哪三份。我不知道将会存在哪些争议，也不知道支持者们的支持力度有多大。我只能把它们都放进去。我别无选择。如果我猜错了，那么我就会陷入麻烦。"

众议院邮政和公共服务委员会："委员会不会反对任何事。所有人都是政治博弈者。你不会试图在3月15日的报告中进行任何挑选。为什么说你不会试图通过一项对寡妇有好处的议案呢？我们可以把这项责任转移给众议院预算委员会，为什么不呢？他们会把法案否决掉。你完全可以找到一些人来做些要负责任的事。"

一项对参众两院委员会提交的100份3月15日报告的测试显示，除了仅有的一些例外之外（其中没有特别有意义的），委员会为它们的项目所提出的要求多于总统的建议。再者，每年的预测加起来比国会打算拨付的预算多数百亿美元。委员会在通常情况下要求的数额比它们期待得到的要多得多，并且它们避免在早期就做出最终决策。但是，认为报告对预算委员会来说缺少实质性价值是不对的。记录显示，委员会并未以毫无节制的方式来制订报告。历年所有委员会3月15日申请的总额比当年预算决议中的数额指标高大约10%，并没有异常地大幅高估。一些在授权活动中表现得最具扩张性的委员会3月15日的目标相对而言较为节制。众议院教育和劳工委员会和参议院劳工与人力资源委员会并没有为它们所有的授权项目寻求全额资助；它们通常能够接受比法定授权额度低很多的资助额。

---

① 参议院预算委员会，关于国会是否有权控制财源的听证会，第95届国会，第二会期，1978年3月6日，第22页。

为什么一个已经在国会中赢得了更多资金的授权委员会仍在3月15日的“观点与预测”中自我约束呢？解释之一在于预算对于委员会行为的影响。如前文所述，预算程序邀请申请者要求更多的东西，但它同时也节制它们的需求。预算的递增速度、它与现在及过去行动密切的联系、它对政府政策的稳定性和持续性的强调都限制着申请者的抱负。委员会作为渐进主义者，在创制3月15日的预测时会细心关注近期预算水平、总统请求和申请者需求的可信度。委员会一般会要求比当年它得到的数额或总统为明年推荐的数额高一定幅度的资金，但不能高到对它的利益产生不利影响。当委员会的需求不仅仅在于项目的资金递增时，它们通常会转而寻求那些独立于预算程序的政策。比如说，它们可以开发新的授权立法，这些立法的开支额度远高于预期的预算或拨款额度。

委员会们在3月15日的陈述中自我约束还有另一个理由。它们并不想通过将其预测挂在达不到的高度上的方式来提高利益集团的立法预期。如果委员会要把每一项立法计划都塞入它们的“观点和预测”之中，它们将会直面对立法失去控制的风险，或因为没有履行先前的约定而被认为是失败者。

授权委员会的自我节制还有另一个推动力。不加节制地提出要求并且无法传达授权委员会真实意图的3月15日报告可能会增强预算委员会的权力。在报告中放入不现实的要求的授权委员会是在邀请预算委员会来决定哪些项目应该而哪些项目不应该被资助。相反，如果“观点和预测”代表了合理、恰当而现实的意图，那么预算委员会对目标开支水平下项目组合的选择就将大大减少。

因此，预算委员会欢迎3月15日的申请超过现实预算水平就一点也不令人惊讶了。这样的申请不仅使预算委员会担任了预算掌控者的角色，还在决定哪些项目实际上可以获得资助时拥有更大的发言权。无论如何，委员会在它们的“观点和预测”中不能太过随意。申请的可信度影响预算的结果。但即使它实现了更高的资助水平，某个授权委员会也承受不起一个预算抱负不切实际的名声。

在将3月15日报告的数字显得比实际更大时，授权委员会的参与者看上去一直对过程而不是对报告做出的评价感到不安。它们不想早做决定，但不得不那么做。它们不喜欢让预算日程表来安排委员会的工作进度。它们不想让实际的立法代替“观点与预测”来表达它们的项目利益。最重要的是，它们不想让自己的工作被其他国会委员会审核。

在评估3月15日报告的作用时，人们必须谨记预算委员会有其他的信息来源和决策基础。如果它们拥有的只是一堆3月15日文件，那么预算委员会就会发现预测国会可能接受的预期开支行为是一件很困难的事。不过，预算委员会成功地使它们的决议得以通过，虽然在某些情况下必须经过审议和修正。

通过在过去的开支决策、总统预算和近期政策预测的背景下检验3月15日的报告，预算委员会能够获得下一财政年度支出的可能结果。再者，通过与授权委员会的非正式接触，它们监督着整个立法进程，弄清楚3月15日报告中所包含的内容哪些最可能获得国会认可、哪些只是装点门面、哪些非常重要。这些接触是制定一份国会预算的必要过程之一，它们是对受影响的委员会的利益的回应。

除了表达对预期预算的期待外，3月15日程序还有许多其他好处。其中最重要的一点是为国会提供进行预算决策的基础。要是没有3月15日报告（或预算程序中的一些补偿性变化），国会就缺少覆盖整个预算的申请来源。预算委员会建议的正统性和认可度很大程度上取决于别人是否相信它反映了国会利益的全貌，而不仅仅是行政机构的请求。其次，3月15日程序刺激委员会加速组织它们的立法工作。现在委员会的工作开始得很早，并且对在会期中将面对什么有清晰的概念。对一些委员会来说，“观点和预测”是非正式日程，虽然报告并没有事先托付委员会做任何事情。

最后，委员会更好地了解了它管辖范围内的项目。正如本章先前所讨论的，处理永久性授权的委员会受益最大，而那些已经定期审核授权项目的委员得到的好处则要少一些。

预算程序中的申请者

每一份预算申请都代表了一位申请者，它们是受益于特定预算结果的个人或团体。预算要求不仅仅是在一张纸上写几个数字，它是从事政治性活动的国会议员和委员会的期望和需求。因此，授权法案不仅是对联邦资源的主张，更表达了立法委员会认为对一项它所期待的项目而言必需或适当的资金数额。从中受益的利益团体的地位和活动对预算申请的安排有很大影响。因此，向国会递交的预算申请必须同样被置于申请者行为和利益的背景下加以考量。在国会背景下，委员会是首要的申请者。它们的行为可以从它们应对3月15日实践的方法谈起。

至少有三大因素影响着国会委员会3月15日的行为。

其一，它们所负责的立法的种类。可以想见，专门进行年度授权的委员会与进行多年期授权的委员会的运作方式不同。一个主要兴趣在于制定新权利性项目的委员会处理3月15日程序的方法也与一个主要关注在于确保法律已规定的利益能够实现的委员会有所不同。

其二，对成为项目的拥护者还是改革者的不同偏好也会造成委员会的差异。一些委员会习惯于把自己视为那些如果在国会中没有强大的代表就会在对公共资金的竞争中居于不利地位的利益的拥护者。它们会倾向于成为授权数额与拨款数额差额最大的那类委员会。它们的申请已经通过授权程序得到扩大，因而几乎没什么动力在3月15日的“观点和预测”中索取更多。然而，其他委员会的做法是“不挂断电话”，它们不习惯于为每年的开支增长奋斗。从长远来看，这些委员会可能会受到3月15日压力的巨大影响。

其三，编制3月15日报告使用的程序影响了预算程序中的申请。一个在封闭的程序中（即由主席做出决策而无需委员会全体成员参与）构建出“观点与预测”的委员会也许能够拦截掉那些在公开投票中很难反对的需求。对3月15日程序进行民主化的压力主要在于给予委员会的普通成员一个机会来使委员会考虑他们那些过去被截留的想法。对3月15日报告进行公开审议的趋势似乎会引发更多雄心勃勃的申请，因为许多委员会成员会发现很难公开投票反对那些对它们“客户”有益的计划。

这一节中将讨论四种立法申请者（每一种都代表了一种不同类型的委员会）：(1) 处理年度授权的委员会；(2) 主要处理多年期授权的委员会；(3) 对权利性项目有管辖权的委员会；(4) 对永久性项目负责的委员会。这份清单并不包括对持续且大体上没有什么争议的政府运行进行“家计性管理”的委员会，也不包括将会在随后的章节中讨论的拨款委员会。

“只是再多一点点”：年度授权

虽然年度授权每年都必须被重新审议，但该行为并非不可预测。虽然起伏涨落的政治情绪和状态偶尔会使国会行为大幅摆动，但这些重复发生的事件还是有迹可寻的。“正常”的递增形式是指总统申请比当年提供的数额多一点的数额，授权委员会在总统的请求上再增加一点，国会拨款在一定程度上比授权数额略减以掩盖变化的强度，以及在一些主要的年度授权项目（主要是国防项目和国际项目）上重复的争吵。近几年来的冲突通常与增长的额度有关，特别是是否应该允许某些项目开支上有实质性的增长，或者是否应该要求某些项目承担一些因通货膨胀而增加的成本。

这一形式在国会预算的编制过程中一直持续。大多数年度授权项目的 3 月 15 日声明提出的数字与总统数字没有太大的差别。编制“观点与预测”的委员会也在同一时期进行授权立法工作，这两类行为必须相辅相成地进行。再者，正如这章开始所讨论的，一般情况下授权和拨款数额相差不会超过几个百分点，除非前者与总统建议的数额相差巨大。

年度授权方式占主导地位的预算总共有三类。普通科学、太空和技术类预算近期没有什么争议；在它们 3 月 15 日的声明中，授权委员会要求的数额比总统的预算申请大约高出 1%。这一方式和国防类预算颇为相似。当总统希望实际年度开支大幅增长时，海陆空三军委员会预测的国防需求比他的数额高 1%。只有众议院国际关系委员会和参议院对外关系委员会的“观点和预测”中才会出现违背预期模式的情况。越南战争的后果让这些委员会不支持某些军事援助项目，因此，在那些年里它们的 3 月 15 日预测比总统的数字低。但是现在战争对预算的影响已经消失，这些授权委员会似乎已经开始回归主流。

“彩虹之上的地方”：多年期授权

有人也许认为几年授权一次的项目在获得资助方面比每年要回到国会得到新授权的项目更有保障。然而，事实并非如此。因其当年开支水平相差巨大且不被递增模式所限，多年期授权项目为开支形式的剧烈变化提供了足够的机会。

计划大幅提高未来授权额度的委员会公开扮演着它们所偏好的项目的拥护者角色。这一角色并未因为国会预算的出现而受到打扰。正如一位这类委员会智囊机构的领导人的解释，这些委员会“对它们管辖范围内的项目感觉十分强烈；3 月 15 日报告给了它们另一个机会来成为一个拥护者”。众议院教育和劳工委员会及参议院劳工和人力资源委员会的“观点和预测”就显示它们对“巅峰状态”的拥护。这些委员会一般将它们的预测固定为超过总统预算的 50%，远高于它们预期的拨款数额。众议院委员会辩称它们的建议是“根据弱势群体、残障人士和失业者们的需要而设置的合理开支目标”。参议院委员会的主张更为明确。它在1977年宣称，“我们把这份报告当作国会用来敦促为我们管辖范围内的国家优先事项和目标留出空间的文件。”它形容报告的目的是“预测而不是立法。结果是，我们的建议在为立法行动预留预算空间……而不需要预先决定资源和确切的立法内容”。

即使以拥护项目为己任的委员会也渴望维持自己的预算声望，但鉴于它们过头的“观点和预测”，完成这项任务并不容易。1978财政年度，教育和劳工委员会在新的预算授权中为教育、培训、就业和社会服务项目申请的资金比卡特总统建议的数额大约多90亿美元。众议院预算委员会在它第一个预算决议中削减了大多数计划的增长。它只为这些项目提供了申请数额的75%，这一比例远低于其他项目。众议院预算委员解释了它对社会项目的大幅削减，它指出教育与劳工委员会已经支持“按照全额的授权数额来资助大多数教育项目”。[①] 这一声明激起了教育与劳工委员会主席众议员卡尔·伯金斯（Carl Perkins）愤怒的回应。他列出了一些3月15日报告的建议额度中远低于授权额度的各类项目。“鉴于设置的目标远低于授权委员会建议的数额，”伯金斯抱怨道，“预算委员会关于希望对大多数教育项目进行全额资助的声明值得怀疑。”[②] 教育和劳工委员会不仅想要澄清是非，它还想避免被贴上习惯于做出不现实的预算预测的高支出委员会的标签。

“走在钢丝绳上”：权利性项目

就像处理多年期授权的委员会一样，权利性委员会（如众议院与参议院退伍军人事务委员会）以受益者为中心。但这些委员会的立法行动却与年度授权有些相似，它通过的数额强烈影响着实际的拨款额度。事实上，国会必须按照授权数额对权利性项目进行全额拨款。

这两个特性造成了大量的预算紧张情况。权利性委员会是“顾客导向”的，因而它们不得不为额外利益立法。退伍军人事务委员会除了为受益者们提供额外的权利外，不需要做什么重大的立法工作。它们定期处理新的、扩大了的权利需求。但这些委员会不能屈服于它们面对的所有压力，因为这么做将意味着使开支大大超过可以接受的程度。在过去，应对这些压力的通常做法是在委员会中抑制那些吸引人却代价高昂的计划。在权利性委员会中兴奋过头的计划必须停止，因为一旦立法项目被公之于众，在审议中就很难被阻拦下来。

3月15日程序对于权利性委员会来说是一个非常复杂的问题。曾经的“希望列表”通过3月15日程序就可以进入操作阶段。在众议院退伍军人事务委员会中推动该程序民主化的领导人坦言他的目的是迫使委员会将过去曾被埋没的计划付诸实施。[③] 在预算程序运行的最初几年，退伍军人事务委员会不是不经审查就同意每

① H. Rept. No. 95 - 189, p. 51。

② 众议员伯金斯在1977年4月29日写信给众议员格雷默，格雷默在1977年7月12日予以回复，但没有解决全额授权的问题。

③ 参见众议员预算委员会，预算程序特别小组，《国会预算程序的监察》，第95届国会，第一会期，埃德加众议员的证词，第18—27页。

个需要表决的想法。比如说，在1977年参议院委员会拒绝了一项颇为吸引人的减免军事人员义务的法案，理由是为该项目拨付的额外资金会增加退伍军人事务的预算，或分散其他项目的资金。

从1976到1979的四个财政年度里，退伍军人事务委员会的3月15日预测平均比总统的申请高10%。这一增长比例远高于进行年度授权的委员会，但也大大低于进行多年期授权的委员会的目标。这些增加中的一大部分是因生活成本调整所致，而不是因为增加了新的项目。然而，权利性委员会是否一直能够成功地抵抗住来自受益者的压力是值得怀疑的。一个遵从预算限制的权利性委员会会遇到它本已归档的计划在大会中被添加到预算决议中的风险。这种情况已经在众议院发生了；作为回应，退伍军人事务委员会的3月15日报告一般仍以它们的"客户"为中心。

保护基础：成为永久性项目的权力

在先前段落中提到的委员会在联邦预算的权利性项目中只占很小一部分。大多数权利性项目由众议院筹款委员会和参议院财政委员会来监督管理。然而，这些委员会的预算行为同两个退伍军人事务委员会不太一样。不同于退伍军人事务委员会，筹款委员会和财政委员会的管辖范围分别覆盖了预算中几乎所有的税务部分、全部的社会保障项目、主要的卫生与福利立法以及国际贸易。它们的立法目的不仅限于推出新的权利性项目。虽然它们在每年的3月15日申请中都会提请增加拨款，但财政委员会和筹款委员会主要关心的是保护现行项目免遭由总统倡议的削减。在每年的国会预算程序中，总统总是建议大幅削减各类福利和卫生救济，而每年这两个委员会也总是粗暴地拒绝总统的大多数提议。

由于这些权利性项目是作为永久性项目设立的，所以这两个委员会可以不做什么事就履行它们的职责。事实上，什么也不做已经成为它们最喜欢的3月15日策略，当然也有少数例外情况。参议院财政委员会拥有国会中最详尽的程序来汇总它们的"观点与预测"，但这一程序几乎没怎么体现在它的官方报告之中。智囊机构为两到三天的审议准备了简要的介绍文件，委员会将在这些审议会议中对各种各样的项目进行彻底审核。所有这些活动最后产生了一份文件（这份文件中谈及开支问题的没有几页），以概述委员会关于整体预算的决定。"这些议员"，一位智囊机构的官员解释道，"精心打造出它们并没做出什么立法决议的事实。它们做出的决议是关于预算额度的。这些预算额度的决议是为了适应立法。"财政委员会同样也坚定地拒绝总统提出的大多数项目削减建议。它1976年的报告"反映了委员会的观点，即大部分总统预算中涉及的立法不会被通过，或者说即便被通过，也来不及产生预算中显示的财政影响。"相似的意思也出现在之后的3月15日文件中。

筹款委员会的声明更为明确，其中罗列了它拒绝批准的项目削减提议。然而在1978财政年度的报告中，委员会完全拒绝所有总统建议的立场有所松动。管辖社会安全的小组委员会建议总统预算中预期的8亿美元的削减是"不现实和根本做不到的"。然而，全体委员会认可了总统的举动（主席厄尔曼据报告说是想要向新一届政府展现出合作的诚意)，但它“同意让预算委员会注意到它和小组委员会一样对这些计划是否能够得到国会认可表示担忧……”。这样众议院筹款委员会就成功地在两边都捞到了好处——顺从了总统的愿望，但并不承诺自己会采取立法行动。

一些申请比另一些更合乎要求

在非政治化的预算程序中，所有的申请者只是简单地要求它们想要的，递交申请的形式不会使结果倾向一边或另一边。然而这种情况不会出现在现实的预算世界之中。对申请者来说，向国会要钱太重要了，它们不会允许这一程序按照完全中立的形式运行。想要在预算中得到满足的申请者们不仅仅把它们的申请放在国会前的台阶上，它们也会尽力博得决策者的好感。它们试图用各种办法来影响结果，其中的一种就是将它们的请求以比较占优势的形式提交。就像一些申请者比另一些处于更有利的位置一样，一些申请的形态更受青睐，而另一些则因为它递交的形式而受到歧视。

预算申请不同类别的完整目录可以长达好几页纸。力争上游的申请者都会去寻求特殊的方式以使它们的项目能够在预算竞争中占据一席之地。给予项目特殊待遇的标准方式包括通过信托基金资助、给予“后门支出”的地位，或建立对国库的强制申请。虽然一些申请因为得到特殊待遇而不需要通过国会预算程序，但它们仍然要受到其他形式的立法审核。拥有这一特殊地位的组织包括一些预算外机构(这些机构的运行被法律排除在预算之外)、担保借款（只有在借款人违约的情况下政府才会承担成本的一种有条件的政府债务）以及特定的由政府资助的公司(这种公司被视为因预算目的而成立的私人组织)。①

某些形式的预算申请能够减少或消除可选择行为。信托基金能减少自主选择权，而强制性权利则可以完全剥夺这种权利。《预算法案》朝着扩大国会选择面的方向前进，它禁止“优先强制性”申请（在第一个预算决议被通过前作出的开支决策)，并限制“后门支出”项目。《预算法案》同时也试图通过给予某些事务新的定义来改变预算制定者先入为主的观念。以下我们讨论的各种形式的特别申请的效力和地位都受到了《预算法案》的影响。它们只是从各种预算申请中抽取的样本（而不是代表)，但是足以说明预算申请所使用的形式能够影响相关决策。

“后门支出”

为了使自己的申请获得优先地位，多年以来，各类授权委员会都已经改进了规避拨款程序的方法。《国会预算法案》极大地压缩了“后门支出”的使用。“后门支出”主要有三种形式：

1. 授权向国库或公众借款，即借款授权。当机构获得这项授权，它就能使用

① 关于对有条件的政俯债务以及相关的预算问题的讨论，参见众议院预算委员会，国会对开支的控制，委员会副本，1977 年 1 月，第 87—96 页。

借来的资金而无需通过拨款程序。在《预算法案》获得通过时，联邦机构的借款授权总额有大约2000亿美元。

2. 授权在拨款之前签订合同或承诺义务，即合同授权。虽然宪法要求拨款程序必须在国库拨付资金之前进行（即“除依据法律规定拨款外不得从国库付款”），但它并未阻止机构在拨款程序之前承担义务。在一个“后门支出”合同授权的例子中，事件的发生顺序通常是颠倒的：先是产生义务，然后再拨款来“清偿”（或者说支付）义务。[①] 在此类案例中，拨款委员会无法有效控制它们的行为。委员会必须为这些对联邦政府的申请付款。然而，虽然有的时候它必须面对拨款委员会的强烈反对，但在《预算法案》诞生之前，合同授权在国会拥有广泛的支持。因此，尽管受到众议院拨款委员会主席马洪的强烈反对，国会还是在1972年通过合同授权的方式为控制水污染的项目提供了180亿美元的资金。[②]

3. 第三种“后门支出”的形式会在国会给予有资格的个人或政府获得联邦政府支付的权利时出现。在《预算法案》诞生之前的十年中，权利性项目是联邦预算中增长最快的部分，也是导致联邦开支年复一年增长的最重要的因素。强制性权利性项目一般没有限制，实际的开支水平由国会无法直接控制的一些因素决定。国会在某些权利性项目中（如社会保障项目）设立了永久性拨款，此后便无需立法行为来维持项目的运转。在其他例子里（比如说退伍军人福利和公共援助），年度拨款对于权利性项目来说则是必须的，但国会在为拨款进行投票时几乎（或根本）没有自由决定权。有效的国会决策出现在对权利性项目进行授权之时。因此，权利性项目一直成功地将有效权力从拨款委员会转移到授权委员会，即使每年都必须有正式的拨款程序。

现在就很容易理解为什么“后门支出”如此受欢迎。不只是因为它有助于增加授权委员会（大多数国会成员都在授权委员会任职）的财权，还因为它通过给予“后门支出”地位的方式来使项目得到更好的立法保证。根据预算控制联合研究委员会的研究，从1969年到1973年，国会的拨款数额比总统申请的少300亿美元。但在这些年里，国会在预算数额之上批准了300亿美元的“后门支出”。如果常规拨款减少但“后门支出”增加，那么授权委员会就会想要通过把它们的申请转化为“后门支出”来获得优先地位。这正是《预算法案》诞生之前的斗争年代里所发生的事情。

然而，《预算法案》限制了“后门支出”带来的好处。尽管现有的立法没有受到影响，但新的合同授权或借款授权只有在作为常规授权时才能生效，而常规授权的资金使用则受到拨款法案的制约。[③] 新的权利性项目只有在被第一个预算决议采纳后才能进入国会审议，并且（在大多数情况下）在下一个财政年度之初才能生效。再者，当新的权利性项目会超出最新的预算决议规定的金额限度时，这项立法

① 在合同授权通过这种“后门支出”的方式建立之后，清偿拨款就不会被计算在预算授权以内。而预算授权则被视为出自于对项目进行授权的立法之中。

② 马洪写给众议员们旨在劝说他们投票反对合同授权的信件收录在118号国会记录10775（1927年3月29日）中。

③ 预算法第401节规定了自我资助的信托基金和一些其他类别的项目可以获得对这些针对借款授权、合同授权和权利项目控制的豁免。

将会交给拨款委员会审议，委员会可以提出削减权利性项目开支的修正案。总之，合同和借款授权不再具有优先地位，权利性项目仍然拥有特殊待遇，但必须在国会预算决议文本的范围内对它进行审议。至少在理论上，新的权利性项目必须同预算中的其他申请一起竞争有限的国会预算分配。

“经常性服务”基准

《预算法案》引进了一套新的总统预算提交程序，即“在下一财政年度所有的项目和活动与正在进行的财政年度的开支水平相同，并且关于这些项目与活动的政策没有改变的情况下”对开支进行预测。[①]“经常性服务”预算被设想为中立申请，它对行政机构的项目偏好没有偏见，并允许所有的机构平等地竞争拨款。然而，在使用“经常性服务”的环境中不存在中立的基准线。它可以用来自白宫的预算削减压力或通货膨胀的破坏因素为项目作掩护以影响预算的结果。

回顾《预算法案》诞生前那些为预算斗争的日子，尼克松总统一次次地试图削减国内项目，有时候通过扣押的方式，有时则将计划的开支增长压制在通货膨胀率以下。国会对这种针对预算程序稳定增长的威胁的反应是将预算渐进主义以“经常性服务”预算的形式制度化。这一新的提交程序的潜在含义是项目和机构应该避免受到通货膨胀的损害。“经常性服务”预算因而使得那些即使在最有利的情况下也很难做的事情变得更为复杂——即降低基准。这是重大的偏差，因为“经常性支出”和“经常性服务”之间的差别常常会为国会决策者的选择留下余地。也就是说，当它们要削减某些项目时，它们通常将金额的增长率控制在通货膨胀率以下。

对那些雄心勃勃的申请者来说，“经常性服务”的数额成为它们申请更高未来支出的基准。众议院教育和劳工委员会和参议院劳工与人力资源委员会试图根据经常性服务而非总统预算来撰写它们的 3 月 15 日报告，从而缓解它们巨额增长的资金申请所造成的强烈反应。事实上，劳工与人力资源委员会从 1978 财政年度的报告开始就取消了与总统预算的表格式比较。委员会用“附加经常性服务”的概念来描述它的行为，它的“观点与预测”集中于那些从现行项目中挑选出的附加项目。

即使各方参与者都在追求中立，完美的中立还是很难做到。根据通货膨胀来调整项目绝不是一件简单的事。一些项目（如社会保障项目）有同通货膨胀率或其他指标挂钩的法定指数，一些（如收入分享项目）在数年内有固定的拨款总额，另一些（如国防和很多大型联邦项目）则每年都进行拨款。从国会有预算程序开始，管理与预算局及国会预算局就对如何恰当地处理经常性服务预测中的通货膨胀问题争论不休。管理与预算局用不同的方法处理不同类型的项目，但国会预算局则试图为所有的项目设立统一的规则。国会预算局通常允许的某些国内项目的通货膨胀修正值高于管理与预算局。但这不仅仅是技术问题。正如我们在下一章节中将会探讨的，参议院预算委员会在准备预算决议时会参考经常性服务基准线，因此通货

---

① 《预算法案》第 605 款。

膨胀修正值之间的差异会影响预算决策。

经常性服务数据能够降低总统的申请在国会预算申请中的地位。虽然国会一直对它要付出多大代价来继续维持现存项目这件事保持警觉，但这些数据的使用不只使国会独立于总统对削减项目的爱好，还使它更多地暴露在利益团体要求保护项目免受通货膨胀影响的压力之下。

国会委员会的要求永远超过国会能够使用的资源。由于不能答应每一个请求，国会需要一种程序来在呈递给它的各种各样的申请中做出选择。这一程序的核心是预算决议，它的作用是设置收入和开支水平，以及在为数不多的预算功能之间分配新的预算授权和支出。国会编制预算决议的方式是我们下一章的主题。

第七章

制定预算决议

根据预算年表的规定，在申请提交之后，预算资源将被分配给各类申请者。这个步骤是国会预算过程的核心，即每年两个（或更多的）预算共同决议的编制。

预算决议看上去相当简单。在印刷文本中，它常常只有两页纸的长度。每个决议都会按照要求被划分到由《预算法案》规定的五个财政总量（总收入、总的新预算授权、总开支、预算盈余或赤字、公债）、预算授权，以及十九个功能类别的开支项。[①] 然而，起草一个预算决议也是一项复杂而艰巨的任务。每个决议都包含四十多个独立的、但在算术上连续的决定。这些功能类别的支出必须加到一起变成总额支出；分配给各个功能的预算授权必须和预估的支出相协调；总收入和支出的差额必须和预计的赤字相同。

正如本章所述，这些纷繁复杂的事务在政治上是必要的。国会的行动需经过两院预算委员会、众议院、参议院和联席会议五个阶段，每个阶段都区分着各类政治利益、涵盖了政府关注的所有层面，而这些阶段都必须被和谐地纳入一个预算决议之中。或许正如预期的那样，众议院、参议院以及与它们相关的委员会都以不同的方式制定它们的预算。参众两院有不同的政治环境、传统和规章。本章对预算决议路径的追踪囊括了审议的各个阶段，特别关注每个阶段的决策方法和投票模式。本章的焦点是“第一个”决议（即每年春季通过的决议），因为它们比“第二个”决议（即每年秋季通过的决议）对国会政策有更大的影响力。

众议院预算委员会的预算：民主党的规则与共和党的反对

民主党在众议院以及众议院预算委员会都是多数党，有着 17—18 个席位的优势，因此，众议院预算委员会的民主党通常会努力制定一个偏向多数党利益的决议。他们很少在制定预算决议的过程中寻求各方支持，或者为缓和共和党的反对而做出妥协。由于自由派和保守派之间的分裂日趋深化，两个党派之间的差异已经变

---

① 功能分类可以在管理与预算局与两院的拨款和预算委员会协商后改变。管理与预算局在 1979 年预算中扩大了功能的数量，建立了独立的能源类别和运输项目类别。这项措施将原有的 17 个分类增加到 19 个。

得很大，以至于无法运用边际调整来消除双方的隔阂与分歧。

标准：编制民主党的预期

在一个典型的立法情况下，一次审议往往始于一个具体的提议或一个法律草案。因为国会议员们将新的预算过程视为脱离行政部门控制的独立宣言，预算委员会不想把总统预算作为它们的基准。不仅如此，当审议开始时，共和党的总统就会近乎苛刻地要求在社会项目上进行削减，但委员会中的民主党人希望以他们的数字作为起始数据。在1977年民主党总统成功入主白宫后，这种程序上的独立也得以延续。

众议院预算委员会审议预算决议的起点是“民主党的基准”，即针对每个合计额度和功能类别提出的一系列具体建议。在最初几年的预算程序中，建议由主席提出，但从1979年开始，由民主党党员准备。1980财政年度决议的基准是由委员会中的民主党核心会议起草的，并且委员会主席并不赞同其中的一些关键提议。在大多数情况下，核心会议的基准和主席的基准按同样的方式准备，并且其结构框架也一样。一开始先对经济环境进行总结，之后对预算总体情况做出分析，接着是对各个预算功能进行分析。对于每个建议，都有文件解释这些数字的来源，并且把它们与总统申请的数字进行比较。在每个功能中，选定的议题会受到审查，同时还要对主要的建议进行说明。

尽管报告建议了每个功能的预算授权和支出总额，但它也为预算中的每个账目假定了一个特定的支出水平。众议院预算委员会的行政职员通过增加或者减少总统对每个功能的申请额来构建民主党的基准。这些行政职员同时也负责对项目变化和立法事务提出假设。因此实际上，这个基准等同于一个分项预算（line - item budget），尽管在报告中只有总额和一小部分议题会被讨论。对于项目细节的关注贯穿在众议院预算委员会审议每个预算决议的过程之中。如果委员会改变一个功能的分配额，其他多个项目也将会有相应的调整，这样才能确保项目方案中的预设值与总额保持算术上的一致。因此，即使委员会在形式上将他们的决策限定在总额范围内，但它在这样做的同时还是要考虑项目细节。

根据账目清单，众议院预算委员会的智囊机构完成了大部分制定基准的基础工作。当智囊机构开始着手这项任务时，主席几乎不会给予任何引导，最多只是给一些象征性的指示，例如他对赤字的想法，又例如在为数不多的他非常关心的问题上的立场。因此，众议院预算委员会的行政职员们在没有接到明确通知的情况下就能敏感地意识到罗伯特·吉阿莫主席倾向于比总统提议更少的国防开支。每个分析师会在为期若干天的密集的评审会上为他所负责的项目的基准进行辩护。众议院预算委员会的分析师所面临的挑战包括要解释他们的建议与总统预算的偏差，要说明为何他们希望通过或者不通过某项法律，并且要解释为什么要对他们挑出的特定议题予以特别关注。这些“对抗式议程”（多方参与者都会牵涉其中）关注的是“对国会的期望是什么”，而不是立法实质性的价值。举办这些费时费力的评审会的目的在于消除分析师的偏差，使基准的确定如实地反映国会的预期。

随着审议的临近，主席和委员会中的其他民主党人会越来越多地参与到这个过程中。主席会向其他委员会中的重要人物以及众议院的民主党领袖征求意见。他也会和众议院预算委员会特别小组的负责人以及委员会中的其他民主党人进行协商。主席和众议院预算委员会的同事利用在一起的机会（例如在众议院大会上和其他成员的相遇）讨论预算的前景和问题。尽管任何一个民主党人都能够通过表达对特定问题的兴趣影响预算数字，但众议院的共和党人对这个过程几乎没有任何参与。

在使用主席所制定的基准的那些年里，主席的目标是希望制定的预算不仅能获得委员会中民主党人的充分支持，还能在大会上战胜预期中共和党人的反对。因此，尽管提议需要他的认可，并且这也是主席的职责所在，但主席无法完全依照自己的偏好确定预算数字。主席的提议都在预料之中，某些情况下则根据他个人的偏好和一些策略上的考量而有所调整。亚当斯和吉阿莫都意识到到无论主席将开支水平定得多高，众议院预算委员会中的自由派民主党人都会试图增加在某些社会项目上的花费。因此这两个领导人都倾向于相对压低这些项目的金额。

大部分众议院预算委员会成员不会反对主席的动议，因为他们觉得主席的提议和那些作为常规审议基础的法律草案之间没有区别。只要保留他们建议修改的自由，大多数众议院预算委员会的普通成员还是非常乐于接受主席对他们的领导。“那没有什么神圣的”，一个民主党委员如此写道，“你要寻找一个起点，因为一个没有基准的审议是极为糟糕的。这将让我们花上数天甚至数周的时间才能找到那个起始点”。

不仅如此，大多数成员知道，除了主席表达个人关切的几个问题外，文件更多地反映的是众议院（几乎只是民主党的）的期望而不是主席个人的观点。以基准为起点，众议院预算委员会成员可以有机会添加自己的想法和偏好。他们也同样意识到他们需要得到众议院对预算决议的支持。

委员会的一些自由派的人士认为，通过迫使他们公开提议增加开支，基准就成了那些主张提高项目支出水平的委员会成员们的负担。这个问题的严重程度取决于主席是否在听取委员会中民主党党员建议时也顾及了自己的利益或决议在大会上的前景。从某种程度上来说，由于委员会与众议院民主党之间的分歧越来越大，致使1980财政年度出现了从主席的基准向党团基准的转变。众议院预算委员会的民主党成员比众议院的民主党人更加具有自由化的倾向，于是制定一个让双方满意的基准对主席而言就变得愈发困难了。

在写这本书的时候，要确定众议院预算委员会的民主党人是会继续保留党团基准还是恢复到主席制定基准，尚且言之过早。但只要委员会的民主党及共和党在关键的预算问题上存在严重分歧，这个基准也许会继续反映多数党的观点。

民主党的审议

民主党的基准是众议院预算委员会审议的基本框架，同时它也常常是委员会成员提出修正案的出发点。但是，委员会很少会顺从地接受基准或项目方案中的建议。在审议1977财政年度的第一个决议时，众议院预算委员会的成员提出了40多个修正案，1978和1979财政年度的决议数保持在这个水平。1980财政年度的决议中提出的修正案超过 60 个，这些都表明众议院预算委员会在预算方面争执不断。

在预算过程付诸实施的最初几年，提高支出目标的建议要比降低支出目标的建议多得多，但 1980 财政年度的 62 个提议中有 37 个主张在基准的基础上减少支出目标。寻求削减预算只是 1978 年 6 月第 13 号提案（该提案降低了加利福尼亚州的财产税）通过后，众多表明预算政治变化的迹象之一。众议院预算委员会成员敏锐地嗅出了政治环境的变化，并且被迫采纳了那些将增加支出和赤字总额的提议。

不仅如此，比起提议削减金额，提议增加金额更能在委员会中赢得赞同。在 1977 财政年度，21 个建议增加支出的提议中有 10 个被采纳；相比而言，19 个建议减少支出的提议中只有 5 个被采纳。事实上，二者之间的差异远远不止于这些数字所显示的差别，这是因为有 3 个赞同增加支出的建议是在后来委员会对决议进行第二轮投票时被“逆转”通过的。这一现象在 1978 和 1979 财政年度更为突出。在这两年中，众议院预算委员会通过了 27 个增加支出的修正案，然而却仅仅通过了 5 个减少支出的修正案。在 1980 财政年度，由于实施了限制预算，增加支出的方案在票数上领先的幅度大幅缩小。更多削减支出的修正案（12 个）获得通过，这比前三年通过的削减支出方案之和还多，并且这个数字几乎和获得通过的增加支出的修正案数量（13 个）持平。

支持增加支出反映了众议院预算委员会审议中民主党占多数优势地位。1977 年和 1980 年之间，民主党在审议第一个决议时提交了超过 130 个修正案，相比较而言，共和党才提出了 60 个。不仅如此，民主党的修正案通过率更高，一般高于 50%，而共和党修正案的通过率则低于 25%。即使在委员会中共和党党员比民主党党员更团结，他们还是会输。在 1977 财政年度第一个决议的审议过程中，所有共和党人在 12 轮投票中都完全一致，然而委员会的民主党人仅有一次保持一致，是为了阻止共和党人通过福特总统的支出基准。除了一轮投票，共和党和民主党在所有的投票中都持反对态度。不仅如此，由于一些保守的民主党人的背叛，共和党在 1977 年的审议中赢得了一些票数很接近的投票。

民主党成员在第 95 届国会期间的自由化（在第四章提到过）加深了两党的分歧，强化了民主党的多数党地位。共和党在对 1978 年第一个决议的 25 轮投票中有 16 轮保持一致，而在 1979 年则是 25 轮中 18 轮保持一致，但是却屡次失败。在 1978 财政年度中，民主党在 22 轮投票经历了 20 轮“政党路线”投票（“party line” votes，即两党中有一半或者超过一半的成员站在不同的立场上）；在接下去的一年中，则是 22 轮投票有 16 轮出现这种状况。然而共和党在 1980 财政年度审议中更加成功，赢得了 36 场激烈投票中的 14 场。总而言之，民主党在 1978 年和 1979 年间 80% 以上的政党路线投票中占据优势，但是在 1980 财政年度仅有 60%。

相比较前几年的投票模式，1980 财政年度的这个转变非常明显。表 7－1 展示了 1977 年至 1979 年之间两个政党的凝聚力和每个众议院预算委员会成员的获胜记录。在这个表格中我们可以发现，少数派有着惊人的团结，有 12 个共和党人在众议院预算委员会中任职，其中就有4个完全支持本党，同时其他人支持本党的比例也保持在90%以上。然而在25名民主党人中只有4人一直和他们政党多数派的意见保持一致，很多人在超过一半的投票中反对本党的立场。相对那些年在众议院预算委员会中任职的民主党人，共和党人显示出更高的政党忠诚度。尽管如此，哪怕是最特立独行的民主党人，比起共和党人，也都会有更高的成功概率。作为一个团队，民主党人在75%的投票中都能够与多数派保持一致，而共和党人的这一比例仅为33%。

表7-1 **1977—1979财政年度第一个决议审议中的政党凝聚力和众议院预算委员会成员的获胜记录**

成员	投票支持或反对多数党			投票支持或反对委员会中大多数成员的意见		
	支持	反对	支持百分比（%）	支持	反对	支持百分比（%）
民主党						
亚当斯	13	0	100.0	9	4	69.2
奥尼尔	13	0	100.0	9	4	69.2
史密斯	10	0	100.0	7	3	70.0
奥哈拉	12	0	100.0	9	3	75.0
阿什利	63	5	92.6	54	6	90.0
米克	12	1	92.3	10	3	76.0
吉阿莫	64	6	91.4	63	9	87.5
欧贝	51	5	91.1	50	8	86.2
斯多克斯	59	7	89.4	53	15	77.9
西蒙	51	7	87.9	47	13	78.3
雷曼	49	7	87.5	49	9	84.5
米歇尔	61	10	85.9	55	18	75.3
米内塔	47	8	85.5	48	12	80.0
弗雷泽	47	8	85.5	39	18	68.4
莱格特	57	10	85.1	53	16	76.8
霍兹曼	58	11	84.1	51	20	71.8
费希尔	44	9	83.0	43	12	78.2
莱特	56	12	82.4	56	14	80.0
马托克斯	40	17	70.2	39	20	66.1
德雷克	38	24	61.3	41	23	64.1
派克	31	23	51.4	32	24	57.1
伯雷森	15	28	34.9	21	24	46.7
吉本斯	4	9	30.8	8	5	61.5

续表

成　员	投票支持或反对多数党			投票支持或反对委员会中大多数成员的意见		
	支持	反对	支持百分比（%）	支持	反对	支持百分比（%）
兰德拉姆	2	8	20.0	4	6	40.0
鲁内斯	1	7	12.5	4	4	50.0
合　计	898	22	82.2	854	293	74.5
共和党						
西德伯格	13	0	100.0	5	8	38.5
施内贝利	13	0	100.0	5	8	38.5
克劳森	13	0	100.0	5	8	38.5
施瑞弗	12	0	100.0	4	8	33.3
拉塔	72	1	98.6	23	50	31.5
布罗希尔	69	1	98.6	23	47	32.9
邓肯	54	2	96.4	17	39	30.4
罗塞洛特	51	2	96.2	15	38	28.3
伯吉纳	55	4	93.2	20	39	33.9
雷古拉	53	4	93.0	21	36	36.8
霍尔特	67	5	93.0	24	48	33.3
科耐伯	67	6	91.8	24	49	32.9
合　计	539	25	95.6	186	378	33.0

来源：1977 财年第一、第二和第三个决议的众议院预算委员会记名投票的表格。1978 财年第一、第二次决议的众议院预算委员会决议记名投票的表格。1979 财年第一个决议众议院预算委员会记名投票的表格。

此外，民主党人的忠诚度越高，他们所持有的立场越有可能胜出。在众议院预算委员会被自由化以及民主党的优势扩大到 17—18 席的情况下，不忠诚的民主党人在委员会内的投票已经无法影响大局。因此在委员会中，自由派民主党人能够根据自己的期望和喜好来制订预算决议，而不是根据全体成员的意志。

然而，在 1980 财政年度的审议中，民主党的凝聚力和力量出现了明显的削弱。从表 7 - 2 中可以看出，当时民主党内一致的投票少于 75%，相比较而言，从 1977 年到 1979 年间的这一比率为 80%。结果是民主党人的平均成功记录从 75% 下降到 65%。众议院预算委员会中新的民主党成员通常是最不和自己党派保持一致的。在对政党忠诚度的评分中，最低的六个分数中有五个是委员会中民主党人的。和以往不同，民主党人过去在国会中根据自己的方式主导委员会，但在 1980 财政年度审议中，由于民主党人中的温和派和保守派不再与自己的政党站在一边，使得有时候共和党人会赢。

表 7-2 **1980 财政年度第一个决议审议中众议院预算委员会成员的政党凝聚力和获胜情况**

成 员	投票支持或反对多数党			投票支持或反对委员会中大多数成员的意见		
	支持	反对	支持百分比（%）	支持	反对	支持百分比（%）
民主党						
吉阿莫	32	5	86.5	27	10	73.0
莱特	31	4	88.6	27	8	77.1
阿什利	30	4	88.2	26	8	76.5
斯多克斯	34	2	94.4	24	12	66.7
霍兹曼	31	6	83.8	22	15	59.5
欧贝	29	8	78.4	23	14	62.2
西蒙	30	7	81.1	21	16	56.8
米内塔	32	4	88.9	23	13	63.9
马托克斯	9	28	24.3	18	19	48.6
琼斯	14	22	38.9	24	12	66.7
索拉兹	35	2	94.6	24	13	64.9
布洛赫德	34	3	92.0	25	12	66.6
沃斯	24	12	66.7	28	8	77.8
帕内塔	23	13	63.9	24	12	66.7
格普哈特	18	19	48.6	23	14	62.2
内尔逊	14	23	37.8	23	14	62.2
格雷	34	3	91.9	25	12	67.6
合计	454	165	73.3	407	212	65.8
共和党						
拉塔	34	1	97.1	16	21	43.2
布罗西尔	34	0	100.0	15	20	42.9
科耐伯	34	1	97.1	16	21	43.2
霍尔特	34	1	97.1	15	21	41.1
雷古拉	33	1	97.0	13	23	36.1
舒斯特	32	3	91.1	17	20	45.9
弗伦泽尔	35	0	100.0	14	23	37.8
鲁特	34	1	97.1	16	21	43.2
合计	270	8	97.0	122	170	41.8

来源：众议院预算委员会针对 1980 财政年度第一决议进行记名投票的表格。

因为投票模式的改变，争取民主党中自由派支持的策略也在不断变化，即增加对于这些委员会成员所偏好的项目的注资。从1977年到1979年，自由派的民主党人通过审议程序增强决议对多数党的吸引力，通常是在总统或众议院预算委员会主席提议的基础上向某些国内项目提供更多资金。事实上，委员会常规的分项审查也鼓励着委员们（几乎总是民主党人）去尝试为特定的项目增加资金。委员们很少提交修正案要求转移各功能中的资金；这么做很可能会激起委员会其他同事的反对，因为这些同事也有自己的项目偏好。更保险的处理方式是提高功能资金的总额，并标出那些要增加资金的项目。

尽管众议院预算委员会的成员知道众议院不会受到他们项目预设的约束，但是他们会坚决捍卫委员会的分项审查。一位民主党人坚信："如果你不描述细节，你就只是在随意地列举一些数字而已。""为了确定教育事业的优先项目，我们几乎一直在谈论资助问题；我们将要商谈关于对智障者的资助，正如在谈论国防预算时你一定会提及B-1轰炸机。"

委员会成员同时也坚信他们的项目设想应该被众议院所了解，这样众议院就可以意识到它的决定所带来的影响。一个委员表示："我们应尽可能详细准确地告知众议院，当达到那些金额时，我们的设想是什么。这是我们的责任。"

然而，使用分项机制还有另一个原因。分项增加（Line-item additions）似乎已经成为获得足够自由派民主党人支持以对抗共和党和保守派民主党反对的必要代价。尽管已经是委员会中的绝对多数，民主党人依然面临着决议受挫的风险，因为为高额赤字而苦恼的保守派和不支持项目优先性的自由派都可能背叛本党。这种情况在1975年春天就发生过，当时众议院预算委员会第一次制订预算决议。由共和党、保守派民主党和自由派民主党所组成的联盟最后否决了决议。不过，两名共和党人投票立场的转变挽回了决议失败的命运，并且将新的预算程序从严重的尴尬中解脱出来。

有时候民主党领袖们希望通过制定一个有足够吸引力的决议来赢得委员会和众议院多数的支持，因此他们会推动分项的资金增长。一个这类例子发生在众议院预算委员会就1977年第一个决议召开扩大审议会议的最后一天。那个时候多数党领袖托马斯·P.奥尼尔（Thomas P. O'Neill），成功地为刺激就业的项目增加了42亿美元的资金，并且追回了委员会事先从国民健康保险提案和《汉弗莱·霍金斯（Humphrey-Hawkins）充分就业法案》中削减的一亿美元启动资金，而这两个事件对于自由派民主党来说都具有伟大的象征意义。

有时候分项审议的好处来自委员会成员个人，他们会将一些经由最初委员会附件演化而来的项目附件提交审核。众议员詹姆斯·G.奥哈拉（James G. O'Hara）是一名在教育与劳工委员会任职的高级民主党员，他为三个教育项目争取到了3.58亿美元的资金；而众议员帕特西·米克（Patsy Mink）在五个她感兴趣的区域性项目中获利3700万美元。在最极端的例子中，一个项目在一次分项审查中就获得了100万美元的增加资金。事实上，大多数众议院预算委员会中的民主党人都会参与到提高支出水平的过程之中。在对1978财政年度第一个决议的审议过程中，超过一半的民主党委员的修正案获得采纳，而这些修正案都在为特定项目争取更多资金。

众议院预算委员会成员明白分项化会使委员会更偏向于支持增加支出。一位民主党人评论说："我们很难为削减支出投赞成票，这是因为我们知道哪些项目会受到损害。我们也很难为增加开支投反对票，因为我们知道哪些方案将受益。"委员会成员们也会利用预算决议地位的模糊性来为增加开支、抵制削减辩护。提出增加开支的人会说，批准增加开支的议案不过是使国会在随后审议拨款法案时有机会考虑这个议题。相反，反对削减方案的委员们会说，议案的通过会在国会审议开支法案时阻碍国会表达其自身的意见。

尽管众议院预算委员会在1980财政年度继续对第一个决议进行分项审议，但是在增加预算时他们也注意了节制。临近审议结束时通过一系列修正案增加了对于地方经济发展、残疾人救助、农村援助、区域发展委员会、相机抉择的健康计划、巴拿马运河雇员的退休福利和航空航天的研究与发展这些项目的拨款。如果除去这些在最后时刻增加的拨款，委员会的预算会比众议院预算委员会民主党提出的标准低。

尽管如此，削减预算的气氛会影响国会，这是委员会无法避免的；同时，在很多情况下，委员会成员只能勉强接受对于他们所中意项目的文字性承诺而非实质性拨款。有人向众议员保罗·西蒙（Paul Simon）承诺：他如果按照这种思路提交法案，那么国际小麦储备项目的资金拨款计划将在对第二个决议的审议中被纳入考虑范围；众议员刘易斯·斯多克斯（Louis Stokes）获得的承诺是在经济不景气的时候会对各州和市的财政需求进行审查；众议员詹姆士·马托克斯（James Mattox）增加了相关条款以提高应对结构性失业的就业项目的优先性；还有众议员威廉·布罗德黑德（William Brodhead）也再次获得了委员会关注越战老兵问题的保证。在财政紧缩的时期，这些承诺能够转化为资金，而在背后则是以支持预算决议为前提所做的交换。

决议：不同意见的妥协

众议院预算委员会成为民主党的橡皮图章，它通过的预算决议都带有浓厚的民主党色彩。只有一次例外，在1975年的一次投票中，投票结果因两位共和党人的立场转变而逆转。民主党人已经拥有了足够的票数来通过决议，但共和党人还是会坚定地团结在一起反对决议。想用分项妥协来换取共和党人的支持是不可能的。众议院预算委员会的共和党人不仅认为总开支和财政赤字高于他们能够承受的范围，而且他们还反对委员会通过的很多分项增资方案。这种改变使决议更符合自由派民主党人的要求，但却加重了共和党人的不满。然而，与国会中所有议员一样，众议院预算委员会中的共和党人也有自己偏好的项目，并且他们也不反对通过审议来增加此类项目的预算。但是尽管他们有时支持增加分项的资金，他们通常的角色却是被多数票击败的反对派。

尽管众议院预算委员会在审议过程中会对很多的分项加以修改，但它会施加一定的限制，不会向委员会成员所有关于增加资金的要求妥协。如果向功能增拨过多的资金，那么支出总额或许会高得使一些委员无法接受，而且决议也会被置于危险的境地。在审议过程中，委员会房间的大黑板上赫然写着预算总额。当对某个功能的资金额做出调整时，预算总额也会在众目睽睽之下被修改。因此，委员会常常会有一个实时的记录，写明每个项目的调整以及它们对总支出和总赤字的影响。主席或者是民主党领袖的标准会成为委员会制定决议的指导，同时最终总额只能轻微地偏离这个标准。表 7－3 将主席（或民主党）的提议和 1976 到 1980 财政年度委员会的第一个决议做了比较。因为国会在 1977 财政年度的第三个决议中做出了新的项目决策，所以该决议也包括在这个和随后的两个表格之中（第二个决议通常只是确认上次的决定）。

表 7－3　1976—1980 财政年度期间基准和众议院预算委员会报告中第一个预算决议总额的比对

单位：百万美元

预算类别	建议的基准	委员会报告	差异	相对差异百分比（%）
1976 财政年度				
财政收入	290264	295000	4376	1.6
预算授权	388991	386493	－2498	－0.6
支出	366783	368236	825	0.2
赤字	76519	73236	3283	－4.2
1977 财政年度				
财政收入	363000	363000	0	0.0
预算授权	445700	452261	6561	1.5
支出	412800	413625	825	0.2
赤字	49800	50625	825	1.6
1977 财政年度[a]				
财政收入	348500	348500	0	0.0
预算授权	481986	482306	320	0.1
支出	418755	418815	60	—[b]
赤字	70255	50625	60	0.1
1978 财政年度				
财政收入	398159	398094	－65	—[b]
预算授权	498473	500764	2291	0.5
支出	460553	462349	1796	0.4
赤字	62394	64255	1861	2.9
1979 财政年度				
财政收入	443279	443279	0	0.0
预算授权	561134	569125	7018	1.2

续表

预算类别	建议的基准	委员会报告	差异	相对差异百分比（%）
支出	500849	501358	509	0.1
赤字	57570	59079	509	0.8
1980 财政年度				
财政收入	505600	507800	2200	0.4
预算授权	607680	608418	718	0.1
支出	532617	532730	113	—[b]
赤字	27017	24930	-2087	-7.7

a. 根据制表的要求，1977 财政年度的第三个预算决议被假设为第一个决议。

b. 少于 0.05%。

来源：根据众议院预算委员会的文件编制。

尽管众议院预算委员常常会提高支出水平，但是增长幅度不会超过总额的 0.4%。预算授权的增加幅度稍微高一些，但在研究所覆盖的这段时期内，它们增幅的均值也低于 1%。这些边际调整为决议中各功能相对较小的资金增幅提供了空间。1976 年到 1980 年间，众议院预算委员会在编制第一个预算决议（包括 1977 财政年度的第三个决议）时提出了 88 个新预算授权的功能拨款（不包括利息、津贴和补偿性收入）以及等量的支出决议。正如表 7-4 所示，一半的功能支出和主席的标准完全相同。尽管 30% 的预算授权和支出决定高于主席的提议，但通常情况下这些增长都微不足道。只有在 9% 的功能决策中众议院预算委员会的拨款超过主席标准的 2% 或者更多。

表 7-4　1976—1980 财政年度第一个决议中众议院预算委员会标准和委员会报告之间变化（功能、规模和变化方向）的数量

职　能		下降	没改变	增加：少于 2%	增加：2%—4.9%	增加：5% 及以上
国防	BA[a]	2	2	1	1	0
	O[b]	1	3	2	0	0
国际事务	BA	2	2	0	1	1
	O	2	3	1	0	0
基础科学，太空和科技	BA	0	4	2	0	0
	O	0	4	1	1	0
能源	BA	0	2	0	0	0
	O	0	2	0	0	0
自然资源和环境	BA	0	3	2	1	0
	O	0	4	2	0	0

续表

职能		下降	没改变	增加		
				少于2%	2%—4.9%	5%及以上
农业	BA	1	5	0	0	0
	O	0	5	1	0	1
商业和住房	BA	2	2	1	0	0
	O	2	3	1	0	0
交通运输	BA	0	2	0	0	0
	O	0	1	1	0	0
社区和地域的发展	BA	2	1	1	1	2
	O	2	1	1	1	1
教育、培训、就业和社会服务	BA	0	1	3	2	0
	O	0	1	3	2	0
卫生	BA	1	3	2	0	0
	O	0	5	1	0	0
收入保障	BA	1	1	4	0	0
	O	3	1	2	0	0
退伍军人福利	BA	1	4	1	0	0
	O	1	4	1	0	0
司法行政	BA	1	3	1	1	1
	O	1	3	1	0	0
各级政府	BA	3	3	0	0	0
	O	2	3	1	0	0
各级用途的财政补助	BA	0	5	1	0	0
	O	0	6	0	0	0
总计		30（17%）	92（52%）	38（22%）	10（6%）	6（3%）

注：表格包括1977年第三个决议。

a. BA = 预算授权。

b. O = 支出。

总计不包括利息、津贴和补偿性收入。

来源：以1976—1979年第一个决议、1977年第三个决议中主席提议，以及1980年民主党对第一个决议的提议为基础制表。

支出总额和功能的调整虽然可以换来多数派的支持，但它们实际上无法为委员会带来预算和平。如果能够客观地评判附加在众议院预算委员会报告中大量的不同意见，那么很少会有人会真心地对这些支出金额表示满意。从表7-5中可以看出，平均每个报告有10个这样的声明，同时60%的成员会支持一个或一个以上的声明。不仅众议院预算委员会的共和党少数派会提出反对意见，而且几乎一半的民主党人也会提出额外的反对观点。

表 7－5　　1967—1980 财政年度众议院预算委员多数派和少数派在报告中增加的额外和反对意见的数量

决 议	补充和额外的意见（多数派）		反对意见		少数派意见		补充和额外的意见（少数派）		总的声明数量	总的签名人数量[a]
	声明数量	签名人数量	声明数量	签名人数量	声明数量	签名人数量	声明数量	签名人数量		
1976 财年										
第一个	6	7	2	2	1	8	1	1	10	17
第二个	4	5	1	1	1	8	1	1	7	14
1977 财年										
第一个	5	7	1	1	1	8	3	3	10	16
第二个	3	4	0	0	1	8	1	1	5	12
第三个	7	8	0	0	1	8	1	2	9	16
1978 财年										
第一个	9	10	0	0	1	8	4	6	14	18
第二个	6	7	0	0	1	8	2	2	9	15
1979 财年										
第一个	7	10	1	1	1	8	4	4	13	18
第二个	5	5	2	2	1	8	4	1	9	15
1980 财年										
第一个	5	6	0	0	1	8	3	3	9	14
平均									9.5	15.5[b]

a. 那些提出数个方案的委员在这列中只作一次计算。

b. 这个代表了委员会中大约 60% 的委员。

来源：作者的制表。

尽管缺乏与其他委员会之间的对比数据，但异议以及持异议者的数量似乎还是超乎寻常地高。众议院预算委员会成员认为，如果他们无法达成一致意见，那么他们在面对各个决议时就难以做出决定。一位同时在众议院预算委员会和众议院拨款委员会任职的资深共和党人就经常在预算委员会中提出异议，但却在拨款委员会中站在多数派一边：“这两个委员会有很大的不同。从预算方面来看，我们不得不面对总额，并且我们不能仅仅为分项投票。预算委员会不得不先做出决定，但拨款委员会可以通过在内部小组委员会处理议案来避免这个问题。”

这个解释说到了在众议院预算委员会中预算冲突的核心。委员会必须对各部分和整体做出决策——预算总额和它各功能的配额。委员们必须同时认可总额和各组成部分，从而对整个预算表示认可。这对于众议院预算委员会来说不是一个简单的任务，因为各部分和整体之间会产生相互矛盾的压力。大约一半的众议院预算委员会成员对预算感到不满，因为他们感到赤字已经高得无法接受，而一些民主党人却为向社会项目投入的资金不足而哀叹。然而，给这些项目更多的支出会使总支出和总赤字增加，这是共和党人和保守的民主党人无法容忍的。更低的开支总额会限制提供给自由派所偏好的项目的资金。一般来说众议院预算委员会没有办法协调这些差异。

众议院的分裂：议会争斗和党派分歧

因为众议院预算委员会的决议包含许多相悖的观点，所以要在大会上获得认可并不容易。众议院预算委员会无法向众议院保证它对自己的成果感到满意，也不能保证争端可以在委员会内部妥善解决，并且不需要在全体议员面前重新提起。可以想象，由于两个敌对政党将委员们分裂，双方会为了委员会的很多决定进行一次又一次的唇枪舌战。因此，在审议众议院预算委员会的每个报告时，两党成员都会提交很多即席修正案。

经过五年的预算制定，众议院的投票结果所显示出的派系情况已经和委员会的情况很相似了：共和党人坚定的反对派立场和共和党内纷乱的派系争斗。尽管所有必要的决议都获得了通过，但其中有几个仅仅只有几票的微弱优势（表 7－6 列出了详细的名录）。在一个案例中（1978 财政年度的第一个决议），众议院起初否决了决议，但是一周后却通过了修改版的决议。在另一个案例中（1980 财政年度的第一个决议），联席会议报告被否决了，但在第二天，一个略加修改的决议就被通过了。

表 7－6　　众议院共和党和民主党对是否采纳预算决议的投票

决议	投票[a]		民主党		共和党	
	赞成	反对	赞成	反对	赞成	反对
1976 财政年度						
第一次	230	193	225	55	5	138
第二次	225	191	214	67	11	124
1977 财政年度						
第一次	221	155	208	44	13	111
第二次	227	151	215	38	12	113
第三次	239	169	225	50	14	119
1978 财政年度						
第一次（第一轮）	84	320	185	185	2	135
第一次（第二轮）	213	179	58	58	7	121
第二次	199	188	59	59	4	129

续表

决议	投票[a]		民主党		共和党	
	赞成	反对	赞成	反对	赞成	反对
1979 财政年度						
第一次	201	197	61	61	3	136
第二次	217	178	42	42	2	136
1980 财政年度						
第一次	220	184	50	50	9	134

a. 这些票数记录在众议院决议中，而不是记录在两会联席会议的报告中。

来源：各期的国会记录。

共和党人说“不”

共和党起初有很强烈的动机支持新的预算程序，因为他们最初认为可以利用这个机会控制预算赤字，减缓联邦政府支出的增长速度。当众议院在 1975 年春天开始审议第一个决议时，众议院预算委员会中的共和党人副主席德尔伯特·拉塔（Delbert Latta）告诫说：“阻挠决议对我们来说是灾难……我们必须制定一个预算决议。”① 但就在第二天，拉塔和 137 个共和党同僚们共同投票反对这项决议；只有 5 个众议院共和党人投票赞成这项决议。面对在他们的财政思想和预算过程之间选择的压力，大多数共和党人不可能同意委员会 7000 亿美元赤字预算的提议。在对决议进行投票之前，113 位共和党人支持的是拉塔的替代方案，在这个方案中赤字被削减到 5400 亿美元，但当这个方案被否决后，他们就一直反对现在的这个决议。

给众议院预算委员会的决议投反对票已经不仅是个别共和党党员的习惯，而且成为所有共和党人共同的习惯。自从 1977 年民主党人入主白宫后，众议院的共和党人为了反对多数党制定的预算决议，变得更加团结。到 1979 年，平均 20 个共和党人的投票中只有 1 票支持预算决议。

很明显，对于大多数共和党人来说，庞大的预算赤字是最大的分歧点。尽管赤字规模已经缩小，但共和党人并没有放弃他们消极的态度。只有两个众议院的共和党委员支持 1979 财政年度的第二个决议，即使这个决议拟定的赤字金额几乎是 1976 财政年度最初设定的一半。不仅如此，当赤字规模不断减小时，共和党人对于约翰·罗斯洛特（John Rousselot）提出的长期“平衡预算”建议的支持却在不断增加。罗斯洛特第一次对平衡预算的尝试（在 1976 财政年度）获得了 75 位共和党人的支持，但是在 1980 财政年度有 128 名共和党人支持他的平衡预算提议。②

众议院共和党人都把预算决议视为两党之间重大的分歧，这也成为为数不多的

---

① 121 号国会记录（编辑日期 1975 年 4 月 30 日），H3463。

② 罗斯洛特也成功地让民主党人支持他的提案。1976 年只有 15 位民主党人支持他的平衡预算；在 1980 年有 58 人支持他的平衡预算修正案。但是，尽管在民主党人和共和党人中都获得了额外的支持，这个平衡预算修正案至今仍未被通过。

当代议题之一，而两党针对这个问题的立场应有明确的划分。他们把预算看做是一个政治声明，关乎联邦政府的职能和目标，它在经济上的角色以及国家的优先事项。对于众议院的共和党人来说，预算决议囊括了两党之间根本的差异；因此，美元上的争端不仅仅反映了在资金上的冲突，更反映了美国政治过程中的核心。

共和党人对于预算决议的观点得到了巴伯尔·科耐伯的清晰阐释。科耐伯是筹款委员会和预算委员会的领导成员。在众议院否决了1978财政年度的第一个决议之后，共和党人迫于压力不得不投出一些赞成票，以便新版决议获得通过。当大多数共和党人坚持其反对立场时，科耐伯走上了演讲席为他的政党辩护，此时共和党正受到要为预算过程失败负责的指责。在提醒民主党它在众议院有着二比一的领导优势之后，科耐伯告诫道："你们是未来两年立法程序的掌控者，你们也应该为国会的总体表现对民众担负一定的责任。"① 他认为，预算对于共和党来说是最根本的议题，不能仅仅为了达成立法协议而放弃表达他们的不同立场。"在很多议题上，共和党人和民主党人都达成了共识：我们都理解，在美国温和的政治气候下，在很多领域采取一致意见是可能而且恰当的。但越是基础性的议题（有什么议题会比制定一年的资源配置优先权更加重要?），决策的责任就越大——比起尽可能取得一致意见②，他们必须思考政府在一系列选择中应该如何取舍和决定。"

他们坚信两党在预算政策上应该有分歧，与此相同，共和党定期提交一个全面的削减方案（有时候一些特定的功能不包括在内），并把它作为众议院预算委员会决议的备选方案。但是，他们却从没有战胜过民主党多数派（详见表7-7）。第一次尝试（拉塔对于1976财政年度决议的替代方案）就以近90票（159对248）落败，票数上的差距和审议1978财政年度第一个决议时的投票结果差不多。共和党在1979年的预算中调整了他们的策略，在单独的修正案中将税收和支出削减联系在一起。这次尝试共和党人差点获得成功。几乎所有投票的共和党人，以及60个民主党人都支持了1979年第一个决议的替代方案。在15分钟的投票时间结束后，众议院的电子记分牌显示替代方案票数领先。但是，议长延长了点名时间，使政党在这短暂的延长时间内迅速地说服了那些不服从指挥的民主党人，令他们改变自己的选票决定。最后票数是197对203，这个替代方案遭到否决，在这之后，仅有3名共和党人投票支持决议。共和党人在1980财政年度的替代方案中集中精力削减赤字规模，但却再一次失败，最后的票数为191票对228票。

表7-7　共和党对众议院预算委员会决议替代方案的政党投票模式

决　议[a]	投票		共和党		民主党	
	赞成	反对	赞成	反对	赞成	反对
1976财政年度						
第一个	159	248	113	22	46	226
第二个	159	257	113	23	46	234

① 123号国会记录（编辑日期1977年5月5日），H4066。
② 同上。

续表

决 议[a]	投票		共和党		民主党	
	赞成	反对	赞成	反对	赞成	反对
1977 财政年度						
第一个	145	230	110	17	35	213
第二个	口头表决时被否决					
1978 财政年度						
第一个（第一轮）	150	250	126	9	24	241
第二个（第二轮）	150	240	122	7	28	233
1979 财政年度						
第一个	197	203	139	1	58	202
第二个	201	206	140	1	61	205
1980 财政年度						
第一个	191	228	148	6	43	222

a. 共和党人在 1977 财政年度没有为第三个决议提供替代方案，也没有在 1978 年为第二个决议提供替代方案。

来源：国会季刊。

由于共和党作为一个整体并不寻求对决议中的内容进行部分修订（尽管个别共和党人提议要对几个特定的功能进行修改），他们孤注一掷（all - or - nothing）的替代方案的挫败严重削弱了他们对于国会预算政策的影响。从众议院预算委员会开始审议到众议院大会审议结束，众议院的共和党人一直都是局外人，极少受到民主党多数派的关注和咨询。无论是自愿的还是迫于多数派的压力，众议院共和党人这种对预算过程的疏远已经与横亘在两党之间的意识形态差异一样，严重阻碍了预算决议的达成。因为共和党人无法指出决议中什么是真正属于他们的，所以他们不会投票赞成决议。

如果这个解释是正确的，那么就根本不需要以彻底的让步（如制定平衡预算或者是按照替代决议的要求削减预算）作为代价来争取共和党人的支持。虽然大多数共和党人会坚持反对，但适当的让步（例如在国防上稍微多用些钱，在社会事务项目上稍微少用些钱）可以确保获得足够的额外选票，从而保证决议在众议院的通过。在制定 1978 财政年度预算时，就发生了这样的事情。当时 29 个共和党人投票支持第一个决议的联席会议报告。在联席会议上，共和党人玛乔丽·霍尔特（Marjorie Holt）多次建议：如果国防支出的金额（参众两院发生争执的主要议题）高于众议院民主党人的预期，共和党就会提供必要的赞成票。民主党在自身无法达成一致的情况下极不情愿地接受了玛乔丽的建议。玛乔丽·霍尔特之后呼吁共和党同僚抓住机会商讨条件，即使“许多众议院的少数派委员为投票支持这个赤字金额高达 650 亿美元的预算感到十分震惊”。“我认为如果我们想拥有权力，并主导这个国家的优先事务，那么就必须从这里获得主动权并积极投入。我们不能袖手旁观，然后投反对票；这的确很简单、很美妙，但如果我们真的要在这里发挥作用，就不得不真正参与进来。”①

1978年的预算变成了一个特别的案例。民主党人为了获得共和党人的支持而让步，因为他们别无选择。在之前和之后的决议中，民主党人依旧以自己的党派为中心，独来独往，而大多数共和党人也依旧投反对票。

需要注意的是，一些共和党人支持1978年决议不仅仅是因为多数党的让步，更是因为他们不希望由于必要的决议没有通过而破坏预算过程。尽管他们抱怨这个过程没有限制住政府的扩张，也没有终止赤字支出，但许多共和党人相信如果没有预算控制，问题会变得更加严重。正如我们所见，当决议面临可能被否决的危机时，一些共和党人会投上“雪中送炭”的一票，例如在1976年最初的决议被众议院预算委员会搁置时，1978年也出现了相同的情况，而1980年这种情况再次出现，当时自由派以教育项目经费不足为由抨击联席会议报告。在最后一个案例中，有36个共和党人投票赞成联席会议报告，尽管他们的支持不足以改变决议被否决的结果。毫无疑问，促使联席会议报告通过是共和党人最划算的交易，否则只会导致更高的国内支出。而很肯定的是，那些共和党人正是在这一观点的驱使下投的赞成票。在重新对报告投票时，报告中教育经费增加了，而共和党主张减少教育经费。

民主党人的困境

由于共和党人团结起来反对，选票之间的差额越来越小，在任何预算中，票数的接近程度取决于民主党内“叛变者”的数量。由于68位民主党人加入了反对决议的队伍，因此导致1976年第一个决议仅以4票的微弱优势通过；然而，由于只有38位民主党人投了反对票，因此1978年第二个决议以78票的优势获得通过。因为这种投票模式，民主党领袖被迫积极活动以促使决议通过众议院的审议。他们不能袖手旁观，也不能依赖预算委员会，因为决议不能通过就意味着民主党的预算政策被驳回。领导层的介入延伸到了其通常的职能之外，以确定普通民主党员的投票意愿。民主党领袖有效地代替了众议院预算委员会主席承担决议监察人的角色。

民主党的抵制者既来自于该党保守派，也来自自由派。一个众议院民主党议员的保守派或自由派倾向越明显，他或她对结果表示不满的可能性就越大。表格7-8根据“保守联盟（conservative coalition）”在1977年的数据记录，将1976年至1979年中的“背叛者”（那些反对超过一半的决议的人）进行归类。表格说明孤立的保守派的人数大约是自由派的两倍。这个比例说明民主党领袖更倾向于自由派。由于众议院民主党的分化，政党领袖承认他们不可能同时迎合两派的要求，也不可能对一方的倾向过于明显，这样会有失去另一方支持的风险。尽管倾向右翼会赢得一些保守派的支持，并且还会获得一些共和党人的认同，但民主党的领导层还是慎重地避免走上这条路。他们不愿意依靠共和党的选票来通过决议，也不愿意激化自由派对预算过程的不满。民主党的策略是防止自由派的“叛变”，同时拉拢一

① 123号国会记录（编辑日期1977年5月5日），H4560。

大批摇摆不定的众议院民主党人。摇摆不定的民主党人包括对四个决议投了反对票的12名议员，数量略多一点的对三个决议投了反对票的议员，以及根据记录大约30个反对了两个决议的民主党人。

表 7-8　保守派联盟提供的1976到1978财年对超过一半的决议投反对票的民主党人的记录

自由派	次数	温和派	次数	保守派	次数
奥汀格	4	雅各布斯	40	麦克唐纳德	97
戴勒姆斯	5	休斯	42	福莱恩特	96
科尼尔斯	6	费西恩	44	斯塔菲尔德	95
J. 伯顿	7	桑蒂尼	51	瓦格纳	90
卡尔	13	莫特	53	霍尔	89
兰迪恩	14	伊万斯	60	蒙哥马利	89
斯考特	19	戴维斯	64	罗伊德	88
凯斯	28			鲁内斯	88
				法恩坦	88
				艾克的	86
				布林克利	84
				查佩尔	83
				马西斯	79
				拜伦	78
				安德鲁斯	73
				班纳德	71
				利维塔斯	71
				曼恩	69
				赫弗纳	68

来源：选举记录的制表；保守派联盟的记录是来自1977年国会季刊年历。

民主党无法满足党内各个派别的要求，这种困境在1980年第一个决议的投票中显示出来。尽管他们并不需要寻求共和党的支持，但民主党领袖们受到平衡预算和开支限制要求的影响，被迫采取了一个更具约束性的预算立场。众议院预算委员会决议使很多民主党自由派感到不满，但是大会却否决了他们在国内项目中增加资金的强烈要求。更糟糕的是，众议院实行了全面削减，大大削减了民主党自由派感兴趣的那些项目的资金。结果，30个北方的民主党人抛弃了他们的政党，对这个决议投了反对票。在先前几年中，往往是民主党保守派带头让民主党投反对票，但这次大部分反对票来自自由派。尽管这个决议以36票的优势获得通过，但当联席会议决定削减额外的项目经费时，自由派的挫败感达到极点，因此，决议不得不在教育项目中增加了一点资金。

民主党已经和共和党一样，把预算视为两党之间的竞赛。在众议院否决了1978年最初的预算决议后，多数党领袖吉姆·赖特（Jim Wright）在“致亲爱的民主党同僚”这封信中明确地阐明了这种态度：“多数党有责任去执行、批准这份文件，并继续处理国会的重要事务。我们可以预见共和党不会给予任何帮助。他们只会在那里不断地批评，却从来不会承担责任。所以，这一切的关键都在于我们。我们必须拥有更多民主党人的赞成票来通过这个决议——正如我们近两年的做法那样。这是国会履行宪法职责、控制和管理支出的唯一途径。同时这也是多数党的意义所在。”①

民主党领袖们试图使决议能够更加迎合党内自由派的要求，因此不可能赢得共和党和民主党保守派的好感。一开始，领导层依靠即席修正案来赢得自由派的选票。在1976年第一个和第二个决议中，多数党领袖奥尼尔成功地扩大了预算支出。但这种策略有个很明显的缺陷：它使众议院民主党人不得不公开赞成高额支出和高额赤字。(值得注意的是，奥尼尔的两个修正案都是在没有提高总体支出水平和赤字规模的前提下，利用重新评估项目资金的机会对那些额外的偏好项目增加资金)②。相应地，在随后几年中，民主党的领袖们一心推动众议院预算委员会达成他们的意愿。正如上文所述，在1977年第一个决议审议期间，奥尼尔带头提出动议，要求为就业项目、国民健康保险项目和《汉弗莱·霍金斯法案》中的全面就业方案增加资金。相类似地，在1979年第一个决议审议即将结束时，按照多数党领袖赖特的意思，众议院预算委员会为加快公共工程建设项目增加了20亿美元的资金，而这是自由派偏好的项目。但民主党领袖喜欢通过私下和众议院预算委员会主席以及委员会的民主党委员商讨来影响预算结果。即使在预算委员还不是由民主党说了算的时候（之前还是由主席主导），民主党领导层就已经成为整合决议的主导力量，这样可以获得足够多的民主党人支持，使众议院通过决议。

由于政党内部的分裂以及民主党领袖们不愿意去争取共和党人的支持，因此，经由委员会或即席修正案促使预算决议获得通过的前景就比较暗淡。尽管领袖们有了少许让步，但一些自由派却逐步开始反对决议。如果他们对从国防支出到国内支出的重大转变投赞成票，其后果很可能是失去的票数比获得的票数更多。大约20个保守派民主党人坚决反对决议，然而，他们为自己的决定付出了代价——联邦政府支出和赤字规模被削减，而这也浪费了民主党的选票。领袖的任务是争取足够的“摇摆不定”的选票（即有时候会投反对票的民主党人），以此确保决议被通过。因为领导层极不情愿提出增加开支的建议，所以他们更多地依靠规劝而不是预算利益上的引诱。“为预算程序投票，而不是为数字投票”一次又一次地成为论据，说服了漠不关心的民主党人与政党保持一致。对于民主党人来说，他们不得不对预算

① 摘自1977年5月4日，吉姆·赖特议员的信。

② 奥尼尔针对1976年第一个决议的修正案以20亿美元的支出削减抵消了27亿美元的支出增加，其原因就在于重新评估，以及某项目5亿美元资金不会被相关众议院委员会报告的预期。奥尼尔在1976年第二个决议的修正案促成了其民主党同僚的一份重估修正案，该修正案抵消了绝大部分增加的支出。

改革的失败负责，因此，无论他们是否对预算的优先事项感到满意，他们必须投票赞成决议。领导层会采取许多老套的施压方法（通过直接施压法来试探那些有经验的众议院民主党人），同时，他们在议会采取行动之前数周通过党鞭和众议院预算委员会成员进行密集的游说。1978 年，议长建立了一个由 25 名成员组成的特别工作组（该小组由巴特勒·德里克领导，当时是他在预算委员会中的第二个任期）来汇集民主党的选票。

在针对预算决议进行大会辩论时，“为预算过程投票”这个中心思想已经变得非常明确了。1979 年，在众议院即将对第一个决议进行最后投票时，多数党领袖赖特告诉众议院：“今天，我再一次请求在座各位委员，请大家先把个人喜好和偏爱搁置在一边，一起为这个决议投赞成票。”① 其结果是民主党没有丢失多数派的支持，它获得了前所未有的高票。正如赖特在 1978 年辩论时所说：“我恳求我的同僚从总体上来看待这份预算，然后仔细考虑一下就会发现，它是我们共同努力下所能制定出的最好的预算。”② 投票支持预算过程也意味着投票反对即席修正案，即使修正案有吸引力，也可能导致最后决议被否决。“委员会成员不应互相争斗，他们都想按照自己的意愿来制定整个预算。我们必须意识到什么是预算委员会和国会的职责，它不是在决议上尽可能地为个人喜好盖上印章。”③

大多数众议院民主党人为预算过程投了赞成票。拨款委员会主席乔治·H. 马洪在 1978 年说：“我准备对预算决议投赞成票。对于我们而言，支持预算过程是非常重要的。”④ 为什么即使国会成员不太满意预算决议的内容，也会投票赞成？马洪的话值得我们参考：“幸运的是，这个决议只是设定了一个目标，并没有确定地提出支出金额。这项工作会通过之后的一系列拨款和其他支出法案完成。”⑤

许多民主党人（包括那些支持所有决议的人，以及那些会因为所受的压力而摇摆不定的人）之所以会投票支持预算过程，是因为他们相信决议中不是所有的数字都很重要。忠实的民主党支持者杰克·布鲁克斯（Jack Brooks）在谈论 1976 年的第一个决议时说：“这个建议不是约束性的。立法委员会和拨款委员会将决定未来该做什么，并需要在国会里获得通过。”⑥ 众议员克利福德·艾伦（Clifford Allen）对前一年的两个决议都投了反对票，但是在 1978 年第一个决议中投了赞成票：“要记住第一个决议中的数字仅仅是暂定的目标数字……在接下去的四个月中，我们将回过头来设定最终的数字。我们要进一步听取总统的意见，进一步听取政府各部门的意见，进一步听取各委员会的意见。那时候我们就可以按照当时我们获得的信息和指示，灵活地改变预算文件，将这些信息反映到决议里的众多项目

---

① 124 号国会记录（编辑日期 1978 年 5 月 2 日）H3439。在众议院就决议展开辩论时，赖特曾做过 6 次类似的即席发言。

② 同上（1978 年 5 月 10 日）H3735。

③ 同上（1978 年 5 月 3 日）H3486。

④ 同上（1978 年 5 月 10 日）H3721。马洪在先前几年的预算辩论中也表达过类似的观点：例如 1976 年预算，参见 121 号国会记录（1978 年 4 月 29 日）H3653。

⑤ 122 号国会记录（1976 年 4 月 29 日）H3652。

⑥ 121 号国会记录（1975 年 5 月 1 日）H3563。

中去。”①

显然，不是每个民主党人都被“为预算过程投赞成票”的论据说服。一些党员拒绝投赞成票是因为决议中的数字和他们自己的预算偏好不相符。自由派议员约翰·科尼尔斯一直反对大部分预算决议，他清楚地陈述了他的立场：“我想说的是，所有议员都认为倘若我们对预算决议投了反对票，就无法支持预算过程……对于预算决议我们只有两件事可以做。我们可以投票赞成，也可以投票反对。如果我们投反对票，并不意味着我们反对国会的预算过程。这只是意味着我们对写进预算的内容不满意。”②

因为大多数民主党人（包括大多数自由派）即便并不是对预算中所有的内容感到满意，但还是愿意为预算过程投赞成票，所以众议院还是能够通过预算决议的。但是，“为预算过程投票”的呼吁却因为不断地重复而失去了原先的影响力。不可能期望成员们仅仅为了确保预算过程的实施无止境地放弃他们实质的利益。当在美国国会中制定预算不再变得新奇，成员或许也就不再那么愿意为决议投赞成票，因为这些决议不能反映他们在预算上的优先权。国会预算过程的长期有效运作不可能靠最后时刻声嘶力竭的呼吁，让那些持不同政治利益或观点的人改变立场来实现。

众议院的困境：部分与整体的对抗

为什么众议院在制定一份能使其由衷地感到满意的预算时会有那么多困难？为什么只有“是或否”两种极端的选择——在预算决议中可以做的只有议员科尼尔斯提出的“仅有的两件事”？为什么不能修正决议来迎合众议院多数派的喜好？事实上，众议院在处理预算决议时通常比较随意，允许在审议的任何阶段提出即席修正案。③ 然而，众议院几乎不会做出重大决定；通过的决议和预算委员会提交给它的决议十分相似。众议院对大多数功能性分配都不会修改，并且预算总额几乎不会改变。

在五年的国会预算中，众议院通过了30个修正案——还不到被提交数量的四分之一（见表7－9）。但是大多数通过的修正案都有很独到的特点，因此它们会成功。

表7－9　　众议院针对预算决议的修正案的分布

决　议	修正案的数量		对通过的修正案的解释
	通过	否决	
1976财政年度			
第一个	3	3	税收改革和取消对联邦公务员工资和退休金的限制
第二个	2	2	对一些社会项目的重新评估以及其领导层的增加

① 123号国会记录（1977年5月5日）H4090。

② 122号国会记录（1976年4月28日）H3521。

③ 通常众议院仅在审议议案的某个部分（通常是一个段落或者一个章节）时允许提出修正案。

续表

决议	修正案的数量		对通过的修正案的解释
	通过	否决	
1977 财政年度			
第一个	2	12	增加退伍军人项目资金
第二个	0	3	增加反周期项目资金
第三个	1	1	
1978 财政年度			
第一个（第一轮）	6	9	两个委员会修正案增加了国防、执法和退伍军人的项目开支。为了不超出法律规定的增长金额，削减了700万美元。
第一个（第二轮）	1	5	增加退伍军人项目资金
第二个	4	3	委员会修正案，学费退税以及在农业和退伍军人项目上增加资金
1979 财政年度			
第一个	4	22	对退伍军人项目资金的增加，学费退税和限制巴拿马运河的开支
第二个	1	4	削减《综合就业培训法案》中人力资源规划的开支
1980 财政年度[a]			
第一个	6	35	1979年“第三个”决议增加了支出以提供追加拨款；对退伍军人项目增加资金；通过限制国外税收减免来增加税收收入；对拨款条例草案中的项目做适当的删除；减少津贴，从而减少政府资金的浪费；实行0.5%的全面削减
总共	30	100	

a. 包括那些附加在1980财年第一个决议中与1979财年有关的修正案。

来源：刊印在数期国会记录中的对修正案的分析。

——众议院预算委员会主席提交了三个修正案，反映了委员会完成工作后所出现的变化（例如立法行为和行政行为）。众议院预算委员会在大会中完成了它通常需要在审议期间完成的任务。

——民主党领导层提出了两个修正案。正如先前讨论过的，这些奥尼尔修正案希望在不增加总支出的前提下为某些项目增加资金。

——有七个修正案要求给退伍军人更多拨款。一般而言，众议院都会赞成给退伍军人更多钱，即使众议院退伍军人事务委员会的主席公开反对这样做。①

——有五个修正案是“象征性”的，它们对预算账目没有很重要的影响。其中有一个修正案反对众议院出钱执行巴拿马运河条约中的部分项目；另一个要求将预算中700万美元分拨给国会增加支出；有三个修正案要求众议院采纳学费

① 参照122号国会记录（1976年4月28日）H3521。众议院退伍军人事务委员会主席——众议员瑞伊·罗伯茨（Ray Roberts）的言论。

退税的提议。这些案例所涉及项目的实际立法决策都不是通过国会预算过程制定的。①

——有一个修正案是关于重新评估的（不涉及政策变化），而另一个修正案在之后的投票中被否决了。

——一个修正案涉及处理拨款法案的程序；第二个修正案涉及已经开始的财政年度的资金问题；第三个修正案从津贴类别中削减了10亿美元以减少政府的资金浪费。

平均而言，众议院会为每个预算决议附加一个既不是由众议院预算委员会或众议院领导提出、又不涉及退伍军人项目的修正案。

预算的各个组成部分和总额必须保持算术上的一致性这一简单的要求限制了众议院满足其成员不同利益诉求的能力。这样导致的后果是：如果众议院修正决议，为一些特定的项目增加资金，那么它所面临的风险就是有更多的成员会对最终决议感到不满。1978 年第一个决议的惨败就是一次很深刻的教训。众议院采纳了 4 个增加开支的修正案，其中一个是众议院预算委员会支持的，另一个是各方争论相当激烈的给国防项目的拨款。由于决议存在明显的特定偏向，因此，众议院以 84 票对 320 票的票数否决了这个决议。这迫使预算委员会只能制定出一个折中的版本。自由派之所以会否决这个决议，其原因在于国防开支较高；保守派（和许多持中立态度的人）之所以会否决它，其原因在于决议中预计的赤字金额增长了45 亿美元。当众议院修改了决议，并开始第二轮投票时，除了同意为退伍军人项目增加资金外，所有的修正案都被否决了。预算系统濒临崩溃，这使众议院意识到"为过程投票"的重要性。最后众议院以 213 票对 179 票通过了这个第二版的决议。

1978 年所发生的事情揭示了一个事实：如果众议院要求多数派支持它的预算决定，它就会面临另一大风险。他们可以为增加支出投赞成票，接着也可以因为支出水平太高而反对预算的总金额。因此，众议院这样的做法实际上给了议会成员双重的政治优势：他们可以既积极争取对自身而言重要的利益，又考虑到政府开支的增长。众议员爱德华·帕蒂森（Edward Pattison）对于预算过程的展开做过这样一番解释："整个博弈过程是这样的：我的很多同僚们会投票支持各种具体的预算增资方案，同时也会为削减整体预算金额投赞成票，因此，现在他们会投反对票否决整个预算。每个独立的利益团体都会写一封信，解释议会成员为了推动他们的具体利益是如何投票的。通常，议员们否决臃肿的预算的消息会公布于众——他们努力限制不断扩张的大政府。而公众对大政府一直都持藐视的态度。这样皆大欢喜的结果可真是政客们的万幸了。很遗憾，这场博弈在势均力敌的民主党和共和党、"自由派"和"保守派"之间展开。同时，几乎所有人都可以在这场博弈中幸免于难。或许只有预算过程成为唯一的牺牲品。"②

---

① 众议院在1978 年通过了学费退税的提议，但众议院和参议院无法在联席会议上达成一致，因此最后这个提议未能成为法律。

② 124 号国会记录（1978 年 5 月 10 日）H3736 - 7。

议员戴维·欧泊用以下方式描述了这个过程："在我工作的最后两年中，让我最目瞪口呆的事情莫过于昨晚在议会会议上居然有那么多议员退席。他们坐着电梯下去并朝雷伯恩大楼走去，边走边说：'天啊，预算过程不再起作用了。'我很惊讶地听到议会成员们说：'天哪，在预算过程中，我们只是有机会去中伤它、批评它，而这一切是不负责任的。在一次又一次提交修正案之后，预算委员会的主席要求大家对修正案负责，然而，这时你却发现政治回报倾向的是另外一边。那么我们为什么还要支持这个预算过程？'"①

考虑到参与其中会很容易对预算过程进行恶意"中伤"，很多议员都极少参与到过程之中。几乎所有增加预算的修正案（不包括退伍老兵的项目）都不会被通过，同时众议院每次都设法让多数派支持预算总额。议会成员们不想被别人视为应当对庞大的赤字负责的大手大脚花钱的人。

如果增加开支的方案很难通过，那么提出的削减计划就更难被通过了。目前只有一个实质性的削减计划获得通过，而在这之前众议院已经事先将该项目的授权级别调至众议院预算委员会在决议中所预期的水平以下。提出的削减计划往往遭到强大联盟的反对：预算委员会的成员只捍卫自己的提议；授权委员会的成员只对他们自己提出的项目感兴趣；拨款委员会的成员只希望为未来的需求尽可能地留出足够余地。提议的削减计划也触及一个已经提及的观点，即众议院应该将选择权交给立法过程，使它体现立法过程的意愿。如果现在不需要钱，那么这个观点就行得通，授权委员会和拨款委员会可以在稍后削减资金。

因此，对于主张削减预算的人来说，最好的办法就是提交全面的削减计划，这样既不需要单独挑出几个项目进行资金削减，也能够吸引那些觉得预算数字太过庞大的议员们。参议员约瑟夫·L. 费希尔（Joseph L. Fisher）在发起 1979 财政年度的全面削减计划时，运用了这个观点："我们每个人在预算中都有一个我们所偏好的项目或功能，这是不言而喻的。在这个博弈的舞台上，我们花了三天的时间对这些预算中不同的项目进行商讨、辩论和争吵。但接下来，我认为是关注总体的时候了。"②

在第 96 届国会开始之初，众议院在民主党骨干的鼓动下宣布除非修正案在各个预算功能中分配削减额，否则提请全面削减预算的修正案将被禁止。③ 他们的预测是，一旦削减造成的影响被明确说明，全面削减的建议就会受到众多议员的反对，并遭到否决。尽管如此，众议院在 1980 财政年度的第一个决议还是采纳了一个这样的修正案。投票结果是 255 票对 144 票——众议院对每个功能的资金都调低

---

① 124 号国会记录（1978 年 5 月 10 日）H3717－8。

② 同上（1978 年 5 月 9 日）H3684。

③ 一些共和党人提出了一个"两步走"的预算来试图回避这个问题。首先，众议院会保证预算的总额，之后它会将总资金分拨给各个功能。毫无疑问，这种方法会在众议院制造更多紧张的预算氛围（各个功能之间不得不相互竞争），同时，人们也不能确定最初的总额是否能经受住之后来自众议院的挑战，因为众议院总是致力于向各个功能提供恰当的资金额度。

了0.5%，因此总的削减金额约为25亿美元。[①]

和许多其他被通过的修正案一样，这个修正案在本质上是象征性的。这使得议员们有机会在不引起某一预算类别金额大幅度变动的前提下调整预算和赤字规模。大多数国会议员都会投赞成票，他们相信0.5%的削减幅度很容易被消化，而且完全不会损害到他们的利益。在同一个预算周期中，众议院做出了另一个象征性的举动，它削减了10亿美元的津贴费用，但是，并未明确受到影响的项目。修正案获得了压倒性的胜利（402票对3票），这是因为它使国会议员可以着手解决政府中的浪费现象，同时又不会直接损害任何项目。

众议院里大多数争论都围绕着具有象征意义的行为，只是把预算决议当作一种“手段”来表达一些本质上与预算无关的观点。在制定预算决策的过程中，众议院会公开地对立法支付的增加、巴拿马运河条约、学费退税这些问题表达观点。一个议员想缩减对韩国的援助资金，他的理由是政府未就国会开展的贪腐调查活动与国会进行合作，这个议员自问自答说：“为什么要制定《预算法案》?”“因为我们只能利用《预算法案》来表达我们反对的观点，而不是直接去干涉外交、拨款或者项目本身。”[②]

众议院成员认为他们不仅在一些无关紧要问题的投票上，而且还在最终预算的制定中，都在致力于具有象征意义的行动。他们认为自己在就根本的政治议题投票，而不是为具体的项目或法律投票。而且比起在讨价还价的基础上产生的现实的预算数字，这些政治象征性的事务更容易导致纷争。

参议院预算委员会的预算决议：投票支持预算数字

参议院编制预算决议的进程与众议院有极大的不同。作为众议院标志性现象的针对预算决策的尖锐的党派之争和激烈的反对极少出现在参议院。许多问题会在委员会、议会引起公开争论，但参议院的决议从来没有面临被否决的危险。参议院通过的决议大多都超过二比一的票数差额，也就是说，很多共和党人都投了赞成票。表7-10展现了参议院的投票模式。

表7-10　参议院中共和党和民主党针对预算决议的投票情况

决　议[a]	参议院		民主党		共和党	
	赞成	反对	赞成	反对	赞成	反对
1976财政年度						
第一次	69	22	50	4	19	18

① 在反对全面削减的声明中，有一个是马斯基参议员提出的，这被认为是最有力的声明之一。这个声明反对的是1978年第一个决议中全面削减的企图。“它揭示了国会预算过程的本质……这是一种削减预算的方法。在国会预算过程形成以前，这种方法就已经尝试过很多次了，但却从来没有什么效果。它之所以没有成功，是因为从来没有清楚地指明哪些可以削减，以及在不损害必要和重要的政府行为的前提下，哪些削减可以实现。”124号国会纪录（1978年4月5日）S6271。

② 124号国会纪录（1978年5月10日）H3724，众议员布鲁斯·卡普托的言论。

续表

决议[a]	参议院		民主党		共和党	
	赞成	反对	赞成	反对	赞成	反对
第二次	69	23	50	8	19	15
1977 财政年度						
第一次	62	22	45	6	17	16
第二次	55	23	41	5	14	18
第三次	72	20	55	3	17	17
1978 财政年度						
第一次	56	31	41	14	15	17
第二次	63	21	46	8	17	13
1979 财政年度						
第一次	64	27	48	8	16	19
第二次	56	18	42	6	14	12
1980 财政年度						
第一次	64	20	44	5	20	15
第二次	62	36	45	14	17	22

a. 这些数字记录的是参议院通过预算决议的表决结果，并不是针对联席会议报告的投票。

来源：数期国会纪录。

没有痕迹的审议

在审议之前，参议院预算委员会成员会收到大量简报材料。这些材料是多数党的核心行政职员和共和党的行政职员代表协商之后汇编的。就像为众议院预算委员会成员准备的材料有着很明显的民主党特点一样，参议院审议的材料一开始会对经济情况和财政收入的备选案做一个总结，紧接着会对各个预算功能进行核查。然而，为参议院预算委员会准备的文件会有更多分析性的内容和与项目相关的信息。在很多问题上，参议院预算委员会的行政职员会为项目的选择和绩效提供深度的建议。

参议院预算委员会的审议没有主席所设定的标杆。文件不会反映马斯基参议员的预算偏好。在参议院预算委员会，主席是“一把手”，他比其他人有发表观点的优先权，有优先接触行政职员和数据的权力，以及可以对预算情况进行比别人更全面的掌控，但他不能在审议之前向委员会提交他自己的提议。在参议员欧内斯特·F. 霍林斯（Ernest F. Hollings）鼓动马斯基主导委员会审议时，马斯基就有意回避在参议院预算委员会最初审议中扮演这样的角色。“如果主席说我们已经到这里了，而且不需要再往前走了，我会觉得很高兴。”① 这种令人费解的言论来自一位

① 参议院预算委员会对 1976 财政年度第一次共同决议的审定，文本部分，第 11 页。

常常对预算政策以及其他的立法议题持独立立场的参议员，而马斯基当即拒绝了这样的请求："我知道对我来说最糟糕的事情是预先设立目标，然后尽可能地让你们所有人一起为这些目标努力。我认为在这个时候这样做会事与愿违。你或许应该说服我，我个人的假设性判断是错误的。"①

为了理解霍林斯的建议和马斯基的否决，我们有必要知道这种主席的标准在众议院预算委员会工作中是发挥约束作用的。众议院预算委员会最终的审议结果可以超过主席设定的预算总额，但通常不会超过太多。对于主席或民主党核心会议制定的功能标准，他们通常也不会过分偏离。霍林斯害怕预算委员会如果无人引导，有可能就会制定出一个开支过大的提议，导致决议中的支出负荷过大，因此，他试图通过类似的预先审定来约束参议院预算委员会。他告诫说："我们需要一些准则和规范。通常情况下，如果我们对待预算的态度比参议院更保守就好了。否则我们注定失败。所以我们不得不削减预算。"② 马斯基却得出完全相反的结论，他认为主席制定的标准会成为参议员的众矢之的，而参议员会倾向于坚持他们自己的预算目标。"我们所有人的心目中都有自己的目标，我也有我的目标……我能否实现我的目标，只能靠游说，使大家和我保持一致。"③

马斯基并不是对主席的权力有所保留；在这个他拒绝透露自己偏好的会议上，马斯基试图让参议院预算委员会首先审议他的新的反周期建议，而不是从单个的预算功能开始审议。但他相信只要他的同僚们拥有足够的自由去追求自己的利益，而不受主席喜恶的限制，参议院预算委员会一定可以制定出一份能够在参议院获得广泛支持的预算决议。

马斯基之所以避免主席制定标准，还有一个政治原因。在那个时候，预算过程已经开始了，他正在准备竞选，所以他不愿意为参议院预算委员会的巨额赤字负责，也不想让别人以为自己是罪魁祸首。他更希望参议院预算委员会所有成员在经过考察和选择之后，通过高额赤字。

由于马斯基没有自己制定标准，因此他也有了额外的收获。一个交往甚密的议员助理记录了以下实情："因为很多个人原因，马斯基和委员会大多数成员预期的预算数额差不多。这也成为他不愿意制定主席标准的一个很好的理由。这让他可以为自己偏好的数额投自己一票，也不需要行使主席的否决权。我不知道我们是不是预设了这一方式，但这种方式的确解决了问题。严格来说，马斯基是一个很务实的主席，因为他可以用这种方式促成协商的一致。即使他失败了，他获得了他想获得的东西，并让投票以他所希望的方式开展。在这样的情况下，他可以承受失败的后果。但如果他制定了强硬的标准，他就无法承担这些后果。"

---

① 参议院预算委员会对1976财政年度第一次共同决议的审定，文本部分，第11页。马斯基之后进一步解释了他对由主席制定的标准的反感："如果我是这个委员会中唯一的成员，我现在就可以凭借我的权力制定数字。但我不是委员会中唯一的成员。这个委员会代表的是整个参议院。"

② 同上，第12页。

③ 同上，第463页。参议员约瑟夫·拜登（Joseph Biden）是参议院预算委员会的成员，他建议道："我和我的行政职员已经做的事情，在座的各位应该也都做过。我把我自己的预算带来了。而在座的每一个人对每一个项目也都有自己的预算。"同上，第122页。

马斯基诉诸另一个程序来代替“制定主席标准”的方式。依据该程序，当委员会制定出一个模棱两可的预算决定时，他就可以以更积极的方式出面干预。他设置了两轮投票，让委员会就预算功能做出决策，这个程序和众议院预算委员会很类似，但却目的不同。[①]“在第一轮中，我们开诚布公地表达我们的观点，在第二轮中，我们试图确定这些观点。”[②] 马斯基希望参议院预算委员会成员可以在第一轮的时候提出他们具体的目标，而且费用总额会比多数派预期的高。之后，议员们会更容易接受他的领导。

马斯基喜欢就没有争议的问题表达自己的偏好，这些问题通常都能很快得到处理，一般都是在预算中占份额相对较小的稳定的功能。例如，在 1978 财政年度审议刚开始的时候，马斯基提交了四个动议，贝尔蒙提交了三个，这七个动议都在口头表决时被通过。[③] 与之相类似，在 1979 财政年度的第一个决议中，贝尔蒙提交了六个动议，而马斯基提交了四个，也毫无异议地被通过了。马斯基有时候会通过他的那些与委员会成员打交道的行政助理表达他对于预算水平的期望，而又不至于将其自身置于某个固定的立场。在 1979 财政年度第二个决议的审议中，这一方式在参议院预算委员会的审议中被正式固定下来。简报上的每个预算功能都有一个“建议上限”，“参议院预算委员会的行政职员建议将这个数额作为委员会讨论的起点……”[④] 尽管一些高级行政职员认为这是在逐步走向主席的标准，但如果这样做不利于委员会中的两党合作，他们也不希望马斯基沿着这个方向继续往前走。[⑤]

尽管参议院预算委员会没有一个起始的基准，但他们不愿意把总统的申请作为基准与委员会决定的标准抗衡。一开始，马斯基认为审议是对现行政策的一种估计，因为通货膨胀的缘故，它可以调节所有项目。在委员会刚开始商讨 1977 财政年度预算时，马斯基就宣称：“这意味着我们可以更加客观地看待行政部门的政策假设”。[⑥] 这种方式对于马斯基和许多参议院预算委员会支持他的人来说是有利的。第一，不论法律是否规定了通货膨胀调整，它可以对所有项目一视同仁。从现行政策中的数字来看，对于一个依据生活成本进行指数化调整的项目而言，其调整的基础不可能比国会所审定的通货膨胀指数高。也正因为如此，马斯基认为，相对于总统预算以及根据法律授权所作的通货膨胀调整估测，现行政策是一个更为中立的基准线。[⑦]

---

① 在众议院预算委员会中，第二轮中往往会增加很多第一轮没有增加的项目，因此，他们制定的决议更能迎合民主党自由派的口味。参议院预算委员会利用它削减预算总额以赢得委员会多数派的好感。

② 参议院预算委员会对 1979 财年第一个共同决议的审议，文本第 12 页。

③ 参见参议院 1978 财年审议文件 No. 95 - 90，第 106—108 页，以及参议院 1979 财年决策文件 No. 95 - 739，第 170—172 页。

④ 参议院预算委员会针对 1979 财年第二个共同决议的审议资料，1978 年 8 月 7 日，第三册第 1 页。

⑤ 这些人指出：(1) 建议的上限是用于第二个共同决议的，而在第二个共同决议中参议院预算委员会的工作就是批准国会的其他提案。(2) 这些建议的上限很有用，这是因为在审议之前，很多拨款法案都没有通过参议院的审核。因此，委员会需要一些来自行政职员的指导以了解国会的大致动向。

⑥ 参议院预算委员会审议 1977 年第一个共同决议的文本，第 3 页。

⑦ 同上，参见马斯基和西德尼·布朗的声明，第 67—68 页。参议院预算委员会的行政助理对文件中的审议材料负责。

第二，在1976年和1977财政年度中，当福特总统支持对现有项目进行大规模削减时，现行政策给出的基准线比总统预算高得多。如果参议院预算委员会按照总统的估算审议决议，委员会的立场似乎会倾向于增加支出，扩大赤字。但如果他们以现行政策作为基础，参议院预算委员会宣称他们将限制而非增加联邦政府的支出。因此，当白宫指责国会的支出倾向时，参议院预算委员会就会夸耀说他们给联邦政府的支出资金比现行政策水平低90亿美元。[①]

第三，现行政策的基准线使参议院预算委员会可以无需研究项目细节就可以制定出令人满意的预算决议。委员会相信，如果他们按照或者接近现行政策的情况限定某些预算功能的支出，那么一些国会感兴趣的项目就会有足够的资金。因此，无需与受影响的国会委员会就项目进行细致的协商，审议很容易便能达成一致。当参议院预算委员会在1978财政年度决定向自然资源功能划拨资金时，它就以这种方式运用现行政策；而这个功能的诸多项目中包含水利工程项目，国会和总统之间针对此类项目存在分歧。在委员会通过了对自然资源的拨款决议后，参议员约翰逊就受争议的水利工程项目资金是否包括在这些数额之内的问题提出质询。

马斯基：我们还没有明确地讨论过，所以我们心中还没有一个确切的数字。

约翰逊：是不是在我们没有提及的地方包含了现行政策?

马斯基说：我想是这样的。[②]

但是几年之后，很多参议院预算委员会成员对这种方式感到不安。保守派共和党人认为这种方式会诱发支出的大规模增加，以及赤字的大规模扩张，因此他们首先提出了不满。麦克卢尔批评现行政策，认为这是一个"普遍免责的立场（a universal hold - harmless position）"[③]，这个立场"假设除了保障社会大众免受经济衰退影响的情况外，国会无法做出任何决策，而我们应对经济衰退的方式则是通过更多的法律和拨付更多的资金"。[④]

到1978财政年度审议时，基于当前政策的预期显示下一年度的支出必须远高于本年度，并给出了原因，这使得中立派感到无助，因而他们也加入了反对的行列。现行政策中所传递的信息是：削减项目是削减开支的唯一方法。贝尔蒙认为"通货膨胀不断加剧，而我们却无能为力"[⑤]，他对此深感不满。由于现行政策，无法"向项目施压……我们本可以对他们进行一点压缩。"[⑥] 正如上文所述，国会控制支出的一个便捷的方法就是设定一个低于通货膨胀率的增长率，从而无需为削减项目负政治责任就可以限制支出的增加。但是将增长低于现行政策的情况视为项目削减使国会更难诉诸此类选择。

---

① 这些声明不仅仅是一种处理公共关系的手段。当贝尔蒙抱怨说："如果每个人都说需要资金，而我们都满足他们，那么预算过程就没有起到它应有的作用。而我们一直在这样做。"马斯基反驳道："我们还没完全沦落到那种地步。我们在现行政策中削减了80亿美元。"参议院预算委员会对1978年第一个共同决议的审议，第175页。

② 参议院预算委员会审议1978财年第一个共同决议的文本，第588页。马斯基之后指示行政职员告诉其他人现行政策包含在与决议同时拟订的委员会报告中。

③ 对1977财年第一个共同决议的审议，第69页。

④ 同上，第67页。

⑤ 参议院预算委员会审议1978财年第一个共同决议的文本，第185页。

⑥ 同上，第174页。

参议院预算委员会成员不确定现行政策究竟是什么意思，也不确定这些数字究竟是怎么得来的。在他们看来，它是以复杂的模型和假设为基础，将所有的设想都汇总在一起，和过去的实际开支以及总统的权威评估形成对比。无论马斯基和他的助手如何耐心地解释评估现行政策的方法，都无法使生性多疑的参议院预算委员会成员相信这些数字是客观的、可信的。由于在新的预算过程付诸实施的最初几年频繁出现经费不足问题，因而议员们对现行政策的不满愈发强烈。当参议院预算委员会成员在审议决议时，他们不得不对大幅度增加资金表示支持，只有这样才能使项目不被削减。几个月后，他们才获悉归根结底有十亿美元是不需要的。尽管他们不能完全明白资金短缺的原因，但参议院预算委员会成员不可避免地怀疑这些原始数据是不是太高了。参议员霍林斯坚持道："通常预算一开始的数据就虚高。这让我很困惑。"[①] 面对参议院预算委员会同僚的质询，马斯基不得不有所退让："很明显，在座各位愈发觉得现行政策中的数字虚高……含有水分。"[②]

对1979财政年度的审议资料和之后预算周期的审议材料进行了重新设计，区分了法律授权的调整（现行法律的评估）和其他因通货膨胀而对所有项目进行的支出调整（现行政策）。不仅如此，现行的文件还会记录那些由于工作量的变化导致的支出调整。经过这些改进，参议院预算委员会在审议决议时拥有了可供替代的基准线，既可以运用较高的现行政策中的数字，也可以运用较低的现行法律中的基准；既可以只考虑工作量的增加，也可以为了应对通货膨胀或改善项目而增加资金。

参议院预算委员会内部的紧张感和挫败感也体现在对现行政策的争论中。尽管两党多数派拥有绝对的优势并且支持预算决议，但是委员会在实质性的预算政策上却没有达成一致。成员们关注现行政策的原因在于他们意识到这将影响预算的结果。由于人们因意识到委员会无法有效掌控预算而感到挫败，现行政策也成为一些人攻击的对象。对于大多数参议院预算委员会的参议员来说，每年大量增加的支出和庞大的（尽管是在下降的）赤字规模已经不是一件值得自豪的事情了。尤其是共和党人，他们越来越看不惯持续增长的联邦预算。一些支持决议的人也不得不为那些赤字做辩解，尽管这些赤字并不是他们自己制订的。现行政策意味着他们的失败，尽管各种紧张的关系被多元化的基准线所掩盖，但是它们可以再次打破这种假象并分裂委员会。

一个委员一票

参议院预算委员会的投票模式与众议院预算委员会相比越来越多样化和复杂化。政党的认同似乎很重要，但在参议院预算委员会中，集团投票和按照党的路线投票却越来越少。在表7－11中可以看到，花名册中超过一半的投票都是党派性，即共和党的多数派反对民主党的多数派。只有42%的投票是非党派性的，这一事

① 参议院预算委员会审议1978财年第一个共同决议的文本，第174页。

② 同上，第170页。

实与参议院预算委员会声称的协商一致、轻松随意的运作方式相悖。①

表 7-11　参议院预算委员会的政党投票结果（1977—1980 财政年度）

决议[a]	民主党多数派获胜		共和党多数派获胜		无党派的多数派获胜	
	得票数	百分比（%）	得票数	百分比（%）	得票数	百分比（%）
1977 财政年度[b]						
第一个	8	20.0	15	37.5	17	42.5
第三个	3	75.0	0	0.0	1	25.0
1978 财政年度						
第一个	16	47.0	7	21.5	11	32.4
第二个	1	25.0	3	75.0	0	0.0
1979 财政年度						
第一个	20	42.6	8	17.0	19	40.4
第二个	0	0.0	3	50.0	3	50.0
1980 财政年度						
第一个	19	24.0	21	26.6	39	49.4
总计	57	31.3	57	26.6	90	42.1

a. 制表的目的在于说明，如果“民主党多数派”中不少于半数的投票所支持的立场战胜了共和党多数派的立场，“民主党多数派”便获胜。反之，则是“共和党多数派”获胜。当民主党多数派和共和党多数派所持的立场相同，那么“无党派的多数派”获胜。这里需要注明的是，这些类别是互相排斥的。从该表的目的出发，票数均等意味着在一次投票中投反对票的人占多数。

b. 在 1977 财年第二个决议中没有记名投票。

来源：作者根据委员会报告进行制表。

然而，相对于众议院委员会，政党认同对于参议院预算委员会成员的投票行为以及投票结果的解释力比较弱。表 7-12 就记录了一组有关票数的百分比，旨在说明参议院预算委员会成员和他的政党保持一致与他们成为获胜联盟一员之间的联系。表格显示，尽管委员会中没有“百分之百”拥护民主党或者共和党的成员，但两党内部也没有出现尖锐的裂痕。每个政党中都只有一个参议院预算委员会成员在超过一半的记名投票中没有和政党保持一致。当时，大多数民主党人和共和党人在 75% 至 90% 的投票中都会赞成其所在政党的决定。如果记录属实，那么两党几乎有着相同的凝聚力记录，80% 的共和党人和 77% 的民主党人支持他们自己的政党。

① “尽管众议院预算委员会制定决议的过程是正式的、有条不紊的，但参议院预算委员会的氛围仍旧是非正式的、协商一致的，就和贵格会教派的宗教会议一样。”科特勒，见所引文献的第 18 页。

表 7－12 参议院预算委员会成员在审议决议时的投票记录（1977—1980 财政年度）

成 员	投票赞成或者反对政党的多数派			投票赞成或者反对委员会的多数派		
	赞成票数	反对票数	支持率（%）	赞成票数	反对票数	支持率（%）
民主党						
马斯基	170	36	82.5	134	74	64.4
奇利斯	109	89	55.1	139	52	72.8
霍林斯	81	52	68.5	115	54	68.0
约翰逊	111	60	57.4	94	49	65.7
克兰斯顿	103	14	88.8	84	41	68.3
麦格诺森	73	12	89.6	74	43	63.2
萨瑟	85	15	82.9	78	23	77.2
阿布雷克斯	75	12	87.6	63	34	64.9
拜登	75	20	78.9	72	24	75.0
安德森	75	7	91.5	62	20	75.6
哈特	51	19	72.9	54	21	72.0
莫尼翰	59	4	93.7	53	17	75.7
里格尔	53	8	86.9	40	27	59.7
埃克森	41	18	69.5	38	24	61.3
梅岑鲍姆	42	7	85.7	29	23	55.8
蒙代尔	32	6	84.2	20	18	52.6
努恩	15	20	42.9	26	9	74.3
摩斯	22	3	88.0	12	13	48.0
总计	1310	403	76.6	1187	566	67.7
共和党						
贝尔蒙	169	34	83.3	148	58	71.8
多米尼克	179	28	86.5	129	72	64.2
麦克卢尔	103	17	85.8	58	62	48.3
多尔	77	16	82.8	54	39	58.1
早川	72	8	90.0	37	43	46.3
海恩斯	36	42	46.2	48	30	61.5
波西威茨	54	15	78.3	55	16	77.4
帕克伍德	52	14	78.8	49	21	70.0
卡瑟鲍姆	57	7	89.1	49	18	73.1
阿姆斯特朗	42	18	70.0	36	27	57.1

续表

成 员	投票赞成或者反对政党的多数派			投票赞成或者反对委员会的多数派		
	赞成票数	反对票数	支持率（%）	赞成票数	反对票数	支持率（%）
哈奇	35	15	70.0	26	27	50.0
普利斯尔	34	10	77.3	35	12	74.5
比尔	10	6	83.8	30	7	81.1
巴克利	30	6	83.3	25	11	69.4
卢加	3	1	75.0	2	2	50.0
查菲	3	1	75.0	0	4	0.0
总计	957	238	80.0	781	449	63.5

来源：作者根据参议院预算委员会1977财政年度第一个和第三个决议（第二个决议中没有记名投票），1978和1979财政年度的第一个、第二个和第三个决议，以及1980财政年度第一个决议的记名投票记录制表。

由于参议院预算委员会民主党人在委员会中有四票的优势，同时两个政党的凝聚力不相上下，所以大家都希望民主党多数派能争取到大多数党员的选票。就像在1979年，参议院预算委员会中的民主党人按照政党所制定的路线，最终以67票对57票的结果获得了胜利。但是比起众议院预算委员会中民主党多数派所获得的优势，这个票数的差额实在是微不足道。尽管在参议院委员会中，民主党人取得的胜利比共和党人多，但共和党人的获胜记录也不容忽视。只要有一些民主党人弃权或者不和民主党保持一致，而同时共和党人团结起来，那么最终获胜的就是共和党。

尽管民主党人都可能是潜在的“叛党者”，同时共和党人也并不是一直都保持一致，但是，参议院预算委员会的投票行为有着一个很明确的模式。当共和党人团结一致时，背叛民主党的往往是来自南部的民主党人。在对1976财政年度第一个决议的投票中，委员会以10票对4票的表决结果否决了瓦特·蒙代尔（Walter Mondale）提出的“增加联邦政府对临时经济项目支出”的提案。在这个例子中，三个来自南部的民主党人（罗登·奇利斯、欧内斯特·霍林斯和山姆·努恩）以及另一名来自多数派的“叛党者”加入了六名共和党人的行列。在另一次针对1976财政年度决议的斗争激烈的投票中，六名共和党人和三名南方的民主党人一起以9比6的表决结果否决了其他民主党人支持的关于国防支出的提案。①

这种投票模式也解释了为什么在一般情况下，参议院预算委员会制定的预算决议比众议院委员会提出的决议少了很多民主党的色彩。根据两院在支出问题上传统的差异以及委员会审议流程的差别，人们也许会希望参议院预算委员会所制定的预算会一直比众议院预算委员会的金额更高且更有自由化的倾向。从以往来看，参议院比众议院倾向于更高的拨款。不仅如此，众议院预算委员会更加关注总统的要求，而参议院预算委员会却要审议金额更高的现行政策（或现行法律）中的数字。尽管如此，参议院预算委员会常常提供的第一个决议都会更为保守。直到1980年，

① S. Rept. No. 94－77（1975），第107、109页。

委员会在每年的第一个决议中提出的支出总额和赤字目标都比较低。有趣的是，这种模式并不会延续到第二个决议中去。在第二个决议中，参议院预算委员会通常会将支出金额和赤字上限提高。参议院预算委员会在制订第二个决议时很可能还必须参考参议院之后通过的那些支出提案（通常金额也比较高）。

参议院预算委员会成员相对而言的保守性在他们对功能的拨款中体现出来。相对于众议院预算委员会，参议院预算委员会通常会在第一个决议中向国防领域提供更多的拨款；众议院预算委员会通常会将更多的经费拨给社会项目，这些项目一般包含在社区发展、收入保障、教育、培训、就业和社会服务功能之中。

这种模式有可能会让参议院预算委员会承担风险，即保守派和自由派都有可能疏远参议院预算委员会。前者的理由是支出水平和赤字水平依旧过高；而后者的理由是相对于那些社会项目的支出，国防支出过高。众议院预算委员会已经被这种摇摆不定的尴尬局面困扰了许久，或许参议院预算委员会也要同样面对这种窘境。一个分裂的参议院预算委员会提交的决议是无法取悦任何人的，而在议会中这份决议也将前途未卜。

在 1976 财政年度参议院预算委员会第一次审议即将结束时，马斯基就尽力避免这种事情的发生。马斯基所支持的一方在记名投票进行到一半时就已经失败了，其中包括那些对他而言很重要的事项，例如国防支出和他新提出的反周期支出上限。尽管如此，他敦促他的同僚们要支持这个决议，哪怕这个决议中的内容并不都是他们所期望的。“向议会提交一些没有成效的东西是没有意义的。如果我们把这些东西提交给议会，然后 15 位委员会成员因为各种各样的理由最后否决了它，那我们就真的进退维谷了。”①

参议员贝尔蒙也向共和党人提出了相同的建议。他告诫说：“在议会商议讨论时，委员会却出现了 15 个不同的声音。我认为人们在这里都没有获得他们真正想要的东西。”② 大多数参议院预算委员会成员都达成一致，以预算过程的需求为重，将自己实质性的利益放在次要位置。因此，参议院预算委员会组成了一个很大的联盟来支持它的预算决议；在先前的案例中，所有的民主党人和三名共和党人一起以压倒性的优势（13 票对 2 票）通过了报告决议的决定。之后委员会中所有的决议都以类似的票数差额获得通过。不仅如此，比起众议院预算委员会成员，参议院预算委员会成员很少会提出反对意见或独立声明。平均来说，三分之一的参议院预算委员会成员会对委员会制定的成果表示不满，与之相比，众议院预算委员会的这一比例几乎达到三分之二。

在最后投票的时候，如何在火药味十足的审议中达成共识？大多数参议院预算委员会成员会为决议中的数字争吵不休，但是在完成决议之后他们就会放下成见和差异。在下文中我们会提到，形成这种局面可能的原因之一就是参议院预算委员会成员们可以在金额上取得共识而无需就各个分项达成一致。当然其他因素也要考虑。

---

① 参议院预算委员会审议 1976 财年第一个预算决议的文本，第 743 页。

② 同上，第 745 页。

首先，在参议院预算委员会中没有人一无所获；每个人在结束这场角逐后都会获得有重要意义的胜利。参考一下表7－12中个人成功的统计数字，不难看到，参议院预算委员会中大量民主党人和共和党人的“成功率”在60%至80%之间。如果除去参议院预算委员会的临时成员（理查德·G. 卢加和约翰·H. 查菲），几乎三分之二的参议院预算委员会成员的成功率都在这个区间内。由于参议院预算委员会成员都显然将他们的决议视为一个大杂烩，能在一些重要的问题上给予成员想要的东西，同时在其他方面否决他们的要求，因而很少有人会感到自己在重要的利益上一无所得，因而提出反对意见。因此，参议院预算委员会制订出的预算和参议院的法案非常相似，这些最终成果都是经过相关各方平等协商达成的，而不是让一方挫败，另一方获得全面胜利。

其结果是，参议院预算委员会的预算决议并没有陷入美国政治中常见的分裂境地。尽管民主党占多数，但他们的获胜比例（67%）只比共和党高出4个百分点，因此，也不存在民主党的预算或共和党的预算这种说法。参议院预算委员会的决议也不存在自由派预算或保守派预算的说法；事实上，双方的意识形态主义者往往是委员会中最失败的投票者。因为决议并没有被贴上令人无法接受的标签，大多数参议院预算委员会成员总是很欣然地支持决议。

第二，参议院预算委员会中的争议并不是狂热的，而是有节制的。不同于众议院预算委员会中民主党和共和党紧张压抑的审议气氛，参议院预算委员会中的气氛在绝大多数情况下都比较轻松。在参议院预算委员会中很少会听到有人慷慨激昂地要求委员会帮助城市居民、穷人或者是失业的年轻人；同时在大多数情况下，参议员中的保守派对于赤字支出的问题也不会危言耸听，仿佛世界末日即将来临。对于大多数民主党人和共和党人而言，各位成员可以通过投票来表达自己对某个项目的喜好，而不是让大家通过投票来统一思想立场和政党路线。因为同一党派的成员通常有相似的政治观点，所以共和党和民主党大多数情况下都会和自己的党派保持一致。但是，即便一个成员没有和他的政党保持一致，也不会被视为不忠于政党，或者放弃了原先信奉的意识形态。

第三，审议的方法对成员有着安抚作用。在以现行政策（或者现行法律）为基础开始审议时，委员会让共和党意识到预算不可能平衡，并且大规模削减一定会严重影响到政府项目。然而，由于总支出低于现行政策，所以共和党人也可从中得到一些满足。同样地，民主党人对于这一方式也会十分满意，因为他们的项目没有受到严重干扰，并可以继续运作。

第四，参议院预算委员会的成员资格是永久保留的，这使得成员能够更积极地支持委员会和它的工作。这个问题已经在第四章中充分论述过。需要提及的是，当成员们在参议院预算委员会中的任期尚未确定时，他们出现过抱团的现象。有时候成员们要想在其他岗位继续任职的话，就必须放弃委员会的工作，在这种情况下，大多数成员会选择离开委员会，尽管如此，他们仍旧愿意为委员会提出的预算决议投赞成票。总的来说，参议院预算委员会成员构成的稳定性只能被视为一个促进因素，如果委员会因为意识形态或者政治立场而陷入纷争，它将无法使委员会团结在一起。

第五，参议院预算委员会中两党的合作（特别是主席马斯基和共和党人副主席贝尔蒙之间非同寻常的关系）促使双方通力协作、达成共识。共和党的行政助理不仅参与准备审议的材料，同时在这一年中他们也参与到源源不断地提交给委员会成员的备忘录的拟定之中。参议院预算委员会的行政主管约翰·麦克沃伊认为马斯基和贝尔蒙的早年从政经历可以解释他们之间不寻常的合作关系："实际上，参议员贝尔蒙是俄克拉荷马州历史上第一个担任州长的共和党人，而马斯基则是缅因州历史上第一个担任州长的民主党人。两个参议员有着类似的经历……马斯基在任时，州立法机关由共和党主导（八个共和党对一个民主党）；而贝尔蒙在任时大体上也遇到相同的问题，即由民主党主导州立法机关。所以，这两个人在进入参议院预算委员会之前就学会了如何与反对派和平相处，从而尽可能减少摩擦，同时尽可能达成共识。"①

在参议院预算委员会中，两党合作不仅缓和了两党之间的冲突，还在其他方面作出了贡献。它增强了委员会成员之间的信任感，鼓励他们努力达成共识。

最后，众议院和参议院在机构设置上有诸多不同，而这种差异对于参议院预算委员会在审议的最后阶段保持和睦也有帮助。参议员们都有更广泛的选举基础，因此他们也比众议员们拥有更为多样化的选民支持。另外，由于任期较长，参议员也不会因为持有诸如容忍高额赤字之类不受欢迎的立场而受到快速投票者的报复。不仅如此，参议员习惯于在取得一致意见的前提下开展工作，这取决于两党之间大量的协商与合作。参议院预算委员会成员结束审议的时候依旧一团和气，这是因为他们一直积极地试图达成一致。他们为了自己能够获得最大利益而争斗，但同时大部分人坚决地赞成委员会决议，不会在记名投票时投反对票。

分项和数字

参议院预算委员会正式决定不开展分项审议，他们坚持认为，只有预算总额和各功能的分配额才具有法律效力。可以想象，避免分项审议的做法可以使参议院预算委员会中关于预算的争论不那么激烈，大家都会集中精力商议那些可以协商的数额。在那些大数额上做小小的变动很难刺激大家的神经。参议院预算委员会要求成员们只需对决议中的数额表示支持即可，不需要深究数字背后的项目或政策。

参议员马斯基坚决回避分项；他经常会打断委员会的会议进程，以阻止那些试图讨论具体项目的成员："我强烈地抵制分项。如果我们真的要这么做，那么我们之后就会希望到各处去说明这个分项……之后我们委员会的职能就会变成不断地制定分项。这本不关我们的事。这是包括拨款委员会在内的那些授权委员会的职责，他们应该处理这些具体的议题。"②

回避分项可以降低参议院预算委员会达成一致的门槛。成员们可以不同意相关细节，但依旧会投票支持总额。有两位国会预算界消息灵通的观察家认为参议院预算委员会制定的决议能够得到广泛支持的主要原因在于这种决策模式："……参议

① 1978 年 11 月 5 日的参议院预算委员会行政职员会议文本，第 69 页。

② 参议院预算委员会审议 1978 财年第一个预算决议的文本，第 589 页。

院预算委员会的审议很粗略。他们不会明确规定每个账目的支出标准，也不会在拟定的功能总额中具体说明每一个账目。通常会有很多项目一起承担资金短缺的压力……参议院预算委员会将一切模糊化，使两党之间的差异最小化，这样一来，双方都认为他们的项目会在支出总额中得到资金支持。"①

有时候，成员会为他们的投票赋予不同的意义，或者寻求保持决策的模糊性。在参议院预算委员会一轮的记名投票结束后，詹姆斯·A. 麦克卢尔故意对这次投票进行了模糊的解释："我认为对于各类划分账目的不同方式，在座各位都可以独立地表达我们的看法……我认为我们没有必要在这里解释，但也不排除以后会表达这些观点。"②

马斯基在这个问题上原本投票反对麦克卢尔，但他补充道："我完全同意这个观点。"在另一轮投票后，参议员罗伯特·道尔试图得到保证，使得"我们不会受到任何分项审议方式的约束"，以下是双方简短的交流：

奇利斯："不，这里没有分项。"

马斯基："每个成员会有自己的观点。"

奇利斯："我下周会告诉你它的含义。"③

由于委员会无法"分项"审核，因此看上去就好像它是在没有项目内容的基础上决定预算数额。一位观察家表示："事实上，在国防金额方面，只有在获得广泛支持的情况下，参议院预算委员会才会最后拍板。"④ 委员会成员任意摆弄数十亿美元的资金，他们的这种方式让新来的参议员 S. I. 早川十分困惑："我发现预算委员会的成员们并没有像他们看上去的那样辛苦。因为你不需要涉及具体的拨款问题，所以做决定并不是件很复杂的事情……你需要解决的仅仅是预算总额的问题。在这个委员会中，和你打交道的数字都很简单。你总是要和数亿乃至数十亿的资金打交道，因此，当我们说'1'的时候，那意味着10亿美金，'0.1'代表的就是1亿美金——这是我们在预算委员会处理的最小数额了。例如，一个委员会成员说：'有一个什么项目的拨款，1977年时给它的拨款是1.7，因此在1978年的预算中，我们应该给它拨款2.9。'所以我们做的只是增加1.2，这并不困难。"⑤

然而，如果参议院预算委员会成员真的只对总额感兴趣，而完全忽略各个组成部分，那么这个事实也太令人震惊了。这样的行为和那些做分配决策的立法委员会的行为是相悖的。在分配数十亿美元的资金时，他们不会在意哪个项目获得了多少资金，他们也不会尽力为他们所信任的项目或他们所就职的选区提供帮助。如果相对于切分预算，只把握总数额就能真的让制定预算的过程变得更加和睦，那也太神

---

① 约翰·W. 埃尔伍德和詹姆斯·A. 瑟伯，"新国会预算程序在众议院中：几个假说"，发表于西南政治科学协会1976年的年度会议，1976年4月7—10日，第36—37页。

② 参议院预算委员会审议1976财年第一个预算决议的文本，第298页。马斯基注明道："毫无疑问，我们每天都在合理化我们的数字。"

③ 参议院预算委员会审议1977财年第一个预算共同决议的文本，第880页。

④ 尼尔·G. 科特勒，"新国会预算过程中的政治：改革者是否能用它打破特权体系？"，刊载于1978年的《联邦预算和社会重建》，第18页。

⑤ S. I. Hayakawa, "Mr. Hayakawa Goes to Washington," in Harper's, January 1978, p. 39.

奇了。互投赞成票的机会是有限的，正如用分项的刺激让并不情愿投赞成票的委员会成员认同预算的机会也是有限的。我们要记住的是，众议院预算委员会利用分项来换取自由派对决议的支持，因为那些自由派对一些预算功能的总额并不满意。自由派之所以和多数派合作，是因为他们所在乎的一些项目获得了专项拨款。

这里需要解释一下参议院预算委员会对分项审议相对而言的沉默态度。并不能就此认为参议院预算委员会成员一无所知或毫不关心他们的决定对项目的影响。尽管参议院预算委员会在审议中并没有像众议院委员会那样细致地聚焦，但参议院预算委员会成员对项目同样有着浓厚的兴趣，他们也想知道自己关于功能的决策会排除哪些项目，或者对哪些项目有利。由于意识到他们的行为会决定项目的命运，因而他们会花上几个小时激烈地争论资金金额。他们会怀着对项目的期待就金额数字进行投票。但他们通常不需要为了保护自己的项目目标去探讨分项问题。

为什么那些对项目有很大兴趣的参议员不会明确地表达自己的喜好？因为大家有共同的期望。当他们就一个功能进行投票时，成员们会很强烈地意识到这个账目意味着什么。一个参议员解释道："如果它延续了现行政策，那么这意味着这个项目会继续下去，不会有太大的改进，也不可能出现很大的削减压力。"有人问道"如果决策背离了现行政策，那么会出现什么情况？"他指着审议材料说："我们了解这些议题。""那么，如果成员们不同意这些议题呢？"他回答说："那么我们讨论分项。"换言之，成员们只有在确保他们的项目利益不会受到损害时，才能够避免对分项进行争论。如果分项审议的缺乏导致项目受到损害，那么制定决策就会演变成一场关于分项的激烈争论。在典型的案例中，如果一个成员认为委员会认同的功能资金标准太低，并主张提高标准，那么就很有可能发生上述的情况。在这样的情形下，罗列出在预算不足的情况下所有可能超支的项目不失为一个有效的策略。当参议员蒙代尔于 1976 年希望在教育上投入更多资金时，他罗列出了所有在总金额不增加的情况下可能被叫停的未决法案。[①] 类似地，在 1978 年，当参议员霍林斯为国防预算寻求额外资金时，他把一张冗长的"购物单"交给了他的同僚，上面写的是一系列他梦寐以求的武器装备。

当成员们想通过追溯立法历史来支持他们的项目时，他们也会深入分项之中。在参议院预算委员会成员被告诫"不允许在这里认可任何分项或者项目"[②] 后不久，参议员阿兰·克兰斯顿（Alan Cranston）就大力敦促委员会给他所在州的实验室拨款数百万美元："我的全部要求就是要在一个适当的地方出现一段报告性的文字。"[③] 在先前提到的一个案例中，参议员约翰逊向委员会施压，要求他们宣布给自然资源功能的拨款包括水利工程的资金，而该工程是总统卡特想要废除的。

参议院预算委员会成员喜欢通过这两种方式来达到他们的目的。如果讨论项目细节对他们的提案没有任何帮助，那么他们就不会进行分项审查。在审议 1976 财政年度第一个决议时，有人赞成启动数十亿美元的反经济衰退政策，但反对者们提

---

① 参议院预算委员会审议 1976 财年第二个预算决议的文本，第 323—333 页。

② 参议院预算委员会审议 1976 财年第一个预算决议的文本，第 111 页。

③ 同上，第 287 页。

出无法具体指明哪些项目是他们打算增加资金的。然而，这些项目的开支超过了委员会可能批准的总额；这样的困境促使蒙代尔提出设定总额上限的呼吁："公共事业管理委员会、拨款小组委员会的成员以及和行政职员已经和这些问题打了数年交道，他们对此很熟悉。他们花费整年的时间对公共事业工程进行听证……还有其他的一些小组委员会，有的是处理公共就业服务问题的，有的是处理公路问题的，如此等等。他们有良好的能力、竞争力和组织体系，因此，他们会关注这些提案的细节。而在运作中，这是我们无法在有限的时间内拥有、也不可能拥有的。我的计划是……借助拨款委员会的专业知识，让他们在内部做出决定……制定一个他们可以接受的反周期总支出上限。"①

只有当成员们有竞争性的项目偏好，并且受到一个固定总额的限制，无法使双方偏好均得到满足时，"支出池"的假设才能解释对冲突的避免。如果某组偏好得到大家普遍认同，那么另一组偏好就一定会从预算中被删除。在这种情况下，沉默可以带来和谐，其方式就是允许所有的成员不考虑关于功能的决策，而去追求他们的立法利益。但参议院预算委员会的八个正式审议文本没有说明，当参议员赞成的是预算功能的总额，而不是它内部的资金分配时，他们是如何通过对细节保持沉默来解决这些差异的。对两院的预算委员会而言，大多数冲突都是来自于成员之间对筹资水平的异议，而非对项目的异议。② 再多的沉默也不能说服众议院预算委员会的共和党人投票支持他们委员会制定的决议。同时沉默也不能收买参议院预算委员会那些既坚决反对总额，又坚决反对各个项目的成员。尽管有意回避关于项目的决策，但是为了终结有关反衰退支出的争论，参议院预算委员会需要三轮的记名投票。在最后一轮对于一份有关进一步削减总额的动议的投票中，成员们以 7 票对 7 票的结果被分成了两派。

很明显，事实证明回避分项讨论本身并不能确保参议院预算委员会在预算中保持和睦。每次第一个决议都需要经历很多轮记名投票，其中很多次往往都是一两票起了决定性的作用。从 1977 财政年度到 1979 财政年度，在所有第一个决议的审议中，有超过二十次激烈的投票，这个数字比众议院预算委员会要多得多。很明显，由于没有人强迫委员会成员一定要赞同决议细节，因此他们也不会随随便便就支持总额。参议院预算委员会成员在预算政策方面有着严重的分歧，但是大多数成员还是愿意抛开成见支持委员会的决定。

回避分项未能缓和委员会内部的争斗，但它有助于缓和预算委员会和其他委员会之间的关系。当参议院预算委员会根据《预算法案》的规定将新的预算授权和支出分配给各个参议院委员会时，委员会必须得到它希望资助的项目的翔实信息。特别是当一个预算功能受到几个委员会的管辖时，参议院预算委员会就必须清楚地了解这个功能下面的项目。尽管行政职员会为各个委员会架起了解功能的"桥

① 参议院预算委员会审议 1976 财年第一个预算决议的文本，第 107—108 页。

② 然而，在制定国会预算政策的两个公开会议上，如果回避分项，就可以减少争论：在全体议员大会上，成员们受到限制，他们无法确保自己的项目进入预算，但还必须支持预算委员会制定的资金数额；在两院联席会议上，两院必须协调存在分歧的数字和相异的项目设想。这两种情况会在本章的后续部分继续探讨。

梁”，但是参议院预算委员会成员们对款项的分配更感兴趣。那些作为接收方的委员会也在努力将它们在预算中的份额和立法裁量权最大化。委员会都不想受限于参议院预算委员会对分项的预期。在1978财政年度审议时，参议员麦克卢尔一度很想弄清楚参议院预算委员会项目假设的法律地位。“我不相信我们的假设会束缚授权委员会和拨款委员会。他们可能自己都还没意识到这一点。”参议院预算委员会办公室主任麦克沃伊巧妙而隐晦地回应道：“参议员先生，这只是许多连续不断的神秘事件中的一件，这些事情如果完全揭示出来会破坏整个进程。委员会的这种方法具有一定的灵活性，这对委员会有利。”①

参议院预算委员会在对待分项问题上的态度前后并不一致，非常策略。它会制定具体的项目假设，有时候它也会在预算决议的报告中详细说明这些方案，但其他委员会并不一定要接受这些项目假设。一个主要授权委员会的办公室主任对参议院预算委员会所遭遇的问题表示同情，并做出了评价：“为了在一个合理的基础上测算资金总额，他们希望分项审议；但另一方面，他们不想因为分项审议而和拨款委员会或授权委员会发生很大的冲突，他们为此都快要精神分裂了。”

对分项有选择地关注比较符合委员会的决策风格。由于参议院预算委员会以现行政策为基础（包括现行法律评估）来审议预算决议，因此，如果委员会采取分项审议的形式，它就必须对许多项目的削减情况进行具体说明。与之相反，众议院预算委员会的基础是总统预算，同时它可以很方便地增加分项。而参议院预算委员会如果一如既往地公开自己的项目决策，它就不得不削减项目。例如，当参议院预算委员会设定的1977财政年度支出目标比现行政策标准低90亿美元时，它就不得不透露出它打算削减哪些项目的资金。削减项目势必会损害一部分人的利益，这部分人会向委员会提出抗议，然而，对分项保持沉默可以让委员会在宣布大规模削减支出时避免这种事情的发生。

参议员和他们的数字

参议院预算委员会成员也有一些不会在审议中明确声明的项目利益。据观察，如果他们的同僚也有类似期望，或者在决议中这些项目的金额得以确认，他们就能够保持沉默。当被成员们视为专家的一些人，尤其是当立法领域的专家对成员们选择的数额表示满意时，成员们就会很自信，因为他们相信他们选择了正确的数额。预算委员会成员习惯主导那些与他们的立法偏好相关的问题。莫斯在早些时候的参议院预算委员会审议过程中说：“现在我自愿做一些事情，这是因为我在邮政委员会工作；而他之所以这么做是因为他服务于财政委员会，我们就这样一点点地拼凑这些东西。我们并未对此有真正的研究，我们仅仅了解一些皮毛。”② 成员们经常在一起交流的主题不是和项目相关的信息，而是国会的偏好，尤其是那些对他们所关心的项目有管辖权的委员会的偏好。

这样的行为在两院的预算委员会中都发生过。通常，在审议过程中人们可以通

① 参议院预算委员会审议1978财年第一个预算决议的文本，第265页。

② 参议院预算委员会审议1976财年第一个预算决议的文本，第694页。

过观察众议院预算委员会和参议院预算委员会各个委员来准确地推断出他们与其他委员会的关联。当讨论他们在其他委员会经手的事务时，成员们会变得非常活跃；当“他们的”项目正在接受审议时，他们会谈论更多的项目细节，并且更倾向于提出修正案。当项目专家主导审议时，委员会的同僚们看上去会更专注，尽管他们不会总是表示支持。“我们知道他们来自哪里，这些人做的不仅仅是喋喋不休地陈述自己的偏见。”一位参议院预算委员会这样解读他所得到的暗示。

但是“舆论领袖”在两个委员会中扮演的角色不同。众议院预算委员会的民主党人往往通过说服主席在其审议标准中加入他们所偏好的项目，并以此对支出施加影响。决议中的数额是否足以确保自己偏好的项目得以运行？如果要弄清楚这一状况，私下了解要比公开争论来得更有效。但是，参议院预算委员会成员没有选择，他们必须公开自己的理由和论据，这样领袖们似乎就能更积极主动地进行调停。

不仅如此，参议院预算委员会中有很多“重量级”参议员，例如委员会和小组委员会的主席和少数党副主席，他们对其他委员会的期望有着权威的发言权。[①] 众议院预算委员会中很少有成员在其他委员会中担任领导职务。因此，众议院预算委员会中的成员似乎仅仅代表他们个人的观点，而不是其他委员会的观点。但也有一些例外，例如詹姆斯·C. 赖特（James C. Wright）“代表了”公共工程；帕伦·J. 米歇尔（Parren J. Mithcell）为国会黑人同盟说话；还有巴伯·卡纳布（Barber Conable）有时候会替筹款委员会传达出它们的期望（尽管他是共和党人）。尽管如此，参议院预算委员会对其领导成员更加恭敬。直到参议员克兰斯顿出席，参议院预算委员会才开始审议退伍军人功能；并且参议院预算委员会允许成员们暂时“延迟”审议一个问题，直到相关的领导成员能参加会议。[②]

沃伦·麦格诺森就是一个最明显的例子，人们可以经由他看到一个参议员如何凭借他在其他委员会中的地位来支配政策领域。作为拨款委员会中的民主党副主席（直到 1978 年他担任主席）以及劳工卫生教育福利小组委员会主席，麦格诺森被认为是参议院中医疗保健支出方面的专家。在审议之前，他会给马斯基写一封信，具体说明他想为医疗卫生功能争取多少资金。他往往最终能够如愿以偿，即使他并没有参加审议。以下是 1976 财政年度参议院预算委员会设定医疗卫生支出的过程：

马斯基：“现在，参议员麦格诺森写了一封信，在这个预算功能中他建议给医疗卫生的开支为 310 亿美元。”

比尔：“310 亿美元？”

马斯基：“对，310 万美元。比我的多出 10 亿美元。”

蒙代尔：“我认为需要调整一下麦格诺森提交的数额……”

比尔：“有什么建议吗？”

马斯基之后朗读了信中的一段文字，这段文字表达了麦格诺森的关切，即

① 参照第四章关于两个预算委员会成员构成的讨论。

② 相反，众议院预算委员会根据预先决定的顺序进行功能审议。

“国会赋予公民医疗卫生需求高度的优先性，但总统预算并没有给予相应的重视。”[①] 在否决了奇利斯降低目标的提议之后，委员会以 11 票对 2 票通过了麦格诺森提出的数额。这种模式在之后的两年中反复出现，而这次麦格诺森也亲临现场；他告诉委员会，他希望获得 482 亿美元的预算授权，并获得 448 亿美元的支出：

马斯基：“这是你提出的吗？”

麦格诺森：“是的，这是我提出的。这比拨款委员会提出的数字少。”

霍林斯：“真是个古怪的人。”

奇利斯：“你是在这自言自语吧。”

马斯基：“这是我那么长时间以来遇到的最有效的由一个人操控的谈判。”[②]

后来奇利斯又提出降低数额的要求，再次遭到委员会否决。之后，麦格诺森的建议又被采纳了。

麦格诺森急切地推荐自己偏好的项目，但委员会有时也必须鼓励那些不愿意担任领导工作的成员担当重任。例如，在参议院预算委员会为 1977 年国防支出目标进行争论时，几个成员要求山姆·努恩担任领袖职务。山姆·努恩只是海陆空三军委员会中一位职位较低的民主党党员，也是该委员会中唯一的参议院预算委员会成员。但是，作为一名参议员，他已经在参议院中获得了国防人力资源专家的声望。

麦克卢尔：“山姆，你能对削减国民警卫队储备金一事做出回应了吗？”

努恩：“我们小组委员会还没碰面，因此我所说的都只是我个人的观点……”

比尔：“根据你以往的经验，你是否愿意推测一下小组委员会之后会有什么行动呢？”

努恩：“格伦，我不大愿意去猜测他们会有怎样的行动。鉴于我现在的身份，我必须为小组委员会说话。但我们现在还没碰过面，也还没有对这些事情做出决定。如果我预先告诉你们我的小组委员会做什么，那么我自身也将陷入不利的境地……”

奇利斯：“他其实是知道的，只是他不肯告诉你。”

努恩：“我不想像其他参议员那样，在小组委员会中实行专制独裁。”

比尔：“如果我们在这里制定削减计划，不知道小组委员会会采取什么行动，我觉得这挺有趣……如果我们知道那些专家们怎么想，我们就能更好地处理这些数额。”[③]

在这个例子中，努恩受到来自海陆空三军小组委员会和预算委员会的双重压力。努恩是海陆空三军小组委员会主席，但同时他在整个委员会中级别并不高，因此，他显然不愿意告诉委员会他们应该做什么，但同时他也意识到如果他保持沉默，有可能会导致国防的预算目标低于他的预期。为了避免这样的窘境，努恩最后说出了军备小组委员会下一步的打算，但他并没提出具体的预算目标。

麦格诺森和努恩的这段小故事并不能用来说明参议院预算委员会在盲目地听从

---

① 参议院预算委员会审议 1976 财年第一个预算决议的文本，第 342 页。

② 参议院预算委员会审议 1978 财年第一个预算决议的文本，第 472 页。

③ 参议院预算委员会审议 1977 财年第一个预算决议的文本，第 122—126 页。

那些领袖的领导。如果真是如此，并且所有其他委员会的代表都为所欲为，那么预算决议中的资金数额可能会不断增加，并超过参议院预算委员会能够承受的范围。预算委员会成员常常会根据自己所掌握的其他数据（特别是现行政策的基准线）来验证推荐的数额。有时候某个项目的数额与现行政策标准并不相符，会出现项目支持者不断施压、过度要求增加数额的情况，参议院预算委员会在这种情况下会团结起来一致反对。参议员克兰斯顿就曾试图让参议院预算委员会批准退伍军人事务委员会（1977年他是该委员会的主席）申请的一些拨款，但是因参议院预算委员会的一致反对而受挫。克兰斯顿声称他提出的标准是“合理并且负责任的”，他列出了项目所带来的收益，但前提是要在现行政策的基础上再多投入10亿美元。然而，参议员奇利斯并未被他说服。奇利斯说道：“看起来你所提出的一切要求都好像是授权委员会所要求的，而我们所得到的只是你口头的简单陈述。”① 在克兰斯顿的反对下，参议院预算委员会以11比3的表决结果决定将退伍军人功能的资金额维持在现行政策水平。

克兰斯顿在第二年又试了一次，但是也没有成功。之后他再一次尽力让这些数额超过现行政策标准，并在3月15日的报告中要求参议院预算委员会批准退伍军人事务委员会所要求的全额资金：“我希望强调的是，你们应正确地看待委员会提案，请不要认为它只会夸大可有可无的项目的重要性。如果你认真了解过退伍军人事务委员会中的成员，你就会发现他们代表了参议院中的各个层次，包括两党中一些相当保守的参议员。而且我们是一致通过的。”②

迫于克兰斯顿的施压，参议院预算委员会当时很难决定究竟授予退伍军人预算项多少资金。参议院预算委员会进行了7轮记名投票，最后达成妥协：在现行政策规定的数额和克兰斯顿期望的数额之间取了一个适当的中间值。

如果参议院预算委员会成员真的自愿地听从“担任领袖”的同僚，或者一致同意最后的预算标准要达到或超出现行政策的标准，那么他们或许无需争论就可以达成共识。但是，事实并非如此。这些数字会导致很多冲突和争论，每年记名投票的次数就是一个证明。一些预算功能（诸如基础科学、法律执行和基础政府管理这些金额较小且比较稳定的功能）通常可以迅速做出决定，有时甚至仅通过口头表决。但对于一些有争议的功能，由于对于多少金额才是适当的支出标准既没有意见领袖，也没有一般性的协定，因此，需要通过一个投票过程才能最终决定支出的金额。这个过程要一直持续到针对某个具体的标准形成一个多数派。

向前迈进：参议院中的预算

正如众议院预算委员会内部的分歧反映了众议院中预算制定的局势，参议院也将相对和睦的气氛传递给了参议院预算委员会。马斯基和贝尔蒙意识到如果想说服议会，就一定要形成统一战线。他们希望委员会成员们坚定地支持委员会的提案，

① 参议院预算委员会审议1977财年第一个预算决议的文本，第666页。

② 参议院预算委员会审议1978财年第一个预算决议的文本，第719页。

这样参议院才会认为这份决议中的预算政策是合理的、公平的，而不是一份妥协的大杂烩，或者只是表达委员会成员个人喜好的产物。没有一份预算可以迎合参议院所有的政治观点，而参议院预算委员会的两位领导人不会担心少数几个“叛变”的成员，并且在1976财政年度只有两名委员会成员对第一份正式决议投了反对票，这让两位领导人很欣慰。他们希望参议院预算委员会的成员都能被视为预算专家，并不是说这些成员了解所有的政府项目，而是为了表明委员会有能力把握参议院的偏好。因此马斯基和贝尔蒙决定在全体议员大会上支持所有的委员会决定，包括那些与自己的偏好以及在审议期间所持的立场相悖的决定。如果一个问题在委员会内部已经解决，但一个参议院预算委员会成员企图重提这个问题，那么马斯基和贝尔蒙是不会支持他的。总而言之，他们会尽力让决议在不附加任何修正案的状态下获得通过。

第一次挑战来自于参议院预算委员会的自由派瓦尔特·蒙代尔，他提出动议希望为1976财政年度临时反经济衰退项目增加90亿美元资金。马斯基在委员会中非常支持这个方案，但之后他致力于支持委员会的决定：“参议员蒙代尔提到了一些事，是关于我在委员会的投票和我所持的立场。他敦促我在此为他的修正案投票时应保持与先前一贯的立场。我觉得我不得不澄清我的态度。我对预算过程有这样的看法：委员会有16个委员；我们用了数月数周的时间，尽力让委员会在拨款金额和赤字规模上达成一致并制定一个委员会的共同目标，哪怕仅仅只是初步决定预算中的优先事项。在投票表决结束之后，委员会决定将决议呈送给全体议员大会审议。每个预算委员会的成员在这个时候会遇到这个问题：‘我是要在议员大会上支持新的预算过程和准则，还是要为自己的方案争取优先权？’我相当肯定无论我的行为如何，成员们都会效仿：如果我在全体议员大会上为我的方案争取优先权，那么每个预算委员会的成员也会在大会上为他们的方案争取优先权。如果这样的话，我们委员会就无法联合起来达成一致了。我们所拥有的仅仅是16个参议员汇总到一起的一些数字，之后他们又回归到这个议院的100个参议员当中，所有在委员会中出现的争斗会再次上演，就好像预算过程对最后的结果没有任何影响一样。”[①]

如果马斯基在议员大会上的任务是防止有人提议增加参议院预算委员会决议中的金额，那么贝尔蒙的目标往往是防止有人提议削减参议院预算委员会决议中的金额。贝尔蒙的第一次反击也是在1976财政年度。那时候参议院预算委员会的成员罗伯特·道尔主张对预算开支进行小幅度的削减，贝尔蒙当时就处在反对的最前沿：“……我已经把预算委员会每个月的审议报告逐字阅读完毕了。我想了解我们的政府在这艰难的时期应承担怎样的责任，并对我们所建议的预算数字进行功能细分。我认为进行额外的整体削减是不明智的。”[②]

即使支出标准和赤字标准让贝尔蒙也很困惑，他还是一直坚决投票支持决议。一方面关注过度的支出，另一方面又希望支持预算过程，他对决议的认可基于这两者的平衡。“作为一名委员会成员，我认为我需要继续支持委员会的最终成果。但

---

① 121号国会记录（编辑日期1975年4月30日），S7200。

② 同上，S7177。

如果我有权做决定，我个人是不会制定这样的决议的。”①

马斯基和贝尔蒙之所以那么积极，不仅仅是想要让参议院通过他们的预算决议。他们相信，尽管国会制定了一套新的预算过程，但是国会还没有完全认可新过程的规则和限制。因此，他们对很多参议员想在决议中加入很多巨额修正案的现象予以谴责，而同时他们一边宣扬控制预算的必要性，一边继续像以往一样为自己喜好的项目争取资金。马斯基和贝尔蒙担心参议院会例行公事地通过决议，而并不真正地寻求预算控制；在他们看来，如果决议中充斥着即席修正案，那么即便是通过了决议，也只是空欢喜一场。由于他们相信预算过程无法在混乱的议会审议中得到保全，因此，他们积极地反对几乎所有没有争议的即席修正案。一开始，他们认为任何实质性的即席修改都会威胁预算过程。马斯基以“我们必须为保全预算过程而支持参议院预算委员会”为理由阻止了爱德华·布鲁克的计划——恢复住房和社区开发项目被参议院预算委员会削减的资金，但这一次马斯基也失败了：“由于他（布鲁克）现在质疑我在委员会中的投票，我必须阐释一下我支持预算委员会决议的理由……我非常相信这两个项目，但是如果预算过程要顺利运作，预算委员会的主席就不得不一次又一次对一些重要的事情进行让步，以防止别人指责他对预算过程带有偏见。”②

有时候成员们投票支持增加支出，但是却由于赤字太高而反对最后制定出来的成果；这种冲突的压力在众议院困扰着预算决议，马斯基最担心的是预算决议在参议院遭受同样的挫折。马斯基认为要避免这个长期存在的威胁，参议院预算委员会的成员们必须率先对预算进行限制。参议院预算委员会成员艾伦·克兰斯顿曾经试图在委员会拨款的基础上再为退伍老兵争取更多资金，这时马斯基告诫说：“如果我们正准备限制预算，如果我们将控制支出，那么我们每一个人都必须心甘情愿地抑制我们对方案的要求，哪怕我们对这个方案有着很深的感情，因为同时有其他偏好的参议员也会对其他方案有很深的感情……如果参议院被你这样的提议所打动，那么就无法限制预算，我们只会让赤字数额越来越高。”③

参议院其他领袖和马斯基看法一致，他们认为新出炉的预算过程必须受到保护，不能让成员个人的喜好破坏它，也尽量防止它受到参议院意志的干涉。当参议院就 1977 年第一个决议进行公开辩论时，它面对着很多修正案，包括克兰斯顿通常会提出的增加退伍老兵项目拨款的要求。然而，多数派领袖麦克·曼斯菲尔德表达了出乎意料的观点，为这些修正案“泼了盆凉水”：“我并不打算支持任何一个修正案，无论这个修正案有多好，多有意义，也不论它有多么迎合当下的政治导向……我完全支持预算委员会的提议，因为如果我们不这么做，那么倒不如废除这个新的预算过程，然后还是用我们的老办法。”④

曼森菲尔德加入了民主党的政党纪律委员会，同时又在参议院中担任共和党领

① 124 号国会记录（编辑日期 1978 年 4 月 24 日），S6133。
② 123 号国会记录（编辑日期 1977 年 5 月 4 日），S7048。
③ 同上，S7060。
④ 122 号国会记录（编辑日期 1976 年 4 月 9 日），S5538 -9。

袖，而这两个组织都反对修正预算决议。克兰斯顿并不畏惧外界对于他在破坏新的预算过程的指责，继续捍卫自己的修正案。他说："我们在一年中已经积累了成功经验。"① 他暗示根本不需要像马斯基和参议院领袖们要求的那样小心谨慎地对待预算过程。其他修正案的发起人在表达他们对预算过程支持时格外小心谨慎。布里奇·贝伊（Birch Bayh）提醒参议院注意，它所采纳的是"一份国会预算……不仅仅是一份由委员会编制的预算。"②

由于参议院坚决支持"整个"预算决议，参议院预算委员会在最初两年中获得了意想不到的胜利（参见表 7－13）。在 1976 和 1977 财政年度间通过的五个预算决议中，除了两个修正案外，参议院否决了所有其他的修正案。这仅有的两个获得成功的修正案都是马斯基认可的：取消 1976 财年岁入中的应急条款和将两亿美元资金从一个功能向另一个功能毫无争议地转移。参议院所通过的预算总额完全都是由其预算委员会建议的。

表 7－13　参议院针对预算决议的修正案的分布

决　议	采纳的数量	否决的数量	对被采纳的修正案的解释
1976 财政年度			
第一个	1	4	取消了财政收益的应急拨款
第二个	0	1	
1977 财政年度			
第一个	1	1	两亿美元的转移；得到马斯基的认可
第二个	0	0	
第三个	0	0	
1978 财政年度			
第一个	3	3	为退伍老兵、住房和社区发展的项目增加资金
第二个	3	3	学费退税；取消对农业的扶持条款；赈灾救援
1979 财政年度			
第一个	0	13	
第二个	0	3	
1980 财政年度[a]			
第一个	5	12	对社会保障、食物券、营养救助以及赈灾救援项目增加资金；对旅游和电影制作的费用进行全面削减

a. 包括附加在 1980 财年第一个决议中对 1979 财年第二个决议的修改。

来源：作者对多期国会记录中修正案的分析。

在参议院预算委员会最初的和谐期过后，这种不正常的情况也就消失了。参议

① 122 号国会记录（编辑日期 1976 年 4 月 8 日），S5311。

② 122 号国会记录（编辑日期 1976 年 4 月 12 日），S5477。

院不可能一直赋予某个委员会完全的自由裁量权，当然也包括立法范围涉及政府所有项目的委员会。无论参议院预算委员会能多么准确地预测参议院的喜好，委员会和整个议会之间一定会出现政策上的差异。尽管参议院预算委员会和预算过程在短期内都会因非正式的定案规则（closed rules）获益，但这种做法会带来长期的风险：参议院会认为这份预算决定不是自己制定的。马斯基意识到接受议员大会对预算决议进行修正的可能性："只要有一个地方必须改动，参议院就会毫不犹豫地进行修改，而它只是为了表明这个决议是它自己制定的——这是我很希望看到的，因为我也希望参议院能够接受最后决定中的准则。让我们现在就开始自觉地、有序地改变吧。如此一来，在余下的会期中我们就可以投票通过我们单独的支出决定和税务法案，并以此强制执行决议。"①

随着 1978 财政年度的第一个决议编制完成，这样的情况也有所改变。参议院通过了三个要求增加支出的修正案，其中包括克兰斯顿提出的退伍老兵的项目，以及爱德华·W. 布鲁克（Edward W. Brooke）和威廉·波克斯迈尔提出的住房和社区发展的项目。在 1978 财政年度第二个决议中，又增加了三个修正案。其中两个增加了未列入预算的支出，另外一个将学费退税纳入总的财政收入之中。尽管在 1979 财政年度中参议院仍旧准备修改参议院预算委员会的决议，但由于预算额度无法满足一些重要的项目，参议院仅对决议做了一些完善。参议院最终在未附加任何修正案的情况下通过了 1979 财政年度的第一个和第二个决议，并否决了很多即席提出的建议，例如全面而有针对性的削减方案、平衡预算修正案、增加国防支出的提议、建议将部分国防经费转移到国内项目的修正案，以及进一步削减税收的提议。但是，在 1980 年第一个决议中有五个修正案被采纳了，其中四个恢复了被参议院预算委员会从现有项目中削减的资金。

马斯基继续坚决反对几乎所有对他的委员会所设定的预算数字的修改，但他也意识到参议院预算委员会有时会偏离参议院的偏好。如果真的出现这种情况，那么这个"母体"就会改变委员会的决定。马斯基主要的兴趣不是阻止所有的修正案，而是维护两党联盟，并且不损害主流的预算政策。

参议院预算委员会在议会上的胜利不能仅仅归因于新颖的预算过程。最初两年或许还能用这个理由解释，但过了五年时间，其他因素的作用渐渐凸显出来。或许参议院预算委员会最大的财富就是自信，它相信不管怎么处理即席修正案，预算决议都会在参议院获得压倒性的胜利。参议院预算委员会没有必要为了获得赞成票进行某种交易；对于这份以议院大会讨论结果为基础的决议，大多数参议员也会毫不犹豫地支持。

每个预算决议至少要获得 25 张赞成票才能被送往参议院；从 1976 财政年度到 1980 财政年度一共有十个决议，只有一个决议没有以超过二比一的票数比例获胜。（这是 1978 财政年度的第一个决议，有 31 张反对票。）参议院和众议院投票模式最大的差别在于：参议院有一个相对稳定的多数派支持预算决议，同时参议院的共和党人不会固执地投反对票。参议院的共和党党员中，支持预算决议的人数和反对

① 122 号国会记录（编辑日期 1976 年 4 月 8 日），S5292。

预算决议的人数差不多。事实上共和党的多数派投票支持了十个决议中的六个。

参议员的投票行为可以分为以下四种类型:

1. 忠实的支持者。参议院有一半的成员一直投票赞成决议，他们可能在某个修正案上反对参议院预算委员会的决策，但无论结果如何，他们都会投票支持最后的决议。这个集团囊括了三分之一的共和党人，三分之二的参议院各委员会主席，还有三分之二的参议院拨款委员会成员。有了这些确定的支持，参议院预算委员会不用担心会在议会上失败。无法确定的仅仅在于是否会有修正案被通过，以及能够以多少票的优势获胜。

2. 多数情况下会投赞成票的人。这是参议院中第二种类型的支持者。但是比起第一种，他们就没有那么可靠了。他们会有一两次投反对票，但大多数情况下还是会投票支持预算决议。这些人中包括少数参议院预算委员会的民主党人，或许还有十一二个自由派民主党人。这些人不会持有关键选票，也不会联合起来投票。当一位原先一直支持决议的同僚第一次脱离一贯立场时，另一位参议员可能仅仅因为跟风而变节。只有在需要确定获胜方领先了多少票时，“变节者”的人数才会变得重要。

3. 多数情况下投反对票的人。一些温和的保守派参议员在赞成和反对之间摇摆不定。其中包括一些参议院预算委员会的共和党人和南方的民主党人。这些“摇摆者”就是反对票的数量上下浮动的原因——1978 年第一个决议有 31 票反对，而 1978 年第二个决议只有 18 票。

4. 坚定的反对者。大约有 18 名参议员坚定地反对所有的预算决议。其中大多数是来自中西部和远西区的保守派共和党人，但是也包括一些民主党人（迪克西尼、普洛克斯迈尔和爱德华·佐林斯基)。这些反对者最有可能投票支持那些呼吁平衡预算或大幅削减联邦支出的即席修正案。

这种投票者的构成使决议能够在参议院顺利通过。忠实支持者的人数大大超过坚决反对者的人数，比例大约为 3 比 1；同时大多数情况下支持决议的人也大大超过了多数情况下反对决议的人。不仅如此，大多数委员会主席都支持预算决议，包括拨款委员会和财政委员会。最后，大多数参议院预算委员会成员在议员大会上会与他们委员会的意见保持一致，这样就有四分之三的忠实拥护者或者是经常支持决议的人赞成最后的决议，因此，最后一定会通过决议。

尽管过去的投票模式为参议院的预算过程预示了一个平坦的未来，但还是有一些因素会导致在最后的投票中票数接近，同时使否决即席修正案变得更加困难。这在很大程度上取决于共和党人会在多大程度上、多么坚定地提供支持。两党的参与者都怀疑马斯基和贝尔蒙建立的两党联盟是否能够在共和党向右倾的时候继续存在，也不相信超过一半的参议院共和党人会长期支持决议。如果温和派的共和党人感到无法再认可如此庞大的预算赤字，预算决议依旧能够在参议院获得通过，只不过票数上的优势将会缩小。这种情况下大概会出现 40 张反对票，如果一些南部的民主党人也转而投票反对，那么反对票的数量可能还会增加。另外，有一些参议员虽然投票支持预算决议，但同时他们也主张降低联邦政府支出、缩小赤字规模，而这些人也是潜在的反对者。在 1979 年第二个决议中，有 12 个参议员为决议投了赞成票，但他们之前主张对那一财政年度的总支出进行全面削减，削减金额高达一百亿美元。这个一百亿美元的削减计划被否决之后（35 票对 38 票），这些参议员转而支持支出总额更高的决议。或许这种投票模式仅仅表明部分参议员想既赞同削减支出，又支持预算过程，而且只要他们能够两面兼顾，预算决议就可以在参议院中继续获得大部分人的支持。

联席会议中的预算

尽管众议院和参议院的委员会以及议员大会的程序和政治环境有很大不同，但当两个预算委员会参加联席会议时，他们各自提出的预算数字不会相差很多。在总收入和总支出金额这两组数据上，双方的差距通常不会超过总额的 1%，只有一次双方的差异达到总额的 1.1%。众议院和参议院之间最大的差异在于预算赤字，在表中所列示的十个决议中，差异的平均值达 7%（详见表 7-14）。1980 年第一个财政决议中令人意想不到的 39% 的差距源于双方经济假设的差异，而非主要政策上的分歧。

表 7-14　众议院和参议院在预算总额上的差异　单位：十万美元，%

决议	众议院	参议院	差异	
1976 财政年度				
第一个				
财政收入	298181	297800	381	0.1
预算授权	368831	379537	7294	1.9
支出	369249	365000	3249	0.9
赤字	70068	67200	2868	0.5
第二个				
财政收入	301800	300800	1000	0.3
预算授权	408004	406200	1804	0.4
支出	373891	375600	1709	0.5
赤字	72091	74800	1709	3.8
1977 财政年度				
第一个				
财政收入	363000	362400	600	0.2
预算授权	454071	454900	829	0.2
支出	415435	412600	2835	0.7
赤字	52435	50200	2235	4.5
第二个				

续表

决 议	众议院	参议院	差 异	
财政收入	362500	362000	500	0.1
预算授权	452583	447500	5083	1.1
支出	413240	412800	440	0.1
赤字	50740	50800	60	0.1
第三个				
财政收入	34800	346800	2000	0.6
预算授权	477921	467000	10921	2.3
支出	419130	415000	4130	1.0
赤字	70330	68200	2130	3.1
1978 财政年度				
第一个				
财政收入	398094	385600	2494	0.6
预算授权	502267	504600	2333	0.5
支出	464477	459200	5277	1.1
赤字	66383	63500	2883	4.5
第二个				
财政收入	397930	394800	3130	0.8
预算授权	508000	501400	6600	1.3
支出	459570	459900	330	0.1
赤字	61640	65100	3460	5.6
1979 财政年度				
第一个				
财政收入	443000	443300	300	0.1
预算授权	569500	566100	3400	0.6
支出	500900	498900	2000	0.4
赤字	57900	55600	2300	4.1
第二个				
财政收入	450000	447200	2800	0.6
预算授权	561000	557700	3300	0.6
支出	489800	489500	300	0.1
赤字	39800	42300	2500	6.3

续表

决　议	众议院	参议院	差　异	
1980 财政年度				
第一个				
财政收入	509000	503600	5400	1.1
预算授权	605	600300	4781	0.8
支出	529863	532600	2737	0.5
赤字	20863	29000	8137	39.0

来源：联席会议委员会报告。

两个机构对功能拨款进行了审核，发现他们在数额上并没有很大的差异。从1976到1980财政年度，两院做出了300个功能决策（不包括利息和未分配的抵偿性收入）①。尽管完全相同的拨款还不到三分之一，但是正如表7－15所示，差异很小。三分之二的差异小于5%。总的来说，几乎有80%的决策相同，或者差异在5%以内。有时两院之间的差幅超过10%，这往往是因为双方的估算程序有所不同，而不是因为政策上的分歧。由于国会和国会预算局的能力在不断提高，所以预算评估技术变得更加可靠，因而很少会出现双方差异很大的情况。在1976和1977财年的决议中，几乎四分之一的两院功能拨款的差幅在10%以上，但是在1978和1979财年的决议中，只有七分之一的差幅在10%以上。然而，双方的差额幅度在1980财政年度增大了，这说明在预算政策和预算优先事项的问题上双方的关系日趋紧张。

表7－15　　参议院和众议院在功能类别上的差异

（1976—1980财政年度）

决　议	总数	无差异	差异小于5%	差异在5%—10%之间	差异超过10%
1976财政年度					
第一个	30	9	13	2	6
第二个	30	14	12	0	4
1977财政年度					
第一个	30	5	14	5	6
第二个	30	12	13	0	5
第三个	30	16	10	3	1
1978财政年度					
第一个	30	5	18	3	4

① 这些类别之所以没有纳入其中，是因为它们是重点评估对象而非政策决策，当然，有时评估会受到政策的影响。

续表

决　议	总数	无差异	差异小于5%	差异在5%—10%之间	差异超过10%
第二个	30	14	10	3	3
1979 财政年度					
第一个	34	6	17	6	5
第二个	34	8	21	2	3
1980 财政年度					
第一个	34	2	20	5	7
总数	312	91	148	29	44
总百分比（%）	100.0	29.2	47.4	9.3	14.1

注：支出功能不包括利息和未分配的补偿性收入，但包括各个决议中预算授权和支出的差异。

来源：作者制表。

鉴于参众两院对于大多数预算项目的立场分歧较小，人们自然会期待联席会议能够在轻松的气氛下很快结束，双方可以很容易掩饰项目和政策上的分歧，并在数额上达成一致。不仅如此，预算过程的两个特征也使联席会议上达成一致更为容易。第一，预算委员会在联席会议中扮演的角色相同，它们不需要决定要使用哪些分类，只需要决定拨款多少即可。第二，两个委员会都把决议视为“必要”的法律，《预算法案》的最后期限形成的强大压力促使双方达成一致。

尽管如此，有时候与会者会下定决心维护他们各自议院的决定，哪怕是一个看似很小的差异也会引起他们激烈的争辩。与会者很少通过数值计算来界定差异，相反，他们常常为政策和程序上的分歧斗争，因为这直接影响到他们的预算配额。每年联席会议在审议预算决议的时候至少都会因为一个议题陷入僵局，并威胁到最终协议的达成。1975 年，双方在国会是否应该采纳衔接期预算决议的问题上争论不休；这场争论一直持续了三个月，致使财政年度的起始日从原本的 7 月 1 日延后至 10 月 1 日。第二年他们受到所得税抵免的困扰，因为给低收入人群的补助要超过他们缴纳的税金。委员会并没有对这个项目的价值提出质疑，这在国会早已达成共识，他们争论的是这笔抵免资金列入预算的方式。众议院预算委员会希望把这笔款项当作直接支出，但是参议院预算委员会认为这笔款项应该被当作收入损失。[①] 1977 年，预算委员会又为了国防开支而争吵。1978 年，问题又变成了“软性”公共工程，即联邦政府拨付补助款给地方政府，让它们雇佣低收入人群从事劳动密集型的产业。在这个例子中，马斯基没有按照常理出牌，而是预先推动参议院通过决议，在联席会议中支持他的委员会的立场。1979 年，与会者在教育支出上又产生了严重的分歧。

尽管有时与会者声称他们宁可放弃预算过程也不愿意赞成这些令人无法接受的

① 抵消纳税义务的所得抵免不在讨论之列；双方都把它当作收入损失来计算。

决议，但最终这些争论都被解决了。正如所预期的那样，每次妥协都可以让双方获益，或淡化双方的矛盾、缩小双方的差异。衔接期问题也得到解决，其中的数额变成了 1976 财政年度第二个决议(“最高上限”)的指标，同时第一个决议(“指标”)中的衔接期数额成为 1977 财政年度的支出上限。另外，由于各种各样税收抵免的建议让参议院预算委员会倍感压力，因此它最终采纳了众议院的意见，将所有此类抵免都作为直接支出，所得税抵免问题也迎刃而解。在国防支出问题上的争论也非常激烈，由于参议院意识到确保符合他们立场的预算决议在众议院通过非常困难，因此他们摒弃了分歧，并选择了略微偏向众议院立场的方案，最终该问题也得以解决。有关“软性”公共工程的争斗则以接受参议院设定的数据告终，但是，参议院也在报告中有所妥协，认可了通过一些基金向该项目继续拨款的可能性。教育经费问题上的争论在众议院否决了联席会议的报告后才得以平息，之后参议院因为这个原因同意增加教育经费。

预算委员会的几个成员参加了关于拨款法案的联席会议，他们认为比起这些拨款事宜，对于预算决议的争论更加紧张和冗长。一个成员如此描述自己的经历：“在处理拨款事宜时我们列出一张分歧表，我们通常会找到一个平衡点让双方都满意。虽然有时候有一两个项目会困扰我们，但除非我们给这些项目增加很多附加条款，一般来说都会在短时间内解决这些问题。”相比之下，预算会议会有很多分歧和争论：“一开始气氛总是很好，我们能很顺利地就一些数额达成一致，但之后阻碍就会越来越多，我们会为了一个项目、一个观点争论不休。”

联席会议一些最初的争论源自起始阶段的焦虑，双方都试图保留自己独特的行事方式。起初，两个委员会都担心任何的妥协和让步会形成惯例，并导致自身在联席会议中地位的削弱。最初的争论之一围绕未分配的抵消收入这一预算类别展开，该类别包括近海石油租赁的收入。争论的焦点不是预算决定，而是评估假设；但是双方争论得如此激烈，就好像其结果可以决定沿海油田开采石油的数量。尽管预算委员会有其他理由可以解释为何他们如此据理力争（因为不同的评估方法会影响预算赤字的指标），但它争论的重点还是在于究竟谁提出的数额更好。在对衔接期的争吵中可以看出两个委员会都下决心要在国会预算中运用自己特殊的方法。作为一个愿意挑战议会立法的委员会，参议院预算委员会希望运用衔接期的上限金额施压，推动实质性预算决定的达成。众议院预算委员会的路径更具调和性，它关注的是众议院未按衔接期数额行事的情况。它不愿意为了一个无关紧要的事和其他委员会发生冲突。

分项和数字

由于参众两院都坚持通过自己的审议程序解决关于金额分配的争论，因此联席会议中经常会就众议院的分项和参议院的数字展开激辩。与在审议时回避分项一样，在联席会议上参议院预算委员会也尽量不去涉及具体的项目。委员会成立几个月后制定的一份内部文件中写明了这个政策：“共同决议必须和众议院的版本相调和，成员们应该把更多的精力放在那些有回旋余地的数字上，而不是纠缠于那些无法协商的原则。”[①] 在联席会议上，众议院预算委员会倾向于保留它分项的习惯。对众议院预算委员会中的民主党人来说，如果联席会议协议中的数字未定，那么为赢得自由派对决议的支持而做出的项目妥协就丧失了部分价值。众议院预算委员会希望联席会议至少能够对主要争论的议题下个定论。

众议院提出的都是精确的数字，而参议院在他们的决议中提出的数字只是一个概数（只精确到1亿美元），因此，与会人员第一次聚在一起时就要决定如何协调双方的数额。尽管双方提出的数额之差很小（从来没有超过5千万美元），但双方争吵得很激烈，似乎这是个重大的原则性问题，并将影响到预算决定。众议院预算委员会担心如果联席会议最终只是粗略地确定各功能的资金分配额，那么这一行为会被解读为反对分项。参议院预算委员会关注的是如果联席会议协议精确地规定了资金分配额，外界会认为它赞同项目中所设定的数字。最终参议院预算委员会在这个问题上似乎略胜一筹，因为与会者都希望通过更模糊而非精确的数字来掩盖分歧。

回避分项往往成为最终达成共识的先决条件，是联席会议自己造成了这种境况。在预算委员会的审议中，归根结底大家的分歧不是具体的项目，而是预算和功能的支出总额；与此不同的是，联席会议的与会人员即使不同意方案内容，也会力求让双方金额更加接近。在很多例子中，众议院和参议院提出的项目方案不同，但加总后的功能金额类似。比方说，有一年两院提交给联席会议的针对退伍军人功能的目标实际上一样。双方都给新的方案提供了拨款，但众议院认为新的拨款应该用于向一战老兵及幸存者提供养老金，但参议院认为这些拨款应该用于养老金制度改革。如果双方想通过互投赞成票的途径来解决问题（也就是双方相互赞同对方所有的方案），那么最终通过的金额会高得离谱，以至于双方都无法接受，同时支出和赤字的增幅会使联席会议报告无法顺利通过。

如果他们在项目方案上争论不休，那么与会者就会采取以下两种方法让他们达成一致：(1) 沉默——让双方对自己提出的数额进行解释；(2) 协商性模糊——谨慎地选择报告措辞，为两院的方案都留下余地。只要会议不进行特别修改，每个委员会都会维护其自身在参加会议之前的预设和解释。众议院原本打算提出一个5000万美元的医疗保险计划，但却被参议院的成员否决了，众议院并没有做出任何反应。罗伯特·L. 莱格特（Robert L. Leggett）众议员后来解读了众议院的沉默："只要让大家明白，因两院立场差异产生的妥协数字中没有任何实质内容，那么我们就会得到完整的授权，之后我们就可以着手制定一个授权法案来筹措启动资金，到那时没有人会说预算里没有这个项目。"[②]

在另一个案例中，有一个水污染防治方案需要一笔建设补助金，众议院和参议院分别提出了它们认为合适的数额，二者相差35亿美元。参议员贝尔蒙非常想知道双方将如何针对这个功能的支出标准达成一致。沉默再一次提供了答案："第300号功能也和其他功能一样，是两个预算委员会之间一种策略上的认同，它们对

① 参议院预算委员会，《国会预算过程》，1974年11月18日。

② 联席会议审议1977财年第一个预算决议的文本，第105页。

于组成数字的项目方案的意见不一致……因为按照规定，两院必须在数字上达成共识，我们可以不再强调方案的不同而就数字取得统一意见。”①

但是有时候与会者对沉默并不满意。在审议1978财政年度第一个决议的联席会议刚开始时，众议院代表马托克斯众议员就要求：“我们达成的每个协定都应明确地反映在联席会议监察人的报告中。”② 他受到了民主党同僚们的支持，这些民主党人认为预算决议在众议院的地位很不稳固。吉阿莫直言不讳地表示他希望能恢复分项协商：“在联席会议中众议院会面临很多困难，同时有些人还希望能确保自己的方案被通过。”③ 作为参议院一方的回应，马斯基认为过去的一些争论之所以能够被解决是因为“我们同意搁置分歧，将冲突的地方留在模糊的空间，而这也有助于我们达成目标。”④ 这种方式被用于商务和运输功能。当吉阿莫想要了解小型企业管理局贷款项目会获得多少拨款时，贝尔蒙认为沉默是最好的处理方式：“正如我所了解的，众议员们会在自己的议院大会上随心所欲地发表意见，不过在参议院也是如此。这点双方很相似。”⑤ 但是吉阿莫需要更多的保证：“……我不想为了几亿美元纠缠不清，但我正在犹豫是不是要在这个功能中进行削减，因为众议院的自由派指责我们的理由之一就是我们在死守底线，并且削减那些会影响到人们的生活项目。”⑥

之后与会者进行协商，最终声明对于功能的拨款将确保SBA贷款额度高于现行政策水平。⑦ 然而，报告仍旧没有具体说明拨款的金额。

因为沉默和含糊其辞是消除分歧最常用的方法，因此，在会议结束时，大家不会再为具体的项目方案争论不休。尽管如此，当1977财年双方无法就第二个决议中向“软”公共事业注资的额度达成一致时，和平的局面几乎被打破。与会者们再一次同意双方都遵循各自的方式。附在联席会议报告后面的成员声明这样写道：“众议院的与会者认为预算授权应把7亿美元拨给公共工程。但参议院的与会者认为这些资金应该用于现行法律。”⑧

然而在软公共工程中，制度问题妨碍了相互之间的妥协，也可能是影响联席会议达成共识的最大威胁：与会者并不是一直都和各自议院的利益保持一致，因此，他们只是被他们的妥协和让步所束缚。让我们来想一想为什么审议预算决议的联席会议需要面临如此不寻常的困境。

被束缚的与会者们

只有在预算联席会议上，众议院和参议院的代表才能弥合双方在联邦政府财政

---

① 联席会议审议1977财年第一个预算决议的文本，第81页。

② 联席会议审议1978财年第一个预算决议的文本，第5页。

③ 同上，第6页。

④ 同上，第7页。

⑤ 同上，第26页。

⑥ 同上，第26页。

⑦ 联席会议报告中的监察者声明规定这些拨付给商业和运输功能的资金“可以向小型企业管理局的信贷援助项目注资，以使其高于现行政策水平。”S. Rept. No. 95－134（1977），第7页。

⑧ H. Rept. No. 95－1594（1978），第7页。

收入和支出上的分歧。每年的这个时候，联席会议会审议由参众两院三十个委员会提出的议题。这种整体方法削弱了与会者们的共同利益，加强了他们对各自议院的依赖。

与传统联席会议的比较可能更有助于说明这一点。参众两院有些平行委员会，它们对自己所涉及的政策领域的观点可能会比较类似。例如，参众两院的海陆空三军委员会在特定军事装备的价值认定上可能有不同看法，但双方都认同需要制定一个强有力的国防政策。即使参众两院的农业委员会在农产品补助价格上发生分歧，它们都还会致力于推动农业发展。尽管众议院的教育和劳工委员会和参议院的劳工和人力资源委员会有时候在方案的优先事项上看法不一致，但它们都认为联邦政府应该在教育上发挥更大的作用。在联席会议上，国会的委员会常常会由于它们共同的观点而非分歧走到一起。为了建设国防项目、补助农产品价格以及资助教育计划，它们相聚于联席会议中。为了实现这些共同的目标，它们必须先消除众议院和参议院在立法上的分歧。为了共同的项目利益，在存在分歧的问题上它们会尽力协调。

然而，在预算会议的与会者们一起开会时，他们会放下实质性利益，为推动预算过程的期望联合起来。他们在1978财政年度为国防支出争论不休，论战双方的成员有着截然不同的立法背景。众议院的代表包括：来自海陆空三军委员会的一名温和派民主党人和一名保守派共和党人、一名国防拨款小组委员会的民主党人，以及各种“国内”委员会的自由派和保守派人员。参议院的代表包括：两名来自南部的国防拨款小组委员会的民主党人、九名常务委员会的成员，但是其中并没有参议院海陆空三军委员会的成员。因此，非专业人士制定了预算决议，从司法层面上影响着委员会。

在审议中，两院的预算委员会也面临着相似的境况。但会议有着根本性的不同。在审议中，每个委员会为了迎合它所在议院其他委员会的利益和喜好，都会提出一份决议。按照这种方式，预算委员会就可以对这些它们并不精通的立法领域的问题做出裁定，同时不用担心那些受到影响的委员会会在议会上提出反对。但是，被带上联席会议的争论经常会涉及其他相关的两院委员会不赞成的事务。预算委员会不能仅仅只在它们内部达成妥协，它们还必须顾及到其他委员会的想法和需求。有时候它们必须咨询其他委员会，有时候两个预算委员会之间会产生很大的分歧。

有一种方法可以避免这样的纷争，那就是忽略实质上的差异，一切服从预算过程，这样就可以让所有成员团结起来。1978财政年度，会议因为国防支出而陷入僵局。在这个时候，马斯基提出了如下建议：“我知道要在国防金额上达成一致是很困难的。我首先想要告诉你们：无论这个数额是多少，即使它不是我理想中的数额，我也会支持国防支出的金额。我之所以会这么做，是因为从长远来看，只要我们以预算过程为框架驾驭和控制我们的优先项目，那么无论这些优先项目的内容是什么，它们都会受益。”①

① 联席会议审议1978财年第一个预算决议的文本，第151页。

但马斯基不会为了维护预算过程而支持每一个数额。他希望数字可以让所有相关的参议院委员会满意："有些参议员认为我们非常需要这样的国防数字，而我并不想回到参议院去逼迫他们妥协。我希望我能够找到一个数额，让我和约翰·斯坦尼斯以及约翰·麦克莱伦达成共识。（前者是军事委员会的主席，后者是拨款委员会的主席）。"①

比起参议院预算委员会，众议院预算委员会更加需要满足众多议会委员会的利益。因为如果有些委员会投了反对票，那么联席会议报告就无法在众议院通过。然而有悖常理的是，尽管众议院预算委员会在众议院中处于弱势地位，它在联席会议上却表现得很强势。众议院预算委员会必须忠于众议院的委员会，在联席会议对衔接期的辩论中，莱特众议员这样评论道："我坚定地认为我们预算委员会必须和我们常规的授权委员会保持联系。在我们的工作中，如果我们强制要求众议院公共工程委员会放弃他们的观点，并且采纳参议院委员会的观点，那么我们就僭越了法律赋予我们的职权范围了。当然，我们也会和我们的委员会合作，包括公共工程委员会等等……我只是不想剥夺众议院委员会的权利。我不想失信于它们，然后再回去和它们说：'预算委员会已经决定采纳参议院的意见了，而你们的意见被否决了。我认为这不是一个预算委员会应该做的事。'"②

吉阿莫表达了同样的观点，他担心预算委员会会成为众议院其他委员会地位的挑战者："在保证我们会捍卫众议院各个制定法律的委员会的特权之后，作为这个委员会的一员，我依然感到非常紧张和担忧。现在我又不得不回去告诉他们，我们和参议院在道路运输方面进行了妥协，而在这个功能上我真的了解不多……（我们）之后让众议院所有制定法律的委员会对预算委员会的行为保持冷静，我们还希望与它们继续合作。"③

会议中最棘手的问题是与会者们受到对其他委员会忠诚的束缚而无法施展手脚。例如在双方对所得税抵免争论不休时，马斯基一开始便认为他应该支持参议院财政委员会的偏好，因为该委员会与这一议题有着最为密切的利益关联。④ 在另外一个例子中，双方又为了"软"公共工程进行争论，众议院和参议院的授权委员会在这个问题上意见相左，而联席会议被夹在中间。

然而，与会者还是能够消除他们之间所有的差异，因为他们不愿意在未达成任何预算决议的情况下回到自己的议院。为了避免在联席会议中的失败，他们同时在联席会议内部、在各个预算委员会之间以及与两院其他的利益集团进行协商。"除非吉阿莫接到电话，否则他什么都不会同意。"一个参议员助手如此抱怨。但如果这是唯一能够达成协议的途径，那么这也是与会者反复使用的方法。预算委员会可以做的就是为了其他委员会的利益牺牲预算过程。

尽管两个委员会都希望在联席会议上达成一致，但它们无法通过弥合分歧来消

---

① 联席会议审议 1978 财年第一个预算决议的文本，第 153 页。

② 联席会议审议 1976 财年第二个预算决议的文本，第 256—257 页。

③ 联席会议审议 1976 财年第二个预算决议的文本，第 258—259 页。

④ 针对预算问题，尽管马斯基反复和参议院财政委员会主席罗素尔·隆进行争辩，但他还是以一封隆写给他的信为论据支持参议院在抵免问题上的立场。参见联席会议审议 1978 财年第一个预算决议的文本，第 221—222 页。

除纷争。如表7-16所示，如果一项功能性拨款存在争议，那么最终它会由于倾向于某一方的偏好而被通过。（在一些案例中，联席会议制定的拨款计划会和两院制定的金额有差异，有时候比它高，有时候比它低。）在整整五年时间里，参议院在超过一半的争议中“胜出”，而众议院获胜的概率却不到四成。但是，总体的记录几乎和最初的模式完全相反。在预算过程付诸实施的最初两年，大约55%的解决方案偏向众议院的立场，而偏向参议院的方案只占38%。然而，在1978到1980财政年度中，倾向于参议院观点的联席会议决定占到了总体的65%，而倾向于众议院的决定所占比例还不到25%。

表7-16　　冲突的解决：1976—1980财年联席会议委员会决策的倾向

决议	非重大的冲突[a]	倾向于众议院的数量	倾向于参议院的数量	折中的数量	高于两院数额的数量	低于两院数额的数量
1976财政年度						
第一个	9	12	4	3	2	0
第二个	14	6	9	0	0	1
1977财政年度						
第一个	5	15	8	0	0	0
第二个	12	11	7	0	0	0
第三个	16	7	7	0	0	0
1976—1977的总数	56（37.3%）	51（34.0%）	35（23.3%）	5（3.3%）	2（1.3%）	1（0.7%）
1978财政年度						
第一个	5	8	17	0	0	0
第二个	14	3	10	0	0	3
1979财政年度						
第一个	6	6	17	2	3	0
第二个	8	6	15	0	2	3
1980财政年度[b]						
第一个	2	6	23	1	0	0
1978—1980的总数	35（21.9%）	29（18.1%）	82（51.3%）	3（1.9%）	5（3.2%）	6（3.8%）
1976—1980的总数	91（29.4%）	80（25.8%）	117（37.7%）	8（2.6%）	7（2.3%）	7（2.3%）

a. 没有重大差异是指参众两院在分配金额上的差异不超过5000万美元。

b. 1980财政年度第一个决议的数据来自于最初的联席会议协定，并包括之后在众议院否决联席会议报告后增加的拨款。

来源：作者通过联席会议委员会的文本进行制表。

众议院和参议院的预算委员会成员对于这种转变有着不同的解释。众议院预算委员会成员认为参议员太过霸道，因为他们利用长期在参议院预算委员会中任职的优势为所欲为。因此莱格特众议员以此为依据呼吁延长众议院预算委员会成员的任期："事实上，参议院委员会成员的声望在不断增长，他们的观点也受到了更多重视，同时他们的野心也在不断膨胀。因此，我们很难和他们进行协商。因为我们处于弱势，同时他们的地位在不断提高。"①

参议院预算委员会成员认为众议院预算委员会是失衡的，因为众议院预算委员会中存在严重的党派分歧，并且自由派民主党人占据主导。有一位参加过大多数预算联席会议的参议员给出了这样的说法："众议院委员会中的共和党人从来不会投票赞成这个决议。这迫使委员会为了获得多数支持不得不左倾。这就导致他们在联席会议上路线的失衡。而我们的委员会代表整个参议院，所以我们不会大幅度修改我们的路线。"

这两种解释都符合事实。从1977年开始，众议院预算委员会的地位就逐渐衰弱，当时大约一半的民主党人被替换。自由派民主党人接替了所有这些职务，因此，众议院预算委员会中的成员比起从前更加缺乏代表性。第三种解释就是：通常众议院预算委员会会先审议他们的决议；而参议院预算委员会之所以在联席会议中有较高的成功率，是因为他们的立场更为适应时局，政治敏感度更高。

但参议院预算委员会不能因为自己在联席会议中占有优势就无视众议院的利益。如果众议院预算委员会做出让步，那么这说明众议院也做出了让步。因此，只有让众议院觉得它的重要利益受到保护，它最后才会认可这份联席会议报告。只要粗略看一下表7－16，你就会知道为什么众议院会否决1980财政年度的联席会议报告。在联席会议达成的五个妥协方案中，有四个倾向于参议院，许多众议院的民主党人认为联席会议在一些重大的问题上欺骗了他们。尽管要挽回所有的损失已经不太可能，但他们还是得到了参议院象征性的让步，即小幅增加了一点教育经费。

是预算过程还是预算常规?

经过五轮预算制定后，国会的预算实践形成了一套既定的程序。两院的议员和预算委员会现在都明白应该期待什么了。不会再有新的程序，不可能每年都会临时举行特别的联席会议。成员们希望能够适应预算制定的特征，例如主席所扮演的角色、审议的方法以及大会辩论。尽管多年度预算的具体形式还未决定，但预算委员会可能会倾向于它。参议院预算委员会已经正式提出了多年度预算的蓝图，但众议院预算委员会却显得有些担忧。

就目前而言，两院的政治环境尚不稳定。很明显，以众议院为例：党派对峙以及自由、保守两派之间的分歧导致决议无法顺利通过。尽管在美国政治中两党的极端分化已经成为一种趋势，但在这里出现仍旧是不寻常的。在参议院，马斯基和贝尔蒙组成的联盟也不寻常，并且可能随着参议院预算委员会领导地位的改变而不复存在。

---

① 123号国会记录（1977年9月7日），H8957。

随着时间的推移，国会预算制定过程中出现了一种惯例，那就是预算委员会为了能使决议通过，会努力寻求众议院和参议院多数派的支持。为了达到这个目的，这些委员会会尽量协调与各自议院占主导地位的政治利益群体的关系。随着这些利益群体发生变化，预算委员会的目标和产出也会改变。预算委员会为什么要进行协调，以及它们如何进行协调，这是研究国会预算制定的关键点。这个问题会在下一章中进行阐述。

第八章

"协调"预算

在形成决议时，预算委员会不可能单方面工作，就好像它们在国会决策中是唯一有立法利益者。在国会预算的所有阶段，众议院和参议院预算委员会必须对其他委员会的需求和期望很敏感。这一章分析了在预算过程中对国会期望的协调，以及这一行为对预算委员会影响美国预算优先权和财政政策根本性变化能力的有限作用。

一个国会预算的制定包括的不止是审定过程、委员会和全体会议的投票模式、修正案的成功率、以及政党政治。每个决议中的成员都影响委员会的立法计划和联邦项目的未来过程，因此，每个决议必须关注它的立法和项目含义。简单来说，预算必须协调国会的立法利益和政治利益。

以如下问题开始可能很有用：在预算委员会形成一个预算决议时，它必须知道什么？明显的答案是它们应该了解"项目"知识，也就是说，了解联邦部门的支出和活动。委员会成员应该了解项目的管理、服务群体以及支出和工作量的趋势。它们应该能够估计联邦项目和支出的有效性。

不管这项事业的重要性如何，预算委员会看上去很成功。委员中的分析家很了解联邦项目和预算实践。他们源源不断地提供内部备忘录和问题分析，涵盖了在审定和全体会议考虑决议时可能会涉及的问题。虽然他们不会熟悉每一个项目的每一个细节，但它们通常能够在与拨款委员会和授权委员会同事的讨论中坚持自己的看法。他们也接受来自第五章讨论的国会预算局成员的帮助。

但是，项目知识对于预算委员会而言还远远不够。为了形成有说服力的决议，预算委员会成员和雇员必须了解国会及其委员会的意图和期望。在制定决议之前的忙碌期，预算委员会成员和雇员必须集中精力了解国会的利益和关注点、立法立场和前景，以及在关键问题上的立法形势。

了解国会绝非仅仅是因为国会在预算决议上有最终决定权这一明显事实。预算委员会决议涉及立法委员会的每一项利益及管辖范围。因此，预算委员会不能在不知道其他委员会想什么需要什么的情况下做出关于项目的实质性判断。

迫切需要了解有关国会的知识还有另一个原因：第一次预算决议必须预计之后有关收入和支出法案的立法行动；第二次预算决议必须与国会已经采取的行动一

致。这些决议不是国会作出的唯一的预算决定；它们也没有占据更多的决策制定过程。在国会做出拨款、分配税收负担和受益以及制定权利性项目法律时，也明确了要求。此外，因为预算决议没有法律效力，它不能用于征税或拨款。它们有限的地位使决议不如成熟的预算，但强于意图说明。国会在做出预算决议时不能确定决定了什么；也不能完全独立于其他分配联邦资源的过程做出这些决定。

不管预算委员会成员多么了解联邦项目，它们都不能在国会山上自称项目专家。他们可以在虑及财政政策和预算总额时争取特定的立场，但他们无法作为某部分预算的专家在国会山上得到认可。出于这个原因，预算委员会的建议和能力总是易于被有管辖权的委员会挑战。制定“真正”决策的委员会在该过程中也是倡导者，预算委员会如果无视这些委员会，就会担负决议被拒绝或无视的风险。

第一次决议：预期、协商、指示

预算委员会在议案审定前大多数活动的目的都在于提高对国会意图的理解。每个委员会都从对总统预算的一个标杆分析入手。这一举措将委员会导向预期的预算议题、区分被削减或增加的项目、以及审查项目资金的调整在多大程度上是因为通货膨胀或可以接受的增长。这一举措的目的不是为了获取项目知识，对这一目的而言它过于表面化。确切地说，预算委员会只是在寻找其他委员会可能的关注和反应的线索。预算委员会议员与其他委员会问同样的问题：总统提议的削减站得住脚吗？使某个特定项目通过国会的机会是什么？面对国防支出和其他有争议的问题，国会会采取什么态度？

收到总统预算后不久，预算委员会便会召开经济和预算政策听证会。① 在众议院，只有问题涉及在专门小组中分配的各种预算功能时，整个预算委员会才会关注财政问题。由于参议院预算委员会工作小组已经被解散，所以由整个预算委员会来负责所有参议院听证会。没有一个委员会试图插手所有的预算，仅关注它认为最有价值的问题。除了能向预算委员会提供一些有关经济议题的建议外，会议多数不过是例行公事，很少提供有用信息。详细深入地说，这些听证会与拨款委员会和授权委员会的听证会不相称，也无法为预算委员会提供足够的决定项目的信息基础。不过听证会有两个重要目的：其一，使预算委员会意识到当年的关键问题。其二，向国会表明委员会在形成决议之前做过“功课”。“听证会是一个必经的过程。”众议院预算委员会助理解释道，“它占用了许多也许可以被员工更好地运用的时间，但我们仍然不敢在没有听证会庇护的情况下就形成决议。”

国会投入

听证会之后，来自其他各委员会的 3 月 15 日报告会让预算委员会全方面地了解国会的利益诉求。然而，就像先前指出的那样，在多数情况下这些提交的报告会因为不切实际的期望以及委员会不愿意在形成确切的立法计划之前就对一些立法问

① 《国会预算法案》（第 301 款［d］）要求预算委员会在公布第一次预算决议之前要举行听证会。

题作出承诺而失去价值。尽管如此，预算职员在其他委员会相关人员的帮助下已经适应了“阅读”这些报告来区分愿望和真实数字。预算职员会请教其他委员会的相关人员哪些项目真正需要。这种关系更像是协商而非教授。一个参与者表明：“没有人想被开始就可以预见的事态发展搞得措手不及。预算委员会不想犯诸如疏忽对方关注之事的错误，授权委员会也不希望自己的意图被误解。在议案审定前紧凑的几星期内，预算委员会和其他委员会的代表们会进行非正式磋商以达成一定的共识（受访者称之为“大致估计”），确保决议基本准确地表达国会的预期。

每个预算委员会都趋向于关注所属议院而非整个国会的利益。从议案的审定工作开始，预算委员会就十分清楚本院的期望是什么。正如某个参议院预算委员会职员对议案审定的说明：“我十分清楚哪些部分会发生变动，哪些不会。当然，事态不会总是按照预期发展，不过问题往往来自我们没有控制的事件。”

审议中的讨论均围绕相关委员会需要什么展开。预算委员会的大多数成员都不希望引发争端，他们更愿意编制一个相关委员会都能接受的预算。对于其他委员会过分要求的强硬言论通常会通过协商化解。因此，在议员马斯基竭力主张削减1976财年国防支出，要“给拨款委员会一个信息”时，霍林斯议员给予了反击：“为什么我们不传递一种信息，让他们觉得我们站在和他们相同的立场上。这该死的预算委员会就像鱼刺，你必须让参议院和国会先拔。现在要做的是设立、获得支持和持续下去。”①

正如我们所见，两个预算委员会有各自不同的协调方式。众议院预算委员会的分项审查保证了给每项功能分配的资金足以提供其所有需要的项目。他们清楚地知道决议中有些什么项目、什么项目提案是它期望的、计划削减哪些项目。预期在同相关委员会以及民主党领导人磋商时得到验证，它建立在众议院预算委员会主席或民主党多数对预算委员会的建议之上。然而，民主党的目标很少顾及共和党的期望，因为它们对于众议院中决议的命运而言并非至关重要。1980年第一个决议转向民主党的（与主席相对的）目标是一个主要党派的分化引发的调整。随着民主党分裂成两派，一派希望减少联邦财政支出，另一派主张提高社会福利，民主党人最终决定将众议院预算委员会的所有民主党人都纳入提案的准备工作中，以此尽可能使提案表达党内的一致意见。

该目标作为一项适当声明的成功反映在议案审定中相对较少的变化。尽管众议院预算委员会一般仅略作修改以反映委员会内民主党人的预算偏好，但几乎不会削减已经列入预算的项目。

由于参议院预算委员会的协商建立在现有政策（法律）基础上，所以委员会不用逐条审核预算也知道资金水平。如果偏离了现有政策（法律），参议院预算委员会也清楚这一偏离对于参议院委员会和联邦项目的潜在影响。

预算委员会成员根据国会的预期来定义他们的职能。马斯基曾忠告参议院：“我们的任务就是试图反映参议院在议题上的共识，至少证明我们有共识。”② 参议

① 参议院预算委员会，1976年财年第二个预算决议的审定，文字记录，P628。

② 国会档案122（1976年9月9日）S15490。

员道尔也发表过相同的观点："预算委员会不应通过导致接受尚未仔细考虑的项目变化的支出目标。预算委员会的工作是而且继续是在其支出目标和业务记录中反映似乎有可能实施的待定法案的预算影响。"①

即使事先做了充分准备，预算数据还是会随时变更。白宫的新要求、消费率的重新估测、经济状况的变化或委员会观念的转变，这些都会造成临时调整。预算委员会在全体会议结束前都乐意作这些调整，例如有几年众议院预算委员会主席曾提出修正案来解释决议出台时尚未明了的项目。当最新消息动摇了原本有利于某个预算委员会的协定时，在会议阶段仍会达成妥协。贾伊莫在 1977 财年曾打断有关第三次决议的会议，宣称："我被告知拨款委员会刚刚提高了这里可能会感兴趣的某些数字。"② 随后他提出了与拨款委员会的行动保持一致的水平。其中一个参议员彼得·多梅尼西并没有被说服，"如果只是等拨款委员给我们数字，还要我们在这里讨论做什么。"③ 然而，在所有的对话结束之后，议会仍然接受了拨款委员会决定的数字。

在灵活变通的环境下，一个严格控制的预算决议仅为国会提供合理地期望得到的数额。尽管预算委员会想在第一次决议中压低预算，但由于考虑到如果真的不需要，可以在第二次决议中去掉，所以斟酌权在一定程度上发挥了抵消作用。当参议院预算委员会就 1978 财年国际事务功能展开辩论时，参议员 J. 贝内特·约翰逊（想减少那一功能拨款）要求延迟，原因是授权委员会没有完成相关的立法听证会。作为回应，马斯基承认："要求所有授权委员会在 3 月 15 日之前完成深入详尽的听证会是不可能的。"他补充说："我们要做的就是设定目标，在 5 月 15 日到 9 月 15 日期间他们都是可以调整的。听证会有希望利用这段时间举行……与此同时，我们必须设定让国会委员会和行政部门有运作空间的目标。"④

"留出空间"是在预算委员会中灵活变通的基本特征，意思是不要削减到最低值或低于国会预期的支出。参议员奥林·哈奇在试图通过预算程序向国会施压以减少食品券支出时说："我不认为预算委员会只是一个添加机器。它有能力对这些委员会施压……我认为它是强有力的，只要它运用权力施压，就能达到很多目的……"然而，参议院预算委员会的贝尔蒙却不愿意接受挑战："……目前，国会并不想削减食品券的预算，但预算委员会仍然需要考虑这个因素。我们不能忍受预算无视参议院的投票和明文规定的法律而无限制地增加……预算委员会和预算程序可以做的就是为名为规定的权利性项目留有余地。"⑤

在对国会成员和工作人员的近百次访谈中，没有人认为预算决议中的分配曾低于立法预期。一名委员会办公室主任喜形于色："我们得到了我们需要的一切。"然而某位拨款小组委员会主席却抱怨决议中的目标额度太高："我们面临用光所有预算分配的压力。就好像预算委员会委曲求全地提供给拨款委员会所有它想要的，

① 国会档案 121（1975 年 11 月 19 日）S20494。

② 1978 年财年委员会第三次共同决议，文字记录，P78。

③ 同上，P79。

④ 参议院预算委员会，1978 财年第一次共同决议审议，文字记录，P525－526。

⑤ 国会档案 123（1977 年 9 月 9 日）S14509。

甚至更多。”

对于预算委员会而言，一个有约束性的预算不会超越国会的需要。谈到参议院预算委员会的职责，马斯基说：“作为委员会，对支出的扩张趋势施压的方法之一就是将总额限制在我们认为合理的范围之内。”[①]

虽然预算委员会成员理解灵活变通的必要性，他们偶尔还是会渴望拥有更多独立性。1978 年参议院预算委员会审议第一次决议时，为回应增加邮政服务资金的建议，马斯基承认：“太多挫折使得所有这些项目和机构想尽办法将可能的和不可能的都纳入随后一年的预算之中，在该年晚些时候要求他们证实他们的情况有什么错？……我们为什么要允许每个人都留有余地并一声不吭地吞下这个赤字。”[②]

预算委员会通常会选择灵活变通，因为他们不能选地方让不满的申请者找理由。如果需求没有得到满足的委员会愿意在第二次决议时再次向预算委员会提出增加拨款，那么前期的灵活变通就不会有什么压力。不过那种委员会更可能在第一次决议辩论中就直接向参众两院提出他们的问题。一旦他们这么做了，问题就从预算分配转为对预算委员会能力的挑战。众议院预算委员会成员奥玛·伯莱森，一个曾劝说众议院在 1978 年预算中为国防项目增加数十亿美元的人，曾发表过这样的质疑：“我所在预算委员会的国防特别小组只召开了总计约 6 小时的 3 场正式听证会。它没有向主席或委员会提供任何有关预算的建议。听证会毫无收获，关于这件事情也没有任何讨论。有且只有在主席建议的基础上，高达 1160 亿美元的国防预算真的被纳入决议。你根本找不到这一做法的理由，因为根本没有。预算委员会的建议与对国防负有主要责任的国会委员会的建议完全不符。无一例外，参众两院拨款委员会和两院的军事委员会在大量听证会之后都建议增加而不是削减国防预算。这些结论是长期逐项研究的结果。预算委员会没有采取过这样的行动。如果我们被迫完全忽视国会中负责任的委员会的建议，武断地编制国防预算，我将对这个委员会的一致性表示怀疑。”[③]

委员会主席们是预算决议最坚定支持者的事实证明了预算委员会的协调职能。在大多数决议都会遭到强烈反对的众议院，22 个常设委员会中的 19 位主席从来不对决议投反对票。[④] 而且，主席几乎不会抱怨自己委员会的配额不足，也不会因希望增加他们关注的项目的预算额度而提出修正案。

仅满足其他委员会的利益诉求无法实现预算协商的效果，因为满足他们的利益会导致预算总额超出国会偏好。预算委员会必须预期国会的行为——包括深入解读国会心态以及估计某些立法提案出现的可能性。对预算委员会而言，在财年第一次决议的形成阶段就预测立法阶段或本财年进程中的发展状况还为时过早。尽管不能确定委员会偏好的法案能否被参众两院通过，预算委员会还是必须采取行动，就好像他们已经知道国会将如何行事。不过，这些委员会还是能感受到国会的态度究竟

① 国会档案 122（1976 年 9 月 9 日）S15489。

② 1978 财年第一次共同决议审议，文字记录，P347 - 348。

③ 国会档案 123（1977 年 4 月 27 日）H3627。

④ 只有约翰·弗林特（一位众议院主席）一直反对预算决议，他所属的委员会——官方行为标准委员会——没有任何与预算有关的管辖权。

是慷慨还是吝啬，热衷于扩张还是不愿意支持任何增加赤字的提议。

国会的态度会扩大或缩小预算委员会裁量协商的范围。如果国会态度慷慨，预算委员会在和其他委员会协商的过程中就很难坚持底线或节省开支。委员会在立项索取更多资金时就会占据上风。在这种情况下，资金分配会显得比较宽松。

国会在预算编制的前四年均抱着可以增加的态度，愿意授权一些新提案且很少限制现行项目。然而，完全不同的国会预期塑造了第五年的国会预算（1980 财年）。那年加州通过了旨在降低税收的第 13 号提案，超过 25 个州呈请国会将平衡预算列入宪法。这些都促使国会采取节俭的态度。在立法会议开始之初到 1980 财年第一次决议通过之间的四个月内，参众两院引入了上百个限制赤字和联邦支出的措施。态度的转变也影响了协商的方式，加强了预算委员会在面对其他有需求的委员会时的地位。

成本意识尤其强化了众议院预算委员会的地位，此前它的建议经常被议员大会质疑。1980 财年众议院预算委员会编制了紧缩的预算，其立法储金创历史新高（60 亿）、国内项目的增长都控制在通货膨胀率之下。尽管如此，其余委员会对议会修正案的反对比起从前众议院委员会能顺利处理其他委员会支出计划的时候更加激烈。事实上，议会最大的变化就是全面削减了 25 亿美元的预算。

储蓄以及倡议

尽管第一次决议是一种预期的预算，但它不仅仅只是对未来的预测。预算委员会有时会督促立法委员会提出新方案，削减现有项目。在第一次决议所附的报告中，通过说明项目被认为在某个功能分配内或在预算中有它的空间，参众两院预算委员会赞同各种立法倡议（其中很多已由总统或相关立法委员会提出）。预算委员会不会承诺为所有国会委员会提出的新项目提供资金。通过暗示（或者明示），预算委员会支持某些项目就意味着驳回另一些项目。通过在饱满的议事日程中挑选潜在法案，预算委员会可以同时影响立法进程和预算趋势。他们也可以迫使立法委员会自己做出抉择，延迟或削减一些他们想要的项目，从而符合预算决议。

预算委员会可以从各种可能性中选择出那些要编入第一次预算决议的。除了总统的要求，这些委员会还会收到国会预算局的政策估计、重新估计和成本分析。每一批 3 月 15 日的报告都传达了拨款委员会和授权委员会的相关建议，反映其对于项目资金的不同预期。尽管评估和建议一般只相差几个百分点，但预算委员会的倾向可以为项目争取足够的空间，亦可以将其挤出。

如果早期预算决定就对某项提案持反对态度，那么提案在获得立法支持前就会被封杀。更值得注意的是，国会并不认为第一次决议只是立法过程的第一轮，而真正的决定可以以后再做。受影响的委员会会密切关注第一次决议的审议和议员全体会议，以确保他们的立法日程不会因不利的预算投票被缩减。美国国防部在第一年因为无视预算过程付出了代价，之后就再也未犯过这种错误。委员会必须特别注意保护它们的提案，因为相对于连续项目来说，预算委员会对于新项目更具影响力。

不过，预算委员会在处理提案时仍然会努力解读立法意图。彻底否决一项提案反映的是国会的冷漠和反对，而不仅仅是预算委员会成员的意见。举例来说，总统卡特在1980年预算中提出了旨在补偿通货膨胀对工薪族影响的工资保险项目，预算委员会驳回了这一拨款要求，普遍认为这不过是封杀了一个在国会中注定会失败的项目。

每个决议都设想从项目削减和效率提高中获得储金。众议院预算委员会设想在1978财年第一次决议中有20亿美元的支出储金、1979财年决议中有23亿美元、1980财年决议中有60亿美元。[①] 参议院预算委员会并不详细列出它预期的储金，但会在讨论它们适用的功能时提及。因此，1979财年的医疗功能分配设想“下降建立在医疗成本控制提案颁布的基础上……想获得更多储金，就需要改善医疗补助计划的管理。”[②]

为了防止项目议题导致冲突，预算委员会一般称储金是从效率提高和项目改善中获得，而非项目削减。众议院预算委员会1979财年预算的储金清单包括医疗成本控制、改变蓝领工人薪金设置、改善医疗补助计划资格筛选程序。在参议院预算委员会设想1977财年收入保障功能的储金为11亿美元时，马斯基小心翼翼地向参议院保证“预算削减的目的不在于损害福利项目的受益者，只是提醒大家关注项目的效率罢了。”[③]

不同于项目提案能让预算委员会站在立法支持者的立场上，设定储金总是意味着否决委员会的建议，并提议削减项目。不过，储金可以迫使立法委员会做出它们本不愿做出的选择：产生预期的储金还是放弃施行立法提案的机会。面对这种两难处境，主席拉塞尔·朗强烈要求删减财政委员会1977财年预算的储金：“……提出这个修正案是为了让大家意识到一个非常简单的道理。我们财政委员会要让预算委员会知道……他们不应该期望得到净储金，因为当我们在影响那些帮助老弱病残的项目的领域缩减开支时，参议院就会提出在其他方面花更多钱的修正案……我们应该做的是在预算决议中认真评估那些我们力所能及的项目，而不是为我们根本做不到的事情投票。”[④]

令人匪夷所思的是，尽管预算委员会提议的储金能够在第一次决议的议员大会中幸存，但之后却很少能通过。立法委员会不在第一次决议时就挑战预算委员会，因为他们知道在宣布实施立法之前预算储金无效。因此，这些委员会在预算决议辩论时选择沉默，希望以不作为逼迫预算委员会在之后恢复资金。

尽管储金只占预算的一小部分，但预算委员会仍然认为它值得争取，因为他们可以借此向国会表明他们的确对不可控支出采取了措施，而非仅仅列表显示以往决策的成本。此外，第一年生效的储金对将来的预算有很大影响。众议院预算委员会估计，1980财年的60亿储金就相当于5年后的550亿。因此，储金是预算委员会加强对未来预算控制的尝试。参议院预算委员会的管理层高官解释了这看起来小的一部分对委员会的重要性：“我们的投入的确只相当于整体的百分之几，但这并不

---

① 节余列表，见No. 95－189众议院报告（1978财年第一次共同决议）P121－125和No. 95－1055众议院报告（1979财年第一次决议）P164－171。

② No. 95－739参议院报告P125。

③ 国会档案122（1976年4月9日）S5324。

④ 国会档案122（1976年4月9日）S5323－4。

意味着对结果没有影响。百分之二对整个预算来说是冰山一角，可以作为新项目的资金，也可以作为储金回流用于将来的预算。就对将来的影响而论，这百分之二可能比其余的百分之九十八更加重要。”

每一份第一次预算决议都包含委员会间的利益协调、对未来一年情况的预期以及对预算委员会认为重要的事的指示。在任何情况下，协商和预期都仅占总体的一小部分，这说明真正的预算选择总是在边界上。但这一边界的大小对预算委员会的地位和权力来说十分重要。对他们来说，百分之一与百分之二的差别可能代表了塑造预算进程与随波逐流之间的差别。

第二次决议：正式批准

如果说第一次决议是预测国会行为，那么第二次决议就是确认它。预算委员会在决定最高决议时不会重新审视预算，也不会再处理已经解决的问题。即使随后的项目支出不得不超过预算目标，委员会一般也会严格限制在第二次决议过程中重新估计永久性拨款（不必通过国会就可以获得的支出）、计算国会行动结果、推断悬而未决的法案的发展趋势。

第二次决议在启用国会预算的第一年就被赋予了这一有限的角色。在重新估计和完成立法行动的基础上，预算委员会面临的支出上限超过早期设定的预算目标约60亿元。委员会当时有两个选择：其一，顺应现实在支出总额上增加60亿元；其二，坚持原数额，给国会施压，要求降低预期支出。预算委员会的财政保守主义倾向于后者；温和派和自由派则希望协商。以下两位南方民主党人和马斯基的对话说明了参议院预算委员会内是如何分界的：

奇利斯：“……我关心的是，即使我们在使用这60亿元时没有犯错，特别在国会内的支出项目上没有任何错误……我们的赤字还是增加了……”

纳恩：“我们在改变计划。”

奇利斯：“即使要改变计划也应该慎重，而不是随随便便。尽管我们已经有了第二次共同决议，但我们仍在改变计划……”

马斯基：“好吧，提到我们的计划，我要提醒委员会的各位：很多人和机构都全身心投入这个计划，包括我们无法控制的人和机构，还包括很多不认同这个计划的人和政策制定者，以及许多仍然反对这个计划的重要政策制定者。坐在这里假装我们可以用某种方法决定计划的每个方面来满足大多数委员会成员的要求，并且保持计划不变，这是极不现实的。”①

对于称额外支出为“残留问题”② 的说法，马斯基认为如果参议院预算委员会非要坚持支出底线，那么就必须在不知道“可以纳入哪些项目、削减哪些项目、项目削减是否正确”的情况下削减预算。③ 考虑到明年需要更稳固的预算控制，参

① 参议院预算委员会，1976财年第二次决议审议，抄本，P266－267。

② 同上，P269。

③ 同上，P688。

议院预算委员会增加了60亿元。众议院预算委员会根据其令人苦恼的评估在1976财年第二次决议中采取了相同的立场。①

委员会真的没有任何选择。一旦违反了第一目标（无论是由于国会控制之外的因素还是国会行动），在上限被采纳时坚持最初的数额就太迟了。国会不会仅仅为了符合原始预算目标就驳回拨款或者其他法案。在已经做出预算决定之后，这么做会同时引起发其余所有国会委员会的冲突。

根据《预算法案》310款规定的协调程序，第二次决议的上限不会被轻易突破。在这一程序下，国会委员会可以直接宣布立法，对导致收支违背第二次决议的现行法律进行修改。

除非两次决议产生的时间间隔内政治或经济环境急剧变化，协商程序一般不会为复议提供机会。这个程序模仿了行政部门的预算，行政部门的预算目标在总统预算公布之前经常修改。但是行政决定被认为是不确定的（私下制定也不牵涉他人），而立法决定则有决定性的特点。它们代表公开承诺，特别当它们将利益授予可辨识的利益集团时，便更难退回重来了。

如果第二次决议没有重新审视过去，那么它也无法为国会指出新的方向。虽然预算委员会愿意在第二次决议中容纳一些新的提案，但他们不支持成批的新项目。“我们不想一年之内为预算奋战两次。”一名参议院预算委员会助理这样形容委员会不愿在第二次决议中考虑新提议的心情。一名众议院预算委员会的工作人员提出了另一个限制秋季决议范围的理由：“将第一次决议视为目标还是最低限额有很大差别。目标会随着环境变化而变化，这种变化有时会导致更低的预算，有时意味着更高的支出。而最低限额意味着无论经济环境是否许可，第二次决议总会高于第一次。”

由于第二次决议批准过去决议的作用，因而花费在委员会和议员席上的时间少于第一次决议，同时也没那么多争执和修正。在第一次决议中有争议的问题之后仍然会出现，但国会似乎只会改一改数字，而不是重新考虑整个预算。

第三次决议：亦旧亦新

《预算法案》允许国会在本财年的任何时候通过第三次决议来修改预算决定。国会可以以任何理由采纳额外的决议，不过一般只有在需要改变早期决议制定的政策或者适应今后发展时才会这么做。在1977财年吉米·卡特上任后不久，国会便行使过这一权力。在这里考虑第三次决议究竟是为了回应政治事件还是经济变化是毫无意义的——两者都可以促使国会提高在第二次决议中定下的支出总额。显然，额外决议远不止是确认以往的决定。国会想要刺激联邦支出（同时更改税法），但不想在已经开始的财年中再产生一个全新的第一次决议。第三次决议是一种混合物，其作用和内容介于第一次决议和第二次决议之间。

---

① 见No.94－608众议院报告（1975），P12及P57－58。

“我们聚集在这里，并不是为了重写一遍第二次共同决议。”[①] 马斯基在委员会聚集起草第三次决议时说。国会的民主党领导人（包括预算委员会主席）制定了一揽子新方案和扩充方案，但马斯基不希望第三次决议做的比这更多。然而一旦大门向新项目敞开，预算委员会就无法阻止额外要求。“在某种程度上，”马斯基承认，“会迫使我们考虑一些在不进行第三次决议的情况下不会考虑的项目……条件不能放得太宽，我也没有能力预测到要考虑的第八或第九个项目（无关紧要的项目），但这会影响我们的判断。”[②]

事实证明，众议院预算委员会比参议院预算委员会更能接受追加提案。它通过了超过 12 个这样的项目，在白宫原先的支出水平上追加了 50 亿美元。[③] 不过即使是对众议院预算委员会来说，第三次决议作为增加支出的机会也是一个很有限的选择。尽管很多功能都有变动，但大多数是重新估计，而且政策变化只集中在某些领域。

第三次决议在 1979 财年再次被启动，不过这次只是为了几个目的。[④] 在财年第二次决议通过之后，某些不可控的成本（主要是公债利息）升至预算之上，从而消耗了原本用于补充拨款的资金。预算委员会迫于无奈修改预算授权、支出上限以迁就补充拨款，但他们忍着痛苦坚持自己不应为超支负责。参议院预算委员会断言：“国会一直沿用去年秋天通过的 1979 财年第二次共同决议。此后发生了超出国会控制的事件，要求调整预算，而不是因为通过了新的支出立法……如果不是因为情况有变，第二次预算决议就无需更改，因为国会决定的 1979 财年预算总体上低于第二次决议估测的水平。”[⑤]

修改决议的过程中，预算委员会根本没想过要削减其他项目来补偿强制性支出的增长。虽然额外资金被用于预期的补充拨款，但预算委员会还是必须像在第一次决议中适应常规拨款草案那样，为国会预期留出空间。

修订决议

预算委员会不会一直迁就各自议院的期望。有时它们不确定需求到底是什么，或者偏好以自己的方式行事。有时委员会的决定会因为意想不到的状况而作废。万一预算不令人满意，参众两院可以修订决议来满足他们的偏好。

如果议员大会对预算的修订意味着协商失败，那么参众两院只进行了少量修改表明预算委员会在根据议院期望编制预算和抵制议员大会非难、坚持自己主张这两方面做得非常成功。参议院预算委员会超过 95% 的功能分配未被参议院更改，尽管众议院预算委员会达不到这个记录，但其超过 70% 的建议都被众议院接纳。据

① 参议院预算委员会，1977 财年第三次决议审议，抄本，P182。

② 参议院预算委员会，1977 财年第三次决议审议，抄本，P132。

③ No. 95 – 12 众议院报告（1977）P6。

④ 1979 财年第三次决议被附在了 1980 财年第一次决议之后，这样一来它就不会像提前作为一个单独的措施那么引人注意。

⑤ No. 96 – 68 参议院报告（1979）P265。

众议院预算委员会的职员说，作为一种促使倡议人支持决议的方法，委员会领导人有时也会欢迎议员大会的修订。

参议院和众议院修订决议不只是为了改善它们在谈判中的地位。如表 8－1 所示，超过一半的议员大会调整都缩小了两院之间的分歧。当某个议院修改某项功能分配时，似乎要适应国会总的情绪，因而会朝向而非远离另一议院采取的立场。

适应参议院

表 8－1 中的数据表明参议院预算委员会在协商方面比众议院预算委员会更加成功。参议院预算委员会的代表候选人名单以及两党投票方式让委员会能准确估计参议院的需求。在对参议院对预算决议所做的修改开展辩论时，可以看出参议院预算委员会的协商本能。在审议 1978 财年第二次决议时，参议院预算委员会不慎没有为救灾提供足够的资金。参议员纳恩要求参议院为此增加超过 10 亿美元的资金。马斯基对于他的委员会的预算决定出人意料地均建立在管理与预算局的估计基础之上感到沮丧。他解释说，如果能早一点告知委员会这一情况，它就能提出符合需求的预算决议。①

表 8－1　1976—1980 财年各议院通过的功能层面的变化

变化方向	众议院		参议院	
	数字	百分比	数字	百分比
没有变化	214	73.3	279	95.5
朝其他主体的变化	52	17.8	5	1.7
远离其他主体的变化	23	7.9	5	1.7
和其他主体同向变化	3	1.0	3	1.0
总数	292	100.0	292	100.0

注：表格包括 1980 财年第一次决议针对所有预算决议的所有功能层面（不包括利息、津贴和未分配补偿收入），但不包括附加在 1980 年第一次决议之后的 1979 年分配变化。因此百分比之和不是 100%。

来源：作者制表。

有时参议院预算委员会选择不调解。一个这类实例先前曾讨论过——参议院预算委员会想节省医疗和福利开支款，但遭到参议院财政委员会的反对，他们认为不可能形成必要的立法。在那种情况下，由于参议院领导人的立场是反对所有议员大会的变化，所以参议员朗修订预算决议的尝试被挫败。然而，零修订的惯例在下一年未能成功，参议院通过了两项支出上的增加，很显然是为了回应参议院预算委员会有意的协商失败。其中一个修正案恢复了 5 亿美元用于社区发展的资金（在先前已经分配了总统所需总额后，财政委员会在第二轮投票中削减了它）。第二个修正案是在参议院预算委员会就项目上的某个削减投票后，以现行政策标准（也是总统要求的水平）为受资助的住宅计划提供资金。

参议院预算委员会明目张胆地忽视参议院的期望也导致了它最惨痛的失败。

① 国会档案 123（1977 年 9 月 9 日）S14519。

1977年5月，参议院不顾马斯基的反对，通过了一个昂贵的农作物补助项目，该立法将违背几星期前刚确立的预算目标。参议院预算委员会在几个月后制定第二次决议时附加了和解条款，迫使参议院农业委员会宣布立法，将农作物补助金削减至比农业法设定的水平低大约7亿美元（虽然参众两院会议已经达成最后共识，但尚未在国会明确）。作为对协商失败的回应，参议院删除了和解条款并增加了农业的预算分配。截至1979年参议院通过的13个修正案中超过半数是因有意忽视参议院的意愿引起的（见表7－16）。其他修正案源于参议院预算委员会未能顺应参议员在议员大会中表达的无法阻挡的政治压力。在一个个案中，参议院预算委员会拒绝向退伍军人事务委员会分配它申请的全部资金，尽管它给该委员会的已多于总统和拨款委员的要求，并且高于现行政策水平。在另一个个案中，参议院预算委员会拒绝支持学费税收信贷，其立法虽然在参议院通过，但却没有制定成为法律。

立法的历史记录

在国会议员制定预算决策时，他们考虑的是特定项目的资金，而非仅仅是对功能类别的分配。除了在议员大会上修订预算这一微小的可能性，参议员还想出了其他使预算决议满足项目利益的办法：他们寻求官方保证，确保项目可以在相关的功能分配中得到资金。马斯基一贯的回应是：如果参议院想要这个项目，那么在预算中就会为它留有空间，尽管其他竞争相同配额的项目可能会被挤出。以下马斯基与里比科夫的对话说明了双方如何扮演各自预期的角色：

里比科夫："决议中的现行医疗总额可以容纳这一儿童健康提案是预算委员会主席的观点吗？……"

马斯基："我们建议的医疗功能预算总额可以容纳这一立法……现在财政委员会和拨款委员会的优先项目决定着资金的分配……"

里比科夫："那么，换句话说，委员会的第一次决议在总额内进行评估，并未排除任何参议院委员会方面的立法行动。"①

参议员们利用马斯基的回应来形成对他们项目的立法支持。当参议员格雷·哈特询问"我们今天考虑的预算决议是否能够容纳"一个他感兴趣的能源项目时，马斯基不置可否："我们不排除这一项目或其他项目。"但哈特设法将这一答复曲解成赞同，辩称马斯基的回应"表明对我的问题的回答是肯定的，实际上，如果授权委员会如此建议，就可以提议这个项目。"②

随着参议员将模棱两可的答复联想成确定的立法承诺，马斯基参与这些对话时开始变得小心翼翼。他动员参议院对1980年的预算展开辩论，但要求"避免讨论资金究竟支持这个项目还是那个项目……这场辩论理应关注总数和任何贯彻国会国内优先事项所必需的变更。"③ 但马斯基不可能在感兴趣的同事询问他时保持沉默；他也不能否认可以在预算中为需要的项目找到空间。此外，通过隐晦地向相关参议

---

① 国会档案123（1977年5月4日）S7037。

② 国会档案124（1978年4月25日）S6285。

③ 国会档案123（1977年5月3日）S6916。

员保证，马斯基可以获得他们对参议院预算委员会预算决议的支持，从而免受议员大会对加剧财政赤字的质疑。因此，制定立法的历史记录是针对其期望的参议院建议的重要组成部分。

适应众议院

如果以众议院改变预算的次数为标准，众议院预算委员会在迎合议员利益诉求方面没有参议院预算委员会那么成功。众议院不仅通过了相当于预算决议三倍的修正案，还大量增加了退伍军人项目支出，同时在其他功能方面也有少量增加。

这一模式需要解释。有人估计众议院预算委员会非常关注其母体的偏好。毕竟预算决议在众议院会遇到困难，并且委员会根据大多数人的请求起草预算也合乎逻辑。然而，前文建立起来的模式有三方面解释：一是委员会审议，二是众议院的预算偏好，三是通过的修正案的类型。

委员会审议。除了保守的民主党人，众议院预算委员会的投票总是由党派认同主导的。在预算过程的前两年，多数党在委员会中并非总能满意，因为叛徒会为对方投票。如果不是因为有叛徒，1976 年预算的奥尼尔修正案本可以在委员会内协调。第二年，奥尼尔修正案仅仅以一票的优势在委员会中通过。众议院预算委员会无法代表第 95 届国会（1977—1978 年），因为委员会的民主党成员比众议院的其他民主党人更偏向自由派。即使与众议院观点不同，自由派的大多数人也能将自己的偏好写进预算决议。举例来说，众议院预算委员会制定的国防资金目标比民主党总统的建议少 40 亿美元。

只有无需通过立法或者愿意在议员大会上输一票来推进其他项目的委员会才敢偏离议院的步伐。众议院预算委员会输不起；一年中至少两次它必须让它的立法项目通过。因此，在第 95 届国会出现问题后，众议院预算委员会在第 96 届国会时变得更加迁就他人也就不足为奇了。

1980 财年，众议院预算委员会成功抵挡住了议员大会的攻击，捍卫第一次决议就体现了这一变化。尽管每个功能性分配都被全面削减了 5%，但众议院预算委员会的基本立场还是完整地保存下来。最令人印象深刻的壮举就是大量的修正案从四面八方轰炸决议。第 96 届国会的选举替换了委员会中将近一半的民主党人，并且大多数新人都来自党派核心，因而改善了委员会的平衡，这个团体也更能代表众议院。此外，众议院中日常的预算保守主义思想也影响了众议院预算委员会本身。如此一来，一些预算委员会成员，如主席贾伊莫，在审议时会采取更为温和的态度。总而言之，1980 财年预算委员会没有如一些成员期望的那样更自由地制定预算，而是迁就了众议院多数。

众议院的预算偏好。立法委员会（即使是不典型的）通常会试图猜测众议院的反应。因此，贾伊莫提出了关于 1978 年第二次决议的修正案，要求为国防追加 5 亿美元，使之符合国防拨款法案。同年，众议院农业委员会主席提出修正案，要求增加预算支出来容纳有争议的农业草案，但是这一修正案被众议院预算委员会避开了。当贾伊莫曾经坚决否定的教育税收信贷被众议院筹款委员会又一次提出时，他建议众议院：“预算委员会的立场不再有效，在我看来……既然我们已经在预算

委员会形成了这一重要结论（反对教育税收信贷），如我所述，项目已经取代了我们，我们可以迁就……我心目中众议院和筹款委员会的意愿。”①

众议院预算委员会的问题在于它不是每次都能觉察得出众议院的意愿。在预算决议的投票中，众议院总是分裂成四个部分重叠的阵营：少数自由派想要更多的国内支出，少数保守派向往平衡预算，接近多数的人寻求削减支出，微弱多数的人支持众议院预算委员会努力迎合众议院的项目利益。众议院修正案相对较多的其中一个原因就是最后一群人没有足够能力避开令人心动的议员大会调整。

已通过的修正案类型。有些修正案并非为了应对“不和谐”的预算，而是为了其他目的。成功的修正案中大概三分之一都是这一类型，包括委员会的修正案，象征性的修正案，重新评估。至于其余的三分之二，众议院预算委员会与司法委员会的预期十分接近，但众议院预算委员会仍然失去了议席的选票，因为预算过程给了议员一个将选票集中在被委员会压抑的议题上的机会。1978 财年第二次决议的议员大会修正案是众议院第一次就教育税收信贷投票，因为有禁止对某一议案再提修正意见的规定，所以这一做法之前被议会禁止了。在过去的一年，在退伍军人事务委员会 28 名成员中的 13 名，包括主席和少数高级成员都反对的情况下，众议院还是扩大了退伍军人方面的支出。

众议院（在参议院也一样）对教育税收信贷和退伍军人项目的投票表明，就国会期望而言，预算过程并非中立。通过赋予申诉者绕过封闭的立法渠道的能力，以及迫使记录表决集中在受欢迎的议题上，预算过程可以释放先前被压抑的渴望。

驳回决议

参议院或者众议院拒绝批准决议就正式确认了协商失败。即使有机会在议员大会上修正决议，议院可能也不会满意最终的结果。因为议员们必须对互不相干甚至是相互矛盾的双方都满意：预算总额，包括预期赤字，以及各种预算功能间支出的混合。众议员也许会同时因其项目包括在预算内而高兴，但又为赤字规模而烦恼；或者认为支出总额可以接受，但却无法接受特定项目的分配数额。任何一种情况下，他们都有可能通过投反对票来表达不满。

虽然参议院没有面临这样的窘境，但众议院已经两次驳回决议，在调小对特定功能的变动后，决议随后得以通过。两次驳回的原因都是协商失败，但情况却各不相同。1978 财年第一次决议没有通过是因为众议院投票支持大量增加许多类别中的项目，但是增加使得赤字超过某些议员的承受范围，并且很多项目的支出对其他项目而言都太高了。1978 财年的经历表明，最好的协调方法并不是对每个项目或利益让步。

另一个实例发生在 1980 年第一次决议的最后阶段。两院在决议的讨论会上达成协议，在其中一个主要分歧（教育分配）上更偏向参议院。经过自由派的极力游说，众议院以有偏向为由驳回了会议报告。使众议院恼怒的不仅是其谈判者的胆怯，还在于教育分配可能会比众议院拨款委员会报告的教育拨款少很多。没有将拨

① 国会档案 124（1978 年 5 月 4 日）H3599。

款委员会的需求考虑在内的过失最终通过增加一小笔数额（预算授权 3.5 亿美元）来弥补，在这之后众议院通过了决议。

虽然众议院彻底驳回预算决议只有两次，但那么多千钧一发的时刻证明：要迁就在预算政策上分歧严重的议院是多么困难。如果预算程序想要生存，要么众议院成员在预算政策问题上变得更加一致，要么众议院就得降低关于预算程序的期望。内部一致或降低期望都能使预算委员会制定协调预算的任务变得简单一些。

协商的方式

制定协调预算有独特的方法，也有独特的效果。它分项处理预算决定（特定项目和功能应分配多少），以此来防止再分配问题在每一个预算过程中出现。比起在稀缺资金的公开竞争中明确地让项目互相较量，他们情愿将预算分隔成互不相干的部分，然后像单独的政策议题那样来处理每一部分。协调预算依靠扩张型经济的“增长红利”来改变国内优先项目，也不会太过偏离先前的支出模式。其结果是预算更多地参照过去的决定而不是未来的机遇，但也是一个能缓和国会内部以及立法与行政之间冲突的预算。

避免公开国会优先项目

在编写预算法案时，很多改革者都希望新的程序可以在国会内引发年度“优先项辩论”。各种预算功能竞争有限资源，一个类别多就意味着另一个类别少。众议院规则委员会在其预算改革立法版本中认可这一概念。它指出，国会“应该有机会在合理的预算程序下比较每个方案的相对价值，以此来决定支出的优先项目。因为现行系统缺乏条理并且决定过程长达数月，国会没有真正的机会决定支出优先项。如果最初决议阐明了每个类别的适当目标，国会就有机会做出决定”。①

除了这些期望，预算程序并未导致对国内优先项目的新审查。事实上，国会在预算程序出台之前对预算优先项目的重新安排较多。表 8－2 揭示了 1969 年至 1975 年间国防和收入保障这两大预算类别的相对份额有很大的变化。国防从几乎占总支出的二分之一下降到了四分之一。收入保障接替首位，从预算的五分之一上升至三分之一，从 1969 年到 1975 年均占支出总增长的一半。

表 8－2　选定财年按功能分配联邦预算支出　　单位：百万美元、%

功能	实际预算支出						第二次预算决议	
	1969	百分比	1972	百分比	1975	百分比	1980	百分比
国防	79418	43.0	76550	33.0	85550	26.2	129900	23.7
国际事务	4573	2.5	4674	2.0	6861	2.1	8400	1.5
自然科学	5061	2.7	4174	1.8	3989	1.2	5700	1.0
能源	1001	0.5	1270	0.5	2179	0.7	7250	1.3

① No. 93－658 众议院报告（1973 年 11 月 20 日）P33。

续表

功能	实际预算支出						第二次预算决议	
	1969	百分比	1972	百分比	1975	百分比	1980	百分比
自然资源	2848	1.5	4195	1.8	7329	2.2	11900	2.2
农业	5779	3.1	5279	2.3	1660	0.5	2550	0.5
商业和住房贷款	553	0.3	2206	0.9	5604	1.7	2850	0.5
交通	6531	3.5	8395	3.6	10392	3.2	18600	3.4
社区发展	1545	0.8	3413	1.5	3692	1.1	8350	1.5
教育、培训、就业和社会科学医疗	7538	4.1	12519	5.4	15870	4.9	31000	5.7
医疗	11758	6.4	17471	7.5	27647	8.5	54450	9.9
收入保障	37281	20.2	63911	27.5	108605	33.3	190000	34.7
退伍军人福利	7640	4.1	10730	4.6	16597	5.1	20800	3.8
执法和司法	761	0.4	1650	0.7	2942	0.9	4400	0.8
各级政府	1649	0.9	2466	1	3089	0.9	4200	0.8
财政援助	430	0.2	673	0.3	7187	2.2	9050	1.7
利息	15793	8.6	20582	8.9	30974	9.5	58100	10.6
津贴	—	—	—	—	—	—	6200	0.1
抵偿性收款	-5545	-3.0	-8137	-3.5	-14075	-4.3	-19700	-3.6
总数	184548	100	232021	100	326092	100	554000	100

备注：百分比之和不一定为100%。

来源：1977财年美国政府预算，No. 96-399参议院报告。

1975年后期增长规模较小。能源预算份额翻了一番，但仍是各个类别中较小的。农业份额也有所增长，不过仍未恢复其1972年的水平。尽管每个类别的绝对支出水平相对稳定，财政援助（收入分担）和国际事务的份额却下降了。商业和住房份额的下降更多是因为会计惯例而不是立法政策。①

期望国会预算成为一场有关国家优先项目的竞争以及一种改变现行优先项目方式的人会大失所望。预算制定者为了避免明显地权衡各项功能，宁愿把它看做互不相干的政策选择。预算委员会在完成功能列表的同时划分支出决策，直到他们完成明细表。虽然一揽子交易在私下完成并考虑了功能间的相对分配，在预算的前五年，任何一个委员会在任何情况下都不会明确投票支持将钱从一个项目转到另一个项目。尽管预算委员会会首先纵览经济情况并了解他们期望的总额，但这两者在功能分配前都决定不了总额。参议员马斯基解释了旨在阻止议员大会采取行动将资金从国防项目移到国内项目的参议院预算委员会审议程序。他宣称委员会在处理19项预算功能中的任何一项时都十分小心，没有任何支出总目标……每个功能的总额

① 举例来说，政府国民抵押贷款协会的参与证销售收入和按揭贷款每年变动都非常大。因为这些收入被当做负开支来处理，即使项目水平稳定，也会造成预算支出大范围的变动。

和其中的使命均以那种方式处理。国内支出没有强制性上限。我们总是抱着诚挚的愿望满足每个功能中的正当需求。[①]

众议院预算委员会的罗伯特·贾伊莫为回应共和党提议（在预算总额决定之后，再决定功能）勾勒了一个类似的程序。他解释说，“如果我们试图不进入特定功能分类，也不考虑拨款的项目和活动就设定总预算限额，我们将会在一个事实真空的环境下行进……我们无从得知这样的程序对各种各样的项目来说意味着什么。”[②] 预算委员会的成员们小心翼翼地构建他们的决定，防止被理解为在项目之间调动资金。因此，当参议员 J. 格伦·比尔在参议院预算委员会削减国防资金后要求增加社会项目资金时，他努力将其提议与先前的行为区分开来：“我这么做的原意并非想在国防和其他项目之间权衡。我认为那是十分危险的……我不想把这次增长同国防预算的任何削减联系起来。”[③]

协调预算的制定逐个进行，因为在预算过程中国会没有单一或共同的利益要最大化。国会自己是不同利益的集合；预算委员会通过满足特定的利益诉求来满足国会。他们通过将预算分成几部分并决定向每一部分分配多少来实施协调。即使当逐个进行的方法发展为关注总量和部分决策如何加总成预算时，要求之间也不会公开彼此对抗。竞争无处不在，不过通常在暗处。

预算程序结构必须清晰以便协调每一部分。每个功能都覆盖一部分国会利益。其中一些功能（例如国防、农业、退伍军人）与国会中的特定利益集团对应；一些（例如收入保障和教育、培训、就业、社会服务）是大量利益集团的集合，它们关注涉及其利益的拨款。一些重要的国家利益（首先是住房）埋没在众多类别之中，相关党派必须在预算的各个部分中仔细挑选斟酌他们的偏好。

当国会议员提出“某项功能该有多高优先权？”的问题时，它们不是指功能的相对价值，而是其特定需求，即其中编入预算的项目。它们想知道分配会涵盖现存项目还是着力于削减；它将允许真实的增长，还是根据通货膨胀率调整。他们通过比较同一功能现在和以前的分配来决定优先项。最重要的估计是在功能内而不是功能之间。

不过，就预算优先项而言，国会并不认为自己无所作为。它通过分配每项功能所应得的资金来定义优先项目，与去年所得、总统期望、现行政策相比，多一点或少一点。优先项目的设定一般在边界上进行，每项功能增加一点或减少一点。寻求重新安排预算优先项目的成员往往难以接受边际变化。但是边际变化是通过顾及旧决定、回应新要求来遏制冲突的一种方法。

参众两院生硬地拒绝了所有通过在项目间转移资金来重新安排优先顺序的提议。第一个这样的“转移”修正案由众议院预算委员会的自由派议员伊丽莎白·霍兹曼于1977年的预算中提出。“我深感不安”，她向众议院抗议，“我们这次拿到的预算未能履行预算法案的基本承诺——设定国会优先项目，以及应对国家

① 国会档案124（1978年4月25日）S6243。

② 同上，（1978年5月2日）H3418。

③ 参议院预算委员会，1976财年第一次共同决议审议，抄本，P538。

面临的严重问题。"[1] 另一个众议院自由派理查德·奥廷格对此非常高兴："我有史以来第一次相信，在我们面前有了一个在议案中真正选择优先项目的机会。我们有机会在修正案中权衡削减国防部的铺张浪费以及急需的国内社会项目……我们之中的许多人已经谈论重新安排优先项目多年，如今正是放手去做的时候。"[2]

众议院并没有陷入圈套。它给予转移修正案比任何其他有关该年预算的议员大会修正案更少的投票。投票结果以 85 票赞成，317 反对驳回了修正案，其中反对阵营包括除了一个共和党人以外的所有共和党人和大部分民主党人。这样的结果在随后的几年不断重复。1978 年，众议院预算委员会的帕伦·米切尔接手转移修正案："我十分渴望为预算委员会工作……（但）预算委员会制定的第一次决议并未设立优先顺序。"[3] 这次的转移计划以 102 票对 306 票被驳回，投票方式也与往年相似。众议院在 1979 年预算中有了一次额外的机会，但是又一次（98 票对 313 票）驳回了从国防到国内项目的资金转移。

在 1980 财年，米切尔放弃了转移资金这个途径，转而从增长的收入中寻求更多的国内项目资金，但结果还是一样；众议院以 130 票对 277 票的投票驳回了他的提案。

转移资金在参议院也没有好结果。乔治·麦戈文在 1979 财年预算时试图重新将 46 亿美元的国防资金分配给数个国内功能：20 亿美元用于教育、就业和社会服务；19 亿用于能源；较少的数额用于交通和社区发展。麦戈文的手法十分明显：通过向转移资金投票，参议院就能在不增加赤字的情况下为自己喜欢的方案增加资金。但这个计划没有成功；麦戈文的修正案还是以 14 票对 27 票被压下来，得到的投票少于 1979 年预算的其他任何参议院修正案。

在 1980 财年，麦戈文试图将从国防项目中削减下来的资金的一半转移给各类国内项目（能源、交通和教育），另一半用于降低预算赤字。但这一举措仍然以 24 票对 69 票的巨大差距失败。

国会对功能之间公开竞争引起的冲突没什么耐心。确切地说，由于预算程序提醒国会这样一个事实：某个功能得到的多就意味着另一个得到的少。因此，它宁愿按次序考虑每项功能，这样一来可以减轻预算不可避免的紧张感。程序中产生的预算不代表任何人的偏好；并非所有细节都与众议员的相对偏好一致，更不用说国会中的大多数人；它不必成为任何人的预算，因为议员只对其中的几项特别在意。如果他们满意这些并且总支出和赤字水平也不会让他们深感不安，那么就可以说服他们投票赞成预算决议。

对于那些偏好预算的一部分而漠视另一部分的议员来说，一致同意的优先顺序是可以接受的。接受预算的代价就是满足他们的优先项目，其余他们不关心的事情就让别人去关注吧。在此基础上，马斯基打破了参众两院解决 1978 年预算分歧的会议困境，认为："在主持参议院预算委员会这个关键的位置上，我学会了一点：

① 国会档案 122（1976 年 4 月 27 日）H3455。
② 同上，（1976 年 4 月 29）H3558。
③ 国会档案 123（1977 年 4 月 26 日）H3558。

如果想推进我感兴趣的预算目标，就必须意识到其他人认定的优先项目，并且我必须乐于支持最终的结果。”① 在委员会最终就1978年预算达成一致时，马斯基为其寻求支持，“在优先项目间审慎而微妙地平衡……预算程序建立在平衡需求、弹性和妥协之上。”② 这是一份各方同意的预算，在其中没有哪一方得到所有想要的，也不会宣称要重新安排国家目标。

不过一致通过的预算不会吸引坚决反对某一项目的国会议员。那些想削减国防资金的人不仅想要更多资金满足国内需求；他们同时也希望减少军费。这类人很难协商，因为他们想削减的项目恰恰受到国会强烈支持。

通过预算增长来协调

协调预算通过减少资金竞争来缓和冲突。国会针对预算的各个部分设定了不同的增长率，而不是通过削减预算来重组优先项目。因此，一个功能中的优先项目取决于其增长占预算总增长的百分之几。久而久之，不同功能的相对价值就会发生变化，因为他们以不同的比率增长。1972年至1975年间，国防支出增加了100亿美元，但因为预算的其他部分增长率更高，这一类别的份额下降了。同年收入保障的支出增长了70%。相对于收入保障占联邦支出增长的一半而言，国防仅占10%。

表8-3 1977—1980财年第一次预算决议功能分配偏离现行政策（法律）预测的幅度

单位：%

功能		1977年	1978年	1979年	1980年
国防	BA[a]	2.80	0.10	1.70	3.80
	O[b]	-1.3	-0.1	0.7	0.4
国际事务	BA	-2.1	24.3	26.7	9.5
	O	-5.7	4.7	-2.8	8.2
自然科学	BA	-6.1	3.0	NC[b]	7.6
	O	-4.2	1.4	NC	5.7
能源	BA	—	—	23.8	334.8
	O	—	—	6.5	-11.7
自然资源	BA	58.9	3.3	-0.7	-3.1
	O	3.3	3.7	-0.8	-0.8
农业	BA	-4.2	-20.4	66.2	2.0
	O	NC	41.1	25.8	3.8
商业和住房	BA	20.5	4.7	3.5	-2.2
	O	-4.8	-0.5	2.9	NC
交通	BA	—	—	27.7	3.5
	O	—	—	0.4	-2.7

① 1978财年第一次共同决议的两院协商委员会，抄本，P151。

② 国会档案123（1977年5月13日）S7537。

续表

功能		1977 年	1978 年	1979 年	1980 年
社区和地域发展	BA	-9.8	11.1	27.5	4.7
	O	-9.3	0.8	1.1	1.3
教育、培训、社会服务	BA	14.4	-1.8	7.8	-0.1
	O	8.5	-0.3	4.0	-3.2
医疗	BA	-2.2	0.8	-0.3	0.3
	O	-2.3	-1.2	-1.2	-3.1
收入保障	BA	-13.4	2.8	-0.8	-2.8
	O	-3.9	-0.8	0.9	-0.4
退伍军人福利	BA	0.5	4.9	3.9	1.9
	O	-1.0	4.4	4.0	1.5
司法行政	BA	-5.5	NC	4.9	2.3
	O	-5.4	2.2	2.4	NC
各级政府	BA	-7.8	4.1	-2.1	2.3
	O	-10.3	4.0	-2.4	2.4
财政援助	BA	0.7	0.2	6.6	-4.7
	O	-6.8	-0.4	5.5	-4.7

[a]，BA＝预算授权。

[b]，O＝支出。

来源：参议院和众议院关于各种预算决议的预算报告。1977—1979 年的百分比来自现行政策。无论是否有法律依据或项目预定终止，现行政策都会根据通货膨胀率调整每个类别。现行法律只有在有法律依据的情况下才允许根据通货膨胀率进行调整。

表 8－3 描述了从 1977 年至 1980 年第一次预算决议设定的增长率。比率是以现行政策为基准计算出来的百分比偏差，因而揭示了国会在哪些方面做了大于或小于通货膨胀率的调整。零增长率通常意味着在不改变政策的情况下，国会提供维持项目所必需的数额；负增长率通常发生在国会的支出调整在项目预期成本增长以下的情况；正增长率通常允许在该功能上的实际增长。（不过，有时在没有公开决定的情况下增长率也会变化。例如，经济萧条自然会使与失业率有关的项目支出增长，例如失业保障。）自然资源和能源项目上的高增长反映了 20 世纪 70 年代后半期能源项目的重要性；从 1977 年至 1978 年的主要农产品立法通过后，农业的增长便被遏制住了。尽管有很多类别的净增长率都为负数，但在多数情况下，各预算类别的拨款都会上升，只不过不能与预期通货膨胀率同步罢了。

增长率的变化反映了公共选择的变化。国防就是个典型的例子。在实行预算程序的第一年，国会继续使用自美国脱离越战后便采用的模式，大量削减总统的国防要求。但第二年国会同意了国防支出的净增长，扭转了国防预算购买力持续八年的下降。国会在示意其预算优先项目的一百八十度大转弯，即使是最审慎的净增长也无法阻止国防对预算份额的侵蚀。国会的这一转变与公众对国防态度的转变一致。

波托马克联合公司（Potomac Associates）1976年的民意调查报告称“全国都赞成增加军事和国防支出（相对于两年前的调查）……没什么可惊讶的。”[①] 调查还发现，与能源项目所反映的高增长一致，对发展能源自给自足支出的民意支持高于预算的其他领域。

由于国会一直以来均通过控制增长率而非进行正面资金竞争的方式来确定国内优先项目，所以即使是在合理的预算程序出现前也可以重新分配预算份额。1972年至1975年的转变并非偶然，反映了国会想要降低国防净增长和扩大收入转移的愿望。反过来说，某个预算程序的启动并不一定会使支出模式发生剧烈变化。实际上，说预算程序稳定了预算份额的分配是值得怀疑的，并且通过将注意力集中在预算优先项目上，它使重新分配它们的工作复杂化。过去，国会通过将预算决定碎片化来重新安排优先项目。它从不就重新分配投票，在做出决定之前也无从得知对预算份额采取措施的全部后果。在旧系统下，忽视失败者使重新分配变得容易。通常他们不会知道自己项目上的增长率与预算中其他部分相比如何，也不清楚个别项目的增长能否维持现有的政策水平。国会能投票支持增加某项目的预算，但同时削减其预算份额。

通过要求同时决定预算的所有部分，新程序使每个参与者都意识到分配的后果。在表决预算决议之前，就已经有关于当前功能分配和与现行政策偏差的信息了。不难找出谁是赢家，谁是输家。3月15日的意见和评估为项目支持者提供了一个方便的程序来为他们的利益寻求支持。由于预算优先项目通过合理的预算程序投票产生，所以变化在更大程度上是边际性的，而非根本性的。

通过把所有与预算有关的决定都纳入此轨道，预算程序通过非预算行为例如权利性项目以及其他方式的后门立法来阻止优先项目的重新安排。收入保障从20世纪70年代初期占预算的五分之一陡然上升至中期的三分之一，很大程度上是因为除了酌情扩大类似于社会保险这样的现存项目，立法行动还建立了许多新的权利性项目，例如补充安全收入项目、食品券、黑肺病患者补助。国会在没有判断收入保障相对于其他项目的价值，也没有考虑这些项目对未来预算有哪些影响的情况下，采取了这些措施。收入保障激增是因为没有受到预算信息或预算控制的限制。但如今成绩记录报告和成本预测使所有影响收支的立法行为都与预算有关。这一努力就是为了杜绝高增长率授权项目的立法风险。

适应经济状况

为了使协调预算在不减少功能分配的情况下改变预算的相对重心，国会必须有可以“花”在偏好的功能和项目上的增长红利。如果没有红利，国会重新分配的唯一选择就是在预算类别间转移资金（将引发预算制定者希望避免的立法冲突），或通过赤字支出为增长提供资金（预算法案允许，但国会需担负明确的责任）。经济增长是和平分配预算份额的必要条件。

自1975年起，国会就表现得好像它缺少选择增长的权力。它被稀缺感所折磨，

① 埃德温·L. 戴尔等人，未知经济环境下的重点：通货膨胀、萧条和政府支出（华盛顿特区：波托马克伙伴）。

急需削减政府成本或至少减缓政府成本的增长。这些低增长的期望先于预算法案的出台。回顾第二章，谈到20世纪60年代联邦政府在面临激增的越战成本和为伟大社会计划提供资金的压力下设立预算优先权的必要性。鉴于不断上升的支出、长期的赤字和不可控项目的增长，国会采用了能使其行为更负责的预算程序。1974年法案在预算增长上的效果更多的是靠其运作的环境，而非写入其中的程序。

国会并没有回归高增长的预期，因为经济没有产生“财政红利”，政策压力也限制了它的支出欲。这一部分审视了国会预算实践的经济条件；目的在于评估经济对国会的影响，而非国会对财政政策的影响。接下来的部分关注预算增长的政治约束之一：总统福特和卡特的预算政策。

预算程序是在经济困难时期生效的。预算委员会在1975年早期设定预算目标时，有八百万名美国人没有工作，超过大萧条之后的任何时期。失业率持续飙升；1975年2月已经达到8%，三个月之后预计将达到峰值8.9%。经济产出在1974年最后一个季度遭遇下降（-7.5%），1975年第一季度降幅更大（-9.6%）。大多数经济活动都表现得很不乐观：失业持续时间增加而净工资下降；三分之一的生产力闲置；新屋动工仅仅是两年前的一半。无论用什么方法，国家还是处在最糟糕的战后萧条之中。

经济失控伴随着毁灭性的冲击。整个1974年，多数经济学家都在关注由严重的食物和燃料短缺造成的两位数通货膨胀率（每年12%）。1974年9月，福特总统宣布了一个反通胀的倡议，建议向个人与公司收入征收5%的附加税，以及将联邦支出上限设置为3000亿美元。在11月，他递交了一份列有提议减少支出46亿美元的清单给国会，并重申了财政限制的请求。然而，随着经济的恶化，福特被迫转而采取刺激政策。在其1976财年的预算中（1975年2月公布），福特承认“经济正处在萧条之中，”要求减免160亿美元的税收。不过，他也提及“使预算远离持续通货膨胀”的必要性，因此建议预算支出降低170亿美元。预算预计赤字519亿美元；这一数额在几个月后上升至597亿美元，因为国会通过了超出预期的税收减免，并且重新预测，将某些项目的支出提升到了预算水平之上。

两个预算委员会都想提出比总统更具激励性的预算。参议院预算委员会称萧条“是20世纪30年代以来最严重的，并且趋势并不向好。失业率……在未来几个月有可能会更加严重”。[①] 参议院的预算制定者们预测总统的提案会在1976年末产生8.5%的失业率。众议院预算委员会警告说，“除非国会果断行动，否则经济绝不可能在不损害民生的情况下纠正自己。”[②] 然而，国会的预算反应被限制；国会没有对努力使百万美国人重新走上就业岗位的潮流提出财政警告。1975年5月通过的决议设定了688亿美元的赤字目标，支出超过最新的总统预期近120亿美元。大部分增长均源于国会驳回了福特总统的预算削减，但大约有70亿美元聚焦在公共工程和公共就业服务上。国会外的预算专家估计这一刺激法案可以减少0.5%的失

① No. 94-77参议院报告（1975年4月15日）P7。

② No. 94-145众议院报告（1975年4月14日）P5。

业率：“因此，国会预算引发的经济的预期恢复也可能是适中的。”[①]

预算委员会通过迁就国会的项目期望来应对财政危机。他们驳回了国会不希望通过的项目削减并推进了国会准备接受的项目。众议院预算委员会自称“试图通过为几乎每个众议院委员会通过的、众议院通过的或众议院领导人建议的项目提供支出授权来制定反衰退计划。”[②] 在大多数情况下，众议院预算委员会通过的项目已经被众议院采纳（例如众议院通过的紧急就业拨款法案），或正准备采纳。众议院预算委员会加大了对民主党公共服务就业项目的支持，但并未毫无保留地投入以促进经济复苏。委员会想要比总统更多的刺激方案，但也没有多很多。

参议院预算委员会的预算更缺乏刺激性。它以7票对7票的投票驳回了蒙代尔120亿美元的反衰退项目，保留了预留45亿美元用于经济复苏的申请。参议院委员会敦促国会“慢慢来”，表示“怀疑临时设计的项目是否事实上也将被证明是临时性的”。[③] 参议院预算委员会坚持“扩张永久性政府项目水平的空间很小……这一财政规则对于达到充分就业率时保证适当的财政政策十分重要。”[④] 为了在支持经济复苏的外表下遏制项目扩张，参议院预算委员会采用了双预算的方法，将临时的经济复苏项目与财政基数分开。参议院预算委员会提醒参议院反周期预算政策的价值，尽管为此目的设定的数额十分有限。

预算委员会在应对预期的经济危机时受到限制，因为他们并不只关心失业；还要同通胀和赤字斗争。虽然通货膨胀率已经从峰值12%降了下来，但它仍然让许多议员担心。参议院预算委员会坚持“1976年的财政预算应将经济衰退和通胀都考虑在计划之内……在抵御某个问题的过程中，国会必须避免会导致未来一年严重通胀的行为。”[⑤] 因此，它敦促在那些将导致国家新支出项目的领域内实施政策限制。[⑥] 众议院预算委员会有信心放松的经济可以在不引发更严重通胀的情况下刺激经济，但它仍然不愿支持会扩大赤字的额外支出。

赤字规模是提供更多经济刺激的最大障碍。虽然低于某些非官方经济学家赞成的水平并令很多财政保守主义者担心，但700亿美元的赤字仍然是和平年代的最高纪录。[⑦] 两个预算委员会花费了大量精力向国会保证赤字是经济萧条而非立法行为的结果。众议院预算委员会大肆宣传其预测：失业率上涨1%就会增加160亿美元赤字。在此基础上，委员会宣称，赤字不是“挥霍的联邦支出，而是恶化的经济环境”的产物。[⑧] 根据众议院预算委员会的计算，如果经济繁荣，预算赤字的规模会非常小。参议院预算委员会特意将其预算建立在这样的原则之上：如果就业率为

---

① 巴里·M. 拜曼等人，确立国家优先项：1976年预算（华盛顿特区：布鲁克研究所，1975），P236。

② 国会档案121（1975年4月30日）H3456，共和党人亚当代表的评论。

③ No. 94-77参议院报告（1975年4月15日）P19。

④ 同上，P17。

⑤ 同上，P26。

⑥ 马斯基和参议院预算委员会的经济学家试图传授委员会成员反周期财政策略，包括不断变化的经济环境会引发或者结束临时项目，而不是像永久性项目那样在经济复苏后仍会持续。

⑦ 据非预算机构补充，赤字为800亿美元，接近许多经济学家在预算委员会前宣称的上限。

⑧ No. 94-145众议院报告（1975年4月14日）P6。

4%，那么财政基数（永久性项目）就不应超过现行税法产生的收入。[1] 在这一原则下，预算委员会必须依据预算中的“自动调节量”（下降的税收收入，上升的失业补偿金和福利支出）加上先前通过的税收减免来提供大量经济刺激。

赤字不仅使反对第一次决议的保守者担心，中立的民主党人也很担心，而他们的投票对预算目标的通过十分重要。参议院预算委员会的乔·拜登承认了“现行经济状况下赤字的必然性甚至是必要性”，但补充说，“我不认为我们可以通过大量的‘临时’支出项目真正做到摆脱经济衰退而不承担严重副作用的风险。”[2] 众议院预算委员会的吉姆·莱特向预算决议投了赞成票，但他辩称赤字“可以并且应该通过审慎的经济制度来降低。”[3] 他的同事托马斯·阿什利也支持委员会的工作，但表示“严重关切……预期赤字的规模和构成。”[4] 罗伯特·贾伊莫用了严厉的说法，提出“严重关切不合理的乐观，建议赤字的后果已经显现。”[5] 所有这些民主党都投了预算决议赞成票，但他们对赤字的关切抑制了国会对经济危机的应对。

预算委员会中想让更多钱用于经济复苏的自由主义者也被赤字所限制。他们想重新安排优先项目以求在不扩大赤字的情况下将资金转移到国内需求。众议院预算委员会的伊丽莎白·霍兹曼投票反对报告第一次决议：“我不同意我们需要 732 亿美元的赤字来应对经济萧条，也不同意国家可以轻易负担这笔庞大的赤字支出……应该在不削减人们所需支出和不影响我们应对经济衰退能力的前提下降低赤字规模。”[6]

参议院预算委员会的克兰斯顿尽管担心“委员会预算中的临时项目不足以促使失业率快速下降，也不足以使经济从大萧条中尽快复苏”[7]，但他还是对决议投了赞成票。他并不敦促参议院要守住赤字底线，但要求削减国防预算 40 亿美元。不过国会中的大多数人并不打算使国防预算的削减超过预算委员会的建议很多。由于极不愿意增加赤字，国会只局限于小规模的反经济衰退预算。

1976 年国会预算的投票处于经济活动的低谷。随着经济状况的改善，赤字规模减小了，但立法者的担忧仍然存在。面对维持在高水平的失业率（仍然高于 7.5%），国会通过的 1977 年预算总支出在当前财年的政策水平之下。虽然预期的 500 亿美元赤字低于前一年，仍有很多议员为之苦恼。保守主义者又一次指责国会浪费，并且提醒国会注意通胀压力；自由主义者重提他们的请求，要求将国防资金转移到国内需求，这样可以在不增加赤字的情况下帮助经济复苏。温和派在承认国会别无选择（只能接受经济现实）的同时表达了对赤字的担忧。

因此，赤字界定了国会辩论的范围。除了少数例外，不会设立永久性项目。因

---

① No. 94－77 参议院报告（1975 年 4 月 15 日）P17。
② 同上，P124。
③ No. 94－145 众议院报告（1975 年 4 月 14 日）P70。
④ 同上，P71。
⑤ 同上，P75。
⑥ 同上，P114。
⑦ No. 94－77 参议院报告（1975 年 4 月 15 日）P132。

为它们要么会提高赤字，要么会迫使国会通过削减现存项目来重新安排优先项目。预算委员会成了未来预算的监护人，规划几年后如果经济完全恢复健康时的预算平衡。不过他们只有通过限制项目提案以及将预算扩张限制在随着经济好转逐步减少的临时支出增加以内，才能承诺未来的平衡预算。

在这些情况下，一些自由主义者将预算程序本身视为国会应对经济困境受限的原因。美国劳工联合会和产业工会联合会推断，新程序将国会的辩论集中在赤字规模而非国家的经济需求上：“国会采纳的新预算程序威胁要削弱国会带领国家走出萧条以及满足美国人民需求的能力……在最终分析中，如果国会预算程序对国家真的有意义，它必须将人的需求置于赤字之上。”①

可以肯定地猜测，如果没有预算程序，国会可能会趋向于更大胆的经济决定。它不会在有关赤字的问题上直接被挑战，并且会乐意采取增量行动而不用担心总成本。在此基础上，也许有人会说，因为关注赤字，所以预算程序在经济需要扩张时是最紧缩的，在需要限制时是最宽松的。当经济强势时，国会也许会被期望将财政红利投入项目增长。然而当经济萧条时，低增长的预期会导致国会冻结预算优先项目并避免项目提案。

迁就总统

在接受这个令人沮丧的结论之前，必须考虑另一个提高国会对赤字的敏感度并且树立了低增长观的限制因素。在经济最低迷的时期以及总统选举活动的初期，福特总统一直在宣传紧缩开支，并且指责国会对预算不负责任。其 1976 年的预算基于 170 亿美元的项目削减，还在提案后附上了对国会预算政策的严正反对。在 1975 年 3 月 29 日的全国电视演讲中，福特签署了一项减税立法，他指责国会正走向 1000 亿美元赤字。“我在这里定下界限”，福特挑战国会，表明 600 亿美元是“我们敢承受的最大赤字规模”。他随后补充说，“我会阻止国会的所有努力，不让它通过新支出项目再增加一美元赤字。”② 在预算委员会报告他们的 1976 财年第一次决议之前不久，国会就被贴上了 1000 亿美元赤字的标签。不出所料，“预算委员会与国会不敌政府言论，允许这一由经济衰退引起的赤字的规模成为辩论的主要议题。”③ 在 1977 年预算工作期间，福特总统继续采取攻势，要求保持支出水平低于现行政策水平 280 亿美元。

福特在位期间，民主党议员频繁援引预算法案，宣称独立于总统影响。参议员莫斯称 1977 年第一次预算决议为“联邦预算”：“这不只是一份国会预算……这是国会在行使其对于资金的排他性权力……（总统提案）在 1977 财年预算的持续演进中代表了一个重要但非决定性的投入。”④

国会运用预算程序来保护他自己的优先项目，反对总统的优先项目。在敦促众

① 美国劳工联合会和产业工会联合会提交给民主党和共和党全国代表大会的提案，1976，P55。

② 每周总统文件汇编，1975 年 4 月 7 日，P321。

③ 美国劳工联合会和产业工会联合会，同上。

④ 国会档案 122（1976 年 5 月 12 日）S7060。

议院推翻福特对教育拨款草案的否决时，亚当斯称："必须对联邦支出和设定联邦项目优先顺序负责的是国会，而不是行政机构。"① 马斯基在支持推翻福特对于劳工部拨款草案的否决时用了类似的论据："当国民被总统告知这样的草案超出预算时，国会和民众应该记住，总统提到的是他的预算。国会预算代表着一套完全不同的优先项目……这一草案是国会优先项目的反应，与总统的大不相同。"②

福特在位的那几年，对于优先项目的争论是有用的，可以用来回应白宫指责国会通过向社会项目拨付超过总统建议的拨款来"破坏"预算的指责。民主党控制的国会想自己处理有争议的预算议题，对他们而言，优先项目的争论等同于独立宣言。

在卡特成为总统时，国会中的共和党人设想了一个独立的角色。参议员亨利·贝蒙告诫国会不要将国会程序变为"行政部门的橡皮图章"。"如今的挑战……是保证国会程序真正运作，并且作为一个分离的、独立的程序运作，有自己的完整性，有自己制定政策的潜力，有自己的数据累积基础……只有那样，我们才能为创造国会预算程序的目标服务。"③

贝尔蒙的呼吁是由1977年第三次决议引起的，该决议在大多数方面符合国会中民主党领袖与收入部门之间在就职典礼之前的一致意见。国会之所以能够将1977财年赤字从第二次决议中设定的506亿美元提高到697亿美元，是因为总统愿意接受更高的水平。经济环境恶化的事实（GDP增速相对于该年早些时候的8.8%放缓到了1.2个百分点）并不是提高赤字的充分理由。政治环境的变化也是必要的。政治形势在几个月后又发生了变化（1977年4月），总统不再支持退税，国会也将赤字恢复到了500亿美元的水平。国会温顺的反应激起了众议院预算委员会民主党人罗伯特·莱格特对于放弃预算独立的抗议："……我们的预算程序必须能够激发言论，对于国会应该拥护的适当行为有独立的判断，不论哪个政治党派执政或者就此而言哪个党派控制国会。"④

然而，预算法案没有将国会从总统的影响中隔离开来。当一位总统宣布赤字或者攻击国会的赤字支出时，他在塑造关于赤字规模的政治预期。国会必须迁就总统，因为如何理解赤字在政治上取决于总统如何定义它。国会之所以能够在1976财年安全地制定600亿赤字，是因为福特已经批准。虽然国会打算反对此数额，因为所需项目削减将超出承受范围，并且阻止选择性支出刺激衰退的经济。但国会可以在多大程度上偏离总统立场是受限的。国会增加了一些经济刺激政策（比预期的赤字多了几十亿美元），但总统缩小了它选择的范围。

即使国会在预算中挤进再多的赤字，国会都会试图证明这其实并不像它看起来那样与总统提出的数字相差得很多。它以这样的方式适应总统与国会双方的要求。参议院预算委员会1977年的赤字高于福特的赤字60亿美元，但马斯基声明："不

① 国会档案121（1975年9月9日）H8484。

② 国会档案122（1976年1月28日）S725。

③ 国会档案123（1977年2月21日）S2804。

④ 同上，（1977年4月26日）S5293。

论对对立面有何言辞，我们委员会报告陈述的赤字与福特政府提出的赤字没有明显差别。建立在同一基础上的（即会计与规划方面的非政策差别因素被剔除后）差异……小于10亿美元。”①

贾伊莫在淡化其委员会提出的1978财年65亿美元赤字增长时采用了相同的思路：“委员会的建议……实质上仅与总统提出的那些建议差别很小。”②

也许有人会设想一个民主党主导的国会将更关注民主党总统，而非共和党总统。表8-4似乎证明了这个猜想。就可对比的14项功能中的11项而言③，国会对卡特预算的调整小于福特预算。三分之二的国会分配不超过卡特申请的5%，只有七分之一对其预算的偏离超过10%。然而福特在位时，三分之一的功能分配偏离其预期的10%或更多。分配的二分之一不超过预算的5%，但大多集中在稳定的功能上（各级政府、自然科学、执法与司法等等），不存在很大的预算争议。然而国会在福特想要削减的社会功能方面（社区与地区发展、教育、培训、就业以及社会服务）增加了大量分配。

然而这些数据还不能代表全局。事实上，福特对国会的预算分配有限制性的影响，也许比他的民主党继任者还要大。如前面表8-2所示，1977财年功能分配中超过三分之二在现行政策水平以下，大约相同的比例在福特预算以上。国会通过将支出保持在现行政策水平以下来适应福特的预算削减活动。而卡特一放松总统限制，国会就将三分之二的分配定在现行政策水平以上。

表8-4　1976—1980财年通过的第一次决议与总统预算申请的差别　单位：%

功能		福特预算		卡特预算		
		1976	1977	1978	1979	1980
国防	BA[a]	-6.5	-0.7	-1.3	0.20	-1.2
	O[b]	-3.5	-1.0	-0.8	-1.8	-1.4
国际事务	BA	-61.2	-6.2	-9.7	-2.3	-7.4
	O	-23.5	-4.3	-6.4	-4.2	-3.7
自然科学	BA	0.3	-6.1	NC[a]	NC	NC
	O	0.4	NC	NC	-2.0	NC
能源	BA	—	—	—	9.5	-3.6
	O	—	—	—	-0.1	-13.9
自然资源	BA	12.9	75.3	1.0	8.7	-2.3
	O	9.7	13.8	-2.4	-0.8	1.7
农业	BA	0.6	NC	-18.5	70.8	2.0
	O	-0.9	5.3	89.1	53.7	25.6

① 国会档案122（1976年4月8日）S5293。

② 国会档案123（1977年4月26日）H3553。

③ 五项功能之间的对比不适当：能源和交通是因为它们在1979年预算之前尚未被用到；利息、津贴和未分配抵消收益是因为其间的差别并不直接代表国会与总统之间的政策分歧。

续表

功能		福特预算		卡特预算		
		1976	1977	1978	1979	1980
商业	BA	54.2	1.6	3.6	-10.6	-16.9
	O	13.3	7.9	-2.5	20.0	-5.9
交通	BA	—	—	—	9.1	-5.6
	O	—	—	—	0.1	3.4
社区和地域发展	BA	113.0	25.4	-12.8	-2.6	-21.2
	O	46.1	36.8	6.9	NC	9.5
教育、培训、就业和社会服务	BA	38.8	53.7	0.4	-7.0	0.2
	O	20.6	30.7	2.6	3.2	1.0
医疗	BA	6.7	3.4	0.2	-0.3	0.8
	O	9.3	6.8	-0.4	-0.4	0.4
收入保障	BA	4.4	1.0	0.6	0.9	0.3
	O	5.5	2.0	0.7	0.2	2.2
退伍军人福利	BA	11.4	13.6	6.0	11.5	0.9
	O	8.0	13.4	5.8	8.8	0.9
司法与执法	BA	4.1	0.9	-2.6	2.4	-2.3
	O	3.4	0.9	-1.3	NC	NC
各级政府	BA	-0.1	2.9	NC	2.5	-2.2
	O	3.8	2.9	-1.3	2.5	-2.3
财政援助	BA	NC	0.8	-8.4	-35.8	-8.0
	O	-0.1	-0.8	NC	-2.0	-8.0

[a]，BA = 预算授权。

[b]，O = 支出。

来源：委员会的预算报告，美国参议院和众议院的代表，以及相关预算决议的会议报告。

边际上的调试

由于协调预算必须回应总统和国会的预期，它会使一些期待国会预算从头开始的人失望；他们可能期待会有新的优先项目候选名单，并且没有负担地适应财政状况。但这样的预算立法部门不可能通过。

预算委员会成功的开端就是意识到他们不是国会中唯一对预算结果感兴趣的人。每个委员会都有其利害关系，当所有的利益无法同时被满足时，预算委员会必须协调大量的利益来凝聚大多数人。就像讨论过的那样，委员会还必须将总统的预算考虑在内，他与国会行为也有利害关系，并且积极地在预算总额及其分配方面影响国会预期。“整个预算程序”，马斯基说，“就是一个回应。”“国会”，他解释说，“根据国家对总统的反应做出反应。”① 结果就是国会的预算与总统的预算相差

① 杰克·W. 杰蒙德，“国会与卡特：谁在负责?”，纽约时代杂志。

无几。“事实是”，共和党人亨利·冈萨雷斯在愉快的第一轮预算周期时说，“总统的预算有其自身的生存方式……结果是，我们的预算估计与总统的一样，并且与我们并不科学的拨款系统所预测的几乎一模一样……事情演变的过程似乎没有很大区别。”①

很容易得出结论：如果没有预算程序，国会只会对即将发生的进行适应。但如果这是事实，国会内部就会很少甚至不会产生预算冲突。然而如我们所见，在预算决议的内容以及其他委员会提出的其他与预算有关的立法等方面，预算委员会内部以及议员大会都会产生很大争端。争议集中在预算委员会寻求的储蓄以及预算决议驳回的立法提案上。虽然讨论中的议题多得数不清，但他们肯定仅相当于总数的几个百分点。预算委员会在边际上有选择：偏离总统的数字，挤压委员会的项目储蓄或鼓励他们启动项目，将预算的组成向另一结构倾斜，分配多于或少于现行政策。其中一位众议院自由主义者很疑惑为什么要关注反对预算程序这一保守偏见的边际：“最终，我们毫无疑问要决定一个接近委员会建议的最终预算，其本身接近总统的建议和预算……我们有一个昂贵的系统来保证……不会采取激烈措施改善或者重新定位公共政策。没什么增加，也没什么减少。”②

协调预算是通行无阻的，基于这个原因，国会预算的制定者必须勉强接受对于预算结果微弱的影响力（尽管潜力无限）。

① 国会档案 121（1975 年 11 月 11 日）H10957－8。

② 国会档案 123（1977 年 4 月 27 日）E2524－5，众议院议员哈林顿的评论。

第九章

预算执行：程序和政策

预算会限制受其支配的人们在缺乏预算的情况下能做的事情。在重大利益攸关时，受影响的政党会如人们所料，试图规避预算带来的限制，或者去打破其程序规则。正因如此，每个预算程序（不管是立法的还是执行的）都需要管理者监管，以防违法行为。在行政部门，管理与预算局每年都要检阅成千上万的机构行动与通讯记录，以保证与总统政策保持一致。在国会，预算委员会是预算程序的主要保护者。委员会成员们监视着委员会里和议员大会上的立法活动，记录下影响预算的议案。这些国会的监控人员兼顾程序和实质；他们捍卫为立法预算设定的规则，以及阶段性预算决议中制定的财政决策。

本章对于预算委员会和国会如何执行预算程序进行了详细研究。虽然这里首要关注的是国会内部的工作方式，本章同样研究由 1974 年预算法案规定的扣押控制。扣押程序是为了在行政撤销和延期的情况下保证国会预算的优先权；此后它们也成为国会确保其预算决策被遵守的重要过程。

支出结果：预算控制的错误检验标准

在转向具体的国会执法活动之前，人们必须理解预算程序的所谓“底线”标准——使国家收入和支出与最终财政年度的国会决议相适应的程度。如果开销超出预算上限，说明国会未能成功地执行其预算决策，预算委员会也未能在国会的支出倾向中保障预算执行。相反，如果支出保持在预算内，一种情况是预算程序发挥了作用，不论是依靠自律还是依靠执法，国会遵守了它自己做出的支出决策。

后一个主张被两位预算委员会主席在 1976 年 7 月 1 日大肆鼓吹，而之前一天恰好是第一年国会预算程序完成之时。在一个联合新闻发布会上，众议员亚当斯和参议员马斯基大肆鼓吹在刚刚过去的那个财政年度中实际支出比预算决议中许可的少几十亿美元。一条众议院预算委员会的新闻稿欣喜地发布了这一预算程序中的非凡成就：“1976 财政年度结束于昨日午夜 12 点，在这一年中，国会的支出保持在规定的上限以内，赤字水平也在规定的目标水平以下……这次新预算程序的成功运行具有历史意义……它表明国会从行政部门夺回了它控制钱袋权力的宪政角色。”①

几个月之后，在1976财政年度的账簿关闭时，数据显示实际支出比预算少了84亿美元。在分析师们试图解释为什么支出比之前估计的少那么多时，财政亏空的忧虑开始出现在有关预算的争论之中。而在接下来的几个财政年度中发生了同样的事。1977财政年度实际支出比最终国会预算低了73亿美元，1978财政年度支出则比国会预算决议低了60多亿美元。

在这些数字被证实为国会预算成功的确凿证据之前，其他预算数据也必须被考虑进来。虽然总支出总是受到最多的公众注意，预算授权却是一种用来衡量国会影响的更有效的方式。总支出主要取决于之前的和新的联邦授权资金的支出比率。这样一来，国会在（比如说）实际支出上进行了限制，尽管它在制定预算授权决策时影响它们。②

1976财政年度的实际预算授权最终比国会第二次预算决议超出73亿美元。这样算来，国会未能将支出控制在预算之内，也未能推行它的财政决定。实际数据看上去更像是指出了预算程序的失败，并不像亚当斯和马斯基说得那么成功。不仅总的预算授权超过上限，而且一半以上功能的预算授权水平都超过了上限。在给它的预算决议投赞成票之后，国会按决议进行支出，完全没有考虑到这违背了他们自己的决定。

然而，这个结论与第一个结论同样站不住脚。事实是当国会在做预算决议时，它并不能处理或控制某个财政年度的实际结果。国会做出的决定指导它自身的行为，而非那些行政部门的行为或经济的表现。1976财政年度计划与实际预算授权之间的出入、出乎意料的支出不足，都是国会几乎无法控制的外因所致。比如，执行活动的时间选择会引起几十亿美元的变化，而国会对此却没有发言权。不需要国会介入，经济上的波动就会自动提高或降低联邦支出。会计规范上的变化会在预算总额上增加或减少数十亿美元。1976财政年度国防项目上的实际支出比国会预算少19亿美元；而新的国防预算授权比预算超出28亿美元。这之间的差异部分源于采购和获得主要武器系统之间较长的时间差，部分源于用来估算军用交易的方法。把这些原因放在一边，应该说明的是，无论是超额预算授权，还是短缺的支出，都无法就国会预算控制的有效性得出定论。

在国会做出预算决定时，行政部门和经济会有何种表现完全靠估计。如果国会决定与正常情况差别很大，那么问题在于容易产生错误的期望，而不是国会预算的违规行为。当马斯基和亚当斯在1976年7月1日举行他们欢乐的新闻发布会时，他们估计在刚结束的一年中预算授权总额为4067亿美元。但实际的预算授权高出了86亿美元。没有理由相信预算委员会故意低估预算授权，他们只是使用了最新的国会预算局的数据而已。假如国会在1976年6月30日前额外拨款10亿美元，

① 众议院预算委员会新闻稿，1976年7月2日。

② 虽然马斯基理所当然地相信预算程序能够将支出控制在预算上限以内，但他有时也承认，国会并没有对支出实施有效的控制。在1979财政年度第一次预算决议的参议院辩论中就出现了一次这样的事例：“我们通过控制预算授权来控制预算……但却没有办法通过简单的控制支出来控制赤字。没法通过控制费用来控制支出。我们通过控制预算授权来控制支出。”国会记录124（每日版，1978年4月25日）S6282。

便不会违反其预算规则，因为它由当前的估算指导，而非几个月后才知道的最终数据。

总之，实际的预算授权和支出实质上取决于国会很少能直接控制的因素。支出和预算授权结果都不足以作为国会预算行为的检验方法。一个适当的检验方法必须基于国会自身一年中采取的影响预算的无数措施。与其说推行国会预算是一个保护"底线"的行为，不如说是连续监控收入和支出，以及委员会生成授权立法并在议员大会上进行讨论。这些单独的行为是本章和接下来几章关注的重点。本章主要讨论的是整体的执行程序，而第三部分的一些章节则会详细探讨在拨款和税收立法的条件下收入与支出决定的执行。

执行的常规

有时，预算执行问题会成为预算委员会与其他国会部门之间的竞赛。在本书研究涉及的时间范围内，有许多重大的冲突。其中一些在本章作为探讨国会如何执行其预算规则和决定的个案研究出现。

把这些公共冲突作为评价国会预算过程发展情况的工具很有吸引力，但这些公共冲突也会提供某种扭曲的视角。一份预算要取得最大成功，不是通过公开赢得战争，而是通过对其命令的一贯遵从。要想预算程序有成效，受限的各方必须更多地认同而非挑战它。如果国会预算委员会经常打破预算规则和限制，不论预算委员会如何警觉地保护预算程序不受侵害，它都无法成功。一个决心规避其自身预算控制的国会不太可能被维护这一程序的呼吁或植入预算法的各种命令所阻止。自愿服从必须是国会预算常规的基础。

大规模冲突很少见，偏离了一般情况下国会内常见的服从模式。这一点很重要，因为它提供了在控制不起作用时国会该如何应对预算冲突的见解。但事实是大多数委员都会试着去遵守预算规则。每次冲突都会有几十个根据预算程序例行制定的立法决定。每次事件上升为公开竞争之后，其中很多将被受影响的各方自行解决。国会预算程序的运作将在那些平淡无奇的预算常规之中，当然同样也存在于那些被公众关注的少数冲突之中。

大部分国会委员会都能接受国会预算的要求。在程序问题上，他们大多都会做出真诚的努力，以便在5月15日之前明确他们的账单，并会等到第一次预算决议被采用后再开始推行他们的支出项目。他们也不会故意在决议中留有"后门"的余地，会尽量在预算决议的资金限制内行动。大部分委员会都进行预算程序的培训，而且在员工中增加了预算专家。他们一般都与预算委员会保持经常联系，以确保立法符合预算法的规定，并且在违法时能征求到意见。

"大部分委员会"这个说法很含糊，因为不是所有的委员会都已经内化了预算规范。对其中有些委员会来说，这个任务相当简单，因为它们的立法不会经常与预算法发生冲突。但对其他委员会来说，保持一致要更困难一些，因为它们处理的事情（例如权利性项目）更容易出现与预算有关的问题。有些委员会与程序合作，另一些则试着找出能中和但不过于违反预算控制的方法。明显地，收入委员会一直都比拨款委员会麻烦多，参议院财政委员会也比众议院筹款委员会更固执一些。

人们很容易将委员会的行为差异归因于他们领导人不同的风格和特点。这样，我们可以说，众议院筹款委员会合作的原因是阿尔·厄尔曼致力于使预算程序发挥作用；而参议院财政委员会的固执则是因为罗素尔·隆破坏预算程序的决心。这种轻率的解释忽略了主要原因：委员会与预算程序的合作取决于其中的立法利益。鉴于参议院在收入损失上加载税收措施的癖好，不论领导人是谁，财政委员会不可能与预算委员会融洽相处。两个农业委员会是最初与预算委员会合作最为融洽的国会委员会，它们与各自的预算委员会密切合作。但当利益发生变化时，它们被迫放弃开始时保持的良好合作，转而成为预算委员会的对立方。

利己主义驱使委员会与预算法保持一致。没有任何一个委员会愿意冒着使立法计划"出轨"的风险去故意违反预算法规。在议员大会上，程序问题成为对手手中一个有力的武器；它可以阻碍立法，或迫使汇报的委员会接受不想要的变化。在预算程序刚刚推出时，各委员会通过无视它而频繁违反其条款（并不是因为它们偏好行动迅速而无意中忽视了规则）。既然各委员会现在都已熟悉这些要求，那么就应当保护它们免受侵害。"这是必要的代价"，众议院授权委员会的一位主管解释道，"当然，这可能是一种累赘，而我有时也希望摆脱它，但确保每件事都井然有序比之后在无意间被抓住要好得多"。在众议院预算委员会阻止了一些关键的、在1976年由其筹款小组委员会支持的立法后，众议员詹姆斯·科尔曼指示他的员工在其被报告前与众议院预算委员会一同澄清每一件事。"与预算委员会一起处理"成了很多委员会的标准程序。

但即便是有了委员会及其成员们的合作，国会也不能期望它们对预算规则和决定的完全忠诚。一些违规情况发生的原因是委员会对预算过程的要求一无所知。还有一些是由于不断变化的情况造成财政或计划上的压力不同于做出预算初步决定时就普遍存在的压力。有时委员会企图不顾国会的预算决定而绕开这些压力。预算委员会则试着用与其他委员会保持密切接触的方式来阻止违规行为。它们协助其他委员会迎合预算法的要求，并在各小组委员会和计划中分配预算决议的份额。[①] 当违规事件发生或即将出现时，预算委员会经常会提出克服这些问题的建议。

在一年当中，预算委员会委员花在执行预算法案要求上的时间要比花在别的委员会活动上的时间多。"从来没有淡季这个东西"，一位众议院预算委员会领导人抗议道，这也是对有人质疑委员会在预算决议案之间的长间隔内做了些什么的回应。同时他指出，众议院预算委员会审查每一个众议院委员会的报告，或为议员大会安排活动，从而确保遵守预算程序。众议院预算委员会的执行战略是在尽可能早的阶段介入。首先，众议院预算委员会为每个众议院委员会指定一名预算法问题的工作人员。通过这些联系人，众议院预算委员会能掌握每个委员会的动态，并就它关心的问题进行沟通。一旦发现有关预算法的问题，他们就会在立法报告之前试着制定一个解决方法。通常会向众议院议员提出问题，并使用非正式规则强化其不公

① 预算法第302款（b）规定每一个众议院和参议院委员会必须报告它们对新预算授权和支出在项目和小组委员会中的分配情况。

开的谈判立场。据众议院预算委员会工作人员所言，一旦委员会被告知某个问题，通常会导致其立法上的必要调整。但不可避免的是，有些违反预算法的行为直到那个委员会已经完成工作且报告了法案之后才发现。大部分这类问题通过谈判解决，即违规的委员会同意提供一个议员大会修正案来删除违规行为。而且，如后面将会讨论的一样，众议院预算委员会使用来自领导层和众议院规则委员会的支持说服固执的委员会修改其立法。通过这种方法，众议院预算委员会才可以非正式地完成它的大部分执法目标，而不引起公众的关注或冲突。它可以保持沉默或者迁就议员大会，因为它已经通过私下协议得到了它想要的东西，或者将要得到。

众议院预算委员会举行每周“预警”会议，在会议上审查计划提交议员大会审议的法案。一份工作人员的报告比较了收入和支出草案中的数量与最新预算决议中的假设数量。该报告还处理了不寻常的财务安排和违反预算法案程序的行为。预警会议有时被用来制定议员大会策略，但由于大多数违规行为已得到解决，众议院预算委员会很少需要为议员大会冲突做出准备。的确，众议院预算委员会的执行政策一直都基于对“火并即效率低下”的信仰。“议员大会会议，”一位预算委员会成员暗示道，“是进行对抗并期待结果的最后舞台。”

尽管参议院预算委员会更愿意面对议员大会层面的违规，他们也有详尽复杂的常规，以便在预算法问题放大为公共问题之前解决它们。实际上，参议院预算委员会的执行活动要比众议院委员会的更广泛也更正式。每周一次的立法活动报告涵盖了在日程上所有与预算有关的立法措施，包括授权立法。它们也追踪仍在委员会中修订的草案，工作人员为主席准备有关重要立法或可能成为议员大会讨论问题的事情的详细资料。立法活动报告涵盖了预期的问题（即那些可能会发生的），不仅仅是委员会已经采取的行动。

作为预算过程的执行者，预算委员会不能完全按照他们的意志行事。大多数违规行为都是其他委员会立法工作的副产品。在一个共同掌权的背景下，预算委员会不能忽视其他成员的利益。他它们也不能一味坚持程序性问题，置实质性影响于不顾。它们必须在预算控制中它们的利益与国会的其他立法利益之间进行权衡。由于预算委员会成员或多或少有些自身的实质利益，这些利益将可能会影响到预算的执行过程。一旦预算问题成为一个公共问题，执行的担子作为在整体上转移到众议院或参议院，预算委员会要想占优势，只有说服一个国会多数支持它的立场。预算委员会可以把预算法作为一个讨论点，但如果大多数成员持不同看法，预算委员会就将面临失败。因此，预算过程的最终仲裁者是众议院和参议院，他们必须在相互竞争的利益之间取得预算控制的平衡。

程序与政策

只要预算规则或限制的执行在众议院或参议院预算委员会监管范围之内，众议院预算委员会或参议院预算委员会就可以选择将其作为一个程序性问题来对待。然而，一旦问题蔓延到众议院或参议院，结果便往往取决于此事被理解为一个政策还是一个程序。国会可以不顾预算法的阻碍追求其政策目标，甚至以牺牲实质性利益为代价坚持其预算要求。看待这个问题的不同方式会导致结果的不同。如果是程序方面的问题，则在很大程度上会按照预算委员会的方式进行；如果这个问题被认为是实质性的，则预算委员会有可能会被国会大多数抛弃。

1977 年发生的两件参议院议员大会上的争执说明了政策和程序之间的对比。两件争执的主角是同样两个人——作为预算程序代言人的参议员埃德蒙·马斯基，以及更倾向于住房建设项目的参议员威廉·波克斯迈尔，但两件争执的结果却截然不同。

1977 年 6 月，参议院银行委员会、住房委员会以及城市事务委员会联合立法，这一立法（在其他事项中）将改变新预算授权被计算为联邦资助住房计划的方式。虽然不会直接影响计划运作的水平，但该委员会的建议每年会降低数十亿美元的新住房预算授权，因为它要求重新确定预算授权以排除目前住房项目产生的未来成本。[①] 参议员波克斯迈尔作为银行委员会主席在政策上反对这项措施；他认为住房项目会因计算未来成本的方式而受损，因为其他项目仅计算一年的成本。"这意味着住房项目会是第一个被砍掉的项目，也是最后一个有可能被恢复或拨款的项目。"[②]

而一个月之前，参议院预算委员会还在波克斯迈尔手中遭受了众所周知的失败——参议院恢复了之前被预算委员会在 1978 财政年度第一次一致决议中削减的 62 亿新预算授权。这些资金本来用于同样应资助的住房项目，而现在波克斯迈尔则试图重新定义住房成本。同样强大的利益集团联盟（工会、银行家、房屋建筑商和政府机构[③]）已在第一次预算决议中成功地争取到更多住房资金，现在又怂恿参议员们重新支持波克斯迈尔。这个问题给参议员们提供了一个简便的方法：在不增加开支和赤字的前提下表达他们对于住房项目的支持。但却忽视了参议院预算委员会在之前的损失，马斯基将这一争执提交到了议员大会上，将波克斯迈尔的行动视为一个"危险的先例，有可能会引导其他特殊利益集团发展出新方法来掩饰在他们管辖下的项目对预算的影响。"[④] 贝尔蒙站在他的一边，他坚持这个问题是一个"意义重大的有关预算真相的问题，它的影响力远远不止在技术方面。"[⑤] 同样也是参议院预算委员会成员之一的参议员约瑟夫·拜登强调了程序和政策之间的区别："我们今天要面对的是另外一种程序问题。这个问题不是我们喜不喜欢住房项目……这个问题是我们怎样能在预算中最好地说明住房项目的预算授权，以便每个人都能知道我们打算花多少钱。"[⑥]

在计算投票时，很明显，参议院将重新定义支出视为与增加 62 亿美元住房补贴完全不同的问题。在与马斯基的第一次对抗中波克斯迈尔以 57 票对 39 票领先，

---

① 预算法定义预算授权为授权"以承担责任，马上或将会形成政府资金的支出"。根据这一定义，住房补贴项目的新预算授权应该在全额到期成本的基础上计算。

② 国会记录 123（每日版，1977 年 6 月 7 日）S9086。

③ 同上，S9085。

④ 同上，S9081。

⑤ 同上，S9082。

⑥ 同上，S9092。

但在预算定义问题上他以18票对70票完败。在后一个表决中，只有不到一半的银行委员会成员支持他们的主席。背叛者包括两个同时在预算委员会和银行委员会的委员（艾伦·克兰斯顿和约翰·海因茨）。相反，马斯基则得到了几乎所有（除了一个）他的委员会同事的支持，[①] 也得到了三十多位之前支持波克斯迈尔的参议员的支持。

参议院将第一次表决（补贴住房应该花多少钱）视为一个政策问题，在这一问题上预算委员会没有特殊的专业知识和地位。议员们遵从的政策专家是在这个计划上有实质性司法管辖权的委员会成员。然而，它将第二次表决视为一个程序问题：预算法要求的是什么？当涉及程序问题时，预算委员会则被视为专家，他们的看法会比那些实质性委员会更受重视。

在波克斯迈尔和马斯基之间的两次争端中，参议院在什么是预算授权（程序问题）和应该花多少钱在住房项目上（政策问题）这两个问题之间划出了明显的界限。但任何一个问题都可以有不同的定义；没有任何固有的东西迫使委员会成员们只用一种定义去解释它。甚至“该花多少钱”的问题都可以不顾实质性影响被视为预先设定好的程序性问题。

这就是1975年7月发生的事件——参议院预算委员会第一次在议员大会上取得了关于执行国会制定的预算目标的重大胜利。参议员乔治·S. 麦戈文提出修正案，意在扩大有利于全国各个州和地区的普通学校午餐项目。这个修正案一直没有被认为是有争议的，直到马斯基在最后时刻对它提出挑战。没有以“亲爱的同事”开头的信件被寄到其他议员手中，邀请他们一起反对这个修正案；马斯基只有一张备忘录解释麦戈文的提案和他的政治诉求对预算的影响。马斯基在读过备忘录、决定了他的行动方针后，曾想过，“我是不是唯一一个要投反对票的？”[②] 而不到两个小时之后，参议院以29票赞成61票反对驳回了麦戈文的修正案。马斯基胜利的原因在于他说服了参议院忽视其中的感情因素——为贫穷的青少年提供午餐，取而代之，将这件事视为对新预算程序的维护：“如果我们为此违反预算，则会打开今后其他项目违反预算的大门……如果预算改革立法一定要意味着什么的话，它的意义就在于我们愿意接受其纪律，不仅针对那些我们可能不太热衷的项目，还包括这些有着真实的、扣人心弦的含义的项目，就像这个项目。纪律就是纪律。它不能只指向国防预算或者航天预算，或者那些与我们自己的国家和自身需求无关的项目。”[③]

一个自由民主党人在与马斯基谈话之后对修正案投了反对票。“我只是告诉他这是一个预算克星，”马斯基后来向观察员解释。[④] 马斯基不需要谈起项目的详细内容来说服参议院大多数。

马斯基在学校午餐辩论中拥有一个明显的优势。因为他一直都是自由项目的支持者，他对于麦戈文修正案的反对绝不会被理解为是利用预算程序获得实质性利益

---

① 一位委员会成员（阿布雷兹克）投了马斯基赞同票，但是后来又与一位本应投反对票的参议员结对了。

② 引自伯纳德·阿斯贝尔的《无人知晓的参议院》（New York, N.Y.: Doubleday & Company, 1978）159页。阿斯贝尔跟随马斯基在参议院和缅因州一年多。他的书生动地描述了学校午餐冲突和马斯基对它的反应。见146—163页。

③ 国会记录121（每日版，1975年7月10日）S12359。

④ 阿斯贝尔，在前面所引的书中，163页。

的努力。马斯基为了预算程序牺牲了他自己的政策利益，他也能影响许多同事像他那样做。几星期后的情况则大为不同，他在国防授权法案的大会报告上选择了反对一方。尽管马斯基不被认为是一个国防项目的热心拥护者，他还是可以通过与学校午餐计划联系起来的方式再次在程序层面上提起这个问题。[①] 他认为两个法案对于新的国会预算都有重大意义："作为参议院的议员、参议院预算委员会的主席，我是被迫投反对票的。我投反对票给军购会议报告是因为它授权的军事支出会转换为超出国会预算目标的拨款。我会投反对票给学校午餐会议报告，因为它是自动的支出立法，结果很可能在1976年超出预算目标支出四亿三千万美元。我希望其他议员也像我一样投票……这些法案考验我们是否严肃对待预算改革程序……它们考验我们能否公正地维持现状，不管是国防支出还是国内支出。"[②]

马斯基要求的只不过是服从预算过程要求的政策目标。他只想使预算过程在国会中拥有一个优先地位，而非一个在政策问题上对于程序的权衡，结果取决于竞争的利益集团的力量。但即使国防和学校午餐的投票代表程序战胜了政策（两个会议报告都被返回到委员会[③]），预算程序的优势也不可能一直持续。预算控制不是国会唯一的目标，预算程序也不可能（除了特殊情况）成为衡量立法的唯一标准。当程序还是新的、议员们还很自豪并且保护他们自己的"作品"时，他们总是推迟预算的特殊要求。而一旦新鲜劲儿过去，预算程序就不再拥有国会忠诚度的特殊偏好或对于项目目标的否决权了。预算程序仅仅成为国会利益平衡中的另一个考虑因素。

执行模式：众议院预算委员会与参议院预算委员会

国会利益的平衡开始于预算委员会。虽然它们可以采取强硬态度并试图阻止与预算规则发生冲突的立法，但预算委员会有理由使预算过程适应其他委员会的立法利益。当国会本身倾向于平衡时，如果预算委员会一直坚持其特权，那它便会冒着屡次失败的危险——而且还可能会失去它们所珍视的程序。学校午餐和国防法案再议之后，马斯基决定接受规模降低但仍在预算决议水平之上的措施。即使他鼓吹预算的神圣性，马斯基也情愿在他的委员会的程序与其他委员会的项目关注之间求得平衡。

预算委员会的把戏是在不放弃一切有意义的执法前提下去适应。如果他们一直容忍并允许立法委员会按照自己的方式办事，预算委员会能换来和平，但会失去影响立法结果的机会。两个预算委员会以截然不同的方式实现了平衡。每一个都是预算过程中不同环节的专门执行者。众议院委员会强调预算的程序规则；参议院委员会则注

---

① 参议院拒绝了麦戈文的修正案后，通过了学校午餐议案，并把它递交到与众议院召开的会议。麦戈文的提案在会议上被恢复，结果是这个议案的总成本恰好高于预算决议打算确定的数额。尽管马斯基将国防与学校午餐项目的会议报告联系在一起，但参议院还是在9月份考虑了后者，在参议院拒绝了国防授权议案一个多月之后。

② 国会记录121（每日版，1979年8月1日）S14719。

③ 关于国防授权议案的会议报告被48票对42票的投票否决了。国会接着通过了一份二次会议报告，降低了支出水平。学校午餐立法由全体一致通过（76比0）的投票推荐到议员大会会议，之后议案在规模略微降低后被通过了。

重预算决议的资金限制。它们都不会完全忽视对方的考虑（参议院预算委员会保护特定的预算程序，众议院预算委员会也对某些实质性问题感兴趣），但它们分别给予预算的不同方面以优先权。但是，随着预算程序越来越成熟，执行风格的明显不同也变得模糊，到最后两个委员会在对待预算法的态度上变得越来越相似。

预算执行实质性的一面突出反映在国防和学校午餐的争端之中。在这两个案例中，立法因支出有可能超过预算决议中的目标水平而被挑战。立法在没有遭遇预算委员会有力的挑战，贴着高价标签在众议院通过后，两场斗争在参议院启动。众议院预算委员会不会去干涉常规授权（例如引起马斯基愤怒的国防法案）。他们也很少在拨款法案中发现严重过失，虽然有时会在权利性项目法案的支出问题上激烈争论。众议院预算委员会一直集中于预算法的技术要求。1976 年 3 月提交议员大会的为了补偿黑肺病受害者的立法是体现上述说法的案例。作为一个权利性项目，这项措施符合预算法的特别规定。众议院预算委员会主席亚当斯不喜欢这个法案，因为虽然第一年的支出很少，但之后会大幅度增长。而且，这个法案马上就会生效，正在考虑在下一财年的第一次预算决议中优先采纳这一法案。亚当斯对规定考虑黑肺病项目的规则投了反对票，但他没有就此进行争论，因为这个法案不能算作是对预算法在技术上的违背："我引发了对未定规则的讨论……从预算法的角度而不是这个法案本身的优点。这份报告于 1975 年归档，应该在 1976 财政年度生效。这样的话，根据预算法 401 款，在这个时候应该没有法定障碍阻止众议院考虑这项措施。从国会预算程序的角度来看，国会在春季第一次预算决议中定好 1977 财政年度的预算目标之后再来考虑这个法案更为适当，但并没有任何法律障碍阻拦。"[①]

实际上，众议院预算委员会也在立法阻碍预算法程序问题上采取了积极态度。作为这一程序的保护者，众议院预算委员会积极地执行了以下四项预算法规定：

——第 303 款，禁止在该年第一个预算决议通过之前考虑下一财政年度的收入、支出或权利性项目的立法。[②] 这一规定的目的是为了确保财政决策通过预算程序制定，下一年的预算选择不会被之前的国会决定阻止。

——第 401 款（a），规定新的合同或借款授权必须包括限制性条款，规定只有在的拨款法案规定的范围内资金才有效。这一规定阻断了合同或借款授权走后门的渠道，除非是几类特定的项目。[③]

——第 401 款（b），规定新的权利性项目在下一财政年度之前不可以生效。这一规定的目的是为了给国会在财政年度第二次预算决议中审查这些权利性项目提供机会。[④]

——第 402 款，要求授权立法在 5 月 15 日之前上报。

上述每一条规定都要求对"细则"进行仔细审查，以确定具体措施是否符合

---

① 国会记录 122（每日版，1976 年 3 月 2 日）H1425 - 1426。

② 第 303 款（b）从这一禁令中免除了进一步的收入立法和拨款法案，也就是说，下一财政年度议案自动生效。值得注意的是，没有免除进一步的权利性项目立法。

③ 然而，通过信托基金或给政府公司合同和借款授权的后门情况可能还会继续存在。

④ 另外，第 401 款（b）为拨款委员会提供了权利性项目的立法建议，如果它将导致新预算授权的数量超过第 302 款的分配。

要求。这些规定在委员会产生后，只有经过严密的审查立法以保证其与规定的预算程序一致后才会生效。众议院预算委员会密切监控所有上报众议院的法案，并坚持不能随意违反预算法的规则。尽管他们被迫放弃了之前采取的“没有例外”原则，众议院预算委员会也只在少数情况下才会通过违背预算法规则的方案。但他们经常支持“技术性”违规，也就是通过议员大会修正案废除违规的事先协议。

众议院预算委员会强调程序以获取对国会预算政策的坚持。一个职员谈到面临预算法挑战和为了避免众议院预算委员会反对而做出实质性让步给委员会带来的烦恼。例如，在1976年黑肺病法案中，最终呈现给全体议员的版本要比原来众议院教育与劳工委员会提倡的花费少得多。众议院预算委员会坚信从长远来看，预算法的成功取决于不偏不倚地执行这些规定。据一位职员所说，“我们没有偏好，通过公平地对待每个人，我们可以与预算程序保持紧密的一致。”这暗示了众议院预算委员会的一个实质性适应方法是选择性执行，也就是说，寻找其他路径以推进某个项目，或避免与强大的国会利益发生冲突。而且，实质性问题比程序性问题更容易上升为激烈的冲突。因此，众议院预算委员会的执行风格与他对于平心静气的外交的偏好一致。

对于程序规则的关注要求预算数额不被重复质疑。如果别的委员会经常违背预算分配，众议院预算委员会将被迫干涉实质性问题。保持被动会承担整个预算程序被怀疑的风险。但在三种实质性立法中，众议院预算委员会仅被权利性项目所困扰。他们认为需要拨款的授权不重要，而且他们一直享有众议院拨款委员会对预算的忠诚。正如我们将会看到的，众议院预算委员会在尊重权利性项目的同时变得更积极，但仍然比参议院预算委员会更小心地对待权利性项目。

参议院预算委员会对待预算法程序的态度要轻松得多。除了少数几个例外，参议院预算委员会没有设定5月15日作为报告授权法案的最后期限，也没有高度重视防止合同与借款授权中的后门现象。然而，他们在权利性项目问题上采取了强硬态度，原因在于它们对未来预算的影响。

参议院预算委员会将出于自身目的的程序与影响政策的程序分得很清楚。例如，在决定是否要推行免除预算法最后期限的问题上，参议院预算委员会会检查立法中授权的支出是否已经存在于预算决议之中。如果通过这一措施不会引发什么困难，他们将支持这一决定。但如果立法存在问题，参议院预算委员会则会拦截这项法案，或执行更有利的条款。

日托：一个预算对比的研究

两个预算委员会不同的执行风格导致1976年预算法刚刚全面启动后尖锐的冲突。导火索是一条针对联邦监管和支持日托中心的法案。众议院本来通过的法案对预算没有影响；这条法案只是延迟了这些中心的联邦标准的执行。而参议院的版本则增加了两亿五千万美元的权利性项目来帮助各个州升级日托设施。这个加上去的规定明显违反了预算法第401（b）款，因为这个权利性项目会在下一财政年度开始前生效。

马斯基在他的同事们的提醒下注意到了这个问题，他们建议他既不要忽视对程序的违反（“如果由其他人来提出这个问题的话，会变得很‘尴尬’”[①]），也不要阻碍这个法案被通过。一份员工备忘录指出：（1）日托资金是在最近一次预算决议中被考虑的，因此不会有实质性的违反；（2）马斯基之前就有过声称这个法案与国会预算相符的记录。照此来看，如果他提出程序问题，马斯基则“有可能因前后矛盾及在执行预算法程序中可能的背信弃义而被指责”。

马斯基选择了他的同事们建议的第三条路。他就这个预算法问题通知了参议院，但又将其作为“技术性问题”驳回，因为“在这个时间段它不应该被提升到参议院的高度”。[②] 但同时马斯基也警告参议院，众议院预算委员会“有一个与这个立法不同的但有关联的问题”，并塞了一张众议院预算委员会的员工备忘录给布洛克·亚当斯作为记录。这个众议院预算委员会的文件认为参议院预算委员会的解读存在很大争议，并认为“遵守法律，不论是逐字逐句地解读还是注重法律的精神，都有重大的政策原因”。[③] 在参议院的记录中放置一个与其相反的众议院解读并不能避免托儿所问题的僵局，或者缓解两个预算委员会在这一问题上的紧张关系。

当日托法案呈送大会，国会是在巨大的压力下迅速做出赞成决定的，因为即将生效的严格的联邦标准会将使全国无数日托设施面临关闭的威胁。不管怎么说，这次大会陷入了超过五周的僵局，因为众议院预算委员会拒绝通过违反预算法程序的法案。众议院预算委员会认为一点点的侵害都可能成为未来违反预算程序的先例，他们也担心如果委员会在没有任何挑战的情况下我行我素，预算法将成为没用的废纸一张。不久前众议院预算委员会刚阻止了一次由筹款委员会（同样分管日托法案）上报的有关失业补偿金法案的议员大会审议，同时它们仍坚持“不背弃”原则。

众议院预算委员会认为参议院预算委员会在执行预算过程的规则方面很散漫，因此感到不安。他们也觉得他们一直要在参议院的违反行为下保护国会，一般是在立法最容易受到压力伤害的大会阶段。众议院预算委员会成员开始监视参议院的立法活动，以发现违反预算法的问题，有时候他们也会发现参议院没有剔除明显违反预算法的行为就批准了法案。[④] 有时众议院预算委员会成员会在法案提交给参议院之前争取用程序问题来阻止立法。[⑤]

参议院预算委员会委员则有不同的观点。他们坚持实质性结果比预算技术更重要，仅仅只是坚持技术性问题没有任何好处。而且，他们还认为日托法案中的分配符合最新预算上限。他们并不感激众议院预算委员会对他们行动的监督，并认为到

---

① 马克·拉克里兹给马斯基的备忘录，“Senate Consideration of H. R. 9803, a Bill to Provide Additional Federal Funds for Child Care Centers,” 1976年1月27日。

② 国会记录122（每日版，1976年1月29日）S873。

③ 同上，S872。

④ 被众议院预算委员会委员在内部备忘录中引用的一个这样的事例是S. 521，1975年外部大陆架管理法案。参议院通过后，这个法案规定了后门借款授权，但是在议员大会会议上没有人反对这一规定。

⑤ 一个重要例子是食品券立法，它会改变合格标准，因此会产生新的权利性项目。众议院预算委员会委员们强烈要求执行预算法的规则，但是参议院预算委员会委员认为食品券立法已经在财政年度的第二次预算决议中详细讨论过了

了程序的最后阶段再试图去阻止立法是不明智的。参议院预算委员会将他们与众议院预算委员会的不同在一份给马斯基的员工备忘录中总结道："参议院委员会着眼于一致决议中的优先决定以及一旦在成功的议员大会斗争中被采纳、强调后，如何使他们坚持这个决定，以及其他委员会为了执行该决议越来越多的活动。众议院委员会则走不同的路。他们认为自己一定是预算法所有规定的主要的执行者，不管结果如何，包括立法中为了迁就拨款委员会的第401款——关闭后门条款。"①

另一份员工备忘录则要求马斯基维持参议院的主张，因为"我们相信，仅仅改善阻碍这一立法程序（在此程序中法案与程序和预算决议相一致）的技术细节无法很好地服务于预算法"。②

马斯基和亚当斯在一次会议上试图消除这些差异，他们承诺委员们会合作建立执行预算法的共识。但他们之间已经很紧张的关系又被另一个正在立法程序中的法案的介入带到崩溃的边缘。为新的联合铁路公司系统提供补充拨款的措施是一个紧急法案，但问题是为下一财政年度提供的资金要在第一次预算决议通过之前提供。众议院预算委员会感到困惑：他们不赞成背弃预算法，但也不想阻碍这项立法。众议院拨款委员会通过在1976财政年度和过渡季度（都被已有的预算决议包括）拨款，而不是在1977财政年度（会与预算法产生冲突的地方）拨款，并提前1978年和1979年的拨款来规避这个问题。但亚当斯（一个轨道交通的坚定支持者）没有把这个技术视为削弱预算控制的手段，而是认为这个解决办法十分精彩："拨款委员会……表明国会预算和拨款进程可以很灵活，可以满足特殊需要。"③

参议院预算委员会的观点不同，他们选择在资金未失效的情况下放弃预算法案。在一份委员会官方报告中，参议院预算委员会认为"众议院通过的这个方法与预算法不一致。"他们抗议说如果众议院的先例成为屡见不鲜的事情，那么国会预算程序的原则将被侵蚀。国会会面临众多为未来财政年度提供预算授权的议案的挑战，而这些议案一般不会考虑那些年份的国会预算，也不会考虑这些议案与其他议案或国家优先利益和财政政策相比如何，而根据预算法的要求，国会应该通过预算程序控制国家优先利益和财政政策。④

参议院预算委员会对众议院的攻击激怒了亚当斯，他安排了一位关键委员来辅助他通知参议院"他对于参议院在执行预算法上的失败非常不满"。但不管怎么说，亚当斯不会坚持他对日托资金的绝对反对。他的委员们也接到选举者的来信，抗议众议院预算委员会对于这一关键立法的阻挡。议长要求参与者想出一个解决方案，这一次有四个众议院委员会（拨款、预算、规则以及筹款）参与谈判。其中的一个解决方案是把日托法案由权利性项目转为授权，但这个提议被筹款委员会否决了，因为它们的有效管辖权可能会转移给拨款委员会。谈判者们被一系列预算法问题所包围；例如延迟资金到下一财政年度可以解决第401款的问题，但会导致第

① 约翰·麦克沃伊给参议员马斯基的备忘录，"Budget Resolution Enforcement by the Two Houses，"1976年3月5日。

② 约翰·麦克沃伊给参议员马斯基的备忘录，与众议院预算委员会法律顾问琳达·卡姆的对话，1976年3月2日。

③ 国会记录（每日版，1976年2月18日）H1180。

④ 参议院报告No. 94－650（1976年2月25日）。

303款的问题。众议院预算委员会被迫撤销他们的“不放弃”原则，因为没有任何方式能避免预算违反预算法。折中的解决方法是将资金限制在当前财政年度和过渡季度之中。而众议院预算委员会也以15票对10票的表决通过了此方法，并认为这个暂时的安排保留了“在1977财政年度以及在下一年的第一次预算决议中考虑为这一项目拨款的机会”。[①] 谈判各方都认为这些增加的资金会在下一个财政年度继续，但只要预算控制的表象还存在，众议院预算委员会就愿意接受这一挽回面子的折中办法。

日托和铁路两个案例说明两个预算委员会不止在问题的原因上有分歧，对于问题也有不同的解决方案。在两个案例中，参议院预算委员会均对解决方案做了实质性的检验；他们接受了修订过的国防和学校午餐法案，因为在第二次会议中支出被压缩了。众议院预算委员会则做出程序性的检验；他们通过了日托和铁路法案，因为以特定方法决定的拨款时间恰好克服了技术性问题。

为什么参众两院预算委员会不同

在执行预算程序的过程中，预算法似乎给了参议院预算委员会一个相对于众议院预算委员会而言更为直接的角色。预算法第303款（c）授予参议院委员会管辖权，负责管理第一次预算决议被采纳前违反收入或支出立法规则的行为。第402款（c）也在5月15日最后期限问题上给予他们相似的权力。众议院预算委员会则在执行这些规则或批准放弃规则上都没有法定职责。这些责任被安排在众议院规则委员会中，而他们本来就对大多数议员大会还在考虑的法案的条款和条件有广泛的管辖权。但就在预算法生效后不久，众议院预算委员会以要求规则委员会将所有放弃规定的要求都通知给它的方式正式加入到过程之中。“在这种情况下，预算委员会将以最快的速度对你公布他们对于放弃规则的见解。”[②] 众议院预算委员会也写信给每一个委员会，要求他们“将任何有关放弃规则的打算都让预算委员会注意到”。规则委员会非但没有将众议院预算委员会的参与视为入侵，还十分欢迎它们的加入。通过依赖众议院预算委员会的专业知识和判断，规则委员会并没有迷失在预算法的纷繁复杂之中。每次有法案要求放弃预算法条款时，规则委员会都会得到众议院预算委员会的建议，不论是以众议院预算委员会主席信件的方式，还是私人联系的方式。除了少数几个特例，规则委员会一般都采纳了这些建议。

众议院预算委员会在敦促众议院牵头防止后门立法中有同等活力。“后门”中包含了拨款委员会的立法利益，参议院预算委员会认为这些委员会应该负起防止合同与借款授权被滥用的责任。众议院预算委员会则认为“后门”事件关乎预算法问题，从而也是他们必须扮演积极角色的事。

众议院和参议院预算委员会的角色不同，执行的策略不同，解决方案也不同。两个委员会都不是完全一成不变的；来自国会的压力使权宜和例外成为必须。这些

---

① 布洛克·亚当斯写给规则委员会主席、代表雷·J. 麦登的信，1976年3月11日。

② 布洛克·亚当斯写给代表麦登的信，1975年3月21日，记录在国会记录121（每日版，1975年3月24日）H2231。

不同根植于（1）两个委员会的组成和（2）参众两院对于立法规则的不同态度。

委员会的组成。由于众议院预算委员会成员有限制条件，他们一般都不会与委员会发展出强烈的连带关系。他们更愿意试着利用他们的预算委员会关系去追求他们更长久和实质性的利益。所有委员都把他们自己对于政策的见解带到委员会之中，试着将这些看法塞入预算决议。这种行为的结果就是前几章我们讨论过的内部党派之争和分裂现象。因为众议院预算委员会成员在实质上如此分化，他们不可能团结一心执行预算程序的实质性结果。而党派人士大多都对推动某些特定的项目更感兴趣，而非保证与预算决议中的资金水平相符。程序是能让众议院预算委员会成员团结起来的预算问题之一，虽然它并不是让他们团结起来的必要条件。众议院预算委员会的共和党人倾向于支持预算程序成为对开支的控制；而民主党人则认为它应作为保护预算程序的手段。

程序使共和党与民主党、保守派与自由派、一代委员与另一代委员联合起来。预算程序的仪式使委员会有了延续性和根。其每次的人员变动并非都是一次新生，众议院预算委员会发展出了自己的一套与国会换届相联系的传统。

相反，由于有永久性的连带关系，参议院预算委员会成员给予预算程序实质性的支持。他们在保证预算决议被遵守中有明显的集体利益。两党在马斯基和贝尔蒙之间的联系建立在他们自愿将项目的利益置于国会预算决定之下的基础上。当然，所有参议院预算委员会成员都有其他委员会的任务和忠诚度，有时这些会优先于预算事务，普通成员也从未被指望能有和领导一样的利害关系和忠诚度。但委员会的内聚力已经通过对过程实施实质性要求的努力得到加强。

参众两院对程序的态度。参众两院对于立法程序有着不同的态度。众议院更倾向于遵守规则，而且它们还有针对违反永久性规则的特殊程序——为考虑特定措施和“中断”召开议员大会会议设立的“规则”。[①] 当众议院为“规则”争辩时，他们通常都已经了解了那些暂时被搁置一边的永久规则，而且他们通常以唱票表决的方式决定。“规则”之间的争议有时会超出立法上的争论。好几件早期预算法规则放弃事件都说明众议院关心它们是否与新的预算程序保持一致。1975 年 3 月 20 日，众议院提出一个“规则”，放弃法案中的第 401 款，该条款禁止已有借款授权的住房法案的后门开支。这里对于预算法的违反纯粹是技术上的，因为对此法案负责的众议院委员会批准了剔除后门条款的修正案。但由于众议院国会议员的裁决，[②] 在众议院开始考虑住房方案之前放弃第 401 款是必要的。众议员约翰·安德森马上提出一个议程问题：预算法不允许众议院放弃。在他被驳回之后，众议院共和党人对这条“规则”发起猛烈攻击。少数党领袖罗兹称这个问题“可能是对预

① 在大多数立法被众议院考虑之前，简单决议的形式的“规则”是必须的。例如，一项规则可以明确说明议员大会修正案不会被考虑（“关闭规则”），或者只有特定的修正案可能被考虑（“有限规则”）。同样，它也可能明确说明辩论的时间，以及其他议员大会考虑的条件。众议院必须在开始处理议案之前通过“规则”。“暂停”是一项程序，在此期间议案在没有“规则”的前提下被提出。为了得到通过，一项在暂停中考虑的议案必须得到三分之二的赞成票。

② 作为一个技术问题，当一项委员会报告附有一个修正案来“治疗”违反预算法的行为的议案时，它首先处理议案，然后再处理委员会修正案。熟悉议事规程的议员规定，由于议案自身违反了规定，它不能在没有弃权的情况下被考虑。

算法的第一个测试，而且一个直接放弃议程规定的法案的问世对我而言就意味着对预算法的违反”。[①] 虽然对住房法案的反对和坚持预算程序的利益毫无疑问会激怒众议院共和党人，但他们还是将这件事置于尊重其规则的基础之上。

在众议院开始考虑学校午餐法案后不到一个星期，这件事就有了新的进展。众议院又一次被要求采纳这项“规则”，放弃禁止后门支出的第401款。但这一次的违反不只是在技术层面。众议员理查德·波尔林宣布，“委员会主席和大部分委员都没有明显想要治愈……这个预算法执行过程中的伤口”。[②] 但众议院也不会让预算程序阻碍一个受欢迎的项目，它批准在考虑学校午餐法案时使用这个“规则”。不管怎么说，议员大会的争论显示了普遍的对于违反预算规则的不安，而结果就是这个法案的负责人提供了一个消除后门财政的替代法案：“……长时间的讨论……使许多成员都不同意这个法案的事实变得很明显……众议院预算委员会成员们表达了更长远的考虑，例如，这个法案中有的条款可以被视为是绕开了拨款程序。从这个角度看，替代修正案则是专为迎合这些来自预算委员会的反对意见设计的。”[③]

参议院对这些规则的态度则要放松得多。由于绝对服从这些规则可能会阻止参议院通过很多法案，大多数的参议院事务都是在“一致同意”的协定下进行的，这一协定取代了永久性规则、为考虑特定措施设定了时间限制和其他条件。[④] 参议院领袖与直接包括在法案中的议员在私下协商大多数一致同意协议，并且这类措施通常在没有议员大会讨论的情况下通过。

预算法为参议院放弃预算规则提供了特殊的程序。有了对受影响的法案有管辖权的委员会的建议，第303款或第402款都可以被放弃。放弃建议适用于参议院预算委员会，它在参议院决定是否批准放弃后十天内要提出自己的建议。此外，预算法第904款允许在大多数人投票同意或参议院一致同意的情况下搁置或放弃任何预算程序。众议院里则没有关于预算法规则放弃的特殊规定，虽然前面讨论的“规则”可以用于这一目的。

参众两院面临不同的执行问题。支出法案一般在参议院中会被贴上比众议院更高的价格标签，一项超出参议院预算目标的拨款为众议院提供了备用空间。在参议院，收入措施常常是“圣诞树”；即使它们在刚通过众议院时与预算决议的收入底线相符，也很可能被参议院加上许多“亏损”条款。有些众议院通过的、不影响预算的法案被参议院变成昂贵项目的载体。例如，众议院版本的日托法案与预算无关；但参议院却为一个扩大的项目增加了几亿美元。

因此，参议员预算委员会必须更关注对预算程序的实质性违反。当对预算水平的严重违背发生在众议院时，众议院预算委员会会很活跃，但大多数众议院批准的

① 国会记录121（每日版，1975年3月20日）H2078。

② 国会记录121（每日版，1975年3月24日）H2231。

③ 国会记录121（每日版，1975年3月25日）H2279，代表伯金斯的评论。

④ 每一份一致同意协议都放弃了一项或更多参议院规则，尽管被放弃的规则，或者说事实上是要被放弃的规则，很少被提到。近些年来，这类协议的使用发生了本质上的变化。在20世纪70年代，它们还用于日常目标（例如放弃阅读期刊杂志，或者允许配备参议院议员大会的人员），或者结束正在进行的辩论，那时提出一致同意协议是为了在议员大会考虑之前为法案设置时间限制。

立法没有出现实质性问题。

作为谈判筹码的预算法

不管它们的利益是实质性的还是程序性的，参众两院预算委员会都为执行预算程序的要求采取强硬态度。预算法允许提出议程问题来反对与第二次预算决议条款矛盾或不符合程序规则的法案。但预算委员会不能一直阻碍其他委员会提出的法案。参议院或众议院允许它的某个委员会否决一个需要的法案，或者对立法决定应用一个单一的、不可改变的标准（完全忠实于预算）是不可想象的。作为一个实际问题，预算委员会不能阻止国会做它想做的，也不能单方面重新立法来迎合他们自己的条件。预算法赋予他们谈判的权力，而不是立法的权力。通过以议程问题或者挑战议员大会会议为威胁，它们试图让其他委员会剔除或修改令人不快的规定。预算委员会谈判的能力并不仅仅取决于他们手中的筹码。谈判的另外几方也有它们自己的操纵杆，至少也有拉选票支持立法的能力。谈判结果往往开启了竞争各方在吸引盟友或在认识该问题重要性上的成功。预算委员会如果孤军作战或认为这个问题不值得一战，则不可能占上风。

盟友

不管他们努力维护的是预算程序还是政策，两个预算委员会只有吸引到其他委员会作为盟友才能成功。他们发现得到程序上的支持比得到实质性的盟友容易得多。在大多数情况下，众议院规则委员会都会拒绝批准缺少众议院预算委员会认可的规则放弃。只有当这个事件更多地被认为是实质性而非程序性时，才会发生例外。其中一个例子是为 B－1 轰炸机提供专款引发的争议。总统卡特的决定是要取消轰炸机项目，他要求国会撤销之前拨给 B－1 轰炸机的款项，并提供新的款项给替代的武器系统。新款项包括在一个补充授权法案中，而这一法案需要放弃第 402 款规定，因为它由武装服务委员会报告时已经远远超过了最后期限 5 月 15 日。众议院预算委员会拒绝支持这一放弃，其主席建议规则委员会在众议院对总统的要求（撤销之前拨给 B－1 轰炸机的款项）实施之前暂时等待。[①] 作为武装服务委员会主席的众议员梅尔文·普瑞斯抗议道："我不敢相信预算法或扣押控制法中有任何条款能使一个为了另一财政年度另一委员会的另一项目生效而将某个法案（补充授权）作为抵押的建议合法化。"[②] 一旦规则放弃与实质性的原因挂钩，众议院预算委员会就不得不放弃其首选立场。规则委员会将这个法案作为一个实质性争执处理，在其中预算委员会没有投票赞成放弃。

尽管规则委员会在决定议员大会程序上有主导作用，他们同样被国会议员和议

① 主席吉阿莫写给众议院规则委员会主席詹姆斯·J. 德莱尼代表的信，1977 年 9 月 29 日。

② 1977 年 9 月 30 日代表普瑞斯写给吉阿莫的信。吉阿莫当天回复，赞同普瑞斯认为"预算委员会不应该介入'分项'项目决定"，但是他坚持既然授权法案中的一些条款"已经作为 B－1 轰炸机的替代方案被列出来，那么在 B－1 问题解决之前便不可能确定这些条款的紧急事件属性"。

长的态度所影响。如果国会议员觉得没问题，则法案可以没有任何阻挠便送到议员大会。在预算过程设定惯例的早期，国会议员与众议院预算委员会成员紧密合作，并且友善地对待他们对预算法的严谨解读。而从众议院几乎从不推翻主席裁决的角度来说，国会议员的支持为众议院预算委员会执行预算程序提供了支持。对于议员大会行动来说，一直就很重要的议长角色近几年则由于规则委员会有效转变为领导的臂膀而被放大。现在规则委员会时常根据议长的偏好撰写"规则"，同时也不太可能阻碍议长想要递交到议员大会法案中的规则放弃。众议院预算委员会不可能指望规则委员会在被领导层敦促将法案提交议员大会时还坚持众议院预算委员会的立场。在日托案例中，议长卡尔·阿尔伯特要求众议院预算委员会和规则委员会找到一个能接受的解决方案。即使阿尔伯特将预算法视为他自己的主要成就，而且他也踊跃支持众议院预算委员会，但他也不允许预算程序阻碍众议院的立法利益。但阿尔伯特没有将自己的日托方案强加上去，他只是命令众议院预算委员会与其他谈判方协商达成协议。

当众议员奥尼尔在 1977 年成为议长时，他已经是预算委员会的领导代表了。奥尼尔并不是一个拘泥于规则的人，他感兴趣的也不只是实质性的结果。他作为议长的主要成就之一是规则暂停期间所考虑的措施数量的实质性增长。[①] 这一促进程序会削弱众议院预算委员会执行预算规则的能力，不仅是因为时间的压力（暂停一般都是在上报后经过短暂考虑就快速通过了众议院），还因为赞成或否决的投票没有给众议院预算委员会机会，谈判形成有可能产生更令人满意的法案的议员大会修正案。

在参议院，多数党领袖与参议院预算委员会通过"持有"法案直到被其接受的方式进行合作。[②] 作为交换条件，参议院预算委员会要对规则放弃的要求做出迅速反应。"持有"发生在该法案已存在于日程表中的情况下，通常不会超过多数党领袖打算采取这项措施的前一天。这样，马斯基在第一次遇到这种情况时就督促他的委员们："公路法已经在日程上了。领导层希望在今天剔除它，越早越好。"[③] 尽管他们仍存在关于规则放弃和由此解除议员大会行动法案的疑虑，但参议院预算委员会成员想当然地认为他们应该没有任何拖延地批准放弃。这匆匆的步伐没有鼓励参议院预算委员会的独立，为了通过法案，它常常将委员会扫到一边。

有众议院拨款委员会的支持，众议院预算委员会在防止合同与借款授权的后门现象中十分成功。在众议院里，预算委员会经常能使授权委员会修正这些违规现象，所以问题都能在引起公众争议之前解决。参议院预算委员会与参议院拨款委员

① 第 95 届国会期间，在众议院中突然开始大量使用暂停日程。这一现象严重威胁到众议院预算委员会对预算程序的控制，因为一个在暂停期间提出的条款不能被议员大会修正，而且对其只有简短的考虑。这样一来，众议院可以通过一项违反预算法程序的议案，议员没有机会提出程序性问题或者纠正问题。

② 这一程序的一个例子出现在 1977 年 5 月 13 日。参议院正要考虑一个较小的议案，这时多数党领导伯德宣称，"我要等待并确认预算委员会批准了这项议案。我认为这会在短时间内解决。"问题很快得到解决，之后参议院通过了这项议案。参见国会记录 123（每日版，1977 年 5 月 13 日）S7550。

③ 1975 年 12 月 11 日，参议院预算委员会执行会议记录抄本第 5 页。在通过要求的放弃后，参议院的确在同一天即着手该草案的工作。

会合作（它们之间有许多成员重叠），阻止对拨款委员会决定的控制，并抵制扩大可退回税收抵免的尝试。[①] 这两个委员会有共同的实质性利益，因为增强拨款委员会控制联邦项目的立法行为也同样很有可能提高预算委员会控制开支的能力。

虽然预算委员会在程序问题上有长期盟友，他们一般都必须在实质性问题上勉强认可暂时的支持。每个问题都带着它特定的盟友与对手，这取决于预算原则影响到的利益。例如，在 1977 年国会会议期间，参议院预算委员会领导人承担 9 项“明显有关重大预算问题的”草案和议员大会修正案。[②] 只有十四位参议员在超过一半的唱票中与参议院预算委员会站在一边，虽然绝大多数人都在一个或几个投票中支持他的立场。三分之二的参议员在至少两次唱票中支持参议院预算委员会的立场。这些都表明每个人投票支持或反对参议院预算委员会并不仅仅是因为这个事件与预算有关。实际上，每个参议院预算委员会以外的参议员都是根据他自己在实质性问题上的立场来投票的。那些一直站在预算委员会一边、反对可退回税收抵免的议员更容易为特定项目增加支出。有些支持参议院预算委员会反对过高支出的财政保守派在收入问题上会转变立场。那些在大多数投票中都支持参议院预算委员会的议员们在共和党人和民主党人之间被平均分开，虽然名单趋向财政保守派。这些支持者没有把他们的投票视为支持国会预算决定的表达，而是在某些特定问题上表明立场的机会。值得注意的是，在大部分投票中都赞成参议院预算委员会的十四位议员中的六位对财政年度第一次预算决议投了反对票，还有两位反对参议院递交给大会的决议。这样来看，某些国会预算最热心的执行者反对它被采纳，这一异常只能解释为他们把投票视为实质性问题上的立场表达，而非对预算决议的支持。

由于每个预算委员会在每一次与实质性违规抗衡时都要组建新同盟，自然会对它选择的对抗持谨慎态度。但就算小心谨慎，二者估计也会在大部分议员大会的冲突中失利。1977 年参议院预算委员会失去了三分之二明确立场的执行选票。当预算委员会能保证其成员的支持时，取胜的希望大大增强。这个支持不仅是预算委员会得到多数党支持的良好开端，也预示着委员会的立场得到了来自议院的实质性支持（因为正如已经强调过的，大部分预算委员会成员把这个问题更看做是实质性问题而非预算程序）。只有三个参议院预算委员会成员在大部分投票中站在委员会一边。贝尔蒙一个人就有完美的亲委员会记录，他也将一些个人利益置于委员会利益之下（马斯基则因为生病错过了很多投票）。

预算委员会召集国会盟友的能力不光取决于预算法的规定，还要靠当时占上风的政治条件。随着这些条件的变化，预算进程的执行力也会跟着变化。在 1977 年失败之后，参议院预算委员会在 1978 年的十七项执行问题上取得了十四次胜利（以他自己的算法）。他们在这一年的表现更为突出，因为他们选择了一些国会倾向于投赞成票的较低拨款的授权案。通过这种方式，参议院预算委员会赢得了一个

① 返还抵税额是退还向政府缴纳的过量税金。应该将这些费用看做联邦收入的减少还是预算支出，在国会中有争议。在返还抵税额应在多大程度上适应拨款程序上也存在冲突。

② 见参议员预算委员会，关于“国会能否控制钱袋的权利？”的听证会，1978 年 1 月 17—19 日，92 届国会，第二次会议，7—10 页。参议员预算委员会列出 13 项唱票投票，但是 4 项属于预算决议而不是预算执行，而且忽视了这次讨论的目的。

从住房授权法案中削减大约50亿美元的议员大会修正案，一个删除了新的10亿美元大众运输补贴的修正案，一个收紧公共服务就业项目合格标准的修正案。一系列的修正案降低了支出规模，包括对学校系统的“影响”援助和对残疾儿童或天才儿童的教育。参议院预算委员会在程序方面也十分活跃，赢得了税收立法、后门支出和学费税收减免几个“议员大会大战”。

为什么令人失望的记录在一年之后转变成为成功的记录？我们已经得到解释。1978年6月，加州投票通过了对该州税收设限的第十三条法律修正案。意识到这一消息后，一种经济情绪蔓延了整个华盛顿，而全国性的对平衡联邦预算的宪法修正案的强烈要求强化了这一情绪。在这样的大环境下，很多参议员与预算委员会联合起来支持限制支出和财政原则。四分之三的参议员在超过半数的执行投票中站到了参议院预算委员会一边。这样，参议院预算委员会在许多不需要唱票的情况下占了上风，而他们的偏好也由口头表决融入法案。

这种情绪鼓动了众议院预算委员会在实质性问题上更加坚持；他们也在拉拢关键盟友上变得更为成功。1979年的两个立法事件很好地解释了众议院预算委员会如何一边继续其低调作风，一边又挑战实质性立法问题。众议院小企业委员会合在一起报告了一个由小企业管理局管理的灾害贷款项目的法案（H. R. 90）。1978年，一个类似法案暂时顺利通过了众议院，但之后被总统否决了。新措施被送到规则委员会，要求根据议员大会的考虑进行澄清。但当众议院预算委员会表达对该法案的强烈反对时，规则委员会主席理查德·波尔林决定不将H. R. 90法案给他的成员们看。小企业委员会能获得立法的唯一道路是与众议院预算委员会交涉。在私下交涉后，委员会提出了一个新法案（H. R. 4011），为众议院预算委员会做出了让步。

在第二个案例中，众议院预算委员会能成功是因为议长的及时支持。由众议院教育与劳工委员会报告的儿童营养法案被放在暂停的日程上。唯一的预算问题是该法案无补于落实第一次预算决议中预计的任何支出的减少。虽然他们过去在预算决议中立法性开支节省上的记录惨不忍睹，众议院预算委员会却认为这或许是在1979年度中把这个问题摆到众议院面前的唯一机会。于是他们说服议长奥尼尔撤销儿童营养法案，并将它返还给教育与劳工委员会做实质性改善。奥尼尔声明：他“不会承认那些为了在暂停中、没有预算委员会同意的情况下违反预算法的法案而努力的成员”。这一声明巩固了众议院预算委员会的胜利。[①]

虽然他们寻求国会的支持，预算委员会仍有与白宫一起加强对预算控制的可能性。但在福特政府期间这不能由它们自由选择。被民主党控制的预算委员会与执意紧缩联邦政府在社会政策中的作用的共和党总统无法达成协议。这些委员会不会认可他们自己被视为接受高水平失业率、从国内计划中重新分配拨款给国防预算的政策的执行者。卡特政府的到来带来了合作的机会，但预算委员会发现白宫是个无法信赖的盟友。1977年初，卡特总统提议了一个预算委员会支持的50亿美元的退税计划。但他后来在没有通知委员会的情况下突然收回了自己对这个计划的支持。同一年，卡特也同样突然改变了对农业立法的态度，放弃了他对一项委员会反对的扩

① 国会记录125（每日版，1979年6月5日）H4038。

大措施的反对。后来预算委员会则在参众两院均遭遇失败。

白宫只能作为一个临时盟友，因为他必须要与其他利益集团和国会委员会一起合作。他不可能为了预算控制而比众议院或参议院牺牲更多的立法和政治利益。预算委员会可以在他们的立场已经受到国会实质性支持的情况下保留总统的支持。但他们没法期望总统英勇地与他们一起战斗。

总之，预算委员会的执行力因此直接与他们能够从众议院和参议院得到的支持相关。预算法仅仅给了它们一些优势；拥有盟友，他们才有机会获胜。

谈判筹码

预算法给了预算委员会在执行实质性决定并迎合程序要求时的谈判筹码。实质性的执行依法集中在国会每年采纳的第二次预算决议上。预算法第 310 款建立了一个可选的、指导立法委员会上报与第二次预算决议一致的法案的和解过程。在这个程序下，预算委员会可以要求国会改变有可能导致收入或支出违反第二次预算决议的现存法律。第 311 款排除了国会审议有可能引起收入低于或开支超过第二次预算决议设定水平的新法案。

这些规定表明，预算法将执行与第二次预算决议联系起来。与收入下限和开支上限相比，第一次预算决议的数据都仅仅只是目标。没有议程问题会被提出来反对一条违反第一次预算决议设定水平的法案；决议只是为国会做出自己的决定提供了一个预算背景。当预算法第一次被提出时，第一次预算决议被视为一个上限；很多人把随后上限转变成目标视为国会预算控制的弱化。

一旦国会采纳了一个目标，他必须承受总成本增加带来的政治成本；同时也没有任何上限能承受环境或国会态度变化带来的压力。马斯基通过提高政治目标而不是法律目标在国防授权法案的压力下执行第一次预算决议："国会可以在预算目标被采纳后改变主意，但……如果国会决定不遵守支出目标，实际上他是做出了关于增加赤字的判断。"①

马斯基的话暗示了第二次预算决议（与和解程序一起）是预算原则的低效执行者。他害怕在违反了第一个目标之后，想要再保持既定上限就太晚了。如果国会在夏季不顾预算目标，他们也不会在九月份第二次预算决议被采纳时收回他们之前的决定。这种期望与第 7 章中提到的第二项决议往往批准国会在这一年中做出的决定一致。如果条件有变，国会将进行第三次预算决议，正如 1977 年卡特赢得大选之后的那次。

预算法还提供给预算委员会一种谈判筹码，用在反对违反程序规则的法案的议程问题上。然而，预算委员会中的任何一个（还是国会的任何成员）都可以提出议程问题，参议院预算委员会因其对规则放弃的管辖权充当了更直接的执行角色。然而自相矛盾的是，众议院预算委员会可能比参议院预算委员会的谈判地位更有利一些。因为它们在预算程序执行中没有一个正式角色，众议院预算委员会便可以躲在规则委员会之后。只要规则委员会愿意采纳它们的建议，众议院预算委员会就可

---

① 国会记录 121（每日版，1975 年 8 月 1 日）S14719。

以一直保持在背景中，免受攻击地保护预算程序。当众议院预算委员会拒绝支持日托法案中的规则放弃时，他们接到了来自草根利益集团的来信和电报，敦促他们不要阻止这项急需的立法。而他们对此的回应则是："这项法案由另一个委员会处理，我们对此没有管辖权。"

参议院预算委员会与预算法规则放弃有直接关系，他们审查所有由其他委员会建议的放弃。但他们不能控制这些放弃的结果。如果他们否决了，参议院还是拥有最后决定权。如果他试着将问题归类，参议院预算委员会会在十天之后自动放弃，最终由参议院决定结果。参议院预算委员会也认识到他们薄弱的立场："我们不能阻碍参议院考虑法案……仅仅靠拒绝批准规则放弃。没有议程问题反对这样的法案，除非参议院拒绝采用规则放弃决议……预算委员会的意见仅仅简单地堆积在任何反对授权委员会的意见上，最终在决议中还是由参议院投票决定。如果参议院投反对票给预算委员会而支持授权委员会，就没有任何议程问题来反对这项法案了。"①

社会保障的案例：作为一种责任的筹码

参议院预算委员会的软弱体现在1977年11月参议院通过了提高社会保障税法案以及其他此项目中的改变。这个法案存在与第303款有关的问题，因为它在1979财政年度第一次预算决议被采纳前改变了当年的收入计划。在众议院中，第303款被众议院预算委员会以13票对9票投票通过的"规则"予以放弃。在参议院中，财政委员会在11月1日报告了这一法案，仅仅在预定休会期的三天之前。他们还报告了一个预算委员会认为与预算法相一致、对第303款的违背。参议院财政主席隆在议员大会上发言说，因为社会保障法案会产生额外收入，参议院预算委员会没有理由反对，"我不认为那些有预算意识的预算委员会成员或其他任何委员会成员想在财政委员会帮助平衡预算上持反对意见。"②

社会保障法案已经作为参议院的待审业务，多数党领袖罗伯特·C. 伯德仍在寻找快速行动，并取得了一致同意，在参议院预算委员会上报之后马上处理放弃问题。预算委员会在必须马上行动的压力下在11月1日下午召开会议，但成员们本能地反抗强加在他们身上的慌张步伐。参议员厄内斯特·F. 霍林斯作为替代广受欢迎的马斯基的主席，领导了抗议游行："作为预算委员会我们没有机会负太多责任、有太多深思熟虑来评判参议院。"③ 两天后参议院在社会保障放弃问题上施加压力，霍林斯直接告诉参议院："这是一个烂透了的进行方式。"④

麦克卢尔则看到了对预算进程的严重威胁："……预算决议、预算法程序自身，两者都处于被毁灭的危险之中，而财政委员会在衰退进程中放任措施自生自灭的倾向变得越来越明显，他们甚至已不需要悄悄谈论……如果这个程序被允许，预

---

① 约翰·麦克沃伊给参议员马斯基的备忘录，1976年3月5日。
② 国会记录123（每日版，1977年11月1日）S18321。
③ 参议员预算委员会会议记录抄本，1977年11月1日，14页。
④ 国会记录123（每日版，1977年11月3日）S18631。

算决议便变得毫无意义了。”[①]

贝尔蒙有“七个不允许放弃的好理由”，[②] 他敦促推迟社会保障立法直到国会的下一会期。参议员劳顿·奇利想要参议院预算委员会利用分配给它用于做放弃决议的10天，但他也意识到委员会在没有领导层的支持的情况下无法获胜。“如果领导层在议程问题上不支持你，预算法连写它的纸都不值。”[③] 领导层由多数党领导人维普·克兰斯顿代表，他同时也是预算委员会的成员之一：“我快被两个方向撕裂开了。我对维护预算过程十分感兴趣……我也关心其中被忽略的。”[④]

参议院预算委员会只有听任不满发泄，因为他们除了允许放弃之外别无选择。领导层要求在这一阶段的最后几天社会保障法案“必须”立法，他们也没有耐心等待程序上的延误。有了来自领导层行动的压力，参议院预算委员会不会因延误税收措施而受到指责。而且，财政委员会通过把增税措施推迟到1979年之后，将他的法案调整到与第二次预算决议一致。财政委员会做出的另一个让步是在参议院预算委员会反对后修改了可返还的税收抵免。

如果参议院预算委员会基本上同意了财政委员会的法案，那些伺机而动的议员大会修正案便会令人非常担心。有些修正案会提供崭新的税收抵免，另一些则会释放社会保障福利；作为一个整体，这些修正案都可能对未来预算有几十亿美元的影响。财政委员会要求的一个放弃（这一要求不可被修改，只可以作为一个整体被参议院预算委员会通过或驳回）包括五个预期修正案的放弃。如果财政委员会的放弃被通过，也将会对这些考虑开绿灯。[⑤]

霍林斯在11月1日晚与隆会面，后者在第二天早晨参加了参议院预算委员会会议。11月2日，多数党领袖伯德两次使参议院休会，等候交涉结果。交涉方最后终于达成协议修改规则放弃，包括财政委员会的法案和一个共和党的替代法案，但不包括其他修正案。参议院预算委员会的问题还远远没有结束，因为在接下来的两天，这个放弃问题在预算委员会和议员大会会议之间来回多次。有四个参议员的修正案在参议院预算委员会的同意下被排除在外，因此他们自己在会上介绍自己的放弃决议。参议院预算委员会在与议会禁止对某一议案再提修正意见的规定抗争时召开了第三次会议，这个规定的影响是允许财政委员会放弃但又不准单个参议员放弃。参议员多梅尼克明确了参议院预算委员会的困境：“我不认为实质性委员会，尤其是财政委员会需要额外的杠杆作用在参议院中争夺它们的地位，而我也相信这是我们在这个进程中需要做的……这给了它们（财政委员会）很大的力量去争夺它们的地位，而不是别人的。把参议院扯进来对预算委员会非常不利。”[⑥]

---

① 参议员预算委员会会议记录抄本，1977年11月1日，19页。

② 同上，20页。

③ 同上，24页。

④ 同上，26页。

⑤ 参议员预算委员会在第一次放弃第303款时解释了它自己的反修正案立场：“禁止附带已通过的放弃的立法修正案的目的是确保在采纳这样的放弃时，参议院没有为修正案打开大门，这种修正案可能会提高预算授权水平，或者新的支出授权会超过附带已通过的放弃法案中已设定的限制。

⑥ 参议员预算委员会会议记录抄本，1977年11月2日，68—69页。

在议员大会上，参议院预算委员会受到参议员们的责备，参议员们威胁如果他们的修正案中不包括放弃，他们就会阻挠社会保障法案。作为预算委员会成员之一，参议员多尔的修正案也被阻止了，他鼓动他的同事投票是“为了影响法案的结果……而不幸的是他们并不关心预算法，他们只是反对修正案。”① 当他因为这个僵局批评参议院预算委员会时，参议员隆承认“我有点喜欢预算委员会有时能够保护财政委员会，并帮助我们抵御会支出很多的修正案。”但他又总结道，最好“能看到每个参议员都有机会递交他们自己的修正案。”② 参议院预算委员会最终从失败中抽身，在放弃问题上分为7对7，而参议院则马上通过了四个放弃。就在最后期限之前，以及通过几个挑战性的修正案之后，参议院于11月4日通过了社会保障法案。

在一份对其委员会角色（为他自己在国会记录中插入的角色）的正式辩护中，参议员马斯基指出了参议院预算委员会在不可能的时间限制下工作的意愿。马斯基将“有关重大预算和经济影响的健全有序的讨论”归功于参议院预算委员会，虽然他表达了“当这样等级的法案送抵参议院时……预算委员会被允许以更细致的方式审查”的希望。但他也警告如果参议院预算委员会“不能在自由、没有来自其他成员压力的情况下”工作，委员会的角色会被“置于重大问题之下”。③

身为预算执行者，没有压力的环境恰恰是参议院预算委员会无法奢望的。他们不仅要忍受来自放弃的压力，因为他们为这些豁免提供了实质性测试，而且他们在干涉其他委员会的事务并且试图将其观点强加于参议院的指责面前也容易受到攻击。这样的攻击在社会保障案例中就出现了，而当参议院预算委员会坚持反对那些有需求的立法时，我们也可以预见它的再次出现。

讨价还价的结果

讨价还价很少会得出某一边得偿所愿，而另一边一无所有的结果。单边谈判通常预示着参与者地位或政治力量极大的不平等。众议院预算委员会在几乎所有对第402款的放弃中都达到了目的；而参议院预算委员会则通常在没有任何反抗的情况下让步。一个关注程序问题，另一个则不然。然而，参议院预算委员会关注第303款（这会阻碍有关收入和支出法案的议员大会行动，直到通过第一次预算决议），而且它们通常都握有与规则放弃交换的东西。

至此，结果受预算委员会在其所属议院中拥有的（或期望的）支持影响的事实已经很清楚了。例如，在1976年2月，众议院预算委员会阻止了一个筹款委员会试图在第一次预算决议之前考虑的失业补偿法案；这类考虑有可能违反预算法第303款。在众议院预算委员会拒绝批准规则放弃时，这个法案被搁置了几个月。就在这个月，众议院预算委员会还拒绝了一个已经讨论过的日托法案的放弃。这个问题和参与者与在失业补贴立法中遇到的一样，但在后一个例子中，预算委员会退

① 国会记录123（每日版，1977年11月3日）S18613。
② 同上，S18618。
③ 国会记录123（每日版，1977年11月4日）S18843。

出，规则放弃被通过。在失业补偿法案的例子中，众议院预算委员会感到这个草案（要求增税）不那么受欢迎，而且它觉得来自众议院要求在该法案上加速立法的压力也很小。事实上，当几个月后失业补贴被审议时，众议院拒绝了这个“规则”。这类拒绝对于来自筹款委员会的法案并不常见。然而，日托案显示了另外一种处境。在没有就该问题进行投票的情况下，众议院预算委员会知道它不可能一连几个月都支持日托法案，直到第一次预算决议被明确。

当预算委员会必须在他们认为重要的事情上让步时，他们试图得到好处作为回报。在日托案中，众议院预算委员会迫使这个法案的支持者接受临时资金，即使所有谈判方都明白永久性资金将在预算法问题通过后在下一个财政年度提供。在社会保障案中，参议院预算委员会赢得了对某些特定的可返还税收抵免的取消，此前参议院预算委员就反对这项条款。当另一方屈服于预算的程序性束缚时，它也能期望找到某些东西作为回报。这样，补偿便成为一个国会预算进程中反复出现的特征。

一个委员会得到什么和放弃什么取决于他们认为最重要的是什么。当众议院预算委员会对程序执行感兴趣，而它们的对手却想要实质性的结果时，典型的交换是坚持预算规则，但同时给予对方大部分（或全部）它的实质性目的。这一定理的第一个应用是在1975年4月，众议院匆匆通过了已经被参议院通过、提供资金给暑期学校食物项目的法案。参议院的版本中有一个“后门”条款，这激起了众议院一般性的反对。但随着夏季的临近，后门条款的支持者担心要求通过拨款进程提供资金会置该项目于死地。相应地，双方达成一项交易，作为对于明确承诺通过拨款过程加速拨付资金的交换，取消后门支出条款。议员大会委员伯金斯则详细说明了合约的款项：“为了保证资金（与第32款中参议院规定要求的52700000美元相一致）通过拨款过程提供，我们同意将取消后门支出包含在修正案中。更具体地说，我们讨论了增加这类大额资金给推迟的补充拨款法案的可能性，或者如果这不可能，就在特别决议中提供资金。议长先生，我们针对众议院对‘后门支出’的敏感度所制定的协议，代表了参议院为这个计划做适时适量融资的坚定承诺。”①

互谅互让还统治着为公共广播公司权利性项目立法的结果。为了与私人为教育广播电视所作的贡献相匹配，众议院商业委员会制定出授权且拨付联邦资金的法案。这个法案涵盖了一段五年的时期，旨在回应为公共广播长期提供资金的压力。② 该法案被提交到反对这一权利性项目以及预先承诺提供资金的众议院拨款委员会。拨款委员会由众议院预算委员会支持，后者提出预算法的反对来阻碍这一措施。但来自广播业为了政治自由拨款的压力促使众议院预算委员会做出妥协。谈判达成了一个令人满意的安排，将这一权利性项目转为授权，并且拨款委员会明确承诺一次性提供三年的预拨资金。③

---

①　国会记录121（每日版，1975年4月9日）H2609。

②　见众议院报告，No. 94－245，Pt. 1（1975年5月22日）。

③　众议院拨款小组委员会主席丹尼尔·J. 弗拉德（对此项目有管辖权）向众议院承诺：“……授权法案生效后，（拨款）委员会将建议1976财政年度的拨款，提出1977和1987财政年度的拨款，并会期望国会考虑在每年的年度拨款过程中增加拨款。”国会记录121（每日版，1975年11月10日）H10872。拨款委员会遵守了他们的承诺，公共广播公司是唯一一个得到三年预先拨款的实体。

时间的压力和选民的影响汇集在1976年收入分享项目的扩大之中，众议院预算委员会再次对实质性利益让步。众议院预算和拨款委员会试图将收入分享项目由权利性项目转为通过拨款程序获得资金的常规授权。然而，众议院投票继续这一权利性项目，显示出对这一计划的广泛支持。[①] 但当该法案从大会回来时，它为法案涵盖的每一年都提供了适度的支出增长。众议院预算委员会主席亚当斯反对这些增加，认为它违反了第303款，并且议长支持他的议程问题。[②] 因为没有别的解决方案，众议院预算委员会似乎在推行条件苛刻的协议上占据优势，但这并未发生。在短短一天内国会就计划休会，直到现行的收入分享到期为止。因此，众议院预算委员会的压力在于能否找到其预算法问题的解决办法。众议院预算委员会必须吞下被认为在维护预算法程序性内容的同时提供参议院寻求的额外资金的配方。但收入分享被“表述”为联邦所得税收入，而非特制法案中的额外资金。当联邦所得税收入上升时，收入分享的支出也会上升，但这个解决方案被“扣上帽子”是为了将每年的增长限制在两亿美元以内，恰好是会议报告提供的数字。众议院预算委员会获得了程序上的胜利，但在对支出的实质性控制上，他们做出了比他们曾反对的版本更大的让步。既然收入分享与联邦所得税收入挂钩，那么仅仅甩掉“帽子”会削弱国会在未来支出上的控制。[③] 众议院预算委员会用某些实质性价值来换取对预算程序的控制。

由于参议院预算委员会对预算实质比对程序更感兴趣，因此，在谈判中它们提出与众议院预算委员会不同的交换条件。如果这个问题是实质性的，例如支出的数额，参议院预算委员会将设法协调一个支出削减，使其更接近国会预算中预计的水平。当权利性项目法案被提出时，参议院预算委员会会异常活跃，如下一节我们将讨论的。

权利性项目问题

尽管在预算执行上有所不同，但两个预算委员会都有理由在权利性项目问题上采取强硬路线，权利性项目是一种立法，责成联邦政府向个人或其他政府付款。权利性项目不仅是联邦预算中增长最快的部分，它也占了超过三分之二的不可控支出。当国会设立一项新的权利性项目时，预算委员会就成了大输家。他们对未来预算的斟酌能力减弱了，因为一旦写入法律，权利性项目就不那么容易被撤掉。权利性项目偶尔被撤回的事实（如1976年预算委员会成功地发起运动，取消了退休联邦雇员养老金中百分之一的生活成本调整）并不能削弱联邦预算中大部分法定权益根深蒂固的地位。

---

① 亚当斯的行动会将收入分享项目作为权利项目的期限延长21个月，但是之后将把它归入年度拨款程序。这一修正案因150票对244票的投票失败了。

② 国会记录122（每日版，1976年9月30日）H11860。

③ 收入分享的反对者代表杰克·布鲁克斯反对这一解决方案：“……即使这一条款能在技术上符合预算法的规定，这一努力的效果与会议报告中的条款还是没有区别……它没有任何价值，仅仅是作为一个增加权利性项目的工具，因此，它会有效地破坏和阻止预算法的目的。”同上，H11877。

预算委员会试图阻碍权利性项目散布到新的项目领域。为了达到这个目的，他们用了两种武器，预算法的程序规定和宣传有关权利性项目的成本。预算法里有针对权利性项目的特别规定，但这些规定不如那些对后门合同与借款授权的规定严格。这样的话，新合同与借款授权只在拨款法案规定的范围内有效，新的权利性项目可以通过授权法案提供。但权利性项目必须等到第一次预算决议被采纳之后，并且不能在下一个财政年度开始前生效。而且，如果一个权利性项目会引起一个被授权的委员会超过分配给它的预算授权，这个法案将被提交到拨款委员会，它可以选择提供一个减少权利性项目数量的修正案。

实际上，预算法使拨款委员会和预算委员会成为控制权利性项目的合作伙伴。这些委员会有一个共同利益；在权利性项目被设立或扩大时，他们都要承受失去预算控制的损失。但在预算进程的其他方面，这些委员会只有权去讨价还价，无权阻碍立法。

当1977年参议院将一个小型（2800万美元）的营养教育计划由授权转为权利性项目时，这些委员会措手不及，还被禁止使用他们的谈判权。这个由农业委员会上报的法案是一个直接授权，参议院预算委员会给了它一个常规的第402款放弃。这个权利性项目法案又增加了一个议员大会修正案，并由口头表决通过。在这个法案被采纳后，身为预算和拨款两个委员会成员的议员奇利准备申请复议，抗议称“我们将第一次拥有一个变成权利性项目的教育计划”。[①] 参议员马斯基则冲到议员大会训斥农业委员会在请求放弃前没有将未来发展告知参议院预算委员会。“我相信预算委员会如果知道这个新项目可能在两天后转化为一个权利性项目，也许会（对放弃）做出不利的回答。”[②]

但参议院预算委员会再想拿出筹码已经太晚了，这个法案被参议院一致通过。一年之后，参议院又着手另一个有权利性项目特征的营养法案。这一次赌注更高，立法的四年累计支出达32亿美元。在议员大会行动之前，这个法案被送到参议院拨款委员会，它可以选择提议一个缩小规模版本的项目。但拨款委员会想比只是调整法案的支出水平做得更多；他们还想通过取消权利性项目的规定将立法改造为常规性的授权。参议院预算委员会关心法案的成本和权利性项目的特征，因而参与到谈判之中。受影响的各方各自做出牺牲以达成妥协，如表9－1所示。

表9－1

财年	农业委员会法案		协调法案	
	数额（百万美元）	性质	数额（百万美元）	性质
1979	600	权利性项目	550	权利性项目
1980	800	权利性项目	800	权利性项目
1981	900	权利性项目	900	授权
1982	950	权利性项目	950	授权

① 国会记录123（每日版，1977年6月30日）S11202。

② 同上，S11219。

预算和拨款委员会赢得了第一年支出中的一点点减少和在这个计划的最后两年恢复成为授权。[①] 然而，农业委员会看上去似乎得到了交易中较好的部分。这个计划仍是一个权利性项目，他们在第二年的资金中得到了一个显著的增加。这样他们就有了未来几年高支出水平的坚实基础，即使这个项目会被改变为一个授权。虽然他的谈判筹码带来了一些收获，但预算委员会还是无法阻止国会为强大的利益集团提供有保障的资金的倾向。

预算委员会则有一个适用于所有预算问题的额外杠杆，并且对权利性项目问题尤为有利。许多权利性项目都是开放式的，它们不设限制，甚至也不明确支出的数量。在这样的情况下，实际支出被不可准确预见的因素决定，主要是受益人的数量和它们有权享有的支付金额。在预算法之前，国会可以方便地不顾或低估这类法案的预期成本，但对制定法律而言却不再那么容易被忽视了。

根据预算法的要求，国会预算局估算所有参众两院委员会上报的权利性项目法案的预期成本。这些估算成为预算控制的强大武器。在1977年间，国会关于食品券立法的争论主要围绕相互竞争的改革建议的估计成本展开。所有谈判方看起来都忠于不会超过预算水平的项目。预算委员会可以使国会注意到那些看起来一点儿也不贵的法案的成本。在一次最令人满意的成功中，众议院预算委员会阻止了一个可能使联邦雇员在服务30年后不论其实际年龄如何都能得到退休金的法案。虽然这个法案没有贴任何价格标签，众议院预算委员会估计这个法案在现有联邦雇员的生命周期中会花掉30亿美元。当提案委员会主席被告知这个没有事先料到的支出估计时，他静悄悄地将这一措施从日程上撤去。

新权利性项目出现的速度在预算法制定后肯定减缓了。一个有力的数据是不可控制的“开放式项目和固定开支”（管理与预算局采用的术语）占联邦预算的百分比。撇开不直接由预算决定的利息成本，这些开支在1977年至1979财政年度间平均每年增长9%，相比之下，第一个五年中每年的增长率是18%。实际上1977年至1979年所有的增长都是由于现行权利性项目的强制性增长（而非国会的行动）引起的。我们很难确定所谓的新权利性项目的减速主要是因为预算法，还是因为国会的财政“情绪”，但我们可以明智地得出两个因素都有关系的结论。

扣押控制：立法统治与行政裁量

预算法集中在国会内部运作，但将扣押控制与预算进程结合在一起时，国会认识到必须在反对支出偏好的行政偏差中执行预算决定。[②]

---

① 虽然他同意妥协，但法案的管理者参议员麦戈文坚持称拨款委员会超越了预算法中对它的授权。就是说，它不仅仅建议了支出水平上的变化。拨款委员会对项目做出了实质性的改变。见国会记录124（每日版，1978年7月21日）S11472。

② 预算改革法案的议员大会干事代表波尔林认为，“预算改革和扣押控制有一个共同目标：恢复美国支出政策对立法破坏的责任。只有一个而没有另一个会置国会于无效且不利的地位。无论国会多么谨慎地排除它的拨款责任，如果立法决定能被行政扣押单方面的废除，那么立法决定将没有任何意义。”国会记录119（每日版，1973年12月4日）H10577。

预算法的“第10号”是众所周知的扣押控制法。它为国会审查和控制那些阻止或推迟由国会拨款的资金支出的行政活动设立了程序。扣押控制是以废除和延期之间的区别为依据的，不同的程序应用于不同的类型。当总统没有预料到任何当下或未来的资金需求，或当被扣压的资金在被释放前就失效时，他必须要求国会撤销拨款。当总统预料到是未来而非当前需要资金时，他会提议延期。总统必须将所有提出的废除或延期都通知国会，他还必须提供有关每个行动的必要信息。

在废除的案例中，除非国会在总统通知后45天连续议程（在扣押控制法中有定义）内通过废除，否则资金必须被释放。而延期的案例则可能一直有效，除非参议院或众议院以扣押决议否认它们。国会对延期的否决没有时间限制，但延期不能延长超过财政年度结束。总审计长负责监督行政部门遵守扣押控制。他必须在总统未能报告扣押或某次行动被不恰当地分类时通知国会。总审计长也有能力为执行扣押控制提起诉讼。

扣押控制法并没有使扣押结束；在扣押控制法实施的第一个五年中有超过600亿美元的废除和延期被提交给国会。预算法也未能结束所有关于扣押的争议，虽然压力减轻了。除了间或性的问题之外，扣押控制分为三阶段进程，涉及总统建议和报告、总审计长审查、国会行动或在大多数情况下的不行动。在每个阶段，国会都会被文件和文书工作轰炸，大多数是法律本身要求的，有些是法律被执行的方式要求的。1974年国会选择了一个扣押的广义定义，理由是过多的文书工作比更多的纷争好。扣押控制法第1011款定义延期为：“（A）扣压或推迟预算授权为项目或活动承担的义务或花费；（B）任何其他类型的有效取消预算授权支出的行政行动或不行动。”

这个规定可以被解读为涵盖成千上万影响支出速度和水平的日常行政行为。但总审计长明智地规定了扣押控制法“并非旨在废除合理的项目规则规定采纳前的行政斟酌行为。”[①] 他还认为不花掉全额拨款本身并不构成扣押：“必须有负责的行政部门官员行为的足够证据来证明有避免承担现行预算授权的意图。”[②]

即使是狭义地解读扣押，也有六百多个废除或延期被提出，并被打包成无数的总统咨文送到国会，伴随着无数补充性意见书。自1974年总审计署已经送上超过一百个通讯给国会，许多是作为对行政活动立法抱怨的回应。国会考虑了十几个废除法案，一百多个扣押决议被提议，而五十个被通过。

扣押控制的规定

表9-1对近五年的扣押作了报告。[③] 在这段时间内，延期的总数接近500亿美元，而废除的则有103亿美元；每年延期的价值比废除的多三倍。可以预期行政机关更青睐延期，因为如果国会没能有所作为的话，它可以持续发挥作用。但如果

---

① 《美国总审计长的决定》，1975年6月11日，总审计局再版，《两年后审查1974年扣押控制法案》，1977年6月3日，173页。

② 总审计长给代表詹姆斯·J. 弗洛里奥的信，1976年9月28日，收录在上书中，217页。

③ 数据来自众议院拨款委员会的文件，与审计总署的统计数据有所不同。大多数的差别不重要，但有几个可能影响文中推出的结论。

国会在45天的周期内没能完成行动，废除必须停止。虽说如此，延期的优势在于扣押的目的，而非总统对扣押法的使用。一个常规扣押发生在一个计划或项目不需要全部可用资金，或资金在稍后才可用的情况之下。而一个政策扣押则发生在当总统决定他不需要这个计划或项目，或只想要一个比国会授权的更小规模的情况下。多数延期都是常规行政行为，伴随着几十亿美元的长期建设和采购活动拨款，行政机构常规性地延迟大额资金的使用也不是什么奇怪的事。然而，废除更有可能伴随着政策目的。福特总统试图取消国会为社会项目增加的几十亿美元；卡特总统则说服国会撤销拨给军用武器的资金。

表9－1　1975—1979财政年度废除及延期的预算提案

废除

年度	数量[a]	提案总金额	废除金额	废除占比(%)	提案占总预算比(%)
1975	91(4)	3328500	391295	12	43
1976[b]	50(1)	3608363	138331	4	14
1977	21(1)	1835602	1271040	70	48
1978	8(0)	644055	55255	9	38
1979[c]	10(0)	908692	723609	80	80

延期

年度	数量[a]	延期金额	未通过金额	延期未通过提案数量	未通过金额占比(%)	未通过数量占比(%)
1975	159	24574236	9318217	16	38	10
1976[b]	119(2)	9209780	393081	24[d]	4	20
1977	68(4)	6831194	25600	3	0.4	5
1978	66(0)	4910114	69531	6	1.4	9
1979[c]	58(1)	4393328	13852	2	0.3	3

[a]括号中显示的是审计总署公布的未上报的扣押提案数，总数中已包含这些部分。即1975财政年度中91起废除中包括管理与预算局公布的87起和审计总署公布的4起。

[b] 1976财政年度的数据包含了预算年度变更产生的衔接期。一个跨衔接期（即1975年7月至9月）和1976财政年度的废除提案仅被视为一个提案。

[c] 1979年的数据截止到6月份。

[d] 1976年有两起延期提案同时被众议院和参议院否决，在这里它们各自只被算了一次。

来源：表格数据来源于众议院拨款委员会。

总的来说，扣押行为在减少，卡特总统任期内废除和延期的总量大大低于他的前任。大多数下降是政策性扣押，毕竟我们没有理由期望常规性延期和废除会持续减少。政策性扣押（大多数为废除）的减少有两个原因。第一，当福特总统寻求撤销超过预算要求的拨款时，国会一般都会拒绝，因为这相当于给总统第二次机会通过新扣押程序去完成在之前的拨款进程中就已否决的要求。而对福特总统的废除高于90%的拒绝率则说明他利用扣押控制颠覆国会投票选出的预算优先项目的努力被再三回绝。当得知国会不会接受成批的政策扣押时，行政机构减少了对这种做法的应用。第二，白宫执掌人由共和党向民主党的转换造成了政策性扣押的减少。与国会主席来自同样政党的总统不可能就支出目的或水平进行旷日持久的争论，或在扣押阶段发生冲突。而且卡特上台之后，他承诺国会领导人不会将扣押行为用于政策性目的。

政党之间的关系也解释了国会的回应。卡特在废除和延期上都比他的前任拥有高得多的成功率。以美元计算，福特总统只有少于10%的废除被国会批准，而卡特有接近三分之二的废除被执行。因为有共同党员身份的认同，卡特一直都不愿意提出废除，国会也不愿意拒绝那些请求。卡特在维护他的延期、防止国会否决中也更成功一些。只有大约5%的延期被推翻，而福特是15%。如果将延期的资金以美元来计算，福特被国会强迫释放了20%的延期资金，而卡特则仅有不到1%。

但不管是谁在白宫里，国会更倾向于延期而非废除。大多数的延期有国会不作为的支持，而大多数由总统提议的废除则被国会的不作为所否决。在五年期内，只有10%的延期被国会否决，而65%的废除则被国会不愿通过必要立法而驳回。以美元计算，延期被否决的水平是因为一个行动才膨胀起来的，这个行动迫使累积多年的90亿美元的公路储备被释放。而除开这个延期，国会只否决了少于2%的总统延期；国会否决了75%的资金废除。

正如他们调整自身适应政治环境的变化，扣押管理也经历了用途方面的变化。超过90%的福特总统的废除是国内计划，只有5%与国防相关。这个比例在卡特在任的时候彻底颠倒了，几乎90%的废除都是国防计划，而几乎没有资金从国内计划中扣除。在两个总统在任年间，国会愿意附和对国防计划的政策性废除。国会通过了福特裁减F－111飞机制造和卡特取消B－1轰炸机的拨款。总而言之，以美元计算，国会通过了三分之二的国防拨款废除，而只通过了8%的非国防废除。以提案计算，国会通过了（整体或部分）88%与国防有关的废除提议，而通过了26%的非国防提议。

为什么国防利益不能坚持它们刚刚一个月之前得到的拨款呢？为什么它们比国内利益在抵挡总统扣押中更不成功呢？扣押控制看上去对国防开支并没有任何偏见。有可能是因为国会的自由派成员推动扣押控制法，为了防止总统削减他们的项目，他们特别警惕地保证扣押控制法不会反对他们的项目。那些倾向于国防计划的国会保守党成员或许会接受经济上的削减。

遏制预算冲突的扣押控制法

扣押控制法为审查行政扣押设立了可行的（也许是艰难的）程序。它不是用来解决立法行政关系这一基本的宪法问题——以及总统权力的范围问题，但是它提供了一种不引起更多争议的情况下解决这些争端的做法。国会能够防止总统单方面扣押资金，行政机构也能够不过分僵化地管理其财政事务。扣押战尚未结束，但现在一般通过一致同意的方式解决。与尼克松时期的竞赛相反，扣押控制意味着有限的战争和在大多数情况下，在有限时间内对争端的决议。1974年以来很少有扣押冲突会波及法院。

行政机构一般都符合1974年扣押控制法。总审计署使国会的注意力放在几个未报的扣押和几个严重误判的废除和延期上。福特和卡特都尽快释放法律要求的资金。但一个倾向于反对国会政策的总统也许一样会漠视扣押控制法。人们只可能猜测，如果扣押法在总统可以随意单边削减国会偏爱项目的资金的20世纪70年代早期就实施的话，会发生什么。但我们也必须注意到尼克松总统充分利用了法律的空缺——两个机构间权力的模糊划分——将权力掌控在自己手中。未来的扣押者则不得不估算法定限制和涉及国会、审计总署和法院的执行程序。

虽然国会占上风，它们对扣押控制也并不完全满意。文书工作量困扰了一些国会成员，也有一些消除或简化常规扣押控制的建议。[①] 一个更扰人的问题是扣押报告的推迟。一般一个机构的扣押资金要花上几个星期才能到达官僚机构、管理与预算局和白宫。而且管理与预算局比较喜欢将许多扣押编成一份总统咨文，因而有时会拖延递交给国会的时间。虽然审计总署应该监控行政遵守情况，但它们不可能检查每一个影响资金可用性的行政行为。审计总署不能总是区分拖延是由审慎管理引起的还是由政策动机引起的。即使很警惕，审计总署一般也只会在行政行为生效后才注意到。

不仅如此，审计总署对行政机构的扣押采取了被动的姿态。他们不是主动展开调查，而只是在总统提出扣押报告或第三方对行政行为进行抱怨时才参与进来。这个程序并不总是保护国会利益。这样，当卡特总统决定终结B－1轰炸机时，他在通知国会的三个星期前就取消了制造合同。虽然国会可以否决这个废除提议，并强迫国防部重新开始制造，但重新开始这个项目却会带来不少费用。

延迟问题因实施废除的45天的计算方法而更为严重。因为国会休会期间不计算，而且因为在国会无限期休会后重新计算，这个45天期限可以延伸成为一个更长的期限。在1975和1976财政年度中，在废除提议提交和45天期限结束之间的间隔平均有80个日历日。因为扣押在法律允许拨款后的30天之内不用上报，因而拨款与废除终止之间的平均实际时间都超过了100天。这些延迟的结果就是福特总统在财政年度的大部分时间里利用扣押进程将不需要的计划打入冷宫，进而使得国会意图落空、损及项目的有效性。延迟有时是为了它自身的原因，但可能也是为了政治利益。

行政的缓慢由于国会一直要等到最后一刻才对废除法案采取行动的倾向而加剧。当国会未能就其意图给行政机构一个提前指示时，在废除法案悬而未决期间资金被留滞。国会的拖延则引起扣押控制中的异常：有的废除在45天期限到期后被通过。B－1轰炸机的案例就是这样。在总统提议废除之后，45天期限开始倒计时，但在国会完成废除法案行动前这个期限就已经到期了。几个月后（国会被通知的148天后），B－1轰炸机资金的废除被附在一份补充拨款法案上。在严格实施扣押控制的情况下，总统应当要求立即拨付扣押资金，并且重新开启被取消合同所涉及的工作。相反，国防部在没有实质性留滞资金的情况下就释放了它们。这些钱未被扣押，但也未被用掉。

在一个例子中，在某个废除尚在审议中时，国会便形成了自己的补救措施。在

① 总审计长提议对扣押控制法进行大量修改。见总审计局，《两年后审查1974年扣押控制法案》，第10—18页。

卡特总统声明自己对某水利工程项目的反对立场后，国会为1977年的公共工程就业法添加了一个附件：

第201款 国会在这里发现并宣布……这类工程不应被终止，除非1974年国会预算和扣押控制法的立法程序允许。

第202款 尽管公共工程就业法93—344款有延期和废除规则，所有由公法94—355款和94—351款（1977财政年度为公共工程和农业拨款）规定、为工程项目或与工程项目相关的调查、规划或设计提供的拨款都应因总统的约束而备用，并因拨款的目的被支出。

虽然两款在字面意义上有矛盾（第201款似乎坚持扣押控制程序，而第202款似乎要绕开），目的是提前宣布国会不会通过任何类似行动来避免可能的废除或延期。如果这个措施被所有拨款采用，它将会有效地否定扣押控制法案。

立法管制与行政裁量权

国会试图将扣押控制法用于在拨款中限制行政裁量权。行政机构（通常受到总审计长的同情性规定帮助）则试图限制扣押控制并公开扣缴资金。争议有几种形态，其中的两种激起国会明确反应的是重新计划资金和设定行政人员最高限额。重新计划发生在同一拨款账户的资金从一个目的转换为另一个目的时。审计总署规定这样的转换并不违反扣押控制法（也就是说，某项活动上的资金未用完不构成扣押），只要没有净保留资金。当卡特总统试图在科林奇河增殖反应堆项目终止时为其申请资金时，这个问题出现了。1977年6月23日，在一封给参议员亨利·M.杰克逊的信中，总审计长坚持认为这一资金转移不违反扣押控制："该法案关心的是废除或延期或预算授权问题，并不是项目的废除或延期。这样的话，对项目A、B和C的一次性拨款只是用来实行项目C，并不能说明对项目A和B的扣押存在。只要所有的预算资源被用于项目C，即使项目A和B都没有资金，扣押也不会出现。"①

国会对重新计划的回应是将扣押控制扩大到特定的计划和项目。这样，1977财政年度的第二个补充拨款的第304款有如下禁令："在本法中没有任何拨款或以其他形式可用的资金应负担或被用于任何国会批准的计划、行动或武器系统的终结或延迟，除了一些特定的预算授权被法律撤销或推迟的计划、行动或武器系统。"

虽然它的发起人坚持认为这个规定不会阻碍重新计划，但结果却似乎是另一番光景。如果一个相似的规定被扩展到所有项目，事实上拨款会被转换成以分项为基础，而且大部分（如果不是全部）重新计划会被禁止。

作为对机构人数上限的反应，国会也向分项控制靠拢。这些上限（由管理与预算局或这些机构本身设立的）会以两种方式影响开支水平：第一，花在工资上的资金可能会比国会规定的数量少；第二，人手不足会减缓行政运作，并将支出水

---

① 在这一意见的其他部分，总审计长认为使用资金来终止科林奇河项目违反了联邦法律，法律规定禁止因未授权的目的支出资金。在得出这一结论后，总审计长可能会推理出，既然资金不能被用于终止项目，那么未能成功为指定目的支出资金便违反了扣押控制法。

平降低到项目拨款数量以下。例如，一个机构可能没有能力处理所有满足条件的贷款申请，因为管理与预算局的上限阻碍了他们雇佣需要的人员。

国会对通过人员限制的方式进行扣押的考虑反映在1979财政年度的农业拨款法案中。众议院拨款委员会抗议："行政机构为了减缓或停止各种项目而设立任意人员限制的倾向……即使没有违反扣押控制法的条款，也违反了扣押控制法的精神。在很多情况下，为增加的员工拨款被国会认为是必须的，但这些钱后来却被用于旅游或设备和补给。"①

为了防止这些情况的发生，拨款委员会重组了1979年的农业项目预算账户："……为了在未来避免这种实际上的扣押，委员会在很多情况下都建议给'人员报酬和福利'与'其他开支'分别拨款。这一法案的结果是任何扣留工资拨款的企图必须上报给国会进行法律考虑。"②

事实上，委员会有效地"分项化"了一些拨款，因此将它们带入扣押控制法的范围之内。

扣押控制是自美国建国以来立法与行政机构之间斗争的现代版本：国会的分项控制对抗行政的裁量权。而它与以前的对峙主要的不同在于国会之前是为了防止行政机构花掉资金而确定分项控制，而现在国会则利用控制来压制行政机构不按自己的意愿花钱。两百年来，分项上的权力在两个机构间上上下下。19世纪的大多数时期国会占优势，而20世纪由于转变为一次性拨款，行政机构获得霸权。扣押控制法代表立法机构努力使天平倾向于对其有利的一方，但该法也不太可能最终解决问题。在支出权的问题上，灰色地带会一直存在于两个机构的关系之中，它们也会成为未来争端和对峙的温床。

执行的局限性

国会在保护其预算决定不受总统扣押方面十分成功。利用扣押控制，国会已经迫使连续几任总统都不能按照自己的意愿花钱。这些控制并非完全没有问题，但结果显示单边扣押被有效减少。

虑及国会预算过程，无法得出同样的发现。预算委员会在对抗国会、保护自身方面只有有限的几次成功。事实上，国会通过了几乎所有它们想要的法案，虽然不一定都是以它们偏好的形式。在程序问题上，国会通常延迟预算法的要求，但他们也不愿让程序干涉他们的实质性目标。国会愿意与预算委员会进行交涉，但它不愿听任它们不受限制地审查立法。在有争议的问题上，几方通常会妥协，预算委员会保留他们认为是他们过程中的要件，而国会则得到其立法的要件。

① 众议院报告，No. 95－1290（1978年6月13日），第30页。

② 同上。

第三部分

支出和税收委员会的影响

第十章

被制服的守卫者：拨款委员会及其进程

资金拨款是国会行使的最古老的支出权，也是唯一特别写入宪法的权力："除非是法律规定的拨款，否则不得从国库取钱。"拨款委员会一直都被认为是国会中最有权力的单位之一，而众议院拨款委员会由于在资金法案中的主动性，一般比参议院更受尊敬。① 议员们垂涎拨款委员会的席位，为了得到这个珍贵的职务，很多人放弃了他们在其他委员会中的位子。②

但在20世纪60年代晚期到70年代早期，拨款委员会的结构和内部运作上的一系列变化削弱了他们的地位，减弱了他们作为国库守卫者的力量。正如在第二章中所指出的，这些变化是引起设定一个作为控制支出新形式的国会预算进程的主要原因。而这些变化的累积效应则是拨款过程作为审查政府支出角色的弱化。

国会预算是对拨款过程弱化（而非强化）的一个回应。国会感到需要一个支出控制，而拨款委员会越来越无法很好地满足这个需要。自相矛盾的是，这些委员会弱化的原因是国会希望它们如此，而非拨款委员会不负责任。为了理解为什么国会寻找支出控制的新来源，必须首先理解在预算法案之前拨款委员会发生的变化。

拨款委员会与国会

拨款过程的传统目的是为了对付来自国会和行政机构的支出压力。授权委员会通常是计划的推进者或资源的要求者，而拨款委员会则是国会国库的守卫者。长期以来，削减预算成为拨款委员会衡量新成员能力的标志和尺度。年复一年，拨款委员会提供数据表明他们削减了预算。这些数字上的例行公事为委员会在预算申请面前保持守卫者的形象提供了有力证据。

在理查德·芬诺（Richard Fenno）一个有关拨款过程的权威性研究中，削减预

① 宪法要求预算法案由众议院产生。按照传统，众议院也为拨款措施采取行动。

② 在第89届国会所在的20世纪80年代，只有1个国会议员从众议院拨款委员会离开，有27个人转入众议院拨款委员会。参见 Richard F－Fenno Congress in Committees（Boston：Little，Brown and Company），P. 17。

算被定义为众议院拨款委员会的首要工作目标。[1] 在这个过程中，参议院拨款委员会起着调节作用；他们听取行政机构的申诉并恢复部分众议院削减的款项。（因为众议院拨款委员会一直都对保护预算负有主要责任，他们比参议院拨款委员会更易受到变化的影响，所以我们在本章中也会更多地讨论到众议院拨款委员会。）

通过拨款过程削减预算是为了两个基本的立法预期：国会应该防止浪费和挥霍，并且应该控制行政行为与开支。但拨款委员会还有另一个立法目的，一个直指国会而非行政机构的目的：作为保护者抵御国会中的支出利益集团。他们阻止国会在他们偏好的计划上肆无忌惮地开支。在过去的一个世纪，当国会希望遵从拨款委员会的原则时，它支持它们；当它倾向于根据其偏好自行其是时，它削弱了它们。

拨款委员会和其余国会成员之间的冲突自委员会1860年成立时便成为国会中的固有问题。拨款委员会的运气随着国会里开支控制的“天气”而变。但即使当国会需要一个有效的保护者时，它也没有发动拨款委员会大幅度削减联邦预算。保护国库只是国会追求的众多目标之一。国会也希望在他的首选计划上花钱，即使这样做必须削弱拨款过程。在资金上不受限制的权力将赋予拨款委员会控制其代表的议院并凌驾于国会项目利益之上的可能。如果拨款委员会不被限制，他们可能会干涉每个人的事务，因为几乎每一件由政府完成的事都要使用资金。拨款委员会将通过拒绝给他们不喜欢的计划拨款来废止授权立法。

对拨款委员会的主要限制在于它们意识到必须满足它们上级机构的期望。没有任何立法委员会可以忽视它们所属议院的需要。这不仅仅是一个在议会上受到置疑或权力受限的问题，尽管这些可怕的制裁在过去被用来对付顽抗的拨款委员会。相反，一个委员会（甚至如拨款委员会一样强大）都只是立法系统的一个部分，都要分担这个系统的主要目标。众议院拨款委员会一直都是财政保守主义的堡垒，经历了同样困扰国会的紧张气氛。如芬诺所言，“委员会从属于两个预期——一个认为委员会应该为国会授权的计划提供资金，一个认为委员会应该尽可能节约地提供资金。”[2]

困在它们保护者的角色和国会广泛的项目利益之间，拨款委员会通过将它们的预算削减集中于一个狭窄的“安全”地带来适应这个问题。它们削减预算，但在大部分情况下仍旧允许在以前年度的拨款上有所增长。芬诺调查过的575个众议院拨款委员会决定中的四分之三都在预算估计以下，而大致相同比例的拨款比上一年水平高。“总的来说，”芬诺总结道，“在同一时刻，委员会支持计划并影响经济。”[3] 拨款委员会酌情决定的范围一般由当年拨款和下一年预算申请限定。在这个范围内，拨款委员会主导了国会山的开支进程。多年来，他们的影响都是边际上的，从总量上略微削掉一些，减缓增长率，从预算里加上或减掉一些。

芬诺的研究在1966年发表（虽然大部分研究在此之前早已完成），正是在众

---

① Richard F. Fenno, The Power of the Purse: Appropriations Politics in Congress, (Boston: Little, Brown and Company, 1996)。

② Ibid, P. 410。

③ Ibid, P. 355。

议院拨款委员会的领导从克劳伦斯·坎农（Clarence Cannon）变为乔治·马洪（George Mahon）之时。坎农一直是个盛气凌人的主席，他试图将他的保守意见强加于委员会，并保护拨款委员会免遭有关其管辖权的攻击；相反，马洪则在他作为主席（结束于1978年他退休）的15年任期内更温和更通融一些。芬诺认为马洪"在气质上对冲突的厌恶"[①]倾向于阻止马洪积极反对对拨款过程的干扰，也使他在其他众议院领袖被免职时幸存下来。

当马洪在1965财政年度成为主席时，联邦支出是1180亿美元，而当他在1979财政年度退休时，开支则接近5000亿美元。对一个历史上将保卫国库作为目的的委员会来说，这个预算的盘旋上升是一个艰难的经历。当然，有些拨款委员会成员欢迎开支增加，尤其是在他们偏好的计划方面。对于其他人而言，明确的迹象是控制已经被放弃，拨款委员会不再有意愿或权力对抗压力。这种感受的表现之一出现在与参议院拨款小组委员会一位资深职员的访谈总结中。他把他写给委员会主席的一封信塞到采访者手中，信中他比较了他刚进入委员会时的国债规模和不到十年后两倍的数量。这封信认为赤字开支是"一条狭窄的死胡同"，并呼吁"坚决投票支持那些将控制支出的人"。

然而支持性投票并未进行，因为在预算法生效的十年前，国会中对预算削减的决心已经开始变得淡化。国会在这种情况下不可能再坚持这个把开支控制作为头等任务的进程。因此国会策划了一场有关支出过程的改革，削弱了拨款委员会对预算的控制。

在20世纪70年代前半段，拨款委员会设法每年都进行预算削减。从1970财政年度到1975财政年度（预算法生效前的最后一年）之间，据说有接近300亿美元通过拨款决定从预算中被削减掉。这些官方数据看起来为守卫者警觉地保护联邦预算不受大笔支出侵害提供了证据。但如果没有区分各种类型的拨款，这些数据将无法准确解读。很多预算削减通过财政策略实现——历史悠久的会计实务通常隐瞒了国会行动的真实影响。拨款委员会有时做出预算"削减"，将资金退回上一个财政年度或推到下一个财政年度，在强制性开支上变把戏，或者推迟项目作为之后的补充条款，但实际上并没有削减任何东西。只有通过痛苦的、逐个账户的检查，我们才可能在真实的和表面的预算削减之间做出区分。

拨款的独创性在国会不顾总统偏好提高开支时达到极致。例如1975财政年度，国会"减少"劳动部和卫生教育与福利部的拨款，措施是将强制性公共救助计划预算减少12亿美元。一方面这是国会的合法行为（国会的预算一般都比行政机构的更准确），另一方面影响则是提供了一张立法影响预算的扭曲画面。不管这12亿美元是否会因外部原因被用掉，反正不是拨款委员会的行动。

虽然拨款委员会仍在公众面前吹嘘他们的成就，圈内人私下却承认缺少真实的预算削减。一个经验丰富的委员会成员这样总结预算控制的摩擦："克劳伦斯·坎农曾说过拨款过程是冷却立法之酒的茶托。但拨款委员会却是在吃老本。他们可能在过去真的削减了总统的申请，但近几年却绝对没有。绝大多数的削减在补充性拨

---

① Ibid，P. 261。

款或下一个预算中又被重新捡起来。在今天，真正的削减太少，以至于一个大的削减就能上新闻。”

为了评价拨款过程对联邦开支的影响，将拨款分为三种类型、每种都有一个独特的模式是很有用的：内务法案、国防和国际事务法案以及顾客导向法案。虽然大多数拨款法案并不能明确归于这三类中的某一类，但即使是在这一高层级集合，分清这三类草案也是可能的，如表 10－1 所示。在这三类法案中，被削减或增加的百分比完全不同。

表 10－1　　1970—1975 财政年度国会对总统预算及常规预算案的调整

预算案	减额数量	增额数量	平均变化率	变化幅度
国内支出				
交通部	4	2	－2.14	－6.88/＋2.55
内务部	2	4	＋0.96	－0.75/＋3.07
国务院、司法部、商务部	6	0	－3.05	－4.09/－0.50
财政部	6	0	－2.11	－5.83/－0.17
住房和城市发展（退伍军人管理局及住房和城市发展部之外的部分）				
独立机构[1]	6	0	－1.67	－3.88/－0.63
国防/国际支出				
国防部	6	0	－5.26	－7.49/－3.13
军队建设	6	0	－10.03	－18.61/－4.35
原子能	5	1	－3.05	－6.01/＋0.24
外国援助	6	0	－24.26	－31.94/－11.90
客户导向支出				
农业部	1	5	＋419	－0.44/＋9.68
卫生、教育及福利部	2	4	＋1.40	－1.45/＋3.59
公共建设工程	0	6	＋8.42	＋1.40/＋37.62
退伍军人管理局	1	5	＋0.74	－0.07/＋1.78
住房和城市发展部	3	3	＋4.76	－13.39/＋28.06
教育	0	2	＋5.78	0.13/＋11.43
公共就业服务机构				
能源及研究	0	1	＋1.47	1.47

[1] 这三项在常规预算案中显示为一个提案，即“住房和城市发展部及独立机构”。在这里它们被拆分开来。

来源：美国国会、众参议员拨款委员会及各自年度的拨款和预算记录。

为了联邦机构持续运作的内务拨款倾向于吸引分项审查，拨款委员会集中提议增加新职员、旅行以及其他开支项目。内务申请一般会被削减，但很少会被削减超过几个百分点。对于这类项目，拨款委员会一般都会提供“半个面包”，同意某些而非全部增长建议。但内务拨款作为联邦预算的一部分比例正在下降，因而这类削减也不多。在 1970 财政年度至 1975 财政年度，30 个内务拨款中只有 5 个少于预算，但削减从未超过 7%。在平均水平的草案中，减少的资金额仅占行政机构申请的 1.5%。

国防和国际事务项目在 20 世纪 70 年代前半期经历了更深的削减。国会每年的拨款比国防、援助外国和原子能方面的申请少得多。实际上，在1970年到1975年之间，这个类型的18个法案中只有1个没有被削减。平均来看，每个法案的削减均超过10%，比内务拨款高得多。而从这些法案中削减的超过300亿美元则解释了这些年来被审查的所有拨款的削减净额。换句话说，虽然国会利用拨款过程增加了"国内"开支总额，但他们又因在国防和国际事务上的大幅削减有能力声称减少了开支。一个分析员有条有理地审查了1971年至1976年间的每一项国防拨款，这些计划中超过一半的"节约"都是财政调整或采购和建设的延迟，而非真正的削减。①

顾客导向的计划一般会从国会得到比行政机构要求更多的资金。这些计划包括给劳工、卫生教育及福利部、住房与城市发展部以及农业部的拨款；给退伍军人管理局和给河流及港口的拨款。在被调查的这些年里，国会给这些项目的增加受限于总统否决。在很多情况下（例如1971财政年度给住房与城市发展部和劳工、卫生教育及福利部的拨款和1975财政年度给农业部的拨款），国会对否决的反应是通过一个规模降低的拨款，资金量比之前有少量增加。不管怎样，超过四分之三的顾客导向拨款都比总统申请的资金多。

至少在预算法颁布前的几年之中，拨款委员会更多起到的是一个国家优先权的重新安排者，而非国库的保护者。他们的有效性必然挑战了那个被再三重复的断言：国会在新预算过程迫使它之前无法做出有关优先权的决策。虽说是这样，拨款委员会作为一个可观的并在增长中的联邦预算倡导者和推进者的角色，标志着他们脱离了他们传统的作为国库保护人的角色。

可以这样说，在被审查的年度，拨款委员会因为总统对顾客导向开支的攻击而被迫表现得像申请者。一个很好的例子是尼克松总统提交了一份低得不现实的预算给劳工和卫生、教育与福利部，因为他预期国会会提高这一预算。但即使在这个例子中，拨款委员会从保卫者和预算削减者转变为申请者和支出者也只是增加了争论。而且，拨款委员会的行为不能仅仅解释为是对行政裁员的反应。国会行动的变化也侵蚀了委员会保护预算的意志和能力。

保护者成为申请者

表面上，拨款过程多年来都没有什么变化。每个机构在拨款小组委员会面前都会呈上一本厚厚的"辩护书"，里面详细记录了他们的活动、过去与当前的开支以及对下一年的预算申请。这些文件已经比以往简洁得多了，而且现在许多（取决于小组委员会）包括了更少的分项细节和更多的项目信息。但大量注意力还是被放在分项之间实际与建议开支的比较和申请在当前水平上增加的因素上。小组委员会可以就任何它们管辖范围内或与它们有关的利益提问，从员工旅行的细节到机构的基本正常和长期规划。每个小组委员会均独立标记他们的法案（一个小组一个常规法案），并将很少或完全没有变化的法案呈送委员会。对于每一个账户，委员

---

① 参见 Richard P. Cronin，Analysis of Congressional Reductions in the Defense Budget；1971—1976年财政年度（Multilith，Congressional Research Service，September 16，1976）。

会报告均给出了一个与当前开支、总统申请以及委员会行动的统计比较。接下来是委员会对变化的解释以及（在很多情况下）表达对特定问题的关注，加上对于资金应如何（或如何不）支出的指导。

虽然拨款过程保持了它传统的外表，其他的发展已经引发了拨款委员会角色与运作上的巨大变化。在预算法生效前的几年时间里，主要的变化有：（1）这些委员会的影响范围与管辖权的萎缩；（2）使拨款委员会对开支压力开放；（3）使参众两院委员会的成员关系自由化。

限制拨款过程的范围

由永久性授权向有限期授权的转换已经在第六章里从授权委员会的角度考虑过。年度和多年度授权的趋势也对拨款委员会形成了强大制约（非正式但强有力）。在正常情况下，国会在理清授权法案后才做出拨款决定。作为结果，正如芬诺所言，“每个授权法案都表达了它们的期望……拨款委员会应该为其中具体的活动提供支持。”因为大部分固定期的授权（不像永久性的）均指定了一个开支水平，国会的期望在考虑拨款前就被清晰地划定了。芬诺如此解释加在拨款委员会上的限制：“（拨款）委员会的资金决定被认为应与授权法规设立的支出模式大致保持一致。并且任何具体授权均被认为会限制委员会的决策自由……委员会并不被认为会满足所有要求。但他们也不被认为仅批准很少的资金，以至于国会提出的项目无法落实。人们可以推断当多数（议员）已经宣布支持某个项目时，拨款委员会将拨足大部分授权或申请的资金。某项需求的大部分被认为超出拨款委员会的范畴，而非在其选择范围之内。委员会独立的影响被认为是边际的或渐进的。这就是每个授权法规的主要要求。”①

授权是对联邦资金强有力的要求。其影响范围是由众议院拨款委员会在它们勉强通过的 1977 财政年度的某个特殊公共工程就业拨款法案中被批准的。在报告这个草案时，委员会成员感到不得不为某个国会早已授权的项目提供资金：“附随的草案被建议用于回应 1976 年 7 月 22 日众议院的指令［这一天众议院以 310 票对 96 票的表决废除了总统对 1976 年公共工程就业法（授权法案）的否决］。② 委员会的行动尊重众议院压倒性多数的明确意愿，及时考虑为实施法案条款提供拨款。”

即使之前投票赞成保留授权草案否决权，支持拨款的拨款委员会主席乔治·马洪采取了一个类似的立场：“作为拨款委员会的主席和成员，我们认为众议院的投票是一项授权……为了实施越过总统否决的授权草案。因此，今天我们充满信心地将这份提供就业资金的拨款草草提交给议员们……我个人高度关注这个反衰退的收入分享条款和这个法案中的一些其他条款，但从议会授权和大多数人的压倒性意见出发，我们已将这份草案提交到议员面前……”③

比起将其期望告知拨款委员会，国会有时做得更多；它通过从后门提供资金的

---

① Fenno，The Power of the Purse，PP. 7 – 8。

② H. Rept. NO. 94 – 1475（1976）。

③ 122 Congressional Record（daily ed.，August 25，1976）H9031。

方式完全避开它们。正如我们在第六章和第九章中讨论过的，后门支出有多种形式，共同之处在于有效决策在拨款过程之外做出。在许多“后门支出”上，拨款委员会根本不提出抗议，而是屈从于国会和事态的发展。后门支出远远不止是一个偏离标准立法程序的技术性误差。正如前文所示，它代表了国会保护某些计划不受拨款审查和控制的决心，赋予这类项目在争取联邦资金时一个优势地位。[①]

许多“后门支出”都是永久性拨款，每年在没有当前国会的任何行动时便可使用。永久性拨款的主要理由是为了保证国家法定义务（例如债务和社会保障上的利益）的资金，它存在的价值尤其在于它们保护优先项目不受拨款过程中不利决定的影响。而后门支出与永久性拨款结合的后果是超过一半的联邦预算从拨款委员会的控制中移出。合作研究委员会估计1974财政年度预算中只有44%“与拨款法案中考虑的项目有关。甚至这些资金中的一部分被通过的现实目的只是形式上的基础，因为授权立法生效需要拨款。”[②] 换句话说，拨款委员会处理的某些开支是强制性的，在这种情况下，委员会没有其他选择，只能提供法定资金。

总的来说，在20世纪70年代早期，拨款委员会还无法阻止支出趋势，因为它们在预算快速增长的部分缺乏有效的管辖权。拨款委员会控制力的萎缩并非偶然，而是国会将自身从财政保护者的束缚中解放出来的刻意努力的结果。如果拨款委员会在某些开支问题上采取强硬态度，国会则愿意通过后门支出的方式规避。如果这些委员会在某些计划有永久的、不确定的授权时最大化它们的自由裁量权，国会则会寻求有限期的立法作为回应。如果说当开支可控时拨款委员会有自由选择权，国会的回应是使预算中的“不可控制”部分增加。

使拨款委员会面对支出压力

为了使拨款委员会防止国会的支出倾向，它们必须保护自身不受来自国会压力的困扰。不然的话，委员会与国会的预算偏好便没有什么区别了。几年以来，拨款委员会限制国会的能力受到各种提升其能力和拒绝开支压力的安排保护。这些保护措施集中于主要担负保护国库重任的众议院拨款委员会（正如前文所述）。

众议院拨款委员会的成员均从相对“安全”的选区仔细挑选出来。因为他们连任的可能性很大，这些成员能够承受拒绝利益集团压力的代价。该委员会的失误率很低，新成员在得到授权职位之前要经过长时间的学习。当他们成为小组委员会主席或少数党成员时，大多数拨款委员会成员都已经学会如何符合集体规范，包括齐心协力抵挡外界压力。委员会偶尔会制裁对其小组委员会管辖项目表现出过分支持的员工。这些制裁包括取消小组委员会，变更其管辖权或调整其会籍。委员会和小组委员会会议一般都是闭门会议，利益集团无法轻易接触。委员会成员很少将不同意见归档，虽然他们有时也会保留在全体议员大会上重开议题的选择。众议院中

---

① 举例来讲，很显然，1972年180亿美元通过后门支出程序通过的水污染控制项目拨款会被阻止，如果它经历过拨款委员会的程序。

② Joint Study Committee on Budget Control, Recommendations for Improving Congressional Control Over Budgetary Outlay and Receipt Totals, April 18, 1973, P. 10。这些数据都来自作为拨款委员会重要部门的前削减联邦支出联合委员会。

的议员审议在全体委员会中进行，每个成员的投票不会被记录。结果是国会成员可以在不记名唱票或其他不记名投票中反对支出计划而不为人知。正如芬诺在他对拨款决定的回顾中所发现的，众议院拨款委员会建议很少被议员大会颠覆。①

但许多这类保护措施被20世纪70年代早期横扫众议院的改革运动所削弱，于是拨款委员会抵抗国会支出压力的能力也被弱化。

公开会议。传统上，拨款委员会与其小组委员会在行政会议上完成公务。② 第91届国会（1969年至1970年）有超过700次的众议院拨款委员会会议是闭门会议；参议院委员会四分之三的会议也都是闭门会议。但在之后的一系列快速行动中，参众两院逐步弱化了允许或要求闭门会议的规定。在20世纪70年代中期，两院严格规定委员会会议必须开放，除非委员会正式投票在行政会议期间开会。这样在几年内，众议院拨款委员会由与世隔绝变为一个公共组织。91届国会100%闭门会议在下一届国会降至92%，而到了第93届国会则只有11%。1975年（《国会季刊》发表这一数据的最后一年）闭门会议的比率下降到了6%。多数闭门会议与国家安全问题有关，实际上所有讨论国内问题的会议都向公众开放。1975年众议院拨款委员会的所有会议都开放了，许多小组委员会会议也一样。一个类似的模式在参议院拨款委员会中也盛行起来，它们在几年内由闭门会议为主转为公开会议主导。

拨款委员会会议中首次有了听众——一群了解情况、警觉的听众，对拨款过程有着浓厚兴趣并时刻准备行动起来推动其事业。拨款委员会成员们知道这些听众，他们现在必须谨慎地反对公开会议中提出的有政治吸引力的意见。一个明显对结果不满意的小组委员会成员这样描述反对开支计划的激冷效应："众议院拨款委员会现在很弱。在听众看起来成员们都在演戏。他们在公开的议案审定或会议中并未畅所欲言。今年我们有五六个议员参加我们的会议，他们需要的某些项目毫无用处。但我们的议员一般不会去伤害别的议员的感情，所以在议案审定或会议结束时我们未得到闭门会议时有的那些交换。"

有些小组委员会转入"地下"，他们的主要决定都在私下讨论而非正式会议中做出。之后这些决定在敷衍性的、只有很少或没有成员讨论的会议中被正规化。

委员会与小组委员会主席的选拔。很多年来，众议院拨款委员会有强势、谙熟削减预算规则并强加其观点于其他成员的主席的传统。与其他众议院委员会一样，拨款委员会主席由资历决定。除了几个特例之外，小组委员会主席的选拔也是一样。但在1971年，民主党政党高层会议通过建立一个程序破坏了资历规则，在该程序下，它可以根据立场而非资历选择主席。而在第94届国会开幕时，在民主党指导与政策委员会被授予推荐委员会主席和任命委员的权力时，资历规则被进一步侵蚀。1975年，三个长时间在任的民主党主席③被免职标志着政党高层会议希望利

① Fenno, Power of the Purse, P. 448ff。

② Fenno认为，众议院拨款委员会的成员相信"……那些关闭的执行部门对于保护委员会的资金分配免受来自增加拨款的公开压力和阻止他们庇护国会都很有必要"。Ibid., P. 113。

③ 被民主党免职的主席是武装部的赫伯特（Herbert）、农业部的佩吉（Poage）以及银行货币与住房委员会的帕特曼（Patman）。

用其新力量反对脱离普通民主党党员或政党政策的资深议员。主席马洪被政党高层会议再度选中可能是因为他在拨款上的放任领导，议员们尊重他。作为主席，马洪很少试图将他自己的观点强加于其他成员，而且就像一个好的团队队员，当他得票少于其他人时，他总是与大多数人保持一致。马洪留下来是因为他从不对拨款委员会传播开明预算的观点设置障碍。

1975 年，民主党政党高层会议通过扩展其众议院拨款小组委员会主席的选拔过程开拓了新天地。政党高层会议为这一对委员会内部事务非同寻常的干涉辩解，说拨款小组委员会实际上已经自治并且与一个委员会的功能别无二致。但这背后还有另一个没有说出来的动机，小组委员会主席是众议院拨款委员会保守派的成员之一。在第 93 届国会中，13 个小组委员会主席中只有一个在美国人争取民主行动组织（ADA）的评分中超过委员会所有民主党的平均分。而保留解雇主席权力则使政党高层会议提醒保守派：他们的小组委员会如果阻碍开明支出提议，他们就有可能会丢掉他们的职位。这也弱化了拨款委员会的控制，正如那名老职员所言："突然，小组委员会主席是为某位观众表演，而那位观众每两年还要对他投票，以便让他安守本分。而这与委员会对财政状况如何反应也有很大关系。委员会似乎没有大幅削减的倾向，因为他们按照民主党政党高层会议的要求行事。"

在队伍中的独立。虽然通过党派高层会议选拔无疑是某些拨款委员会主席的一个约束性影响，但主席职责的减少则在更大程度上来自委员会内部而非外部压力。在马洪时代，拨款委员会主席比普通成员强不了多少，比相关小组委员会主席在某些开支领域内的影响力肯定要小得多。作为小组委员会主席的马洪在国防小组委员会的拨款决定上或许比他身为拨款委员会主席有更大的发言权。在马洪成为拨款委员会主席之前，主席的权力之一是定期重组小组委员会，这样也给主席奖励合作（即那些削减预算）的同事和惩罚那些不听话的同事机会。然而，在马洪时代，小组委员会的数量保持在 13 个，而且管辖权的变动也很少。其中一个变动是将环境项目由保守党杰米·怀顿（Jamie Whitten）的农业小组委员会转移到爱德华·博兰（Edward Boland）的住房和城市发展小组委员会，后者有着最开明的投票记录。这样，与其说是利用内部制裁来抑制支出压力，不如说拨款委员会利用这些制裁来确保开明的项目不会受阻于财政保卫者。

对委员会领导权的进一步削弱来自在拨款委员会成员之间分配小组委员会坐席的程序变化。多年来，主席和少数成员有决定谁去哪个小组委员会的权力。有时成员们被故意安排到他们很少有政治利益的小组委员会之中。[①] 但自 20 世纪 70 年代早期以来，成员们被允许根据一个以资历为根据的程序自己挑选小组。不出意料，这个自选系统导致小组委员会提倡的计划一开始就有了优势。马洪主席的一个助理如此解释这个结果："我们在这里发现的是市区的人都在劳工、健康教育与福利小组，而鹰派的则都去了国防小组，委员会主席不再有权对在国防上有利可图的人说：'你去农业小组为社会做点贡献吧。'"

① 为了追求委员会削减预算的目标，主席和高级少数派议员使用了一个……小组委员会选择的补偿模式。也就是说他们有意委派没有顾客利益存在的个人担当小组委员会成员。Fenno, The Power of the Purse, p. 141。

即使在财政控制的全盛期，拨款小组委员会也容易被项目支持者支配，小组委员会中强制安排的“中立”是一个用于使议员（或小组委员会）与总委员会的期望保持一致的特殊做法。而“自选”的做法则造成小组身份认同的降低和个人主义的上升，加速了众议院拨款委员会的瓦解。委员会成员一直利用他们在拨款委员会中的职位提升个人利益，而他们的个人主义则因国库保护者的委员会职责认同而得到调和。没有了在削减预算需要上共享的价值，拨款委员会当然会成为互投赞成票的委员会，屈服于每个委员会的开支愿望。如果众议院拨款委员会成功地削减了预算，是因为议员们偶尔抑制了他们的需求以实现集体目标。

个人主义的胜利反映在委员会报告中摒弃公开拒绝的传统。在1947年到1962年之间的16年中，只有12份少数派报告被众议院拨款委员会成员发布。根据芬诺的计算，委员会上报拨款草案中的94%得到一致赞同。① 这个传统不再盛行。1975财政年度和1976财政年度中四分之三的众议院拨款委员会报告的常规拨款草案包含了一个或多个独立的委员会成员的意见表达。在这两年比芬诺研究的所有年份提出了更多附加和不同的观点。

主席权力下降与成员独立性增强、拨款委员会对国库控制力受侵蚀同时发生。马洪和其他财政保守派常常能在委员会内票决胜出，但在拨款草案到达议会时又与多数保持一致。马洪拥护一份关于劳工、健康教育及福利法案的大会报告，即使他对高支出水平不满意：它“困扰了我很久，因为它高于总统预算很多，在我的评判中也太高了”。② 鲍勃·米歇尔（Bob Michel）作为这个小组委员会的少数派成员，用对支出控制在拨款委员会中减少的解释作为回应：“……在旧规则下运行让我觉得更自信，当我们面对核心问题时，委员会主席会与我们中的某些人站起来，真正将这些数字控制在他和我都会（作为一个个人面对这些问题）偏好的水平。然而，事实是在走廊那边有一个从所有成员中选拔主席和小组委员会主席的过程，并且与我这儿谈论的效果很相似。这个效果就是我们不再有“红衣主教团”，所处的形势不再允许主席在联邦政府支出方面坚持传统的强硬立场。”

马洪以他一贯的谦逊作风用他自己的解释回应了失控：“议长先生，委员会主席从来就没有能力主宰委员会的政策……当然，委员会主席比非主席成员有着更多的影响力，但在特定的环境下，一个人只能做他力所能及的。几年来我与这些问题一直在斗争，就像伊利诺伊州的先生们一样。伊利诺伊州的先生们看到了新成员的加入，一般而言，新成员要比被他们替代的人更加自由。”③

众议院拨款委员会的会籍

单凭结构上的变化不可能解释作为众议院拨款委员会指导目标的预算削减的弱化。如果财政保守主义者（坚信他们的做法正确并且决心继续反对支出大户）继续主导委员会，拨款委员会将会很难转变到新的预算态度。会籍自由化促进了委员

① Fenno, The Power of the Purse, p. 203。

② 122 Congressional Record (daily ed., August 10, 1976) H8624。

③ Ibid。

会的调整。

在 1967 年至 1977 年间，众议院拨款委员会在共和党内经历了一个比在民主党内更大的转变。1967 年委员会中的共和党人 10 年之后只有不到 25% 还在。委员会中民主党的保留率则超过 50%。尽管民主党的队伍比共和党要稳定两倍，重大的思想变化却集中在民主党内。大多数情况下保守派共和党人因为保守而胜出；两个共和党人（Silvio O. Conte 和 Joseph M. McDade）在 1967 年得到的最高 ADA/ACA（美国人争取民主/立宪行动组织）分数在该党 1977 年的排名中仍旧最高。在这期间，众议院拨款委员会中几乎所有的共和党人都被认为是他们党派中的保守力量。

而在民主党这边，关键性的变化通过自由派的增加（而非老议员的替换）发生。1977 年拨款委员会中的老民主党人被推上众议院高寿名单的顶部。为众议院服务时间最长的 23 个民主党中的 8 个都是拨款委员会成员。超过一半的 1967 年小组委员会主席在十年后仍旧在位。老民主党人也是拨款委员会中最保守的成员。作为一个整体，众议院拨款委员会成员中的民主党人在 1977 年并不比 1967 年更开放（见表 10－2）。1977 年 10 位最“老”的民主党人的平均 ADA 分数比当年所有委员会共和党人的平均分还要低。

表 10－2　　众议院拨款委员会民主党成员的 ADA/ACA 评分

成员[1]	1967 年		成员[1]	1977 年	
	ADA[2]	ACA[3]		ADA[2]	ACA[3]
Mahon	27	24	Mahon	5	70
Kirwan	67	5	Whitten	10	56
Whitten	7	67	Sikes	10	60
Andrews	0	96	Boland	65	11
Rooney	80	5	Natcher	30	52
Sikes	0	63	Flood	40	16
Passman	0	68	Steed	20	28
Evins	47	20	Shipley	30	19
Boland	87	4	Slack	30	40
Natcher	40	28	Flynt	5	78
Flood	73	7	Smith	55	8
Steed	33	25	Giaimo	60	24
Shipley	53	19	Addabbo	80	4
Slack	73	11	McFall	65	8
Flynt	7	70	Patten	55	11
Smith	53	4	Long	55	30
Giaimo	73	11	Yates	95	11
Hansen	73	4	Evans	70	25
Joelson	87	7	Obey	85	0
Addabbo	80	4	Robal	85	0

续表

成员[1]	1967 年		成员[1]	1977 年	
	ADA[2]	ACA[3]		ADA[2]	ACA[3]
McFall	73	4	Stokes	90	0
Hull	27	64	McKay	25	41
Cohelan	87	4	Bevill	15	56
Morris	33	25	Chappell	5	75
Patten	80	7	Burlison	45	11
Long	60	7	Alexander	25	24
Marsh	0	69	Koch	35	7
Yates	100	0	Burke	85	4
Casey	20	44	Murtha	20	27
Pryor	27	30	Traxler	60	22
			Duncan	50	25
			Early	80	20
			Baucus	65	23
			Wilson	25	26
			Boggs	30	15
			Benjamin	50	26
			Dicks	50	9
平均	48.2	26.5	平均	46.1	39.1

[1]成员由年纪大小排列。

[2] Americans for Democratic Action。

[3] Americans for Constitutional Action。

来源：Americans for Democratic Action 和 Americans for Constitutional Action。

不管怎么说，1967 至 1977 年之间党员比例的变化弱化了保守派民主党人在拨款上的影响。在 1967 年，委员会的构成是 30 比 21，民主党只多出 9 人，但保守派民主党人与共和党人联合起来主导了委员会。而到了 1977 年，多数派的优势扩大到 37 比 18，是之前 9 人的两倍多。这一转变主要是由于一个民主党政党高层会议的决策：拨款委员会和其他关键的众议院委员会中的党派比率应为 2 比 1。这个变化使保守民主党—共和党的联盟失效。即使当保守派民主党人与委员会中的共和党人站在一边，他们的得票也被自由派超过。同样重要的是，民主党将他们 2 比 1 的优势延伸到小组委员会，而那里才是做出大部分拨款决定的地方。例如在 1967 年，民主党在劳工、健康教育与福利小组委员会中的优势只有 5 比 3，而到了 1977 年，他们享有 8 比 3 的优势。

自由派民主党人的增加不仅改变了委员会的政治结构，它还削弱了新议员的社会化和选举。由于每届国会中都有很多新成员加入委员会，缓慢的“学习”过程不可能以传统的委员会模式成功地教育这些新成员。不仅如此，大量新民主党人加入委员会颠覆了它传统的保守方式。

虽然参议院拨款委员会没有众议院拨款委员会削减预算的角色，他们在 1967 年至 1977 年间也经历了一个会籍的转换，产生了预算态度自由化的效果。虽然三分之二的民主党人在这段时期被替换，民主党仍然代表了这个委员会，只是在 1977 年时比 10 年前向自由派倾斜了一点。但这 10 年中共和党的构成则经历了重大改变。1967 年委员会中的 9 个共和党人中只有两个有自由派投票的记录；而在 1977 年超过一半的共和党人可以被划到自由派。作为一个整体，参议院拨款委员会中的共和党人不能代表参议院中的共和党人；以 ADA 分数来衡量，7 个最自由的共和党议员中有 5 个在拨款委员会（见表 10－3）。

表 10－3　参议院拨款委员会共和党成员 ADA/ACA 评分及与共和党平均分的比较

成员[1]	1967 年		成员[1]	1977 年	
	ADA[2]	ACA[3]		ADA[2]	ACA[3]
Young	0	81	Young	5	79
Mundt	15	85	Case	90	12
Smith	23	39	Brooke	80	4
Kuchel	38	45	Hatfield	60	36
Hruska	0	100	Stevens	20	50
Allott	8	90	Mathias	75	14
Cotton	23	81	Schweiker	15	56
Case	100	11	Bellmon	20	64
Javits	77	17	Weicker	60	39
共和党平均分	31.6	61		47.2	39.3
民主党平均分	36.2	32.7		48.1	31.9
两者之差	-4.6	28.3		-0.9	7.4

来源：Americans for Democratic Action 和 Americans for Constitutional Action。

议员大会中的拨款决定

为了让众议院拨款委员会成功担当国会财政保护者一职，他们的建议被议院整体接受的比率必须很高。然而，这个结果是很难保证的，因为考虑到国会的支出利益，委员会的角色可能将其置于其上级机构的对立面。即使他们的成员团结在一起，委员会也可能在一场有关严格的预算水平和受欢迎项目之间的国会冲突中得出次优结果。在议员大会上禁止“写”法律的立法禁令不大可能阻止某个国会不顾众议院拨款委员会的反对，决定为其偏好的项目提供慷慨的资助。

拨款过程的长期参与者都会指出议院修正案数量有大幅度增加。其中有些增加是由于拨款草案的附件（例如 20 世纪 70 年代早期与越战有关的草案和 10 年之后的堕胎政策）而非改变拨款水平的修正案。

拨款草案的议会记录不可能与其他类型的草案分开。在 1966 年至 1976 年间，众议院里的点名次数翻了三倍（从193次到661次），参议院中的增长率也差不多（从235次到688次）。众议院中的部分增长毫无疑问要归功于首先审查拨款草案的全体委员会投票程序的变化。直到70年代，个人投票在全体委员会中都不被记录，但1970年的立法重组法要求在20人或以上的议员行动中记录投票。

可能比这个程序上的变化更重要的是对议员挑战委员会的非正式抑制的放松。参众两院点名次数陡增体现了委员会对习惯的尊重，不再限制成员们在议院中按自己的方式行事。确保议员在审查中的独立性并使委员会在没有太多议会反对的情况下能够通过国会开展工作的立法规则（见习期、互惠互利、专业化）已经被参议院和众议院的“民主党化”和年轻议员争取更大立法权力的决心所侵蚀。

在缺少限制议员行动的严格规则的情况下，某个委员会决定避免严重挑战的最好政策是提出满足上级机构期望的草案。没有委员会想在一场公开投票中失利或对其行为进行重大调整。因此，当国会对待支出申请更慷慨时，拨款委员会也向同一方向倾斜。对第91届和92届国会（1969—1972年）拨款法案即席修正案的研究表明，众议院拨款委员会在预测“全员大会”时很成功。委员会一共面对200个财政修正案（不算与立法问题相关的），平均下来每年50个，每个拨款法案3到4个。正如可能被预料到的，提议增加的修正案比提议减少的要多很多。同样也在预料之中的是，对更高开支的需求比要求降低的更成功一些。不到10%的要求降低的修正案被通过，但要求增加的40%都获得了多数人的支持。总的来看，众议院委员会的成功率接近75%，比芬诺计算的1947年到1972年的长期平均数据稍微好一些。尽管接近一半提议增加的修正案都被采纳，出现的画面并非一个偏远的拨款委员会通过掠夺性的国会议员埋伏在议员大会。委员会的大多数建议都在不需要任何修正的情况下被通过。据粗略估计，修正案只提供给了少于10%的拨款账户，其余的都在没有任何异议的情况下被接受。

委员会“成功”的原因在于他们并不是一个严格的保卫者，冒着失败的危险勇敢地拒绝对更多资金的要求。它预期国会的需求，然后据此形成数字。它预期国会偏好的能力通过使委员会更好地代表上级机构和对外部影响更加开放的变革得以改进。之前与米歇尔在全员大会上就劳工、健康教育福利拨款的交换中，马洪主席提及他的委员会对国会利益团体的奉承：“我们的确需要遵守更严格的纪律……但当我们对付所有435位这个和那个团体的议员时，我们必须在这种情况下做到最好。国会和国家必须支持比我们现在更严格的限制。”[①]

这个声明的明确含义是，不管其在权力上的声誉如何，拨款委员会要视国会而定。委员会不可能成为一个比国会要求的更严格的保护者。随着国会变得更倾向于支出，同样的变化也发生在拨款委员会。即使他们用统计数据显示从预算中削减了多少来保护拨款过程，拨款委员会中的保守派知道他们的委员会已经失去了有效控制。1973年合作研究委员会要求新预算控制的报告就是对拨款过程一个掩饰的控诉。在他们一致同意的报告中，合作研究委员会（几乎一半的成员是参众两院拨

① Ibid.，H8625。

款委员会最保守和年长的成员）[①] 以对赤字开支的攻击开始："一直持续的赤字加上它不断扩大的规模说明国会需要更好地对预算实施控制……当前许多情况下的制度安排似乎均无法在竞争的优先权之间实施决策，结果是支出提供给许多项目，而在项目之间进行选择而非在所有情况下都提供资金是更好的选择。"[②]

虽然拨款过程并未在这个声明中提及（但它的确在报告的其他部分重点估计了拨款），毫无疑问，合作研究委员会确信拨款控制不足以承受国会内部的支出压力。保守的利益团体通过要求预算赤字也要支持这一拨款过程的评价扰乱了平静。"这个国家的财政周期需要预算法案"的原因之一，一位参议院拨款委员会成员认为，"是因为拨款过程被自由派渗透到了可以为他们的许多计划得到资金的地步。"这个解读夸大了外界利益在预算法发展过程中发挥的作用，但它准确地抓住了拨款控制在国会内已经弱化的普遍看法。

1974 年预算法力求通过集中国会预算过程中的新控制来寻求弥补拨款委员会弱化了的财政保护者角色。而这一进程对拨款委员会的影响则是下一章我们将讨论的主题。

---

① 1973 年联合学习委员会众议院拨款成员与全部委员会成员的 ADA 平均得分分别为 6 和 36，而参议院的两种得分分别为 33 和 50。

② Joint Study Committee, op. cit., P. 1。

第十一章

矛盾的申请人：预算过程中的拨款委员会

预算法案明显地将预算与拨款过程区分开来。预算根据职责功能来分配，所有的联邦项目分为 19 个大类。预算拨款被分为 1000 多个账目，这些账目（在通常情况下）会与联邦组织单位相一致。假定每个过程都在自己的职能范围内运行，并通过一条信息通道使它们联系在一起。如果所有的事都按计划进行，那么预算决议将会体现国家的优先项目，而拨款委员会将会决定特殊的支出问题。

预算法案对拨款委员会的角色也有了重新定义。委员会不再被视为是唯一的钱袋保护者，他们现在被看做是申请人，他们的支出倾向一定要受到预算程序的监督。这样，预算法案就能够防止拨款委员会在第一次预算决议案被采纳之前就作出拨款决定。在他们报告任何草案之前，拨款委员会必须在其小组委员会之间分配它的份额。在其将某个草案提交议员大会之前，众议院拨款委员必须标明它所有的常规草案，并向国会报告所有这些活动如何与国会预算中的分配进行比较。每一项提交给议员大会的拨款措施都有一张记分表，显示其与国会预算中数字的关系。拨款委员会的行为受到来自预算委员会的控制者监督，确保预算目标和上限受到保护。当一项拨款草案在众议院或参议院讨论时，预算委员会主席通常利用议员大会宣布拨款委员会是将遵守还是违反了预算控制。

这些程序建立在这样一种期望之上，即除非拨款委员会的行为受到监督和控制，否则无法相信它们会遵守国会预算。把这个事情说得坦率一点，就是预算程序的存在就是为了防止拨款委员会（以及其他国会支出者）的“预算破产”。将过去的监护人作为申请人的角色转换是预算法案出台前十年里拨款委员会转型的必然结果。

不情愿的申请人：“3·15”的问题

在准备其 3 月 15 日的观点和估计时，拨款委员会被迫在预算过程的早期扮演申请者。它们必须在完成作为它们法案基础的立法工作之前提交这份年度报告。虽然这个问题使很多委员会感到苦恼，但它对于以大量听证会和对预算申请的细致审查闻名的众议院拨款委员会而言特别麻烦。对于3月15日不精确和不成熟的评估扰乱了委员会的委员们，他们习惯于通过系统审查部门支出计划来得出精确的结论。下面是一个来自小组委员会助手的典型抱怨："我们真的没准备好在3月15日提交报告。如果我们能够在2月1日开始听证，那已经是非常幸运了。听证会往往会持续到4月中旬。然后我们在5月初可以进行审定，所以3月15日的报告不论质量还是实用性，都不会很好。"

正如我们在第六章中讨论的那样，"3·15"程序导致委员会将它们的需求确定在它们本年度后期预期推荐的数额之上，并且也可能在总统的估算之上。拨款委员会的要求不可能少于随后在拨款提案里它们需要的数额，他们也不可能把需要的数目计算得太接近，以至于可能在这一年后面的时间里冒着突破预算目标的风险。为了安全起见，它们宁可把目标定得高一些，即使这意味着它们对联邦支出的控制进一步被削弱。以下是从一个参议院参与者的有利地位出发的该程序的运行方式："总统的预算案在一月份提交，你几乎没有机会去审查所有的细节。所以你能够做的就是尽可能审阅这份预算申请，并且你做出某些假设：在那个申请中无疑会有某些削减，以及某些反映国会优先项目的增长。然后你就像在棒球场投掷一样，要提前估算一下即将到来的补充拨款在下次的会议上会怎样。可能会有一些原因让总统先确定预算修正案。所以它又快又不透明，其中还有很多猜测。虽然通常你可以预估一个特定类型的增长，你在这一点上得出的数据通常会大一点。你不想要把自己限制在一个太紧的范围内，因为有一件事你是确切知道的，那就是总会有一些人们预料不到的事情会发生，像是灾难或其他什么事。每个人的上限总会比自己真正需要的高出一些，这可能就是预算过程不好的特征之一。实际上，委员会得到了一个夸大的估计。"

3月15日这个过早的截止日期会强化小组拨款委员会的自治权，而且会推动那些持财政保守看法的人作为下年预算某个份额的申请者来行动。每个小组委员会都有很强大的动力去申请全部拨款的公平分配；在拨款委员会分配所有款项时，必须保证每个小组委员会的需求均被全面充分地覆盖到。比起关注总委员会，每个小组委员会宁愿选择有局限性的视角来看待他们的兴趣。另外，总委员会不可能那么早就对下面的小组委员会施加有效影响。到了3月15日，总委员会没有任何权力可以挑战独立的小组委员会的需求。众议院和参议院的议员们都认为，需要总委员会做的事只不过是在小组委员会的推荐信上盖一个同意的印章而已。正如一位观察员所发现的那样，参议院的拨款行为就像是一个装订操作，如果你要质疑小组委员会的判断，你必须在总委员会的层面上有更多的分析报告。一位众议院拨款委员会的观察员评论道："从理论上讲，我们需要在总委员会记账，但在那里并没有许多事需要我们做，因为小组委员会已经把自己独立的那部分账目整理好了，所以在总委员会里便没有需要增加的账目了。"

正如我们所预料的那样，作为申请人，众议院拨款委员会比参议院的委员会遇到的麻烦多，因为许多老一辈议员都把他们的委员会视为财富的守卫者，并且渴望那个角色的回归。众议院已经养成了在预算和拨款过程中用一般评论来介绍他们3月15日报告的习惯。1977财政年度预算报告的前言这样写道："……许多年来，拨款委员会拨出的数量一直少于总统的申请，也远远少于许多国会成员和大量社会团体的主张。这不是一个简单的任务，而且每年似乎都在向更艰难的方向发展。”①

1977财年遇到的困难尤为显著，正如我们先前讨论到的，福特总统的预算呼吁大量削减国内支出。委员会不可能削减得比总统建议的更少，事实上，它不得不需要额外的几十亿美元。众议院拨款委员会尽力想缓解这种困境，他们希望把与总统预算的偏差标定为一种偶然性，而不是命令或推荐。对于每个职能部门而言，委员会要列出总统寻求的预算授权和支出，并指出哪些偶然的因素会导致更高的支出（少数情况下导致更少的支出）。后来在“3·15”报告中引用的警示事项指出：“…这些意外不应被解释为拨款委员会的建议。还应指出，委员会只是启动了1977财年的预算程序。在听证会期间，有来自行政部门的上百份证词，国会和公众在提出任何建议之前将会听到一些不完整以及有待完善的信息。这样，就不可能在这一时间在这份报告中提出建议。然而，委员会已经明确了可能导致预算变化的领域和意外，它们需要进一步的考虑……委员会强调在这里明确的意外在规模或优先性方面不能被视为体现了一个有关联邦预算的总体建议。”②

随着意外被包括进来，众议院拨款委员会预计1977财政年度的支出将超过总统预算200亿美元。这个巨大的“超额”被方便地展现在一张总计表上，传递了一个清晰的形象：曾经以削减预算而自豪的委员会现在却大力主张增加支出。关于意外与建议之间区别的免责声明未能制止其他人将图表视为众议院拨款委员会的权威性建议（事实上，由众议院预算委员会提出的总支出与在财政年度第一次预算决议会议上通过的几乎完全一样，其中包括拨款部门预计的意外）。为了避免这种“误会”的重复，在随后众议院拨款部门发布的“3·15”报告取消了对意外的计算，尽管这些项目出现在与各种功能有关的讨论中。

参议院拨款委员会越来越少关心那些显示他们希望超过总统申请拨款的统计资料。由于对项目支持已经公开取代预算削减成为其某些小组委员会的指导原则，“3·15”程序成为一个受到申请者欢迎的机会，他们可以无需在某些特定项目上摊牌便可以宣布他们的偏好。参议院委员会的报告没有众议员拨款部门的详细，而且根据小组委员会而非功能分类来组织。“3·15”文件说明每个小组委员会都避免正面回答它们预计如何处理其拨款草案。

强制的申请者：众议院拨款部门与预算程序

在没有其他有立法权的参与者公开施加压力的情况下，拨款委员会一般通过选择来充当申请者。因为众议院委员会对它的支出态度仍吃不准，它有时会依附于某种守护者的道德，但预算程序不会经常让它在决定支出政策时有自由选择的余地。早在1977年，拨款委员会和预算委员会就已经有直接的冲突，众议院拨款部门被

① House Committee on the Budget, Views and Estimates… on the Congressional Budget for Fiscal Year 1977, Committee Print, March 22, 1976, P. 64。

② 同上，P. 58。

迫放弃削减预算的立场，扮演支持支出的角色。虽然这件事发生在幕后，并且通过为拨款委员会保全面子的方式解决，但它证明了委员会因为预算程序被迫担当申请者角色的程度。

1977 年 1 月，在卡特总统就职后不久，他提出的很多关于财政年度预算增加的措施都已经在进行之中。大多数建议均在与国会内民主党领袖协商后确定。为了适应这个经济刺激项目，国会为该财年通过了一个“第三个”预算决议，但它却伴随着比总统申请的更多的工作和公共工程资金。在采用第三个预算决议后，众议院拨款部门报告了一个补充账目，它比决议中许诺的金额少了几百万美元。实际上，众议院委员会只不过通过削减预算来履行其资金守护者的旧角色。当众议院预算委员会主席吉阿莫注意到这件事时，他对发言人奥尼尔表示抗议，并说拨款委员会在破坏工程项目。议长召集代表乔治·马洪和一些其他来自众议院拨款部门的人到他办公室，在那里，议长告知他们要归还在刺激计划中被削减的资金。拨款委员会给出它们两个选择：落实提出的资金归还措施（在委员会中采取这种手段有点滞后），或为了达到这个目的，代表民主党领袖和预算委员会提出修正案。在草案于 1977 年 3 月 15 日送抵议员大会时，拨款委员会领袖们采取了第一套行动。鉴于有人倾向于进行激烈的对抗，马洪主席说：“就在今天下午，我们即将要面临一个非常棘手的工作。”① 相关拨款小组委员会的主席们（一个接着一个）忠实地支持修正案，为补充草案增加了约 7 亿美元支出。在议长的办公室里，所有的一切均按计划安排进行着，并且无人对关键性问题的摊牌发表意见。代表罗伯特对此表示赞赏：“许多小组委员会主席心甘情愿地提供这些修正案是为了我们已经通过的经济刺激计划能够立即实行…我迫切要求它们能够通过，并且再一次对拨款委员会如我们预期的那样能感受到经济需求表示赞赏。”②

这些结束后，来自预算和拨款委员会的参与者们坚持认为经济刺激计划是一个特殊的案例。他们解释说这是很独特的，因为拨款草案是为了回应刚刚被采纳的第三个预算决议，在该决议中，国会明确规定了将被用于经济领域开发的刺激金额的数目。不仅如此，设立预算程序的目的就在于使政府能够制定总的财政决策。他们建议拨款委员会在制定“微观”决策时要比设定支出水平有更大的余地。但即使作为一个特殊案例，此事也向我们展示了新预算规则如何改变人们对拨款程序的期望。

调节预算与拨款程序

在预算程序实行的前五年中，国会通过了超过 75 个常规性及补充性的拨款草案。它们当中只有一个（一揽子刺激计划）在预算和拨款委员会之间引起了一场“走向极端”的对抗。在某些事情上，分歧在激增为大规模之前被成功协调；对于另外的事情，有人则会选择尝试其他方法，而不是引起争端。当预算程序开始实行

---

① 123 Congressional Record（daily ed., March 15, 1977）H2079。

② 同上，H2085。

时，拨款委员会也理所当然地开始关注预算制定者。毕竟，这是他们正在接受挑战的领域，他们的行为每时每刻都被监督着。即使是在缺少特殊刺激的情况下，两年中，各个部门之间还是会有一种紧张感。“这可能更多是出于一种对全局的考虑，而不是针对一个简单的具体事例，”一个参议院成员解释道。这种关系通常是正常的，但却很少让人感到舒心。两边可能都无法放松，因为他们在不断试探着另一方的决心和行为。

预算程序的负担惹恼了拨款委员会，他们痛恨被要求从忙碌的听证会议程中抽出时间去准备“3·15”报告。他们认为很多预算程序是为制造工作任务而设定的，各种拨款活动缺少目的性和精确性。他们同样不喜欢预算委员会在拨款草案上浪费太多精力，视之为对新预算控制的误用。他们更希望相同的注意力能够被用到预算收入方面，拨款委员会的很多委员认为，委员会才是真正应该对高预算赤字负责的部门。然而，经过几年共同工作之后，预算和拨款委员会之间建立了稳固的合作关系。由于冲突总是有可能发生，所以两个部门都尽力避免。一个曾经从拨款一边参与的人认为，预算过程“展示了议员们掩盖冲突和避免彼此对抗的强大能力。一个政治家必须学会如何达成和解，这就是这儿发生的事之一”。

和平共处的因素包括参与者避免冲突的决心，以及预算委员会和拨款委员会偶尔相同的拨款和预算利益。不管他们在和平上如何承诺，一旦利益将他们拖向相反方向，委员会们就会开战。

调停人

通往和平的道路在众议院似乎要比参议院畅通得多。从一开始，众议院拨款部门与预算委员会主席们之间就在工作上建立了一种稳定的关系。作为众议院拨款委员会一位预算控制的早期倡导者和重要的财政保守主义者，马洪欢迎预算程序的规则。在很多场合下，他公开表示希望预算程序能够引导国会在支出方面更加节制。对于内部的争斗，马洪表示十分厌恶，他优雅的风度与众议院预算委员会首位主席布鲁克·亚当斯安静、平和的作风相当匹配。一位同时工作于拨款委员会和预算委员会的成员相信亚当斯是协调两个部门的重要角色：“一开始，拨款委员会的成员们可能有些担忧。这可能是基于担心预算委员会会侵占他们的管辖范围，并且限制拨款程序的功能。在很大程度上，亚当斯开始维系他与所有委员会主席特别是拨款委员会和小组委员会主席们之间的关系，以此来减轻拨款委员会的恐惧感。他做得相当出色，甚至到了拨款委员会主席们开始依赖布鲁克来到议员大会并协助它们提交草案的地步。”

成员关系的重叠对于众议院预算和拨款委员会的合作关系而言并非最重要的因素。因为众议院拨款小组委员会的组织构架是分散的，任何人都很难作为整个委员会的代言人，或者作为它与其他委员会之间的桥梁。如果一个人在两个委员会中都担任职务，并尝试去做中间人，就可能会被当做是间谍而不是一个诚实的中间人。如果一个人既是拨款委员会的成员，同时又属于预算委员会，那么他或她可以将个人兴趣或专业知识注入预算程序中去，但这样的成员并不比那些允许其他立法利益集团影响其预算工作的同事们有更大的优势。

直到1977年一位拨款委员会成员成为预算委员会领导，众议院两个委员会之间的关系才得以改善。虽然合作关系在罗伯特·吉阿莫成为主席时就已建立，但紧张感有所增长。不管在拨款部门供职时间有多长（他于1963年加入），吉阿莫始终没有担任小组委员会主席。他被认为是一个局外人，与在国防小组委员会（他原则上的专业部门）的大多数同事们相比，他更加自由。吉阿莫因许多拨款委员会（和小组委员会）成员的努力而不快，他们的活动就好像预算程序尚未建立。尽管如此，除了偶尔有些紧张，他们之间还是保持着友好与合作的关系。

委员会内部的融洽已经通过在行政人员层面拉近彼此之间的关系得以加强。一位预算部门的高级行政长官以前曾在拨款部门担任马洪的重要助手。两个委员会的行政人员经常交换信息，并且保持对于对方活动的了解。这两个委员会享有共同的数据库，并依靠相同的信息处理系统。一位拨款委员会工作人员清楚地总结了二者的关系："他们告诉我们预算决议，我们告诉他们正在酝酿过程中的拨款草案。"这中间不需要担心任何一方的突然袭击，双方都可以避开可能发生的麻烦。

在参议院中，预算与拨款委员会的关系从一个有争议的起点出发。早在预算法案通过之前，拨款委员会主席约翰·L. 麦克莱伦就对改革的方向表示不满。在参议院政府行动计划委员会（在他担任委员会主席之前已经主持了20年）考虑立法机构的审议事项时，麦克莱伦正在推进关于联合预算委员会的特殊计划。① 当这个计划被否决时，他失去了对于立法的兴趣，并且从该进程中退出。尽管拨款委员会在结果上投入了巨额赌注，但委员会在预算案的发展过程仍将自己限制在一个"观察员"的立场。当这个议案来到参议院面时，麦克莱伦一直等到四天讨论的最后一刻（发布了一个令人怀疑的预测）："我确信这个草案以其现有形式将无法实现其声称要取得的目标……该议案将这样一个重担置于立法与拨款程序上的想法不切实际，国会不可能遵守它的条款，服从它的指挥。"②

一旦预算案成为法律，麦克莱伦便决定完全与新委员会合作。"他是这样说的"，一位助理叙述道，"不管它包括什么，我们都要遵照预算法案来做。不管我们能在拨款委员会中做出什么样的改变，我们都要做。我不会去反抗它，因为它是法律。"这种不满的姿态很符合麦克莱伦严厉、守法的个性，并且在新程序中提升了他的委员会的影响力。另外，它的一位助手解释该策略："参议院中的权力关系处于变化之中。我们都能看到这一点，并且我们感到如果不成为它的一部分，它无论如何都会发生。如果我们不合作，净结果是：与我们参与预算改变并尝试合作相比，我们的作用将被进一步削弱。"

尽管麦克莱伦决心与预算程序和平共处，斗争还是在议案生效后的几个月里爆发了。原因是参议院预算委员会坚持认为他们对预算法案中建立的新扣押控制有管辖权。参议院拨款委员会也同样坚持在这些规则下，扣押事件完全在其职能范围之内。（众议院预算委员会未表现出对任何领域的兴趣，所以众议院拨款委员会将该

---

① 在1950年到1960年期间，参议员麦克莱伦不断提倡立法机构建立一个关于预算的联合委员会。这个议案已经被参议院通过很多次（最早在1952年通过），但它一直没有被众议院通过，因为他们担心拨款账目主动权的潜在损失。

② 120 Congressional Record（daily ed.，March 22，1974）S4314。

领域留给自己。）在几个月的激烈争论后（参议院在此期间在一些待定扣押措施的活动上有所延误），这个僵局被一份一致同意的协定打破，将扣押权同时赋予预算与拨款委员会，以及任何在受影响的领域有管辖权的授权委员会。①

埃德蒙·马斯基确信他的预算委员会不会在预算中发挥很大作用，除非它能够对抗那些更老且更有传统的委员会，有力地保护它的利益。因为扣押权是要实施的预算法案的第一个实质性特征，它成为对参议院预算委员会意向和影响力的一个测试。正如某位参议院预算委员会员工解释的那样，“马斯基不确定预算委员会将要做什么，是否会有大的成效。所以他只是在尝试得到任何他有可能得到的东西。”

在那时，扣押权的重要性通过大规模取消和延期福特总统的计划而得以扩展。事后看来，所有参与争斗的人都认为它只是个小打小闹，未留下持久的痕迹。然而，对抗提醒两个委员会成员建立沟通渠道以及在常规基础上交换意见的必要性。在扣押权斗争的结果中，两边都建立了融洽的工作关系，而且信息的分享与交流也有了常规标准。

同盟

预算委员会与拨款委员会领导之间的协调工作已经通过在共同工作中获得的实际利益得到加强。由于在反对后门支出中的坚定立场，众议院预算委员会与拨款委员会已经赢得了相当大的声誉。

后门支出对参议员拨款委员会而言是一个较少受到关注的问题，因为其成员们会因他们在授权委员会的工作受到一些相反的压力。参议院预算委员会和拨款委员偶尔会在某个问题上站在同一边，结成同盟，就像参议院金融委员会将“退税”写入1977年能源草案之时。尽管要从国库支付现金（接受者有资格对超出他们税收义务的部分进行退款），这项支出将不通过拨款程序。马斯基在一次议员大会中加入参议院拨款委员会领导之列，试图为退税申请年度拨款，但他与他的同盟者被参议院金融委员会的大量支持者们投票击败。② 然而，第二年，森·劳顿智利，一个既是拨款委员会又是预算委员会的成员，领导了一个平静而又成功的运动，要求所有未来的可偿退税都要通过拨款程序。

预算与拨款委员会在能源退税方面的结盟是暂时性的。它通过双方解读各自利益结合在一起，而非在某个事业上合作的长久承诺。仅仅几个月前，参议院预算委员会在一个相似的问题上采取了完全不同的立场。它坚持针对低收入人群的劳动收入税收减免应计为收入损失而非支出。在那种情况下，参议员预算委员会发现金融委员会是一个合适的同盟者。然而，众议院预算委员会站在拨款委员会这边，坚持认为劳动收入税收减免是一项直接支出。③

---

① S Res, 45, 94th Congress. See 121 Congressional Record (daily ed., January 30, 1975) S1280 and S1302。

② 参议员马格纳森提交了一个修正案，要求为可偿还退税提供一项拨款。参议员隆列入议程的提案失败（38－41），而修正案随后也被挫败（20－47）。参见 123 Congressional Record (daily ed., October 28, 1977) S18037－52。

③ SBC 最终同意将这些税收减免视为支出。

重大的机遇影响着预算委员会和拨款委会的关系。在一个值得关注的预算胜利中，参议院和众议院的拨款委员会有相似的立场，但它们与各自拨款委员会的关系却差别很大。这个例子包括一个参议院预算委员会和公共事务委员会领导的共同努力，旨在在一个交通拨款草案中包括一个对高速公路信托基金义务的限额。这个行为让圣·伯齐贝依（交通拨款小组委员会主席）感到震惊，并且他起初将它作为一个“法律上的扣押”进行抵制。但是参议员马斯基已经计划好，贝依承认他的理由无效（“我对增加程序有很好的把握”），接受了这一限额。[①] 在众议院，与法律上扣押类似的反对被提出来，但这次预算和拨款委员会民主党人的联合在面对来自授权委员会强烈反对的情况下，赢得了高速公路支出限额的提案。[②]

联盟的持续变化说明预算和拨款委员会的结盟少于需要结盟的委员会。一位拨款委员会的助理总结道：“议员们看到两个委员会在不同的领域运作，它们通过做它们必须得做的事来维持和平。”

预算部门的职能和分项：信息联系与冲突

预算和拨款程序能够保持自治是因为它们在独立的信息框架下合作。以前稳定在一个小范围的预算职能之中，现在则建立在大量的拨款账户之上。信息分化的先决条件是国会预算的和平共处。没有这个，两类委员会将不可避免地侵入各自的管辖范围。然而这种二分法也会产生预算上的混乱和冲突。问题的根本在于功能与拨款类别的交叉。

一些预算功能和与它们相联系的拨款类别很匹配。几乎所有国家防御功能的基金均由军事防御构造拨款法案提供。在这些例子中，从一个信息范围到另一个不会造成任何困难。然而，某些功能被划分到大量拨款草案中去，而某些拨款草案则来自大量功能。对某个单一草案有贡献的功能越多，将其与功能分配相协调的难度也越大。有时，这个问题导致委员会之间的争吵。在一个这样的例子中，当参议员马斯基为劳动—健康教育福利草案在1976财年越过了半打预算功能道歉时，参议员麦克莱伦大声疾呼：“为什么预算委员会认为有必要将程序弄得如此复杂？我不理解它如何运作。为什么委员会不能遵循拨款法案，这样其分析可以是简单、可理解的，而且我们都可以知道我们正在干什么，以及我们被期望做哪些事？”[③]

这个困惑在国会记录中占据了六页纸，伴随着马斯基耐心却不怎么成功的关于预算程序运作的解释，麦克莱伦需要的是一个直接的回答，是不是每项拨款都与预算目标一致。

将功能转换为拨款的问题被证明在预算程序上没有持久影响。一旦安装了电脑化的业务记录程序，转化便变得常规化。另外，根据经验，拨款委员会了解到将功能与拨款分开可以确保比完全同步的信息系统更具灵活性与选择性。因为这两类信息并不经常匹配，拨款委员会可以在功能间转移资金而不违反预算配置。

---

① 121国会记录（1975年7月25日）S13774。

② 121国会记录（1975年11月11日）H10924－29。

③ 121国会记录（1975年9月17日）S16123。

一旦参议院拨款委员会意识到这一优势，其成员坚称他们未被正式告知功能分配如何与拨款草案相关，虽然其职员的确从参议院预算委员会的对应方了解到细节。参议院拨款委员会不希望其预算决议部分按功能分配。“我们在这个位子上。”一位拨款委员会的专家吐露道，“这么做会使分配工作变得太细致。如果要通过功能和小组委员会实现一个完美的分配，你真的需要具体到账目层面。所以在参议院我们不会根据功能分配。我们仅通过小组委员会分配，我们不会拿着预算委员会的报告并审查每一个细目（他们承担了什么?）并予以确认。我们确保不突破总额，这就足够了。”

众议院拨款委员会衡量其利益的方式不同并倾向于按功能分配。它的一位信息专家解释了委员会的理由：“事实上，预算委员会给我们的功能指标与我们自己的想法一致。我们充分意识到与参议院希望处理它的方式之间的不同。我们只是觉得只要预算程序把注意力集中在功能目标上，根据功能方式设定目标便是有意义的。实际上，我们建立了一个完整的电脑系统只是为了能够做到这件事。我们是唯一真正建立那件事的人，我们做的原因就在于我们希望有助于按这些功能分配。”

很明显，两个拨款委员会在看待自己的利益问题上截然不同。一个更能够容易地理解参议院委员会与精确的预算分配相联系的目标。众议院拨款委员会有完全不同的偏好，因为这两个委员会在利益上有分歧。在为其拨款草案定价时，众议院委员会习惯于精确地与基线数据作比较（去年的支出、总统的需求，等等）。不仅如此，功能目标对众议院委员会造成的威胁比参议院委员会小得多。大多数由众议院通过的拨款草案在数额上大大低于由参议院通过的草案；结果是，众议院的草案不太可能超过功能目标。

众议院拨款委员会接受功能分配还有另外一个原因：它想在其自身的支出管辖权与预算委员会的管辖权之间保持清晰的界限。从国会预算开始，众议院拨款委员会就已经在担心“分项”，即通过在预算中估算每一条目的成本来确定功能目标。[①] 它对拨款委员会在其3月15日有关1978财政年度的报告中矫正其同类委员会的关注也很好：“考虑到预算方面一致决议报告的内容，委员会的关注涉及确认的趋势和对特定拨款分项提出建议。然而这些分项建议没有实际的效果，他们试图掩饰预算委员会对整体宏观经济的责任，并且没有必要地复制听证和审议，这些原本是授权和拨款委员会的责任。有些证据显示，将功能分解到更为详细的联邦活动集合中去的压力在增加。这类分解应当避免，因为它只会导致整个讨论聚焦在“方法”和联邦项目的技术部分，而非更广泛基础上联邦预算的宏观经济目标。”[②]

对预算委员会关注分项的抱怨还没有达到破坏两个委员会关系的程度。众议院预算委员会对拨款委员会的担忧更敏感，在避免侵入更资深的委员会的领域更谨

---

① 这个问题没有在参议院中出现是因为参议院预算委员会在为其预算决议标价中通常会避免分项细节。

② House Committee in the Budget, Views and Estimates on the Congressional Budget for Fiscal Year 1978, March 15, 1977, P41。

慎。通过允许预算委员会给予它功能分配，拨款委员会描述了两个委员会各自的界限。与功能相比，分项是拨款委员会的领地，（在它看来）功能是预算委员会唯一应当关注的事。

加速拨款程序

也许，预算委员会和拨款委员会能够和谐共处的首要原因就是拨款程序日常运作的变化出乎意料地小。虽然拨款委员会在整个国会日程中的位置已经改变，委员会内部的程序仍旧像以往那样继续。比起改进它们自身的运作程序来迎合当代国会的期望，这些传统意义上的委员会更愿意承受立法重要性的下降。

预算法案带来了一个显著的改变，加速了拨款草案在国会的运转。在 1976 年之前，常规拨款草案上的行动常常要分散到一整年。在相关的小组委员会完成它们的工作后，拨款委员会将每一个草案分开来考虑。在众议院拨款委员会为某个草案定价后，它将方案提交议员大会，不考虑其他拨款的状态。在这一安排下，在议员大会考虑第一个拨款草案与最后一个拨款草案之间通常要过很多个月。一些拨款延迟，因为它们必须等待国会授权立法的活动；另一些是由于存在争议且一致很难实现；还有一些掌握着其他立法利益的“人质”。[①] 净结果是大多数拨款在它们适用的财政年度开始后才实施。在一些极端的例子中，国会没有实施常规拨款，并且整个财政年度的资金由持续决议提供。

预算法案要求国会在九月初完成所有常规拨款活动，在财政年度开始之前。法案进一步要求众议院拨款委员会同步上报它所有的常规草案，并说明这些活动如何符合第一个预算决议。为了满足这个时间表，拨款委员会被迫加快它们的工作。众议院拨款小组委员会在总统预算被提交后的几星期内就进入听证会阶段。参议院小组委员会遵循它们的轨迹，并且在听证议程上有大量重复。因为众议院拨款委员会必须同步报告所有草案，一些草案被延迟，直到落后者得到批准。众议院随后在六月留出一段时间给拨款草案，这段时间它们力求以一天一件的进度来处理这些事。比起等待众议院完成它们的工作，参议院拨款委员会在众议院最终结果确定之前为其草案中的一些标价。参议院议员大会的审查通常在众议院采取行动后的几个星期，草案以极快的速度处理。在 1976 年的一个星期六，参议院接受并通过了三项拨款草案。

这种不寻常速度的证据就包含在表 11－1 中，显示了 1978 财政年度的时间表。所有 1977 年常规拨款都在财政年度第一天之前被执行，这是三十年来第一次完成的伟业。这个结果在接下来的几年稍有逊色，之后有很多常规草案不得不通过持续决议来拯救。即使是对预算程序在时间上的压力也无法克服在大量问题上争议时间的延长（例如堕胎政策），这就侵占了拨款程序的时间。然而，总的执行与以往的习惯相比都在持续加快。

---

① 例如，为美国及海外军事基地拨款的军事设施拨款草案通常是最后通过国会的常规拨款之一，尽管是最小的之一。依其所述，该草案已被用于使议员协调或提出合理的项目处理方式。

表 11-1　　国会在 1978 财政年度拨款草案上的变化

草案	众议院通过	报告参议院	参议院通过	改进后的会议报告	
				众议院	参议院
财政部、邮政服务	6月8日	6月14日	6月20日	7月14日	7月14日
交通	6月8日	6月15日	6月23日	7月18日	7月20日
内务	6月9日	6月16日	6月17日	7月12日	7月13日
州、司法部、商业	6月13日	6月21日	6月24日	7月19日	7月19日
住房与城市发展、航空航天、退伍军人的管理	6月15日	6月21日	6月24日	7月19日 9月23日	9月23日
劳动—卫生、教育和福利	6月17日	6月21日	6月29日	8月2日 10月12日	8月4日 10月12日
市政工程	6月14日	6月25日	6月13日	7月25日	7月25日
农业	6月21日	6月23日	6月29日	7月27日	7月29日
军事建设	6月21日	6月23日	6月29日	8月5日	8月5日
外国援助	6月23日	7月18日	8月5日	10月18日	10月19日
立法机构分支	6月29日	7月13日	7月18日	7月26日	7月26日
国防	6月30日	7月1日	7月19日	9月8日	9月9日
哥伦比亚特区	9月16日	9月19日	10月4日	5月16日	

注：由于参议院和众议院不同意它的附加条款，所以住房与城市发展部的草案被退回会议。外国援助草案在 10 月 12 日由众议院再次提交。劳动—卫生、教育和福利部与哥伦比亚特区由持续决议提供资金。

拨款委员会成员对这次取得的成绩感到很骄傲。他们不仅将其视为对预算法案承诺的实现，也是拨款程序活力与适应性的象征。当程序第一次加速时，主席马洪吹嘘他的委员会在逻辑上的壮举："在接下来的两周里，拨款委员会将会提出 13 个主要常规拨款草案中的 12 个。这 12 个草案将会包含所有联邦政府的机构和部门。……数以百计的听证会，4276 证人，75 个卷册中 64762 页听证会上打印的纸，一些委员会成员及工作人员付出数不清的时间在工作上，就是为了达到这一点。"①

马洪的统计概况是他告诉众议院由于加速拨款审查没有延迟的方式。他的委员会一如既往地周到和警惕，它的努力工作和奉献已经弥补了失去的时间。然而，其他人并不这么确定。在第一次加速到来之前，拨款委员会的民主党领袖警告众议院："我在这个世界上看不到任何一条路可以让我们在如此短的时间内过活。……我看不到我们的委员会如何能够在被允许的短时期内在预算上做一项出色的工作……因为要做好这些常规工作，我们必须花时间去研究这些草案。"②

众议院拨款委员会遇到被缩减的时间表，因为它在审查它的立法上更有效，并且它在审查部门提案时抄了近路。整个委员会建立了一个小组委员会听证的主要作业表，并大量减少延误。但是，人们在浏览了数千页打印证词后不可能不得出结

① 122 国会记录（1976 年 7 月 14 日）H5768。

② 121 国会记录（1975 年 12 月 15 日）H12537，代表惠顿写的附注。

论：由于时间压力，听证会已经变得更肤浅和更匆忙了。每个机构都会派遣它提供证词的随员（加起来要上千，正如马洪报告的那样），但大部分公开听证都接受机构辩解和附加文件的影印版本。偶尔，一些成员承认拨款检查的质量由于草案要符合时间表的压力而有所下降。相对于那些处理常规内部事务议案的人而言，这个问题对于那些要处理重大的、有争议的草案的小组委员会更为严峻。当 1977 年庞大的防御拨款草案提交给议员大会时，代表丹尼尔谈到了迎合时间表所必需的妥协："小组委员会没有时间去举行过去已经习惯了的详细的听证会。我们涉及整个预算需求。我们的很多考虑要比近几年笼统得多，更少注意细节……打印出的证词没有以前那么多，而且你会注意到报告的长度也减少了。为了迎合预算控制法案的需要，小组委员会精简了它程序。"①

第二年，国防小组委员会的共和党领袖提出了一个类似的抱怨："由于预算控制法案强加的时间限制，我们不能像以往那样对每一笔账目举行详细的听证会。取而代之的是，我们重点关注主要问题，诸如坦克、造船以及战略项目等问题。虽然我觉得我们在这种环境下已经竭尽全力，但我宁愿在一些复杂的问题上多花一些时间。"②

时间的压力对参议院拨款委员会也造成了一定影响，不过是以不一样的方式。他的听证会一般来说不像众议院委员会召开的那么细致和集中。作为一个上诉主体，参议院委员会重视那些可以得到联邦机构关注的项目。但参议院的委员会也经历了一段困难时期，那就是让它的成员们在忙碌的时间表中找出时间参加拨款听证会（它的成员均服务于其他委员会以及大量的小组委员会）。一个小组委员会的解决办法是出版大量从未发生过的听证会的会议记录。对话被记录下来代替真实的辩论，卷宗由行政机构提供的支持资料填满。这个实践在新闻中被报道，也导致小组委员会首席书记员哈里·德克斯离职。

大多数参议院参与者声明上诉程序尚未通过缩短众议院通过与参议院委员会的报告之间的间隔而被明显缩短。参议院关于 1978 年国防拨款的报告在众议院行动一天后便归档了。一些实例证明，众议院的行动与参议院的报告在同一天发生。对于一般的草案而言，众议院与参议院的行动之间只有一周的时间差。不管怎么说，机构已经能够通过在拨款委员会的工作中保持较短的间隔来部分抵消这一压缩。他们经常会在报告存档之前很久就被告知众议院委员会要做什么，这样便可以使他们在众议院完成他们的工作之前就向参议院拨款委员会提出他们的申诉。

拨款委员会很愿意把它们的工作压缩在很窄的时间范围内，因为它们可以从避免持续决议中获益。一旦持续决议再次成为常态，拨款委员会可能会失去其提高程序速度的最大动力，而预算法案的时间表可能也不足以限制其返回一个更松散的日程表。

即使想加快进程，但如果失去了"无持续决议"的手段，拨款委员会可能也没法这么做。由于加速的时间表，大多数提交众议院的拨款草案都会缺少一些个别

① 122 国会记录（1976 年 7 月 17 日）H6068。

② 123 国会记录（1977 年 7 月 24 日）H6484，代表爱德华写的附注。

项目授权，但却有一个特殊规则搁置议事程序问题。授权委员会对这种侵占他们职能的行为有抱怨，但到目前为止没有成功。当代表理查德·波林提及按常规搁置某个拨款草案的议事程序问题时，一位不满的议员抗议道：“预算体系的破产……这个问题的事实是我们一整年都在通过规定搁置反对没有授权草案便得到拨款的规定。”① 更有趣的是，在众议院同意了一个对1978年内部支出的搁置时，承诺放弃1978年拨款草案时，代表沃尔特·弗洛尔的爆发：“整理好你的行李并且戴上你的帽子，因为你正准备踏上拨款旅程。它很快就会通过这里。不论你的授权草案是否准备好，都没有关系。拨款委员会已经准备好了，并且他们会全速向你冲来。”②

弗洛尔继续反对通过预算和拨款程序“挤死”授权程序。随着搁置成为标准程序，来自授权委员会的抱怨明显增加。放松预算时间表的要求已经提出③；一旦持续决议再次成为一年一次的常规模式，这类要求可能会被证明是不可抵抗的。

在委员会内：为总统的额度拨款

拨款委员会现在会更早地作出决定，但是这些决定没有很大区别。最重要的“未改变”是他们继续依靠总统的预算估计，而非国会的预算分配。这些委员会的内部决议程序尚未因新预算程序做出重大调整。行政预算将继续作为拨款委员会的出发点和评价标准。

拨款委员会在国会中是最具行政导向的委员会之一。他们很少参与立法事务，取而代之的是仅对总统的预算需求做出回应。他们常常是休眠的，除非被总统的要求唤醒。每个拨款草案都是根据某个总统行为的规划。从总统视角向国会视角的转变比其他可能的改变远为重大，将使拨款委员会偏离其传统并使其感到困惑。

这类转变从未发生过。从行政预算在拨款程序的终点被解放的那一刻起，这些委员会便将他们的注意力指向总统的数额。当他们拿到行政预算时，拨款委员会的议员和成员们全面梳理文件，旨在找出总统增加和削减了什么。对总统预算的这一定位在听证过程中继续。“我们仍然应对总统的预算”，一位拨款委员会成员承认。“我们在听总统的预算，而那正是我们要胜过的。”在每一轮中，问题与预算包括了什么或没包括什么有关。一个人可以阅读数千页只字未提国会预算程序或预算决议中数额分配的拨款听证会记录。

总统预算数额的重要性在拨款草案的过程中表现最为突出。“我出席了各类小组委员会的审定过程，”一位资深成员夸耀道，“我们甚至很少提及存在预算委员会这一事实。”这种“委婉的忽略”得到一位委员会成员同事的确认，他曾经也在预算程序中发挥领导作用。“他们（拨款额委员会）经常谈论总统预算。他们不愿承认国会预算的存在。”一位曾参与过上百次审定的重要的职员助理回忆道，“预

---

① 123国会记录，1977年7月22日，H6297，代表员鲍曼评论。

② 同上，1977年7月9日，H7636。

③ 详情参见 House Committee on the Budget, Hearings on Oversight of the congressional Budget Process, 95th Cong, 1st Sess, October 5 and 6, statement of Rep. Jack Brooks, p. 43。

算决议的数额最多在审定过程中被提及一、两次，而这也是由行政人员翻出来的。随后便是沉寂，接着他们去找其他材料。”

随着拨款水平达到国会预算目标，对国会数额的关注增加。但这些数额被有选择地使用，而非作为一个反对可能会破坏目标的提案的绝对否定。一位行政助理解释道，“小组委员会职员和成员将预算法案加入原因的武器库，旨在冷落一个它们不想提供资金的请求。”一位职员描述了程序如何运作：“预算决议给了小组委员会以及整体委员会一个工具去抵制委员会过多或超额的建议。我们今年使用了它，说“哇，我们很想把它加进来，但我们有预算上限，它可能会使我们超额。”这给了委员会抵制那些他们无论如何都想抵制的事情一个很好的借口。”

然而，当拨款委员会的成员们想要点什么时，他们也可以换种方式看，不顾预算限制。这是华伦·马格努森运用程序的方式，他是卫生教育福利与劳动力拨款小组委员会大权在握的主席（也是在麦克莱伦 1977 年死后，全参议院拨款委员会的主席）：“如果想在众议院的总额之上为癌症预算另外增加 9000 万美元，马吉并不会烦恼。他会那么做，然后会在大炮上减少两三百万做做样子。马吉随后会审阅草案，为他需要的事增加资金，根本不考虑对预算决议的影响。”

拨款委员会在它们的报告中回归到以行政为重点，即使他们在审定时考虑国会的数额。对于每一个拨款账目，报告对比了委员会的建议与总统申请的数额（也与前一年的拨款数额作对比）。委员会随后讨论预算估计与他们的建议书之间的主要区别，通常关注被它驳回的提议的增加、新增的项目，以及在使用资金时它设置的限制。每个拨款部门的报告都会包括“预算授权的比较说明”，即一个预算估计与委员会建议比较的表格。预算法案唯一的妥协是一个简短的表格，比较草案中的总额与最近的预算决议提供的资金，以及每个草案预计的支出。

一直以来总统数额的统治地位主要源于习惯。拨款委员会如果失去了他们以前用得很好的决策方法，他们将无法应对庞大的联邦预算。他们常用的逐项审查很适合分项预算和行政部门提交的理由。他们当然也可以设计一个新方法，但预算程序没有提供给他们足够的动机去这么做。他们可以在保持自己传统的同时遵循国会预算的要求。另外，新预算程序鼓励拨款委员会继续主要使用总统的数额，因为高度概括的拨款决议与那些直面拨款委员会面对的分散选择不直接联系。这些委员会逐项审定他们的草案，钻研那些组成拨款账目的分项。“预算委员会，”一位拨款部门的行政人员解释道，“处理的是数十亿美元的宏观经济政策，我们经常处理的是五百万到五千万的问题。”另一位行政人员把问题说的更简洁：“预算数额只是一长串巨大的数字。”对于委员会而言，他们每年不得不做几千个小决定，预算决议中的功能分配并非有用的指南。

预算功能和拨款账目之间的不一致给了拨款委员会忽视预算数额的许可。某位从对拨款委员会有利的角度观察程序的人评论道：“关于拨款草案和预算之间关系的问题在审定时被提出。但困难在于：如果真实回答这个问题，预算委员会在决议中所拥有的不会造成任何区别，因为我们可以以任何我们想要的方式重新分配。”

因此，预算功能与拨款方式之间的区别在结果上就不仅仅是一个数据分类上的技术问题。随着国会预算决议考虑功能分类，拨款委员会可以继续依赖总统的数额并忽视预算分配，除了他们选择使用它们的时候。拨款委员会可以寻求澄清每一功能的假设，但这个行为可以被解释为公开邀请预算委员会介入拨款过程。在众议院中风险更大，在那里，预算委员会通过预测每一笔账目的数额形成支出目标。一位来自众议院拨款委员会的信息专家坚持认为："我们没有，也不需要预算委员会对每笔账目假定的数字。他们有一个将每笔账目的数额记录下来并输入电脑的系统。我们不鼓励他们这么做，我们不想知道预算委员会在做什么，除非这是一个几十亿的大项目。"

这个最后的评论说明拨款委员会不能完全不顾预算指示。高价项目不可能被忽视；国会表现出特别兴趣的小项目也不能忽视。不仅如此，拨款委员会准备3月15日的审查和预期，并且他们不可能对它们的支出偏好在预算过程中的遭遇漠不关心。他们还必须在其小组委员会之间分配每个预算决议的拨款额度，这种强制措施向拨款委员会提醒了预算的期望和约束。

在议员大会：选择性关注的优势

某个拨款草案在议员大会中会有比在委员会中更多的人讨论国会预算。议员大会管理者（即小组委员会主席）经常通过与总统预算作比较来介绍草案，显示它超出或低于需求多少。很多管理者也讨论拨款部门和国会预算分配的关系，尽管这类讨论不是规范程序。

议员大会的政治形势与委员会中有所不同。因为拨款委员会已经决定了它们想支出多少，所以它们必须回应对其建议的挑战。他们必须同时避免削减和增加，后者对议员大会而言威胁更大。增支的修正案多于减支的建议，并且成功率更高。在集合对其偏好的支持时，拨款委员会愿意将预算程序用作对它们的有利因素。

对国会预算保持沉默常常不是一种可行的选择，因为拨款委员会知道预算数额会通过预算委员会的发言人介绍给讨论。拨款委员会的管理者希望运用预算数据显示他的委员会在行为上负责，与国会预算决议保持一致，而非给预算委员会一个明确的领域，以它们的方式解释这些数据。总之，拨款委员会在将国会预算引入有关它们的草案的议员大会讨论中有三个理由：审定它们的行动；保护国会免受对它们支出决议的批评；抵制议员大会修正案。

当它们的草案之一在（为了与预算决议保持一致）被驳回的数额以内时，委员会希望国会了解它，特别是在支出水平存在争议时。

证明拨款行为的正当性

拨款委员会想要证明他们遵守了国会的预算决议。当它们的草案之一在（为了与预算决议保持一致）被驳回的数额以内时，委员会希望国会了解它，特别是在支出水平存在争议时。近几年，两个最具争议的拨款草案（从支出上来说）是国防部和卫生教育福利与劳动力部的草案，在将这些草案带入议员大会的过程中，他们的管理者已经声明他们会服从国会预算。参议员麦克莱伦表达了他的喜悦之情："参议院预算委员会的报告低于预算授权最高限额四亿五百万美元，低于支出限额四千四百万美元。我很高兴参加会议者能够将这个草案引入从我们国防力量需要的立场和从我们自己国会制定的预算上限看均合理的数额。”①

关注国会数额在拨款草案超出总统预算申请时特别有用。雷普·丹尼尔通过诉诸预算决议保护了1978财政年度的卫生教育福利与劳动力草案：“虽然草案比总统的预算需求高，但它却控制在了国会预算决议的目标以内，不要忘记这一点。这正你的预算决议。”②

但当它们超过国会数额时，拨款委员会有时仍发现提及预算决议案很有用。他们知道预算委员会会有它们自己的议员大会声明，所以他们宁愿用最有利的观点描述超支，而非让议员们从预算警察那里得到消息。在超出额方面“博弈”有几种方式，主要看拨款委员会代表对该问题感觉如何。森·盖尔·W. 麦格为清白辩护，解释说他的农业小组委员会已经遵循了预算目标——“我们履行了我们的责任”，但是正式委员会会议增加了一亿美元给“一个非常有价值的项目，好、需要、绝对需要。但我们尽力实现我们的责任承诺，我们超过它是由于整个委员会的活动”。③ 当麦格暗示接受额外的一亿美元是个好主意时，他也表现出了对预算程序的忠诚。

拨款委员会可以通过谈论国会业务记录程序的缺陷来为其超支辩护。当1977年的国防草案未能根据预算决议的设想产生支出削减时，一位拨款委员会成员要求众议院不要争论这件事，因为“很明显，第一次预算决议在各种拨款草案上的应用绝不是一项精确的科学”。他把国防法案与预算期望之间的不一致称为“仅是一个粗略的估算”，④ 众议院不必为之担心。

另一个辩护是承认过量支出，但要向议员们保证整个拨款将控制在预算限额以内。森·罗伯特·C. 伯德将一份1978年内务草案“严重超预算”的声明与一个“代表拨款委员会主席……委员会希望保持在1978财年第一次预算决议的总分配额以内”⑤ 结合在一起，这是一个在不为其他对国会预算的偏离开启大门的同时缓解超支压力的有效途径。

保护国会的优先权

当他们想证明超出总统需求的支出的合理性时，拨款委员会对国会预算的数字最有热情。比起以违背总统行政预算的愧疚感为借口，他们更可以声称额外支出事实上支持了国会预算的优先权。伯德将内务预算的增加辩解为“一种有意识地努力对国会优先权以及总统设立的优先权的回应”。⑥ 卫生教育福利与劳动力拨款草案的议员大会管理者、代表弗勒德宣称总统预算仅“代表了一个与其他建议和指

---

① 122国会记录，1976年9月13日，S15684。
② 123国会记录，1977年6月16日，H6033。
③ 122国会记录，1976年6月23日，S10222。
④ 同上，1976年6月17日，H6065，代表员爱德华的批注。
⑤ 123国会记录，1977年6月17日，S10131。
⑥ 同上，S10125。

导一起考虑的参照点”。[1] 既是拨款委员会也是预算委员会成员的参议员奇力斯认为，1978 年对卫生教育福利与劳动力的支出太高，但他坚持国会对支出水平的检测：“……我们使用国会目标是很有必要的，这比总统预算更好，它就像我们的指导方针，告诉我们任何支出草案是否在预算中某一类中投入过多。1974 年预算法案既再次强调了国会在支出决议上的宪法责任，也是对发展新的财政规范的挑战……为了保持程序的可信度，我们必须保持它的完整，不能因为超出总统预算提案而剔除任何草案。”[2]

预算委员会的主席们支持作为保障国会预算优先权的新程序的运行。对布洛克·亚当斯而言，“总统预算需求不再是决定性的问题。决定性的问题是拨款草案与预算决议中提供数额之间的关系。”[3] 对马斯基而言，“国会表达了其自身对于政府职能部门如何分配联邦支出问题的偏好。这个程序独立于总统在其年度预算咨文和拨款申请中提交给国会的内容。”[4]

这些对国会优先权强有力的主张不应该作为预算目标取代总统数额作为拨款委员会关键参照点的证据。但是，当国会想要支付超过总统申请的支出时，拨款委员会仍然被行政预算所支配。预算委员会的数字为此提供了一个便捷和令人满意的理由。

避开议员大会修正案

国会预算为反对不受欢迎的议员大会修正案提供了新观点，这将造成支出超过预算目标。这样，甚至当他为超过国会目标的内部部门拨款辩护时，参议员伯德仍力劝“那些对某个领域或另一个领域的额外资金感兴趣的人要多加约束。”[5] 这种请求有时会产生立竿见影的效果；例如，休伯特·汉弗莱在被告知修正案可能会违反支出分配后，立刻收回了修正案。“我服从预算约束……来自缅因州著名的参议员……已经在这件事上训导过我了。”[6] 在与新预算控制斗争几年的基础上，一个来自众议院教育和劳工委员会的支出支持者争论道：“预算程序使你不大可能去议员大会，围着拨款委员会争取更多资金。”

然而，记录并没有很清楚地支持这个陈述。在国会预算的前两个周期内，众议院拨款草案中 68 份寻求增加拨款的修正案中的 40 份都得到了通过，而在参议院中，89 份寻求增加的提案中的 80 份被批准。尽管我们不知道在预算限制缺失的情况下有多少额外增加量可能会被提出或通过，但一个合理的结论是国会目标对于受欢迎的修正案而言并非是一个不可逾越的障碍物。一位拨款委员会的职员为其委员会在修正案上缺乏成果提供了一条线索。“我们去议员大会，通常会留下很多疏漏，这样就很难提出充分的理由来反对修正案。”单独一个修正案很少能使总支出

---

① 122 国会记录，1976 年 9 月 30 日，H11847。
② 123 国会记录，1977 年 6 月 29 日，S11077。
③ 122 国会记录，1976 年 9 月 30 日，H11850。
④ 123 国会记录，1977 年 6 月 28 日，S10860。
⑤ 123 国会记录，1977 年 6 月 17 日，S10125。
⑥ 121 国会记录，1975 年 11 月 20 日，S20714。

超过最高限度；如果某个修正案推动支出超过功能目标，它的支持者会争辩说资金可以从对拨款委员会的总体分配中提取出来。当某个草案超过预算时，拨款委员会通常会这样声明；一个类似的论据也可以被那些支持议员大会修正案的人用来反驳拨款委员会，发挥同样的作用。

预算委员会的代表经常对推迟修正案有意见，但是想避免分项审查的愿望经常会引导他们勉强接受一个常规的建议，即采纳提议可能会挤出以后的支出提议，而非直接反对修正案。当议员大会修正案被否决时，它更像是内行的议员大会管理者和某个统一的拨款委员会的作品，而非某个有说服力的预算委员会主席。

在拨款过程中的预算委员会

预算委员会避免强有力地对抗议员大会修正案还有另一个理由。许多修正案的通过明显有国会内部的大量支持。如果预算委员会经常反对议员大会在拨款草案上的增长，它就等于是在试图拒绝国会对其拨款委员会施加压力的机会。在这种环境下，预算委员会可能会发现他们位于输掉很多议员大会投票的边缘。

预算委员会不得不挑选一下他们关注的问题和反对的议案。他们不可能抱怨每一个他们不喜欢的支出措施。不仅在于议员大会修正案，还在于它们对拨款草案的立场，预算委员会在它们使用“预算破产”的观点时必须有所保留。他们必须支持拨款委员会，这限制了它对公然滥用预算程序的反对。随着15个或更多拨款草案送抵每届议员大会，国会的共同领导将会由于参众两院两套委员会之间的不断冲突而再次受到挑战。

几乎每次要对某个拨款草案进行议员大会讨论时，众议院或参议院预算委员会主席就会代表他的委员会发布一个正式声明，评估这个草案的预算效果，以及它对国会预算决议的服从程度。众议院预算委员会的主席有一个比其参议院的对应方简单得多的工作。几乎每一个众议院提出的拨款草案都比参议院考虑的草案提供的资金少。众议院拨款草案很少会与预算目标发生冲突；这种麻烦更容易在参议院内发生，在那里预算委员会面临更高的数额，要在避免挑战草案的同时不冒失去信誉风险的问题。在众议院中，预算委员会主席一贯都支持拨款委员会。当福特总统否决了1977年健康、教育、福利与劳工拨款草案时，主席亚当斯站在为推翻总统否决而战的最前线：“我可以忠告各位议员，健康、教育、福利与劳工的拨款草案与我们所通过的国会目标和分配完全相一致。”① 当众议院共和党发动一场议员大会运动削减第二年的健康、教育、福利与劳工草案支出时，鲍勃·吉爱默有力地捍卫了拨款委员会：“当委员会带着超出目标的金额进来时，我会走进这这片令人满意的叫喊声中，并指出他们超过了预算目标。但是，拨款委员会在每个草案上都参与，当然在这个草案中，金额很好地控制在我们的预算目标以下。”②

尽管参议院的许多拨款草案都加入了支出增长，马斯基能够支持大多数草案，

① 122国会记录，1976年9月30日，H11850。

② 123国会记录，1977年6月16日，H6041。

并阻止反对除少数之外所有超预算目标的草案的缺陷。一个特别受欢迎的策略就是（每年重复许多次）限制他对拨款总额的评论，回避对特定拨款问题的评论。“预算委员会不是一个分项委员会。它为拨款委员会设立那些单项。”[①] 还有另一种解决之道就是“让我们把它带给会议”的方法，运用这种方法是期望众议院较低的数额能占优势。马斯基巧妙地把这个方法运用于1978年健康、教育、福利与劳工草案的健康部分，该部分大大超出了预算目标；他认识到“众议院的水平低于目标，所以我认为我们必须在关于健康支出的最终审定出台之前，看到各种拨款部门协商的结果。”[②] 马斯基忽略了少数违背预算目标的情况，运用主席特权决定某项超额的后果是否足以引起他的反对：“我不想成为参议院议事厅中的麻烦。作为预算委员会主席，我的工作是为了强调我认为重要的问题，以便将我们保持在功能目标以内。我不会试着去捡起每一个我不同意的五分或一角硬币。我认为这对整个程序而言将是破坏性的。”[③]

正如这个第一年的声明所示，马斯基最初的意图是确保拨款委员会的数额在功能目标以内。但严格坚守他的职责将迫使马斯基站到拨款委员会的对立面，只要它超过它的小组委员会或功能分配。因此，马斯基采取了一种规则，允许参议院拨款委员会在职能部门中转移资金，只要它遵守对委员会的总体分配：“在预算决议下根据它认为适当的方式在它的小组委员会之间划分已经分配给它的资金当然是拨款委员会的一项特权。这是事实，即使在小组委员会之间的那个划分与预算决议中的目标有所不同。”[④]

马斯基也承认了拨款委员会的自由裁量权，可以在小组委员会之间转移资金：“超越小组委员会的分配是所有拨款委员会的特权……只要委员会能保持在总分配额以内。”[⑤] 这种宽容的态度避免了拨款委员会与预算委员会之间的争斗，但这也允许有过度预算授权的早期草案顺利通过国会，这些授权要么必须从后来的拨款中转出，要么通过第二次决议中更高的限额来适应。马斯基第一个解决问题的办法是劝告参议院“如果我们在今天之前投票给偏好的草案，其他一些高优先权的项目可能在之后会被挤出。”[⑥] 麦克莱伦回应道，“全体拨款委员会希望能够保留第一次预算决议给予这个委员会的所有分配，包括此时知道的所有可能的后续需求。”[⑦]

预算委员会的主席们小心地将他们的角色分为预算委员会的发言人，以及国会的独立成员。如果他们的每一个拨款草案声明均被作为预算委员会的官方立场，主席们在非预算领域就无法自由地决定反对或支持支出措施。他们每次在议员大会上攻击某个项目时，问题就会被认为是两个委员会之间的争论；每次当他们支持支出增长时，他们便容易受到关于使用他们的预算地位促进优先项目的指责。随着事情

---

① 122国会记录，1976年6月23日，H10233。
② 123国会记录，1977年6月28日，S10860。
③ 121国会记录，1975年9月17日，S16136。
④ 123国会记录，1977年6月17日，S10131。
⑤ 122国会记录，1976年6月24日，S10705。
⑥ 122国会记录，1976年3月23日，S4084。
⑦ 123国会记录，1977年6月30日，S11277。

得到解决，主席们不需要宣布他们是代表预算委员会还是以个体议员的身份。声明的类型常常标志着其充分扮演的角色。作为预算委员会的发言人，主席经常会提供直接的关于拨款财务影响的明确解释；作为一个有特殊利益的议员，主席经常会提出立法内容。

有时，主席模糊了两个角色。结果，他能够运用预算委员会的立场，而不造成预算和拨款委员会之间的问题。在一个这类例子中，吉爱默被灾难贷款项目的补充拨款激怒，作为众议院预算委员会主席转而反对拨款草案。这个项目的支出考虑之前的一个补充拨款后，已经从最初预算的 2 亿美元飙升到 23 亿美元——在财政年度结束之前可能还会增加资金。吉爱默探究了这个项目的财务细节，传递的印象是他在作为众议院预算委员会主席讲话，但他在讨论中没有提出通常在业务记录方面的考虑（预算决议中保留的余地有多少），这说明他并未要求众议院因预算程序违规而拒绝这个草案。[①] 当吉爱默以 23 票对 346 票输掉投票时，他的失败没有被认为是为了预算委员会的一次失败。

下限与上限：预算对拨款的影响

国会预算程序是否已经改变了拨款委员会的支出？观察者们在解释明显的改变时有所不同。对 1976 财政年度而言，国会对国防（59 亿美元）的削减比过去十年中的任何一年都多，虽然削减比例与越南战争结束后的拨款模式一致。仅看那一年，人们能够得出的结论是：新预算程序已经迫使拨款委员会削减了比在没有预算决议压力下更多的国防支出。这种解释在那时的媒体、美国国会山、以及五角大楼中广泛流传。然而，在接下来的三年里，国会从国防中削减的支出比越南战争以来的其他年份要少得多。完全不同的结论（预算程序推动国防支出比它在其他情况下可能有的要高）现在就合情合理了。

国防曲折的命运体现在对预算委员会和拨款委员会议员和雇员冲突的解释和看法。“下限”、“上限”这两个词经常在采访中被重复使用；它们出色地总结了在预算程序看法上的不同。一些议员认为预算决议就是对拨款部门施加向下的压力。有人将它们描述为“心理上的限制”；有人争论道，预算目标是“强迫拨款部门先看总额，这必然会对他们在不同圣诞树项目上的增加有一个限制效果。”第三种观点认为，由于预算限制，拨款审定的“痛苦水平”提高。一些人强调预算程序导致更低拨款的特定例子：“第二次共同决议中我们在健康、教育、福利与劳工议案上有一个现实问题。他们需要增加大约 30 亿美元支出，但我们恰好没有，我们告诉他们我们没有这么多钱。”一位委员会的职员推断，在整个委员会中，一些因一票或两票被驳回的修正案“可能不会在预算法案出台之前被否决。”

相反地，相当一部分议员认为，预算决议已经充当了拨款部门的底线——决议刺激了额外支出而非限制拨款委员会。这类想法在采访某个拨款委员会的职员时很普遍：“我们有议员不理解为什么我们不拨款到预算决议允许的水平。”另一些人

① 124 国会记录，1978 年 5 月 8 日，H3648 - 50。

试着解释为什么“所谓的上限变成了底线。你在预算中还有两千万美元，而某位议员正在努力推进某些特殊的事——特别当他正打算重选并且在这里需要一点帮助。你在国会预算下已经得到了足够的空间，所以你不必担心。预算有点使这些你一般不会提供资金的事情合法化。”

某个顾客导向的小组委员会（一直宣布高于总统数额的拨款草案）的职员强力主张预算程序已经引起更高支出的观点：“我认为你可以主张我们正在支出更多而非更少。如果你看看今年拨款委员会将会做什么，与他们通常所做的相比，你可能会发现预算控制法案正在以与其设立时相反的方向在运行。它能运行得如此之好的重要原因是预算委员会和国会同意花费比总统申请的更多的钱。事实上，我们已经说过为什么我们不比总统预算多支出170亿美元。……你知道，在这个新的体系下，哪里有上限，上限就会变成下限。换句话说，联邦资金的接受者在教育或健康项目，或其他任何项目中，都会期待得到全额上限。同时，会形成反对拨款委员会和拨款程序提供得比上限少的压力。我的观点是游说团体、组织、联盟，代表其他有人类需要的人，将会发现新程序如何运作。首先，他们将会发现如何达到上限，然后，他们会弄明白如何突破上限。”

拨款委员会的成员们也把高额支出归咎于预算程序。来自众议院委员会保守党派的下述情况反映了这种观点：“我们现在使用新国会预算程序来证明支出持续增长的正当性——之前在用我们的拨款程序审查中被控制得很好的支出（至少是“非后门”项目）。”①

在参议院—众议院有关1978财政年度第一次预算决议的会议中，一位国会拨款委员会的自由派领袖（同时也是预算委员会的一员）表达了大致相同的观点。代表大卫·R. 欧贝试着减少对健康项目的分配，遭到参议员马斯基的反对。马斯基：“如果我们视预算决议为支出授权，那么这会改变整个程序的性质。我当然不会这么看。如果我们能使支出低于上限，那对我而言很好。但我们要给授权委员会空间，让他们能做出优先决定……”欧贝：“我说的很实际，并且我知道因为我在小组委员会处理它，我们将以这个拨款草案恰好位于上限而结束。”②

那些认为预算上限刺激了更高拨款的人指出，1977和1978财政年度通过的花费极高的补充拨款草案就是很好的例子。新预算授权向补充草案提供了超过600亿美元额度。国会的观点是鼓励补充它的常规拨款草案，因为在预算决议中有额外拨款草案的空间。

第一年预算程序的拨款结果包含在上限对下限的问题之中。由于预算法案第302号的需要，在采纳每一个预算决议后，拨款委员会都要划分他们关于预算授权和支出的权力。表11-2显示，1977和1978财政年度实际拨款数额大大低于给拨款委员会的分配额。在这些结果的基础上，拨款委员会在支出联邦资金方面看来似乎已经保持在预算以内。此外，它们设法避免支出提供给它们的所有金额，并且在1978财年着手一项策略，控制通过补充拨款提供的资金额。为1978财政年度制定

① 122国会记录，1976年8月10日，H8625。

② 1978财政年预算的第一次共同决议会议，会议记录，P209-210。

了九项补充草案，超过过去二十年中的任何一年。但是，这些草案中总的拨款金额比1974财政年度以来的任何一年都少，而且在总预算中的比例小于1970年以来的任何一年。通过为各种紧急的需求设计独立的草案（例如，铁路1300万美元，农业部门5700万美元，以及黑肺病项目2亿5400万美元，每项都在自己的草案之中），拨款委员会保证这些草案在议员大会上不会因为对其他项目增加资金而变成“圣诞树”。以这种方式，他们成功地阻止了国会用光最近决议中分配的资金。

表11－2　　1977和1978财政年度拨款委员会的预算分配和实际拨款　　单位：百万美元

分配和拨款	1977财年	1978财年
第一次分配决议	299278	328889
第二次分配决议	291388	327950
第三次分配决议	323897	—
第四次分配决议	320697	—
总拨款	314548	322791
低于最后决议数额	6149	5159

资料来源：众议院拨款委员会302部分的报告，以及CBO（国会预算局）的业务记录报告。

表11－3中的数据也显示了第二次决议的分配低于那些根据第一次决议进行的分配。这些削减很重要，因为第一次分配在制定每一财政年度常规拨款草案之前做出，而第二次分配在国会在这些草案上的工作接近尾声时产生。虽然在为1977财政年度使用第三次决议后拨款分配提高，但这种增加是刺激经济政策的后果，而非拨款委员会无法忍受对它们的限制的结果。

我们还可以从另一个角度看待拨款委员会的表现。国会作出的大约四分之一的年度拨款由现行法律授权；在特殊年份里的支出数额取决于拨款委员会无法直接控制的因素。事实上，所有拨款草案中的差额均在强制性项目之中，而非在拨款委员会（和国会）有自由裁量权的支出之中。在1977和1978财政年度，对于选择性预算授权的第二次决议分配比可比的第一次预算决议高。对于1977财年而言，第二次分配在强制性项目中几乎减少了100亿美元，在选择性支出中则提高了12亿美元。对于1978财年而言，强制性账目减少了20亿美元，而选择性账目增加了10亿美元（见表11－3）。

表11－3　　1977和1978财年拨款委员会的预算分配、强制和其他项目　　单位：百万美元

分配和拨款	1977财年	1978财年
强制性拨款		
第一次决议	87032	73546
第二次决议	77654	71711
第二次分配中的削减	－9378	－1835
非强制性拨款		
第一次决议	212495	255343

续表

分配和拨款	1977 财年	1978 财年
第二次决议	213734	256239
第二次分配中的增长	+1239	+896

注：表中数据基于对众议院拨款委员会的分配；对参议院拨款委员会的分配有差别，但并不大。

资料来源：众议院拨款委员会302部分的报告以及国会预算局的业务记录报告。

这一模式说明通过做出与强制性拨款有关的宽松假设，预算委员会决议在不违背预算限制的情况下为拨款委员会增加选择性支出提供了机会。通过这样的安排，两边都有收获。预算委员会可以声明他们的决定是被强制执行的，并且拨款委员会可以在不与预算程序发生冲突的情况下提高支出水平。

关于预算目标和上限究竟是抑制还是刺激了拨款数额这个问题，可以从两方面讨论，因为任何预算程序都会同时做这两件事。尽管某些拥有长期记忆的拨款委员会职员“由于预算程序无法回忆起任何区别，”无疑存在由于来自预算决议数额的压力，某项拨款未获通过（或提供的额度被削减）的例子。当某项修正案未提出，或某个主意在提交委员会或议员大会投票前便被撤销时，国会预算程序的影响最大。

但是，每个预算程序还有另一面。与其合法化有关政府的声明一样（在第六章讨论的一个结论），预算为支出提供许可。当钱就在那儿时，项目支持者不依靠预算讨论便决定额外支出显得很愚蠢。国会在其新预算规则下制定的几个补充拨款已经承载了成本高昂的项目，如果不是因为预算中某个可用的余地，这些项目可能已经被拒绝。特别是在高失业率期间，议员们能够熟练地利用预算程序为其项目获取额外资金。

1977年，国会有史以来第一次为一个财政年度提供的资金超过总统申请。毫无疑问，福特总统不现实的预算（对现存社会项目削减超过200亿美元）使国会只能恢复白宫削减的大部分资金。但国会在1977年明确运用预算程序使得对总统预算的异常偏差合法化。

在某些例子中，资金已经被“假定”用于某个预算决议中的特定项目，而且接下来该假设被用于在拨款程序中争取资金。一个帮助低收入家庭对付其高温费的执行修正案被增加到1977财年的一项补充拨款之中，旨在声明资金已经被包括在近期采纳的第三次决议之中。①

每个预算都是一次有关期望与适应的练习，一个预算委员会和其他委员会均服从于对未来期望的预算控制。在国会预算程序中，拨款委员会必须预期预算，而预算制定者则必须预期拨款者。

正如我们提到过的，事实上，国会预算程序在拨款听证会和最后审定议案的国会委员会或委员会报告中很少提及，但这并不意味着拨款委员会不注意或不关心预算程序得出的支出决议。国会的预算是一个与拨款程序无关的事实。拨款委员会的

① 123国会记录，1977年3月16日，H2165，代表员布雷玛斯和吉爱默附注。

工作是暗中帮助预算数额与他们的偏好以及在未来几个月他们希望报告的拨款草案一致。沉默是拨款委员会成员用来对付这种新程序的创伤的方法，同时也是一次保护其委员会最大自治权的努力。

无言的协调有效是因为拨款委员会通常接受它们的预算分配，不仅是针对支出总额的草案，特定草案也一样。虽然拨款委员会成员很少引用预算数额作为他们所作所为的依据，但他们总是诚实地努力遵守国会预算。尽管拨款小组委员会的工作大幅度提前到第一次预算决议通过国会之时，但决议的基本情况在最终国会活动之前很长时间便已得知。拨款委员会的议员们知道（或者可以毫不费力地推断出）哪些将包括在（或排除出）预算决议。他们知道拨款草案何时会接近预算目标，而且他们也知道正在讨论的项目是否适合包括在预算以内。

无言的协调通过联邦预算拨款部分的稳定性和预见性得到促进。除了那些在预算提交时无法预见的项目外，经验丰富的参与者能够预计下一财年的常规拨款总额，误差通常只有几十亿美元。在对总统预算的一个快速审查后，拨款委员会中的老手便能够预计哪些削减可能被恢复，哪些增长将被驳回或削减。这些预期被传递给预算委员会，它们会做出自己的预期，两个委员会的职员们会合作形成一个对拨款委员会而言没有多少意外的预算决议。因为它们知道国会预算为它们预备了什么，拨款委员会没必要对这件事谈论过多。

在为一个不确定的未来预算时，预算委员会通过建立或松或紧的目标来影响国会的支出行为。国会山压倒性的一致是因为预算委员会已经竭尽全力去协调它们期望拨款委员会做的事。参议员马斯基的表述“我们不得不提供空间”表达了预算委员会的一个核心、不成文的决策规则。“预算上限很慷慨，”一位拨款委员会的职员断言，继而解释道，“这是预算控制法案运作的重要原因。”在被问及时，没有一个经常与拨款程序有关的人认为它真的受制于预算上限。他们的观点可能因调查在1977年进行而受到影响。那年的支出远高于总统申请，很难使拨款委员会的老前辈们相信预算法案带来了很大的支出控制。

拨款委员会选择性地关注预算程序，预算委员会也选择性地回应拨款委员会的活动。两党均试图容纳另一方的利益，并且经常发现它们处于同一战线。它们能够以这种方式运作是因为它们的本质利益（如反对控制）没有很大分歧。如果预算委员会的决议被拨款委员会破坏，它在议员大会上不可能被安抚；如果拨款委员会的偏好被它们认为不合理的预算目标排挤，它们也不可能墨守预算程序。调和的政治不需要任何一方屈从太多。

第十二章

税收政策：从“无决策”到有收益

在通过预算法案之前，国会已经对税收政策的立法建立了一套完整的体系，该体系掌握在两个最有权力的委员会手中——众议院筹款委员会和参议院财政委员会。这个体系事实上是立法程序中的独立组成部分。这个体系在很大程度上将税收政策视为“无决策”而非再一次立法选择。术语“无决策”指的是非正式规则及行为模式，旨在保证已经实施的政策在新的明确决策未制定之前可以继续有效。无决策不仅是立法惰性，也是对特定问题积极考虑的系统偏见（虽然常常是含蓄的和非正式的）。“一些问题”，施奈德在《半自由人》中写道，“被写进政策之中，而另一些则被剔除。”[①] 国会不可能每年都重新讨论每一个问题，或是立刻讨论所有问题。这么做会导致立法进程的组织能力以及制定协议的政治能力超负荷。“无决策制定”将立法机构的议程减少到一个“‘可接受’问题的有限范畴和政治需要”。[②] 对税收体系的总体考虑是一个顺应国会这类讨论的问题。

在1948年到1974年之间，国会通过了14个主要的税收草案，不包括社会保障税收措施（见表12－1）[③] 这一立法产出（平均每两年一个税收草案）似乎说明自第二次世界大战以来国会已成为一个积极的税收政策制定者，而且它不允许税制在一个“无决策制定”的基础上运行。然而，对活动的这一记录并不意味着国会已经经常承担对税法的全面审查。四条法令是在战时增加税收（三条在朝鲜战争时期，一条在越南战争时期），两条法令是减少消费税（一条是增加汽油税为州际公路系统提供经费，一条是在不改变税率的情况下调节扣缴税款系统）。国会在1954年重新编撰国内税收法规；在1962年通过了一些小的减税政策，并且在1964年通过了很重要的法令。在1969年还产生了税收改革立法，1971年在其他项目上有所减少。除了战时、特殊、有限的决定，国会在这26年里只通过了5个重要的

① E. E. Schattschneider. The Semisovereign People（New York，N. K，；Holt，Rinehart，and Winston，1960），P. 71。

② Matthew A. Crenson，The Un－Politics of Air Pollution（Baltimore，Md.：The Johns Hopkins Press，1971）P. 23，科里森的引言中对无决策决定以及它与政治学的关系做出了清晰的论述。

③ Joseph A. Pechman，Federal Tax Policy，3 rd ed.（Washington，D. C.：The Brooking Institution，1977），P. 34，这些法令的汇编。

税收草案。

表 12－1　　1948—1974 年重要的税收立法

决议的类型和名称	发起人	第一个完整年度的收入效果（十亿美元）
战时增税		
1950 年收入法案	总统	+4.6
1950 年超额利润税收法案	国会	+3.3
1951 年收入法案	总统	+5.7
1968 年收入与支出控制法案	总统	+10.2
有限的税收改革		
1954 年超额税收减少法案	国会	-1.0
1956 年联邦援助公路法案	总统	+2.5
1962 年收入法案	总统	-0.2
1965 年特许权税减少法案	总统	-4.7
1966 年税收调节法案	总统	无改变
重编税法		
1954 年国内税收法规	总统	-1.4
纳税义务的大量减少		
1948 年收入法案	国会	-0.5
1964 年收入法案	总统	-11.4
1969 年税收改革法案	国会	-2.5
1971 年收入法案	总统	-8.0

注：尼克松总统在 1969 年 4 月建议税收改革，在国会启动立法工作两个月之后。

资料来源：改编自约瑟夫·A. 派克曼（Joseph A. Pechman）的《联邦税收政策》，第三版，（Washington D. C.：The Bookings Institution，1977），第 34 页表格 3－1。

然而，在制定 1974 年预算法案之前的年度，处理税收立法的系统中深远的改变需要国会从那以后在制定税收政策时扮演一个更加积极的角色。此外，经济条件的重大变化已经促使国会更多地思考税收政策。要评估预算法案对国会的影响，就必须理解制定税收决策的立法程序以及这类决策制定的所有政治、经济背景。因此，本章从对 1974 年之前税收决策制定的思考开始。然后全面审视导致国会在该过程中承担一个更为积极的角色的原因。最后，考查一下预算法案中与税收有关的规定。

税收政策的终结

在预算法案颁布之前，国会并未每年都制定税收政策。大多数情况下，收入就是联邦预算“不争的事实”，预算活动聚焦在分类账的支出一边。总统预算根据现有资源预期来估计收入；国会不需要对自己进行评估，虽然作为每年调整国债限额的一部分，它经常这么做。① 在“无政策”的年度，国会经常对税收规定做一些小的改变，这只影响一小部分的纳税人和少量的资金。然而，国会偶尔也会将税收政策置于其立法议程的首位，并产生一个实际上会影响每个纳税人的几十亿美元的一揽子计划。就像1964年的情况，当时国会降低了个人和企业所得税，以及在1968年，又对这些税收征收附加。

“无决策制定”提供了一个相对稳定的税收结构，它被广泛地认为对商业投资和资本形成有利。一个曲折的税收政策将无法为投资者提供有关其行为预期收益和风险的明确信号。通过接受这样的税收结构，国会就不用每年或每两年承担对国内税收法规艰难的反思。

由于联邦收入的弹性，国会能够承担以这种方式精简其立法工作量。由于收入已经比国内生产总值增长得更快，国会能够从来自现行资源的收入增加中为预算扩张提供资金，这样就可以不必在纳税人之间明确分配成本的情况下满足它的项目利益团体。还有，联邦政府没有平衡预算的压力；它可以在不篡改税法的条件下减少赤字。

“无决策制定”是一个很受欢迎的策略，因为它避免了政治、经济责任与积极的税收政策挂钩。当面临广泛的税收问题时，国会有三种选择：（1）提高税收；（2）降低税收；（3）重新分配税收负担。除了在一些特殊环境下，可以理解的对更高税收的政治厌恶会导致对第一类做法的反对，除非是在一些特殊的环境下。第二次世界大战以来，国会仅在战时或为社会保障扩张提供资金时广泛提高税收。第二种选择（降低税收）在政治上似乎总有吸引力，但议员回应纳税人的压力却开启了“洗劫”国库的可能性。联邦政府显然无法承受在税收负担规模上每年争斗一次；结果经常是联邦预算的某个减少。政府对某个赤字的忍耐能力事实上刺激了税收削减的立法倾向。通过阻止几年来对税收的大规模变动，总统和国会保护了国库，防止了潜在的损失。国会利用无决策政策制定可以回避削减税收的持续压力。

第三种形式的税收行为是重新分配，将税收责任从一群人转移到另一群人，不显著改变国库的总体收入。但是，重新分配是国会作为公共利益分配者面临的最具争议性的问题之一。事实上，国会不时地重新分配税收负担，但通常是作为整体税收负担下降的一部分。每个人都有收获，但不平等。虽然结果可能是某些纳税人的境况变坏，但它缓解了潜在的冲突。“美国的税收体系”，佩奇蒙和欧凯在《谁来承受税收负担》中写道，“基本上按比例分配给绝大多数家庭，因而对收入分配影响很小。”② 尽管没有人热衷于支付联邦政府税款，但按比例分配使国会更容易实践它的“无决策”。

国会可以通过同意各种“议员议案”有选择性地回应在税收结构上的压力，

---

① 永久国债限制比美国实际债务要低几千亿美元。所以，为了适应联邦政府的借款需要，国会一定要制定临时的更高限制，经常持续6—12个月。

② 应当指出的是，这个发现覆盖整个美国税收体系——所有联邦、州以及地方税收。参见 Joseph A. Pechman and Benjamin A. Okner, Who Bears the Tax Burden?（Washington D. C.：The Brookings Institution，1974），P10。

这些议案仅代表国会中少数议员的利益。这些法案不会威胁到国库，产生重大的利益损失，而且它们通常匆忙地通过国会，没有任何委员会内的听证会，或在议员大会充分讨论。他们没有违背国会中“无决策制定”的模式。

“无决策制定”在美国政治中普遍传播。有大量只有少部分人关心或抱怨的潜在公共问题需要被关注；相关的利益得到满足，并且已经建立的不用重新检查的政策也会持续运作。然而，这似乎不能被视为国会在税收政策领域不积极的合理解释。关系太大了。美国人经常表现出对他们税法的不满，并且积极开展反对州政府或地方政府税收的活动。为什么相对于那些作为地方政府主要收入来源的财产税和营业税，纳税人对他们最繁重的税收（联邦税收）没有那么焦虑？[①]

一部分原因在于联邦政府距离比较远，代扣所得税体系的便利，以及政府注意到通过不变或更低的税率来提高收入的能力。还有一部分原因在于对联邦政府税收根深蒂固的意识形态。通过将社会保障体系作为一种保险计划，将工资税作为贡献，联邦政府能够征收高额的社会保障税收，而不会招致纳税人的愤怒。[②]在战争时期，政府能够以国防的名义筹措大量税收。（因为越南战争是一个不受欢迎的战争，在越南战争期间颁布为国防提高税收的政策比在其他战争中要困难得多。）

就这项研究而言，对于国会在税收政策中不作为的最好解释在于国会立法机构的制度架构。在其基本形式中，国会是一个高度可渗透的组织。每个成员都可以介绍议案、支持修正案；很多委员会都准备对基层行动进行立法。当然，只有一小部分提案可以通过立法程序，[③]这个事实告诉我们国会有它自己的“无决策”惯例。对于大多数立法机构而言，主要瓶颈在于委员会，在所有提交给委员会的议案中，大部分被存档并被遗忘。但对于税收问题，国会有其他办法封锁立法程序，确保一个“无决策”的结果。

当重大的税收改革导致分歧时，国会很少会掌握主动权。它通常都是在总统提出对税法进行重大改革后才会采取行动。1964 年和 1968 年税法都是在立法通过之前一年多由总统开始积极推进的。如果总统不推动任何税收提案，国会也不可能考虑主要的税收立法。唯一的例外就是 1969 年的税收改革。

有趣的是，即使国会正式承认总统在税收政策上的主动权，一旦国会牵涉其中，它就会变得很独立，并且规划一个完全不同于行政议案的立法方案。一旦“无决策”的限制被移开，国会便被暴露在许多大声疾呼要求改变税法的利益集团面前。

在国会里，税收立法过程被定义在集中方式内，以此限制行动的机会。虽然宪法要求众议院提议的收入措施（第一款，第七部分）不排除参议院的提议，但它还是明确限制了税收立法在国会中的流动。参议院惯于将无关的税收修正案附加在

---

① 联邦政府的所得税对高收入纳税人而言是最繁重的；财产税、营业税和工资税对低收入人群而言压力更大。

② 自 1935 年通过社会保障法案以来，这便是真的，但在公众消极地接受这种不断增长的税收负担中也有改变的迹象。参见 Martha Berthick, Policy Making for Social Security（Washington D. C.: The Brookings Institution, 1979）。

③ 国会一个两年的国会中，大约只有 600 个议案被制定成为法律。

次要的草案上。[1] 但 1968 年的附加税是近几年来唯一一个由参议院而非众议院首先提出的全面的税收法令。在那种情况下，政治僵局（而非参议院的篡夺）规定了事件不寻常的结果。[2] 如果没有宪法上的限制，参议院和作为一个整体的国会可能会有更多的税收活动。参议院经常把“特殊利益”的条款附加在那些众议院通过的议案之上，但它很少考虑全面重新立法。

作为国会重大税收立法的起始点，众议院筹款委员会在决定税收政策在某个特定年份内能否有效实施的问题上居于主导地位。在威尔伯·密尔担任主席的任期内(1958—1974 年)，筹款委员会在没有任何下属委员会的情况下开展工作；税收事宜以及与它有关的立法工作全由委员会操作。筹款委员会在那几年的管辖权非同寻常地宽泛。除了收入措施，筹款委员会还负责联邦政府超过三分之一的直接支出，人们开始大量关注立法机构本身的权力，这些权力本应被广泛分散。

缺少下属委员会将迫使筹款委员会职能在“一次一个”的基础上处理重要的立法事项。通过在下属委员会中放弃传统的劳动力立法分支，筹款委员会可以限制其产出。如果密尔主席确定明年的主要工作项目是社会保障制度，他便可以排除对所得税立法的考虑。没有任何附属委员会敢挑战他的安排，或者自己主动采取行动。当然，密尔也不是对那些来自其他委员会成员或众议院的压力无动于衷，他有时也会调节议程以适应国会资深议员或总统。不管怎么说，总的影响就是在大多数年份内隔绝重大的税收活动。

当筹款委员会决定采取行动时，通过坚持税收草案要在“定案规则”（议会禁止对某一议案提修正案的规定）下进行考虑，它依然保留着对议员大会活动的有效控制。众议院的规则与税收措施的特许地位相一致；它们可以为议员大会活动召集，不需要规则委员会首先澄清。但这样一个程序将使税收草案对不限制数量的议员大会修正案开放，并且会威胁筹款委员会控制最终产出的能力。通过得到定案规则，筹款委员会将众议院限制在两种选择之中：根据委员会的报告同意该草案或否决它。[3] 例外很少，众议院完全依照筹款委员会的推荐同意税收立法。[少数关税和税收草案通常在暂停该规则（另一个阻碍议员大会修正的程序）的情况下考虑。] 为了评估定案规则的有限影响，一个人只需要比较众议院税收议案上的控制活动和参议院内的自由竞争，重大税收草案有时会引发议员大会修正案的崩溃。

税收信息的集中化和国会内部的专业化促进了“无决策制定”。筹款委员会和

---

① 然而，这不意味着“作为对参议院行为的一个约束，在面对参议院多数时，第一款第七部分就好像从来没有被写过一样”，就像 John F. Manley 在《财政中的政治》一书中声明的那样（Boston, Mass,: Little Brown, and Co., 1970), P253。

② 就像在第二章中叙述的那样，总统的附加税提案被众议院筹款委员会拖延了，他们强调议案要与支出上限相联系。这个僵局在参议院议员大会上被一个增加对税收议案限制的修正案打破。

③ 理查德·芬诺和约翰·曼雷主张，众议院筹款委员会关于定案规则的成功证明了该委员会及其主席的信念。他们认为，如果筹款委员会要制定不被众议院大多数人所接受的法律，定案规则将不会阻碍议员大会的驳回，在密尔担任主席期间这类事很少发生。Manley, op. cit., and Richard C. Fenno, Congressmen in committees (Boston, Mass,: Little, Brown and Company, 1973)。我们不可避免地得出这样的结论，筹款委员会和众议院之间调节的条件在定案规则下和在议院有不受限制的选择时完全不同。

财政委员会都没有自己的智囊机构；缺少小组委员会，它们也缺乏通常与这些单位相伴的专业化员工。自1926年起，两个委员会就共用一个税收智囊机构——税收联合委员会，① 这个组织以无党派和专业的竞争力而闻名。1973年，众议院有一半的委员会比筹款委员会的规模大，在参议院内，17个常任委员会中有13个比财政委员会的规模大。虽然这些数据未将税收联合委员会考虑在内，但它还是显示了筹款委员会和财政委员会与国会委员会相比规模较为适度，权限范围也比其他委员会小。虽然税收联合委员会服务于筹款委员会和财政委员会的所有成员，但它们还是对自己的上级委员会主席最负责。密尔和拉塞尔·隆因在税法上拥有公认的控制权在很大程度上是因为他们可以优先接触到税收联合委员会的专家。税收是个难以避免的复杂主题，但内部收入法规人为的蒙昧主义却在于为少数控制信息流动的议员的利益服务。

如果税收信息由国会控制，外部便会大量缺失。因为筹款和财政委员会在行政会议中评估税收立法，只有那些有特权的、可以进入国会部门的特殊利益集团才可以影响该进程。虽然财政部的税收专家和来自联合委员会的专家们一起坐在职员桌旁，并积极参与审定过程，但一般不会允许委员会成员的立法助理进入会议室。局外人一般不可能及时得到委员会的审定意见报告；他们也不可能依靠税收团体（类似于大量在州和地方层面活跃的组织）代表他们的利益。当然，许多利益团体会监控国会的税收活动，还会为了立法需要游说选民，但事实上，所有人都将他们的利益限定在一些他们专门从事的特殊事情上，比如农业、商业、劳动力等。通过选择性地回应这些特殊利益，国会可以减小对税法总体审查的压力。

作为一个活跃的立法问题的税收

国会在新预算程序实施后的前四年中的每一年都会通过重大的税收立法。这种持续的活动清晰地表明国会对税收政策不再采取“无决策制定”。两个因素推动国会朝向一个更加积极的角色：（1）税收政策的经济和政治目的；（2）国会中税收制定结构的改变。

税收政策目标

税收不仅产生政府运作所需资金。税收的目的和影响会扩大到公共政策的各个领域。例如，在19世纪，关税不仅是联邦收入的重要来源，也能阻碍外国商品的进口。近几年，税收系统成为美国经济政策的重要工具。当税收为必须决策的经济或政治目标服务时，国会的行为不会不考虑税收政策。

联邦政府作为经济管理者的角色在这几十年中有所发展，不过直到20世纪60年代“新经济”的出现以及联邦政府尝试“微调”经济，预算的经济潜力才被正

---

① 直到1977年，这个组织被作为内部收入税收的联合委员会。这个委员会没有自己的立法权限，只是作为筹款委员会和财政委员会的税收职员发挥作用。

式承认。[1] 1964 年成功的税收削减和 1968 年太少、太晚的附加税都是实现经济增长和稳定的措施。联邦政府可以通过调节支出和收入水平来微调经济表现的观点已经不像十年前那样可以自信地提出了。但当经济停滞时，政府依然会利用税收政策来促进经济发展。国会和总统都无法确定何者将会有用，只能在面对高失业率时一致支持一系列的税收削减。

预算中大量的财政刺激或控制追求必须通过税收而非支出政策来实现。通过操纵税率来制定短期财政计划比扩大或缩小联邦支出更精确和迅速。支出政策的实施与其经济效应的体现之间有一段不确定的滞后期。[2] 为财政目的实施的税收调整往往是暂时性的；因此，为了使经济保持在一个理想的进程，对税收措施的需要可能会反复出现。1975 年颁布的临时税收补助为 1976 年和 1977 年的补充法案拉开了序幕。临时法案的优点在于它保留了政府将来的预算选择。不论动机如何，短期财政调整需要积极的而不是“无决策的”税收政策。

联邦政府作为收入的再分配者变得更主动。虽然政府通过将现金补助给穷人的方式实行再分配，但也有强制性的经济原因需要依赖税收政策。当援助完全基于直接补助时，受益人如果考虑以福利换工作，他很可能面临难以接受的高收益降低率（超过 50%）。这些收益降低率从总收入因福利收益损失而减少的接受者的观点来看是隐性税率。[3] 负所得税计划的核心是每一种累进补助模式（一个人赚得越多，他从政府中获得的收入就越少）都有一个隐含税率的认识。通过将再分配捆绑进税收结构，政府能够在其福利政策中考虑税收影响。

税款也隐含在再分配之中，因为旨在财政刺激的税收削减会导致无意识的、退步的结果。仅与纳税人有关的税收减免不会直接使那些根本就不纳税的贫困人口受益。1964 年的税收削减基于人口中最穷的那部分人能够从整体经济发展中获益的期望。然而现在，人们普遍接受这样一种观点，一般的税收削减不一定能够渗透到那些与经济增长收益脱离的人。通过为那些不交税的人提供现金支付，1975 年引入的勤劳所得的税收优惠政策部分补偿了税收系统中的缺陷。因此，与税收系统未被有意用于这一目的可能产生的结果相比，它采用了一个积极的税收政策以获得更加令人满意的收入分配。

第三个税收系统的经济目的是鼓励赚钱的人（企业和个人）将他们赚的一部分钱用于投资。税收的形式和税率影响着企业和个人消费和存款的习惯。联邦税收结构是一个大量鼓励和阻碍资本形成的混合体；你无法确定税收结构对储蓄的净影响。但在 20 世纪 70 年代，很多公务人员和经济学家都警告人们将来可能发生的资

① 为了区别于前两任经济顾问委员会主席关于“新经济”的起源和实施的观点，可以参见 Walter W. Heller，New dimensions of Political Economy（New York，N. Y.；W. W. Norton Co.，1967），以及 Herbert Stein，The Fiscal Revolution in America（Chicago，The University of Chicago Press，1969）。

② 解释为什么短期财政调整更适合通过税收政策，参见 Barry M. Blechman 和其他人，Setting National Priorities：The 1976 Budget（Washington D. C. ：The Brookings Institution 1975），P197 – 210。

③ 美国国会，财政政策附属委员会，联合经济委员会，“收入转让项目：他们如何向穷人收税”，公共福利研究，P4，1972 年 12 月 24 日。

本短缺。[1] 这一关注已经重启了有关联邦税收系统的基本问题，例如企业与个人所得税之间的关系。

对美国未来能源供给的忧虑也激发了人们对税收政策的兴趣。税收激励已经被提出（有些已经通过）用于促进新能源资源的保护和发展，与此同时，税收惩罚已经被提倡用于与浪费作斗争。虽然在运用税法影响经济的某个特定部门方面没有什么新方法（内部收入法案充斥着对众多企业的优惠条款），但能源政策却需要广泛的税收措施，因为它实际上影响着经济生活的方方面面。

如果税收负担能保持相对平稳，即如果纳税人没有因为政府的不行动而受到重大损害，“无决策制定”将倾向于成为人们可接受的政策。但税收负担并未保持稳定，因为一个累进的税收结构需要纳税人随着他们实际收入的增长和通货膨胀迫使他们进入更高的边际所得税档次，按比例缴纳更多的钱。通货膨胀是更严重的问题，因为当税率比收入升得更快时，纳税人扣除税款后余下的实际收入将会减少。

然而多年以来，在美国个人所得税一直占个人总收入一个基本恒定的百分比。从 1951 年到 1974 年，这些税率的范围基本上在个人收入的 9.2%—11.6% 之间。[2] 这中间除了有五年例外，其他的比例都在 9.5%—10.5% 之间。这种稳定得益于国会定期调整税收法案以应对通货膨胀和经济发展的影响。

国会可以引用税率在价格水平上的改变来回应通货膨胀导致税收增加的问题，这是一个“无决策的”方法。指数的使用已经被很多国家采纳，但是，迄今为止，国会更倾向于选择性活动而非“无决策的”程序来应对通货膨胀。这种调整会有一些优势。国会可以因降低联邦税收而得到肯定，但如果税收自动削减，那么国会将会失去这个优势。除此之外，选择性调整能够使国会将所得税保持在个人收入相对稳定的比例的同时，重新分配税收责任。低收入纳税人从立法活动中的获益比他们从指数使用中获得的更多。实际上，国会利用通货膨胀中的“收入红利”将税收负担转移到更高收入的纳税人。最后，指数会拒绝国会选择使用这些收入增长为期望的项目提供资助。通过决定何时以及如何制定税收调整，国会保留了规划未来联邦政府预算优先级的权力。

20 世纪 70 年代的高速通货膨胀导致频繁的立法调整，旨在防止税收负担增长过快，以至于超过通常和平时期的水平。这样，通货膨胀以及联邦政府同时期的经济宗旨就排除了“无决策制定”作为可接受的税收政策。

“无决策制定”经常源于一个对现状“满意”（这个术语是赫伯特·西蒙对满意与足够两个词的整合）的接受。大多数纳税人可能从未觉得他们仅付出了应付出的部分而非更多；但是，在 20 世纪 70 年代，长期的抱怨被一个有组织的旨在税收改革的声音所补充。有一种模糊的被欺骗的感觉是一件事，而能够有条理地进行努力则完全是另一件事，可以通过轰动的新闻故事来补充，如一位百万富翁没有缴纳联邦税收，也可以通过对税法中许多优先权以及特殊条款的分析探索来论证。那

① 参见 Barry Bosworth, James Deusenberry and Andrew S. Carron, Capital Needs in the Seventies (Washington D. C. : The Brookings Institution 1975)。

② 参见 Pechman, op. cit., table B-5, P. 326。

个十年的末期比初期更重视税款的影响范围和影响程度。

税制改革运动第一个成果是在1969年，那时国会通过了一个税制改革法案，在常规所得税之外对特定来源收入课征一个最低10%的税。但是最小化税收没有原来预期的那么有效，[①] 并且国会随后制定了新的税收优先权以保护收入。结果，改革者们加强了对税法不公平及并发症的抗议运动。他们的坚持反映在公共利益集团对联邦税收政策进行的游说和诉讼上。20世纪70年代建立了三个重要的团体；它们的活动包括出版及时的税收政策资料，终结对筹款委员会和财政委员会工作和合法活动的控制。[②] 也许，他们迄今为止最出名的成就是改变了国会的架构，使其发展成现在的样子。

国会改革的影响

作为税收制定组织戏剧性改变的结果，国会放弃了“无决策制定”。短短几年里，筹款委员会控制众议院税收立法的能力被大大削弱。一些影响筹款委员会的改变特别针对这一强有力的委员会，而其他改变则源于众议院一个更为广泛的改革行动。[③]

1974年12月，民主党高层会议将筹款委员会从25个席位扩展到37个席位，并改变了委员会的政党比例，从15位民主党人和10位共和党人改为25位民主党人和12位共和党人（民主党得到了12个新席位中的10个）。当筹款委员会在第94届国会会议之初（1975年1月）组建时，几乎60%的成员都是被新指派到委员会的人。这种剧变非常引人注目，因为在之前十二年里，每年国会会议中筹款委员会的人员流动量平均为20%。委员会的扩张迫使筹款委员会不再那么偏爱拥有长期国会工作经验的人员。在之前的三十年里，成员们在被任命到筹款委员会之前，平均会在众议院工作超过三个季度；但那些1975年被任命到筹款委员会的成员在众议院工作不超过两个季度。新成员中有一些新鲜的面孔（事实上这在筹款委员会是前所未有的），一位黑人和一位女士。过去，筹款委员会都是从“安全”区域中招募新人，而1975年，一半任命的人员在最近的一次选举中只赢得55%的支持率甚至更低。筹款委员会的新民主党人与过去委员会中对应位置的人相比似乎更自由，并且投票与其党内多数也更加一致。[④]

---

① 参见George F. Break和Joseph A. Pechman, Federal Tax Reform (Washington D. C. : The Brookings Institution 1975), P78ff。

② 团体及其建立的时间是：税收分析者及促进者（1970年），出版《税收笔记》，每周报告联邦税收政策；有代表权的税收（1970年），据称是有数千名成员的拥护组织；以及公民税收改革研究会（1971年），与拉尔夫·内德合作，并且在国会中非常活跃。

③ 对这些发展更具洞察力的分析来自凯瑟琳·E. 鲁德的“筹款委员会改革：程序和实质性影响，1975”，由西南政治科学联合报出版，1976年4月；以及M. 肯尼斯·鲍勒的“新筹款委员会：国会委员会近期改革的政治内涵”，发表在1976年美国政治科学协会年会上。

④ 在第93届国会大会中，中立党“保守派联合在野党的票数”，筹款委员会的民主人士对保守派联合问题的反对投票率是51（从国会季度报表中计算得出）；在第94届国会大会中，中立党的反对率和保守党的支持率是70。根据筹款委员会民主党人统计的中值“党派反对得分”，反对民主党多数比例从93届国会大会的14%下降到94届的9%。这些数据的引用参见每年的国会季度历书。

国会改革的另一方面影响了筹款委员会的构成。追溯到1974年，筹款委员会的民主党议员作为民主党“各委员会之上的委员会”，负责向所有众议院委员会分派名额。1974年，民主党核心会议决定将选择权转移给党的政策指导委员会。一旦筹款委员会不再有委派权，它的民主党派成员是否资深、基础扎实、在地理上更具代表性，就显得没有那么重要了。因此，他们在任命年轻成员去筹款委员会的问题上限制更少。筹款委员会现在很吸引那些对税制和立法有兴趣的积极分子。新成员希望在立法过程中扮演一个重要的角色，并且他们给主席很大的压力，以确保他们能有机会扮演那个角色。

筹款委员会的扩张以及它多变的成员关系打破了在威尔伯·米尔斯任主席期间长期采用的一致的决策制定模式。当委员会在一个很重要的问题上出现分歧时，米尔斯通常会试着发展出一个中间领域，既适合民主党，又适合共和党，以此吸引压倒性的支持。他偏好在委员会内避免势均力敌的投票，害怕它们会给筹款委员会在议员大会上的立法制造麻烦。但是在37人的委员会上确保一致已经更加困难，不仅因为规模大，还因为一些新成员不愿听从领导的指挥。一些新进成员已经成为委员会最活跃的成员中的一部分了，特别是遇到有关税收改革的问题。1975年，唱票模式代替一致同意模式成为委员会最有影响力的决策制定模式。

1974年，在一个明显指向筹款委员会的行动中，民主党核心小组会议命令所有众议院委员会都要建立至少四个与立法机构有关的小组委员会。筹款委员会以建立六个小组委员会作为回应，但它继续在所有委员会中掌握着主要的税收立法权。（参议院财政委员会也建立了大规模的非立法机构小组委员会，但它同样也保留了全体委员会对税收事务的决定权。）随着创立小组委员会，筹款委员会的职员规模翻了一倍多。委员会不再会被一次只能处理一件大的预算案所限制，它们在处理税收立法的同时，小组委员会可以处理其他事务。

1973年，民主党核心小组会议建立了一个程序来打破定案规则。根据50份请愿书或更多民主党成员的请求，民主党核心小组的大多数可以指示规则委员会制定一项规则，允许就某一特定修正案进行议员大会投票。这个“请求”程序已经使筹款委员会民主党人在某些在委员会内被拒绝的修正案上得到议员大会投票。

比起在核心会议中面对失败，筹款委员已经采取寻求“修改”规则的实践，允许议员大会考虑数量有限的激烈争论的修正案。这个程序为筹款委员会保留了对税收立法的少量控制权，同时也避免了对其意见的直接挑战。然而，有时委员会会支持一种开放性的规则。1975年能源税草案（H. R. 6860）在一条规则下被提交议员大会，这条规则允许考虑超过200个修正案。这些修正案中大多数实际上都没有进行过投票，而最终通过众议院的立法只不过是筹款委员会报告的草案的一个影子。事实上，其所有主要的税收条款均在议员大会上被摧毁或排除。

筹款委员会草案向议员大会修正案的公开使众议院在根本上能够修改大量出自委员会的立法。但众议院不可能愿意参议院重大收入立法活动向所有人开放。1975年能源预案的经历使众议院领导（以及许多普通议员）确信，必须对有争议的收入草案在议员大会上的考虑进行约束。当众议院在1977年再次对能源立法投票时，是在一条被修改过的规则下进行，仅向特定修正案公开该草案。

众议院和参议院都向公众开放了绝大多数委员会会议。在 1973 年 3 月，众议院规定要公开审定会议，除非在公开会议中大多数人投票关闭会议。同一个月，参议院授权其委员会对审定决议制定其自身的规则，因此，为撤销旧规则，大多数会议要被关闭。1975 年，参议院通过了一项要求公开会议的决议，除非因多数投票反对而关闭；并且提供公开讨论，除非众议院或参议院与会者投票要求关闭。

这些新的规则很明显对那些以前只知道闭门造车的委员会起了很大的作用。筹款委员会和财政委员会都从实质上的封闭走向几乎完全的开放，但还是有许多重要决策仍在私下、非正式会议中决定。两个委员会中仅有少数部门完全封闭。开放性会议可以使职员辅助参与委员会的审定工作，而且这个行为也会鼓励议员们更积极、更独立地参与到各项事务中去。

几项活动有助于削弱筹款委员会的地位。威尔伯·米尔斯在意识到个人主义的悲剧后，于 1974 年辞去了主席职务，这样也就结束了他在众议院对委员会及税收政策的传奇统治。艾尔·厄尔曼（暂时担任过众议院预算委员会的第一任主席）尚未掌控委员会的审议，而且未来的主席也不太可能以米尔斯那样的权威来领导筹款委员会。单个立法者要控制委员会成员及其产出，权力势必过度分散。1974 年，众议院通过将利益分配、再协商、医疗补助计划以及工作激励项目上的立法权转移到其他委员会来部分剥夺筹款委员会的大量管辖权。虽然这些管辖权的流失并没有"在委员会中选择委员会"最初建议的那么严重，[①] 但改变证明该委员会不再掌控众议院政治。1973 年到 1976 年之间，众议院否决了三个筹款委员会提出的债务上限草案，相当于米尔斯作为主席的 18 年里被否决的数量。

记述在这个部门里的各种发展削弱了筹款委员会将税收政策作为"无决策"的能力。就像一位学者评论的那样，"……更多的人和组织有更多的机会书面提交自己对筹款委员会考虑的问题的立场……委员会对不同的影响更具渗透力，也更开放"[②] 因此，也不会对"无决策的"惯例那么有责任。筹款委员会的新成员证明他们比委员会的老前辈们更具改革精神。在第 94 届国会大会中加入委员会的民主党人在筹款委员会的记名投票中，平均有 68% 的人"支持改革"，而过去这一比率只有 49%。[③] 与此同时，委员会的成员们几乎要在税收改革提案上完全分裂。筹款委员会不再能停止由保守的民主党人与共和党人联合起来的税收改革问题，支持税收改革的自由主义者也不可能一直在幕后领导一个委员会。赞成改革的人占大多数，正好是记名的半数，一项统计反映了筹款委员会在当前税收问题上的分裂。

筹款委员会依然是国会中最有权力的委员会之一，哪怕只是其仍然庞大的管辖权事实上仍包括所有联邦收入、大部分社会保障体系，以及许多对外经济政策。人们不能贸然断定（在 1974 年的高层活动后在《国家杂志》上发表）这个委员会

---

① 参见 Roger H. Davidson and Walter Oleszek, Congress Against Itself (Bloomington: Indiana University Press, 1977)。

② Rudder, op. cit., pp. 30 - 31。

③ 支持改革的得票数由有代表权的税收计算，有代表权的税收是一个私人组织，一直保持着对国会税收立法的密切关注。

“现在不过是委员会中的一个”。[①] 筹款委员会及其参议院的对应方依然是其税收管辖权的积极守卫者。

预算法案中的收入条款

在国会修订其控制税收立法的程序的同时，国会预算法案正分别迈向通过。这两个行为相互独立，尽管有些改革者对两方面都很积极。[②] 一开始，人们认为税收控制是作为控制支出和赤字的一种手段；所以，相比之下，他们较少关注预算的收入方面。联合研究委员会对临时报告中关于原则的论述很少提及收入。八个原则是单独关于支出的，两个原则作为过程的一部分提及收入，还有一个处理程序问题。但是，随着预算法案适用于更广泛的国会利益，它给予税收政策一个更充分、平衡的对待。正如所实施的那样，它包括很多有关收入的预算地位的条款。

核心条款在301部分，要求每个预算的一致决议阐明“联邦收入及其数额的建议水平，如果有，由谁通过草案和有适当委员会报告的决议增加或减少联邦收入总水平。”就像很多预算法案的其他条款一样，这一条款是立法机构妥协的产物。JSC草案中没有一条有关联邦收入数额的改变。[③] 众议院规则委员会的版本区别于第一次和第二次预算决议。只有总收入将包括在第一次决议中，但是第二决议案可以通过筹款委员会和财政委员会“呼吁调整税率……并且指导立法机构实施这种调整”。参议院的政府运作委员会更进一步，向预算决议提供逐条列示的收入“主要来源”以及在总收入上建议的变化。规则和管理委员会引入了一个和解过程，与第二次预算决议相关，国会借此可以指导其税收制定委员会报道立法改变联邦收入总额。在其报告中，委员会强烈要求在作出预算决定之前要考虑收入：“也许草案中涉及委员会的最大的缺点就是未能对国会预算的收入方面给予足够的重视……国会预算政策不能以假设为基础，假设控制支出水平就足以得到期望的经济结果。”[④]

随着制定颁布，预算法案在需求更多与收入上更少的预算控制之间达成平衡。第一次决议关注总收入以及建议上的变化，并通过预算委员会报告得以补充，将总的建议收入分配到“这类收入的主要来源”。第二个共同决议能够“明确收益将要改变的总额，并且指导有管辖权的委员会决定和建议收入法上的改变”。国会预算程序操作中两个模糊不清的地方即源于这一妥协：一个关注预算和税收委员会各自的管辖权；另一个关注预算决议中的总收入和预算委员会报告中收入细节之间的关系。通过将自己展示在有争议的解释面前，预算法案为之后在国会内关于税收和预

---

① Michael J. Malbin, “New Democratic Procedures Affect Distribution of Power,” National Journal 6 (December 14, 1974); 1881。

② 例如代表波林，他是众议院选举委员会的主席，他们希望减少筹款委员会管辖权的比重。斯坦利·苏瑞教授是一位税收改革的领导者，他在处理税收支出时也会受到预算法案的影响。

③ JSC提出，如果在预算决议中特别提出的盈余和赤字的数额不能达到现行法律体制下的收入判断，国会就需要采用额外费用（或找到一个与收入增长等价的替代方案）。这种强制性的附加税收受到后来立法版本的攻击。

④ S. Rept. No. 93-688 (1974) pp. 18-19。

算程序边界的争议搭建了舞台。

法案在它对税收支出首创性的定义上也做了类似的让步——各种各样的排斥、削减以及税法中的税收偏好。[①] 通过定义税收支出，预算法案将这些“偏好”转化为立法程序中可行的特征，而不仅仅是有关税收体系的批评会指责的漏洞。这条条款本身告诉我们一条信息，那就是税收偏好应该得到与联邦政府直接支出同等的待遇。在条款的分类上，预算法案将税收支出从隐性收入转化为联邦预算公开的细节。

预算法案只需要公布税收支出的信息，但这件事在立法过程中仍存在争议。参议院政府运行委员会建立的草案需要在每一个共同决议中包括一个“税收支出预算”（列举主要类别的税收支出）。然而，规则和管理委员会提出，税收支出的信息应该从预算决议转移到预算委员会的报告之中，立法机构采纳了这一提议。

这个需求是法案在处理税收支出中仅有的个别问题中的一个。总统的预算一定要列举现存的以及提议的税收支出（601 部分）；国会预算局不得不在它每年的预算报告中考虑税收支出（202 部分）；预算委员会直接学习并想方设法协调直接支出与税收支出（101 部分和 102 部分）；立法机构提供的新的税收支出一定要有五年期的规划并且要与最近预算决议中的数额进行比较（308a 部分）；国会预算局必须要制定税收支出的五年计划（308c 部分）。这些条款的累积影响就形成了税收支出数据的流出。但是在这里，预算和税收委员会的权力分割也还是不确定的，并且该法案增加了国会内部冲突的前景。

不管预算法案对收入决策的压力，国会预算部门的职员中很少有税收方面的专家。当它被组建起来时，国会预算局就开始注意这个 18 人的税收分析团队；它的实际规模大约是 12 名专业的办事人员，与超过 50 人的税收联合委员会形成鲜明对比。在预算法案实行的第一年里，新委员会和国会预算局不愿复制税收联合委员会建立的受尊敬的工作。然而，那个委员会没有很积极地考虑指令与税收支出的关系，所以这个主题可以成为国会预算局和各个国会委员会分析验证的沃土。[②]

预算法案的条款允许但不强制国会与税收立法有关的活动。不论何时它形成了一个预算决议，国会都可以评估或立法：它可以以现行法律所希望的数额来确定决议中的收入，或者它可以决定重写税法来改变联邦收入，或重新分配税收边界。换言之，它可以通过“无决策”或积极制定政策来制定预算。然而，预算法案期望国会仅在其预算过程的背景下（而非作为一个独立的政策决定）在税收上采取行动。这就是 303 部分在第一次预算决议案被采纳之前禁止考虑税收立法，以及 311 章禁止税收立法不遵循第二决议案的明确目的。[③]

这样，通过两种主要的方式（即呼吁公众对税收支出的关注以及通过制定与

---

① 预算法案第三部分的（a）（3）将税收支出定义为“收入损失可归于联邦税法的条款，它允许特别的扣除、免税，或从总收入中减少，或提供某个特定的信用，一个优惠的税率，或是纳税义务延期。”

② 例如，国会预算局在 1977 年 5 月发布了一份有关《不动产税收保护补贴和直接补贴选择》的报告。众议院预算委员会主席和众议院与参议院有房屋项目管辖权的委员会对该报告均有需要。

③ 303 部分有一个例外条款：在采纳第一次决议之前，国会可以着手下一财年之后生效的收入措施。311 部分排除了只有收入立法会将联邦收入降低到第二次决议的数额以下；它不会阻止收入增长到与第二次决议不同。

税收体系相符的国会收入目标），国会预算程序侵犯了税收制定委员会和它们的自由。

通过税收立法给予利益

税收立法给国会一个为政治利益集团提供优惠的机会。在国会考虑这些立法问题时，通常都会这么做以便减少税收负担。这种对待税收的态度与州立法机关和经常通过税收权力来增加政府收益的城市议会有很大不同。

多年以来，“无决策制定”限制了国会通过税收立法给予利益的机会。小组委员会的缺失、有限且安全的成员关系、相似的规则以及它对税收信息的特权式所有都强化了筹款委员会作为控制委员会的角色，一个通过由国会建立旨在限制其自身立法自由的委员会。这个委员会非凡的影响力不仅是自我强化的结果，也是众议院愿意接受对其自身立法权力进行限制的结果。与众议院拨款委员会作为守卫者反对上级机构的支出倾向一样，筹款委员会作为一个栅栏阻碍通过税收立法来分配利益。

舍弃“无决策制定”的意义远远超过立法程序或是国会委员会命运的改变。政策转移使国会面对先前封闭起来的压力：即为各个强烈要求通过税收立法使其获益的利益集团提供利益。

对“无决策制定”的舍弃将国会暴露在各种减税压力之下。国会需要一个新的控制机制来调节通过税收立法提供的利益的数量。国会预算法案的收入条款就服务于这个目标；在一个税收政策激进的时代，预算法案试图规范国会的利益授予偏好。

下一章主要论述预算程序对税收立法的影响。

第十三章

国会中的税收动荡：预算法案下的税收收入立法

预算法案于1974年签署，在其签署后的四年中，国会通过了7个重要的税收法案；而第8个法案在众议院获得通过，却在参议院被否决。这非凡的法案签署率标志着不只一代人在最具深远意义的税收系统重建方面所做的努力。这些以喷发式速度进行的立法活动大大改变了大多数美国人的纳税负担。由于这些法案的通过，亿万美元被重新分配，许多税收支出被削减，而同时也有一些新支出被开启。如果说能够有机会使国会预算程序影响税收政策，那么这个机会就是制定一个新程序。

本章根据这些税收法案与预算程序的关系来回顾这些法案的立法历史。其中的一个法案——1976年的税收改革法案将在一些细节上受到审查，因为参议院预算委员会花费很大力气试图影响它。这八次立法行动虽然次数不多，以至于可以对每段历程分别进行阐述，但它们在整体上却意味着在国会中关于税收和预算政策之间关系的明确模式的确立。在展示这些立法案例之后，明确预算程序在影响税收立法过程中受到的限制和表现出的潜力便成为可能了。

预算决策对税收结果的影响显然取决于国会采取了何种税收收入方式。这八个法案可以分为三类：特别税收立法，即运用税法来制定有实质意义的政策；对联邦总收入的改变；对税收负担分配的改变。[①] 每一种类别都与预算程序有着不同的联系。特别税收措施和国会预算的关系最弱；影响总收入的措施与国会预算的关系最强。

特别税收立法

特别税收立法类别包括1975年和1977年的能源税法案以及1977年以增加社会安全方面财政收入为目的的立法。尽管这些法案对财政收入有巨大的潜在影响

① 这种分类并非只有理论上的作用，它们反映的是本章所关注的立法的主要目的。举例来说，1976年的税收改革法案中同时包括了改革和税收削减，与1975年税收削减法案中的有些改革条款一样。不过，这些分类有用主要还是因为国会在处理每个类别时采取的措施在某种程度上显然不同。

力，但国会在决定这些法案的实质与倾向时却表现得好像它们实际上与预算决议毫不相关。

1975 年能源税法案（H. R. 6860）

当众议院筹款委员会提出预算法下的首次“3·15”报告时，能源法案仍然是暂时的。该委员会很明确地回避了这个待定法案与税收收入的种种牵连。在它的报告中，委员会认为这个法案将“不会产生财政净收入的增加”，因为增加的那部分汽油税会被其他联邦税收的减少抵消，但同时它也承认“相对于汽油税没有被税收抵免抵消的那部分”而言，这一法案将会带来 15 亿美元财政收入的增加。[①] 筹款委员会尽力想要保护它的选择权，并且与预算程序保持安全的距离。

相对于众议院筹款委员会，参议院财政委员会的态度甚至更加不明确，对于“3·15”的报告也更加谨慎。它评论道，“委员会并不认为……可能有任何的合理预估。在这种情况下，进一步财政收入立法可能产生的影响将于今年晚些时候予以考虑。因此，委员会的估计也不能反映在接下来财政收入立法影响下收入的增加或减少上。”[②]

在 1976 财政年度第一个预算决议的行动中，在能源立法的问题上，众议院预算委员会始终只是站在一边冷眼旁观。它拒绝了总统 300 亿美元的税收一揽子计划——一个已经在国会山宣告失败以及几乎被政府抛弃的计划。不过，它并没有提到这个法案是由筹款委员会提出的。[③] 参议院预算委员会不愿保持沉默，但也并不果断：“在这种时候，委员会并没有对能源税提出建议……”然而，为了应对所有的可能性，参议院预算委员会在决议中给出了两个财政收入数字，一个在已有的税收法律基础之上，另一个取决于能源税收立法（也是对暂行税收削减的延长）。[④]

尽管这两组数据保护了财政委员会的选择权，隆参议员并不想拐弯抹角，不断地提议删除这些数据。隆认为该能源立法将对财政收入产生影响的假设还不成熟：“在秋季我们还会有第二个预算决议，届时我们将有机会来考察在那时的经济情况下，进一步的税收立法将会产生的影响。”[⑤] 参议员马斯基无争议地接受了隆参议员的修正案，并解释说参议院预算委员会提出这两个财政收入的数据是为了报告的目的：“我认为我们应该指出一些能源税收入在这个财政年度晚些时候累计增加带给财政部好处的可能性。……但是，我们的观点已经提出，相关的信息也已经提供给参议院，所有的参议员也都理解了其中的可能性，我认为没有理由再坚持将这段话列入决议。”[⑥]

隆参议员采取的策略有两个目标，两个都想限制预算程序的范围。第一，他要

---

① 众议院筹款委员会报告，3 月 13 日，1975 年，无页码。四天之后，厄尔曼（Ullman）主席介绍该法案的草案（H. R. 5005），它后来被 H. R. 6860 所替代。H. R. 6860 于 5 月 12 日公布，6 月 19 日在众议院获得通过。

② 参议院财政委员会报告，3 月 15 日，1975 年，第 5 页。

③ 众议院报告，94 - 145 号（4 月 14 日，1975 年），第 12—13 页。

④ 参议院报告，94 - 77 号（4 月 15 日，1975 年），第 22 页。

⑤ 121 国会记录（每日记录，4 月 29 日，1975 年）S7108。

⑥ 同上。

求预算委员会的决议应该只处理财政收入总额问题。这一立场也许在能源税和其他税收立法方面都做出了让步。第二，隆参议员希望威慑预算委员会，使之不再发表任何有关未来他的委员会在财政收入方面举措的假设。即使预算决议允许两种不同的财政收入结果，隆还是认为这侵犯了财政委员会的利益范围。第一次采取措施呈报了一份预算决议后，隆声称他将不会再被动接受对其委员会范围内事务的干涉。

由于没有预算纲领，众议院在能源草案于1975年6月呈报议员大会时废除了它。在未提及最近采纳的预算决议的情况下，众议院表决同意删除每加仑3分的基本税和20分的备用税。它接着通过了能源税法案的剩余部分，仅仅是为了让该措施由于参议院财政委员会的不作为而流产。

1977年能源税立法

国会开始考虑1977能源税提案时，它的预算程序已经完全到位，但税收决策再一次独立于预算决策。卡特总统于4月20日公布他的国家能源计划时，1978财政年度的预算编制程序已经在进行之中。国会各委员会提交了它们3月15日的报告，预算委员会已经拟定好了这一财政年度的第一批决议，并且议会很快将采取行动。筹款委员会特别指出，尽管我们期待一个能源税提案，但"因为目前没有得到关于税收组成部分和财政收入效果的信息"，在这个问题上我们无法表态。参议院财政委员会对未来的能源立法采取完全沉默的态度，尽管它坚持要求预算委员会在其决议中为各种各样的税收法案提供1亿美元的保证金。预算委员会将对能源税采取的行动一直推迟到1978财政年度的第二次决议，希望到那个时候立法前景会更加明确。

在发言人奥尼尔的安排下，卡特总统综合国家能源立法的各个部分第一次在众议院各个拥有管辖权的委员会之间分配，在那之后，它们又被交由一个能源方面的专门委员会审查。筹款委员会负责税收部分，并报告了一个将导致1978财政年度损失10亿美元的措施，尽管这一措施在未来几年会产生大量的额外收入。但专门委员会还是提出了一项新的汽油税，它将为1978财政年度增加约8亿美元的净收入。为了调整预算以适应众议院民主党领导人的主张，众议院预算委员会把这一增加的财政收入并入第二个决议。然而，在众议院预算委员会公布第二次决议的那天(8月5日)，它删除了能源法案中的汽油税，使财政收入的变化由预想的增加变为亏损。因此，当众议院在一个月后按照预算决议行动时，众议院预算委员会别无选择，只能提出一个委员会修正案，要求降低收入水平以使最后的决议能符合先前众议院的能源立法决定。①

在参议院预算委员会筹划1978财政年度的第二次决议时，财政委员会还没有开始考虑能源税问题。由于财政委员会更倾向于新的税款抵免而不是额外征税，参议院预算委员会的决议认为1978财政年度将会有9亿美元的财政亏空。第二个决议通过后，财政委员会阻拦能源法案，实质上拒绝了所有众议院法案中包括的营利性法规，并在这一措施中加入了许多会使收入蒙受损失的法规。财政委员会的能源

① 123国会记录（每日记录，1977年9月8日）H9019。

法案到 1985 年可能会造成财政损失累计达 400 亿美元，而相比之下，众议院通过的法案预计能使财政收入增加 300 亿美元。预算程序可以有很多种方式造成 700 亿美元的财政收入悬殊，或者说财政收入与此有很大的关系。在更多有关预算程序的当务之急中，首当其冲的是第一年财政收入可能遭受的 19 亿美元损失，这比一个月前通过的第二次决议所允许的数额还多出约 8 亿美元。为了避免为反对能源税法案提出的议事程序问题，财政委员会对财政部长增加了一个指令，要求推迟任何税款抵免的有效日期，直到这个时间段足以保证 1978 年的财政在第二个预算决议中不赢不亏。①

这次特殊的立法权力向行政分支的投降并不是对预算程序一次不理智的规避。财政委员会只是努力确保在它与众议院的会议中有一个优势地位。众议院通过的这个法案在支持税务处罚以鼓励能源保护方面举足轻重。隆参议员和其他财政委员会委员支持税款抵免以刺激能源生产。财政委员会愿意接受的是那些将从众议院法案中获得的财政收入再投资到能源生产中的立法，但为了加强它在会议中的谈判地位，财政委员会在其法案中设置了各种税款抵免。在会议中，财政委员会已经准备好用许多抵免来交换对生产者的税收优惠。这个财政委员会的草案用一种“参议院意识”的条款公开标识这一期望的结果，表达将 1978 财政年度的收入损失控制在第二次决议数额以内的意向。②

财政委员会“等待会议解决”的策略让参议院预算委员会处于极其困难的境地。这个能源法案是卡特总统今年主要的立法重点，并且它位于国会领导人休会前“必做之事”列表之首。“我不认为我们能够在整个参议院等着将这个法案带到会议上去的潮流下逆流而上，”③ 霍林斯参议员在参议院的紧急会议上向他的同事们建议。几个小时后，参议院便计划采纳这个能源法案。一个来自参议院预算委员会的挑战不仅会减缓这个立法过程，而且可能会让其他参议员认为这是对有名无实的威胁的一个不必要的回应。“我们的问题之一，”奇利斯在会议上指出，“就在于我们处理这个条款（被赋予财政部部长的选择权）就好像它是一个有根有据的合法条款，我不认为你能够在那个基础上来讨论它。”④

然而，参议院预算委员会害怕如果它（什么都不做）只是等着这次会议，可能会开个先例，而这会严重损害预算程序。马斯基担心如果参议院预算委员会同意将立法权授予行政部门，“那么从现在起，我们可以想见，类似的财政法提案将会让他们完全处于预算程序之外……如果这类策略被用于避免这个财政年度的条款，那么，实际上，预算程序对未来的财政立法将无法施加任何影响。”⑤

尽管有这个所谓的威胁，参议院预算委员会有理由保持谨慎。它不是第一次与

---

① 众议院记录 5263，1056（b）节，指令财政部长“推迟（但不能晚于 1978 年 10 月 1 日）任何有效日期……以保证 1978 财政年度的财政收入不少于 3970 亿美元。”

② 能源法案第 1057 款，“参议院的意思是参议院在这个法案的会议中应该从实际出发，将这个法案中 1978 财政年度的财政损失减少到 9.72 亿美元。”

③ 参议院预算委员会关于能源生产和保护税收激励法案的会议，1977 年 10 月 25 日，第 33 页。

④ 同上，第 26 页。

⑤ 同上，第 2 页。

财政委员会就某个与预算决议规定的财政收入水平相一致的税收法案争执不休。早些时候的争执（在本章后面详述）已经造成双方的关系受损，并且许多预算委员也不想再挑起争端。因此，参议院预算委员会起初选择不反对这个法案；但它也不提供修改意见以使其符合预算决议。相反，预算委员会通知参议院说财政委员会的能源税法案违反了国会预算。它监督参议院的行动，而且只在议会作出最后决定时才考虑是否提供修改意见。

霍林斯代表参议院预算委员会出席答辩，马斯基因为生病未能参加答辩。霍林斯发表了马斯基准备好的演讲稿，对于“财政委员会在提出这个议案时面临的各种问题”表示同情，但也督促参议院不要“为了一个委员会的利益而牺牲预算程序，即使有最高尚的动机”。他警告说，如果财政委员会的“诡计”得到赞同，那么其他委员会也会照做，而预算程序则会变成“形同虚设的规定”。[①] 隆参议员为财政委员会的规避辩护，声称：“我们已经遵守了预算决议……并且我们打算将继续维持在预算决议以内……我们已经把我们自己托付给它，并且打算这么做。”[②] 隆参议员回顾了他的委员会在制定这项法案和为它在会议上的讨论做准备时所面临的问题，总结道：“从最后的分析来看，这项法案或者通过，或者不通过，因为参议院要么喜欢这项法案而支持它，要么对总统催促我们做的事不想有任何作为。”[③] 换句话说，这项立法的命运取决于参议院对能源政策的偏好，而不是预算程序的约束作用。

这就是事实上所发生的一切。参议院预算委员会从争辩中退出，参议院开始采纳了各种修改提案，有些是增加税款抵免，有些是削减扣除额。当立法工作完成后，参议院通过了一个法案，这个法案有一点违反立法程序（是3亿美元而不是8亿美元），但它已在能源而非预算的基础上做出了这个决定。它并未用到预算程序中“议事程序问题”这个武器。

在参议院同意这项能源税措施后，国会几乎用了一整年的时间来完成这项立法任务。在此期间，国会通过了1979财政年度的第一个和第二个决议，二者都必须考虑到能源立法对财政收入可能造成的增加或损失。由于众议院和参议院对于这个问题的态度十分不一致，再加上会议总是被关于能源计划其他部分的冲突和争执所阻碍，预算委员会很难决定该怎么办。此外，在他们考虑1979年决议时，预算委员会更为担心的是税收削减的总体规模，而非具体的能源税问题。众议院预算委员会的议案支持由众议院通过的这项法案，认为这个法案第一年的一点点财政损失可以很容易地被1979年的财政总目标所抵消。[④] 由于参议院通过的草案中的收入损失规模，参议院预算委员会遇到的问题比众议院还要大。参议院预算委员会搪塞道，“关于能源税立法的效果在第一个决议中不做任何假设……”然而，又指出，“如果在九月之前对财政现状的整顿能取得成效，那么在第二个决议中便可以对财

① 123国会记录（每日记录，1977年10月25日）参议院17679。

② 同上，参议院17681。

③ 同上，参议院17683。

④ 众议院报告95－1055号（1978）第25页。

政收入最低额做出合理的调整。”[①]

在第二个决议即将制定完成时，主要的财政条款均被从能源措施中删去。很明显，这样一来，如果在会议上再出现任何提议，都只会是一种相对小额的税款抵免。对于能源税的问题，参众两院的预算委员会均未给予很多关注；它们主要关注的是国会中悬而未决的税收削减法案。在第95次国会会议即将结束的几天，会议终于报告了一项能源税法案。但在这个措施中，不仅一年多以前那些妨碍了众议院和参议院的条款被废除，那些曾使它与预算程序有关的特点也消失得无影无踪。[②]

社会保障资金

在几十年的累积盈余后，20世纪70年代中期，社会保障体系开始担负起相当大的赤字。从1975财政年度最高结余达480亿美元开始，这个主要的信托基金就被预计将在1978财政年度末跌至370亿美元，并可能在20世纪80年代初耗尽准备金。在制定1977年预算时，福特总统提议在该财政年度增加社会保障税收以获得35亿美元的额外资金。税收委员会和预算委员会均拒绝了这项要求，而国会也未采取行动。参议院财政委员会以其方式宣告了它的反对（在其3月15日的报告之中），即通过再一次建议参议院预算委员会限制其与财政总额的关联：“……如果财政委员会接下来决定通过部分或所有的提案，那么所得税的削减额度就可以提高一个与总体财政目标相适应的数额。”[③] 换句话说，财政委员会建议预算委员会不要卷入社会保障资金问题，因为即使预算授权的数额需要修改，财政总额可能也不会受到影响。

福特总统在1978财政年度预算中再度提出增加社会保障税收的要求，但这在卡特总统修改了的该年预算中被撤除。新政府在5月9日宣布其社会保障计划，但此时该计划已来不及对同时存在的1978财政年度第一个决议施加影响，因而该决议在几天后得以通过。卡特总统的提案包括从总财政收入中对社会保障基金拨款，以及对雇主的征税高于雇员。上述两项内容在国会山均遭遇强烈反对，而且在国会签署该财政年度的第二个决议时，该项立法的前景仍未明朗。九月，在国会即将完成决议时，筹款委员会和财政委员会开始起草社会保障立法。

这两个预算委员会在社会保障问题上采取了不同的方式。参议院预算委员会起草的第二个决议建立在这样的基础之上，即他们认为1978财政年度的社会保障财政收入不会增加。他们主张的这一立场建立在准备金短期内充足，并且新税收对经济有负面影响的基础之上。[④] 然而，众议院预算委员会为社会保障提供了64亿美

---

① 参议院报告95-739号（1978）第36—37页。

② 正如最终国会同意的，这项能源税措施提供的税款抵免在第一年导致10亿美元的财政损失。在投票决定这项会议报告时，马斯基参议员仅仅指出这样会让总的税收削减空间减小。见124国会记录（每日记录，1978年10月14日）参议院18834。

③ 参议院财政委员会向参议院预算委员会汇报的报告，1976年3月4日，第8页。

④ 参议院报告95-399号（1977年8月4日）第35页。“委员会认为在经济复苏时期大量增加税收会对经济带来负面影响。”

元的预算授权，而它并未调整决议中的收入数据。[1] 这种表面上不一致的行为可以在国会不插手的情况下增加税收。[2] 众议院预算委员会在报告中指出，“这并不表示签署了政府资金方案；相反，它仅仅为众议院保留了同意在预算授权最高限额内增加资金的选择权，而这个最高限额由第二次预算决议规定。”[3]

这项防护措施在会议中未能得到保留。参议院预算委员会坚持认为决议不该为增加税收敞开大门，并且众议院与会者勉强认可了一个声明，这项声明催促“负责的委员会报告这项无论是短期还是长期都能将社会保障置于稳固经济基础之上的立法”，但它强调决议“并不认为在1978财政年度应该增加社会保障税收。”[4] 但这并不是这个问题的最后结果。为了回应对社会保障系统偿付能力的各种担忧，筹款委员会没有理会第二个预算决议，而是采取了一项社会保障措施，该措施将额外增加1978财政年度的财政收入，放宽一些福利，同时对另一些加以限制。在被告知这些措施可能会破坏预算决议时，据说附属于筹款委员会的社会保障委员会主席坚称这些措施一定会实施，“不管预算委员会喜欢不喜欢”。[5]

筹款委员会提议的这一大笔资金注入可以使财政收入从第一年的13亿美元增加到第五年的149亿美元，单单这几年就可以累计增加400亿美元。因为在第二个决议中关于财政收入水平设立的是下限而非上限，因此，第一年增加的额度并没有遭受议事程序方面的指责，及时它与决议不一致。至于“财政年度之后的年度”，预算程序无法对它们施加影响，一直到太晚以至于没法影响。

社会保障草案赶在休会之前送到众议院。众议院撤回了它的要求，1979财政年度的财政立法必须等到该年的第一个决议签署之后。并且，它在丝毫未提及预算程序和没有众议院预算委员会参与讨论的情况下通过了社会保障草案。

尽管立法路径令人尴尬地有所不同，参议院中的结果也一样。财政委员会在11月1日报告了该草案，就在参议院刚刚完成能源立法活动，并且规定休会前三天。该草案在同一天被召集，就在一个书面报告完成之前。但在议员大会活动开始之前，该法案需要放弃预算法案，因为它为下一财年1979年提供了一个税收增长。参议院预算委员会被完全推入争论，因为它有权放弃303款，在第一个决议被采纳前拒绝考虑有关资金的立法。这场放弃战在第九章中已有记述；这里只需要指出，在参议院预算委员会被迫在放弃战问题上退让后，参议院同意了社会保障草案，而这也是参议院预算委员会唯一能够影响这一立法的方式了。[6]

---

① 社会保障收入的信托基金是自动拨款的。当国会改变社会保障税收时，它也是在对预算授权进行等额修改。所以，社会保障税收的增加在预算中将会体现为财政总额和预算授权的同时增加。

② 这一双边方法是必要的，因为社会保障系统的收入在联邦预算中同时作为财政收入和新预算授权计算。即使财政收入的增加不会违反311款，但在第二个预算决议规定数额之上预算授权总额的增加却会违反它。

③ 众议院报告94－582（1977年8月5日）第64页。

④ 众议院报告95－601；参议院报告95－428（1977年9月13日）第9页。

⑤ 华盛顿邮报，1977年9月15日，第A－1页。作者：斯宾塞·里奇（Spencer Rich）。

⑥ 在社会保障税收法案签署后，这两个预算委员会转变了它们的立场。在下一财政年度第一个决议的报告中，众议院预算委员会呼吁社会保障税收削减75亿美元，而参议院预算委员会强烈要求国会不要减少这些税收。这个决议的会议报告未提及社会保障税收，而国会也未采取后续行动。

概要

在两个能源法案和社会保障立法中，预算委员会（和它们的决议）或采取回避的态度，或保持沉默，而在最后结果中它们也大都被忽视了。预算委员会的无能由于时机问题而显得更加严重。卡特总统的能源和社会保障提案在第一个预算决议拟定之后被提交给国会；在第二个决议形成之后，国会在这些问题上采取了某些出乎预料的措施。然而，国会的预算程序可能天生就不适用于制定特别税收决议。特别立法中最重要的是实质性的政策问题，而非税收水平问题。能源税的目的表面上是不增加（或减少）联邦财政收入，而实际上是要影响能源资源的使用和发展。当实质性的考虑占据主导地位时，预算程序对国会就没有什么特别的影响了；相反，与每个议题相关的特殊利益群体决定了最后的结果。

使用财政术语来解释实质性问题对预算委员会有利。在社会保障的案例中，他们就试图这样做，即不断强调增加税收对经济的负面影响。然而，国会更偏好用规划性的条款来处理问题（补充信托基金），由此在制定其社会保障决策时绕开预算程序。尽管303款弃权可能仅仅被认为是技术问题，但是它更多地代表了在国会预算框架之外做出的重要财政决定。参议院预算委员会通过承认社会保障法案中的弃权问题来让自己被排除在该法案的立法过程之外。至于参议院预算委员会对最后结果产生的一定的影响，据参议员马斯基所言，是因为放弃权力得到的影响力，而不是因为它在税收政策中的作用。

即使当一个问题表面上看上去是财政问题，但由于财政收入的影响在第一年（即预算决定作出的那一年）是微小的，而大多数的财政收入变化都发生在以后几年，因此，众议院1977年通过的能源草案在第一个财政年度造成了略少于10亿美元的净损失，尽管它在接下来的十年中会带来数十亿美元的损失。类似的，在社会保障方面，逐渐增加的税收是为了让它在“本财政年度以后的几年”比在当前预算年度带来更多的新收入。[①]

改变收入总数

当一项税收措施主要关注财政而非实质性问题，并且在短期内产生了显著的财政影响时，预算程序和税收立法的相关性就会提高。这两个条件均适用于国会在1975年到1978年间签署的四个税收削减法案。国会在1975年初通过了第一个税收削减法案，第二个是在那一年年底，第三个是在1977年卡特总统当政后不久，第四个是在1978年。前三个我们将在本章详述；而1978年的立法会在后面的章节详述。

---

① 社会保障立法对联邦收入第一年的影响通过筹措新收入的方式从根本上被减弱：通过工资基数的增加而非提高税率本身（社会保障税每年征收，从1月开始，对全额工资征收；在该年当某个工作者的总收入超过可征税工资基数时便不再征税）。这样一来，当可纳税工资额超过先前的工资基数时，在日历年末便会有少量额外收入。

1975 年税收削减法案

1974 年 10 月 8 日，福特总统提议将大多数个人和企业所得税的税率上调 5%。三个月之后，福特总统转变了立场并呼吁削减 160 亿美元的税收，其中包括对前几年税收的部分返还和对商业投资的暂时性贷款。1975 年 3 月 29 日，福特总统签署了一个 228 亿美元的税收削减法案，使之具有法律效力。一旦总统出面支持大规模的税收削减，国会无疑会紧随其后。总统提出要求与正式签署法案之间的间隔时间之短，使其成为近代历史上税收立法活动中最快的一次。1971 年税收削减法案从发起到通过历时 4 个月，1969 年的税收改革用了 8 个月，1968 年附加税问题用了 11 个月，而 1964 年税收削减用了 13 个月。

尽管行动迅速，但 1975 年的税收削减法案引发了一系列的争议——一个跟削减的规模有关的，另一个与它们的分配有关，而第三个则与某些税收支出有关。[①] 这些问题在税收立法中将会长期存在并反复出现；除非预算委员会插手它们的决议，否则它们在税收政策中不可能具有影响力。但 1975 年在预算法案规定下是"可选择"年（"Optional" year），即在下一年之前不要求完全实施。法案第 906 款授权预算委员会可以选择以他们认为正确的"程度和方式"来执行新程序的内容。尽管他们决定激活这项程序的主要组成部分，但委员会在准备好制定第一个预算决议之前不能耽误税收立法。在它们的实施计划中，在国会刚着手制定税收削减法案时于三月初提交，预算委员会谨慎地选择在第一个决议签署之前不使用 303 款为财政收入行动设置障碍，"因为眼下正是为国家正在恶化的经济形势采取快速行动的关键时刻，预算委员会认为执行这项提案可能会过度推迟经济上的必要行动"。[②]

如果预算程序在 1975 年税收削减法案起草之前就执行，那我们也只能猜测接下来会发生什么。预算委员会可能在最后的决定中有一定影响力，但它们似乎不大可能在第一个决议通过之前试图阻挡议会的行动。

1975 年减税扩展

税收削减法案是一个只对 1975 年有效的暂时性措施。如果这些税收削减不能扩展的话，那么大多数纳税人将会在下一年年初面对一个从他们的收入中扣除的自动增加的纳税额。众议院预算委员会将其 1976 财年第一个决议的财政收入目标建立在对国会的期望之上，它希望国会能在原计划的截止日期之后继续削减税收。参议院预算委员会采取了静观其变的态度，声称决定可以"晚至 9 月份再做，那时可以在对最新经济指标仔细研究之后再做决定"。[③] 然而，正如之前所指出的，它明确说明了决议中可选择的收入水平，旨在解释在能源税和税收削减扩展上可能采取的措施。这种对"可能情况"的估计在参议员隆的坚持下被取消，他更喜欢不

---

① 这个已签署的税收削减法案比总统的申请多 60 亿美元，但比参议院法案要求的少 80 亿美元。福特总统提议的是一个全面的税收返还，而国会着眼于低收入纳税人的税收问题。

② 参议院报告 94 - 27 号（1975 年 3 月 5 日）第 7 页。

③ 参议院报告 94 - 77 号（1975 年 4 月 15 日）第 21 页。

正式记录任何有关他的委员会未来起诉原由的暗示。在会议中，参议员马斯基重申财政委员会的观点，认为这次扩展“不是先前的结论”；然而，当他被告知代扣税款的税率实际上会提高时，他承认“这是不大可能被允许发生的”[①]，并接受了众议院的立场。

1976 财政年度的第二个预算决议要求筹款委员会和财政委员会报告有关税收削减扩展的立法。[②] 这些委员会很乐意地答应了这个要求：筹款委员会本来将扩展问题合并到一项税收改革法案之中，但紧接着又放弃了这个想法，转而支持由财政委员会报告的为期六个月的扩展。马斯基解释道，这次税收削减扩展“是两院的财政委员会、筹款委员会和预算委员会经过精心、理性讨论的结果”[③]。这似乎是对一个已经生效的法律简单、无争议的延续。

然而，情况并非如此。在国会完成暂时性立法之前，福特总统向新的预算程序扔了一颗政治炸弹。1975 年 10 月 6 日，福特总统要求国会签署一个 280 亿美元的税收削减法案和一个将 3950 亿美元作为 1976 财政年度财政支出上限的规定。从由管理与预算局对现行公共服务的估算来看，这一限制将要求联邦支出减少 280 亿美元。福特总统威胁将会否决任何不能与削减支出同等匹配的税收削减法案。[④] 他希望国会能完全绕开新的预算程序，恢复 1967 年到 1972 年间使用的临时程序，并在不优先考虑其财政或项目影响的情况下强行设置任意的上限。限制支出的要求在该财政年度开始近一年之前就已提出，那也是第一个预算决议签署截止日期的七个多月之前。

福特总统的介入使扩展问题从一个税收问题转变为一场关于预算程序的争论，并将预算委员会从立法事宜的边缘拉到争论的中心。这些委员会作为新程序的保卫者，迅速获得了国会的认可，可以理解，它们把总统的行为视为对它们的地位的直接挑战。这场冲突由所提议的税收和支出之间的关系向外扩展，但实际上所有的关注都集中在支出问题这边。大多数国会民主党人都认为总统这次的行为是为了让他自己在即将到来的总统竞选中赢得政治优势，他们轻而易举地用预算程序驳回了他的要求。共和党人想支持总统在政治和经济上的目标，但前提是不破坏新程序。

争议一直持续了几个月，直到立法会议的最后一天。众议院共和党人试图对债务限额法案和税收改革立法同时附设支出上限，但两次都被挫败。[⑤] 筹款委员会和预算委员会的一个领导人，共和党人巴伯尔·科耐伯以这种方式维护他的政党的措施：“绝不能小看预算改革措施……如果我们想要预算委员会恰当地发挥作用，那

---

① 关于 1976 财政年度共同决议的会议记录，第 23 页。

② 这是第一次正式运用预算法案 310 款提供的“对账”程序。然而，这不是一次真正意义上的对账，因为即使没有官方的预算指令，受影响的委员会也会报告该立法。

③ 参议员马斯基在参议院民主党会议上的讲话，121 国会记录（每日记录，1975 年 12 月 15 日）参议院 22099。

④ 总统在他的讲话中指出“完全同意削减税收并在削减支出方面无所作为很吸引人”，但他表示会毫不犹豫的否决任何一个不能将税收和支出削减相匹配的立法。11 每周总统文件汇编（1975），第 1128 页。

⑤ 债务上限法案（众议院记录 10585）是在一条严格的规定下提出的，该规定阻止了共和党对 1977 财政年度设置 3950 亿美元支出上限的修正案。这条规定以 221 票对 185 票获得通过，其中只有一位共和党人跳出党界为其投票。这个票数与税收改革草案的投票很接近。（众议院记录 10612），以 219 票对 197 票支持修改规定。

么我们就必须知道众议院希望我们为1977财政年度设置怎样的支出水平。”① 这番推理遭到共和党人布洛克·亚当斯的反对：“我们不要再用（3950亿美元的）数字与预算法案玩游戏了，现在谁也不会支持它。”②

参议院拒绝将减少支出和削减税收相联系是较少党派性的，因为参议员贝尔蒙这一预算委员会中的领导人物虽然是共和党人，但也加入到他的民主党同事中以维护预算程序：“我们请求福特总统接受这样一个事实，即我们现在拥有的系统比他让我们接受的任意设置的上限要好。我以个人的名义郑重地质疑福特总统是否理解这个自他担任国会议员以来就已经发生的改变……我认为，如果我们在它初始阶段的第一年就放弃预算程序，并在未优先判断其实施效果和方法的情况下同意任意支出限制，那将是错误的。”③

国会在这场与行政当局的冲突中最终还是占据优势——然而，不是因为预算程序，而是因为总统在政治上处于劣势。当国会拒绝将税收与支出削减联系在一起，而是通过了一个将税收削减延期六个月的提案时，总统否决了这个草案。否决接近立法会期的结束，并且仅仅是在代扣所得税率按计划将上涨的两个星期之前。由于推动增税而被置于不利境地，白宫（在众议院支持否决一事之后）接受了一个保住面子的妥协。在共和党同意的情况下，参议院通过了一项新的六个月延期法案和一个“国会式”的、符合税收和支出削减相匹配原则的决议，但它同时主张根据经济条件和其他情况决定支出水平是国会的权利。④ 众议院（预算委员会在其中发挥一定作用）修改了决议，强调今后有关支出水平的决定要通过国会预算程序来制定。⑤ 几个月后，在这个议题不再受到关注时，国会忽略了税收和支出削减之间的关联，并通过了一个1977财政年度的预算决议，将支出设置得高于总统预算150亿美元，并要求削减税收170亿美元。⑥

1977年税收刺激

国会在1976年使某些税收削减长期化，正如下一节要讨论的部分税收改革立法。但这并未结束一系列的削减，因为在1977年1月，新上任的卡特政府在就职前与国会领导人的会议上提议将减轻税收作为实施经济刺激计划的一部分。国会聚焦在支出方面，签署了比行政部门最初提议更多的高成本工作和公共工程项目。

一揽子刺激计划使1977财政年度第三个决议成为必需；它的收入和支出组成部分均与总统选举前签署的第二个决议不符。计划书于1977年1月27日递交给众议院预算委员会，它呼吁在该财政年度削减税收138亿美元，削减部分包括114亿

---

① 121国会记录（每日记录，1975年11月12日）众议院11026。

② 121国会记录（每日记录，1975年11月12日）众议院11060。

③ 121国会记录（每日记录，1975年12月15日）参议院22183。

④ 这项决议是由财政委员会中民主党和共和党委员制定的，预算委员会几乎没有参与。关于语言形成方式的讨论，见121国会记录（每日记录，1975年12月19日）参议院22998，参议员马斯基和隆的讲话。

⑤ 通过的决议强调了税收和支出之间的关联，但并未要求国会逐项削减。

⑥ 170亿美元的税收削减建立在1977财政年度一整年暂时性税收削减延期的基础之上。在第一个决议中4130亿美元的支出比总统预算高出190亿美元，但其中的一些差异源于重新估算和修改过的预算申请。

美元的一次性减税退款和付款及24亿美元的其他削减。众议院预算委员会主席吉阿莫对这项计划的“适当性和充足性”表示担心；① 委员会自己也承认“有很多人质疑退税和削减是否能刺激足够的经济活动”以改善失业状况。它们对总统计划的不公正性和扩大使用税收抵免也持保留意见。② 不过，众议院预算委员会仍然与政府的税收一揽子计划保持一致，即使有一些项目交由筹款委员会来决定。③ 筹款委员会（在第三决议签署之前提出）建议的税收削减和政府的提议在某种程度上有所不同，因此，众议院预算委员会提供了一个议会修正案以使其规定的财政收入数字与税收委员会报告的数额一致。④

参议院预算委员会同样质疑政府的措施，但它也做到了保持一致。在制定第三个决议期间，委员会中的共和党人强烈攻击暂时性税后退款，并呼吁用长期减税取而代之。然而，马斯基参议员表明了他的立场，认为参议院预算委员会只应具体弄清财政收入总额，而不是决定减税应该是暂时的还是长期的。马斯基想避免冒犯政府（政府主张的是暂时性削减）、财政委员会（它希望参议院预算委员会只处理财政收入总额问题）或委员会中的共和党人。因此，参议院预算委员会在第三个决议的报告中跨过这个问题建议了一个数字，这个数字允许“要么是卡特政府提议的税收削减，要么是永久性的税率削减规定，或相应数额的其他形式的暂时税收解除”。⑤

在顺从地与政府税收偏好保持一致后，1977年4月当卡特总统撤销部分退款提案时，预算委员会理所当然地感到不安。这一举措对预算委员会而言来得最不是时候。国会已经通过了1977财政年度的第三决议（它的制定主要是为了调整税后退款问题）然而，两个预算委员会都已经报告了1978财政年度的第一个决议（包括对税收刺激计划预期的经济假设）并计划在近期付诸实施。政府在将这一决定公之于众之前，并未与吉阿莫和马斯基协商或是提前通知他们；然而，他们两个都不得不召集其委员会并决定对于这样的逆转如何应对。预算委员会可以选择什么都不做，但不做为将使1977财政年度收入下限比预计收入低数十亿美元。这一过程不仅会使公众注意到预算决议对于税收政策的不相关性，也可能导致税收委员会自行制定他们自己版本的税收削减法案。

众议院预算委员会被迫同意了一个有追溯力的对1977财政年度财政收入水平的修正案（附加在1978财政年度第一个决议之中）。⑥ 吉阿莫承认“取消50美元支付不是委员会的意愿……但现在我们面临着生活的现实，由于总统说过他将不会继续推动退还款。另一方（参议院）显然不会执行它”。⑦

---

① 众议院预算委员会，关于经济和经济刺激计划的听证会，95th Cong.，1st sess.（1977），第223页。

② 众议院报告95－12号（1977），第16、18页。

③ 据报告，第三决议“并没有采取总统税收建议的具体项目；那些项目将由筹款委员会和国会在后面几个星期决定”。同上，第18页。

④ 123国会记录（每日记录，1977年2月23日）众议院1328，吉阿莫代表的讲话。

⑤ 参议院报告95－9号（1977）第5页。

⑥ 众议院开始起草1978财政年度第一个决议时，吉阿莫提供了一个委员会的修正案，它增加了一个新的部分以修改在1977财政年度第三决议中设置的收入水平。123国会记录（每日记录，1977年4月26日）众议院3569。

⑦ 同上，众议院3571。

参议院预算委员会决定坚持部分退款，重申“它对于1977年采取某种形式的税收刺激明智与否的判断……委员会认为由于采纳了1977财年的第三次预算决议，1977年和1978年的经济前景发生了重大变化”。[①] 马斯基在几周前还是每次部分退款最有力的拥护者，但当国会山对该主题失去兴趣时，便转而指责政府破坏预算程序的信誉。[②] 然而，在会议上，他意识到了为这个已经被放弃的部分退款斗争毫无意义，并且为了删除它们，第三决议已经做了修改。

概要

比起特别收入立法，预算程序在某种程度上与税收削减关系更为密切。关于这些削减规模的决定很明显是预算委员会的职权范围。它可以在预算决议中要求削减，并为收入委员会的快速行动提供刺激和支持。

预算法案（通过311款针对减税而非增税的不对称的禁令）已经将预算委员会作为抵制非预算减税的堡垒。限制国会的诱惑（将收入立法作为一个通过减税提供利益的机会）在国会山上未被证明是一个容易或受欢迎的任务，但预算委员会仍旧坚持这么做。

在扮演这个角色时，预算委员会通常会反对别人的减税建议；它们并未力求主动。因此，在1977年底讨论是否有必要为了刺激衰退中的经济且抵消社会保障税收增加额而制定新的减税计划时，他们冷眼旁观。1979年，当一些经济指标再一次指向衰退时，预算委员会不愿在总统提议之前要求一个减税计划；这样，他们就可以在应付国会减税压力的同时，避免因财政赤字增长受到责难。

分配税收收益和负担

当国会削减税收时，它们更倾向于关心谁得益而不是实际削减了多少。预算委员会在关于税收分配问题上的发言权比在联邦支出分配的问题上还小。在预算决议中，预算委员会实施功能分配并将支出份额分配给不同的国会委员会，但它们在税收决策上却没有同样的作用。

重新分配税收负担的努力通常伴随着对主要税收法案的立法考虑。重新分配可能是通过对不同收入阶层给予不等的税收削减（或者改变公司和个人在所得税中的相对负担）或对特定群体给予税收优惠（税式支出）的方式来实现。有趣的是，预算委员会在争取重新分配总税收负担问题上并未发挥什么作用，但好几次它都努力减少或者限制税收支出的签署颁布。

税收改革，也就是减少或消除税收优惠，是一个早期的预算问题。[③] 1975年，筹款委员会提出了一个法案（H. R. 10612），这个法案最后成为1976年税收改革法案。这项举措刺激预算委员会更多地参与到之前描述的关于特别税收收入和税收削

① 123国会记录（每日记录，1977年5月3日）参议院6916。参议员马斯基的讲话。
② 参议院预算委员会，关于税后退款问题的会议记录（1977年4月），第13—14页。
③ 一些税收改革措施在1975年的税收削减法案中就已实现，比如废除石油消耗补贴。

减的立法之中；它也引起了参议院预算和财政委员会主席之间公开而持久的冲突。

参议院预算委员会作为最新的参议院委员会并不想让自己与资格最老和最强的委员会之一有冲突。在参议院预算委员会起草1976财政年度第一个决议时，马斯基主席避开了对税收改革提议的考虑，指出“过多额外的税收改革并不能为1976财政年度增加额外收入”[①]。他知道消除税收补贴的立法要在国会通过通常需要数月甚至数年的时间。并且，因为税收和财政的年度不吻合（大多数税收按照日历年份征收），即使国会及时采取行动，额外的收入也要到财政年度的下半年才能流入国库。[②] 马斯基在议员大会上发表了他反对森·瓦尔特·蒙代尔提出的通过税收改革筹措25亿美元新收入的修正案。马斯基赞同国会“迟早要进行税收改革”的论调，但提醒“将1976财政年度的收入假设建立在一些尚未在国会中获得多数支持的税收改革提案的签署上极其不现实”。[③] 蒙代尔的修正案（也打算因为经济刺激计划在支出上增加90亿美元）以20票对64票未获通过。[④]

众议院的结果不同。筹款委员会在其3月15日的报告中预计第一年因改革收入增加5亿美元。然而该委员会提醒道，“对一个税收改革法案在税收收入上的作用进行的估计只能是高度猜测”[⑤]。在1976财政年度的第一个决议中，众议院预算委员会并未描述通过税收改革增加的收入。布洛克·亚当斯承认“更多的注意力被投入预算支出方面，而涉及和阐述收入方面却可能没有期望的多”[⑥]。亚当斯把票投给了由共和党人亨利·S. 罗伊斯代表提出的修正案，他打算通过取消税收优惠来为财政增加30亿美元的额外收入。一个提倡改革的人表示希望预算能变成“一个我们能用来吸引人们对税收支出关注的工具”[⑦]。由于有来自预算委员会中民主党成员的极大支持，罗伊斯的提案以277票对128票的悬殊差距获得通过。

在会议上，马斯基宣读了一封来自隆参议员的长信。信中他坚持认为“将这样一笔可观的收入增长包括到共同决议中极不现实”并可能会破坏刺激经济的努力。在几次争吵之后，马斯基声称10亿美元的目标“合情合理，所以值得一试”。参议员蒙代尔支持他，声称“与原则有关的事可能是我们做的最重要的事，因为它使筹款委员会和财政委员会备受关注”。[⑧]

预算委员会开始审议1976财政年度的第二个决议时，财政改革上只有很有限的进展。众议院预算委员会仍然坚持10亿美元财政收入增长的目标，但参议院预算委员会放弃了这个提议，因为它觉得这时要想在1976财政年度的税收改革中获得那么大一笔新的财政收入已经太晚。[⑨] 这一立场在会议中普遍存在，并且预算程

---

① 参议院预算委员会，1976年第一共同决议草案，记录，第8页。

② 1976财政年度，税收年度比财政年度晚开始6个月；从1977财政年度开始，税收年度比财政年度晚开始3个月。

③ 121国会记录（每日记录，1975年4月30日）参议院7207。

④ 有意思的是，隆参议员虽然没有参与到辩论之中，但却将票投给了蒙代尔的提案。

⑤ 筹款委员会，向众议院预算委员会的报告，1975年3月13日。

⑥ 121国会记录（每日记录，1975年5月1日）众议院3358。

⑦ 同上。众议院3563。奥汀格代表的发言。

⑧ 关于1976财政年度第一个共同决议的会议，1975年5月7日，副本，第16和19页。

⑨ 该委员会的推理思路和隆参议员在接下来几年中用来反驳它的相似。见参议院报告，第94－453号，第18页。

序的第一年以税收委员会可以在不受预算决议指导或阻碍的情况下继续其改革收尾。

筹款委员会于 1975 年 11 月形成了它的税收改革法案（众议院记录 10612），把它和那一年早些时候投票决定的一个暂时性税收削减延期连接在一起。报告称第一年预估财政收入将增加 7 亿 5200 万美元，远远低于最初委员会起草的草案中设定的 26 亿美元的目标。但是筹款委员会要求修改规定以便让那些改革者对一系列的修正案有基本的决定权。三个能使财政收入增加的修正案被采纳，而另外两个以微小的差额未获通过。由于由众议院通过，众议院记录 10612 将产生 15 亿美元左右新收入。

参议院财政委员会将税收削减和草案的改革部分分开，它通过了一个将税收削减延期六个月的决定，但却将改革推迟到国会的下一个会期。筹款委员会的厄尔曼主席之前就反对将这两个问题分开（“如果我们不共同掌握这项措施，我们可能就没法得到一个改革草案”①），但他被迫接受了财政委员会的调控，因为不采取措施将会带来税收的自动增加。

随着众议院在税收改革方面行动的结束，关键的下一步就在于参议院财政委员会，它近年来在进行税收改革上远没有筹款委员会顺利。比如在第 94 次国会会议上，支持改革的委员占财政委员会投票总人数不到 30%，而在筹款委员会中有一半左右。② 财政委员会在其 3 月 15 日针对 1977 年预算的报告中甚至没有提及税收改革，尽管事实上那时它已在积极地起草税收立法。

参议院预算委员会在 1976 年无法再像前一年那样轻易便置身事外。一则它无法再那么有说服力地声称税收改革不会在第一年增加大量收入。毕竟众议院已经执行，而且因为财政年度之初预定的变化，相对于老的财政日程表下的 6 个月，9 个月中增加的财政收入将计入该财政年度。由于参议院预算委员会声称大量第一年收入不会马上出现，这实际上排除了它在国会税收改革决策中重要参与者的地位。如果在一个议院通过该立法时能够使用这个借口，那么该借口便可以在整个预算程序中被一次又一次地用于阻挠税收改革。参议院预算委员会在参议员霍林斯（他有力地挑战了隆有关额外的第一年收入无法通过税收改革获得的观点）的鼓励下倾向于改革的立场。据某位参与者称，参议院预算委员会也受到它自己成员的影响，其成员“急于强制推行那些我们在其他支出上应用的税收支出条例……对预算程序的一个考验就是看我们能否挤出一点缝隙来实施一些税收改革。我认为我们已经习惯于成员层面的观点，认为这是一件可以做的好事”。作为一个严重依赖其成员来决定方向的委员会，在这种情况下，参议院预算委员会的行为要遵从成员们“要做的好事”。

但是，还有一个不可抗拒的因素使参议院预算委员不得不加入这场争斗。主张税收改革的人决心用预算程序把改革强加给可以想见不会屈服的财政委员会。这些

① 引自国会季度年鉴，第 151 页。

② 众议院和参议院的得分与不同的投票机制有关，因此，无法进行严格的比较。就参议院的公开规则而言，人们会预期参议员比在一套不同的激励机制下运作的代表在税收改革上得分低。

年来它们在参议院中鼓励倾向于改革观点的努力一直受挫。在这个地方它们没有成功的前景，因为这里公开的规定和“圣诞树”行为使阻碍那些能扩大某些利益的税收优惠变得很困难。它们也别指望从财政委员会那里得到足够的支持，它在提供税收补贴方面一向比筹款委员会更慷慨。因此，主张税收改革的一伙人把目光投向预算程序，以此作为他们在参议院劣势的一个弥补。

完成预算程序承诺了一个比使用国会中标准的路径更好的结果。在国会制定税收政策时，它分别处理各个问题，逐个部分，逐项税收支出。对于每一个植入税法的优惠而言，取消它就会损及某项利益。那些受益于被威胁条款的纳税人就是基于这背后的原因才集会并向国会施压要求它保证他们的利益。单单因为这个原因，便很难取消某项税收支出，也许这和从预算中消除某项直接支出一样难。

然而，在国会通过预算程序对付税收改革时，利益的平衡通常很困难。问题是在国会预算中总的改革目标应该确定在多少，而非逐项考虑。国会可以投票决定10亿美元的税收改革，而不用管哪一部分的优惠将被停止，也不用知道哪部分利益群体要遭受损失。潜在的损失者不会直接受到威胁，因为改革可能会以牺牲其他当时未知（或仍然未知）的纳税人的利益为代价。处于这样一个公开受到外界压力要求保持原有税收优势而且还要增加新优势的环境中，相对于改变税法，国会议员们可以更自由地为税收改革投票。改革者希望一旦参议院已经在预算决议中就税收改革对自身承诺了一个美元目标，那么让议员们在个别项目上做出艰难决策便会更加容易。

参议员爱德华·肯尼迪在出现在财政委员会和预算委员会面前之前就公布了这一战略。虽然肯尼迪不是任何一个委员会的成员，但他已经使税收改革成为这个重大的立法利益之一，并且他成为中坚改革者在参议院的非官方发言人。1976 年 3 月 16 日，肯尼迪把预算法案描述为“一个在处理税法在整个预算程序上的影响方面有创造力和有效的方式”。肯尼迪告诉参议院预算委员会“我在这里的目的并不是为了提出一个具体的税收改革”，但他敦促委员会在 1977 年的第一个决议中加入 20 亿美元的税收支出削减。[①] 两天后，肯尼迪向财政委员会提供了一个税收改革的购物清单，声称“预算改革法案在税收支出上有一条早该完成的条例，就和已经给直接支出实施的那条一样。参议院指望这个委员会和预算委员会都能在控制税收支出方面负责财政领导工作……”[②]

隆参议员以在参议员预算委员会形成其预算决议时的优异表现来回应在税收改革上想要胜过其委员会的企图。“按照他的立场”，马斯基告诉预算委员会，“我们欠他一句客气话和一次机会”。隆的第一句话定下了两个委员会间冲突的基调：“我只在这里督促预算委员会停留在自己的管辖范围内……同时我们也会呆在我们的管辖范围内。”[③]

隆已经做好准备为这一对他来说很重要的事件斗争：不是税收法案某项条例的

① 参议院预算委员会，关于预算的第一个共同决议听证会——1977 财政年度，第 10 页。
② 参议员肯尼迪的讲话，122 国会记录（每日记录，1976 年 3 月 18 日）参议院 3755。
③ 参议院预算委员会，1977 财政年度第一个共同决议的起草，副本，第 551—552 页。

问题（有很多方法可以解决这样的争论），而是他的委员会的立场和一种在他看来想要削减其权力的努力。一个观察员说，“财政委员会有一个羡慕特权的主席；他是参议院中最强调管辖范围的人”。隆经常自吹自擂说没有几条税收条款他觉得有价值。除了一些他很感兴趣的问题以外，隆愿意接受几乎任何一个由他的委员会或参议院提议的税收项目。正如一位观察员所说，“确切地说，因为他不为任何数字所困，隆可以不受限制地决定其可以决定的政策，并能够掌控整个过程。”但隆并未将此视为一个可以那么容易就达成一致的税收问题。通过把这个问题定义为一个有关权限范围的争论，隆将有关这次争论的措辞从对新预算过程的忠诚转变为对他的委员会在参议院中地位的侵犯。

隆所做的不仅仅是举起了警告的大旗。他详细说明为了避免一场冲突，为什么必须在预算和财政委员会之间划定界限。

“现在，我们充分期待的是使即将被报告的税收草案适用于这个预算委员会得到的任何数据。你告诉我们你期望多少财政收入以及多少财政支出，而我们将调整我们的活动来适应……我们税收委员会可以与你提出的任何数字保持一致，只要你提出一个数字。”①

通过宣称参议院预算委员会除了国会已经接受的预算支出方面适当的职责外并未做什么，马斯基试图缓和该冲突：

“我同意我们不是制定税收的委员会。我们不是拨款委员会，我们也不是授权委员会。我们的管辖范围是总体性的……（但是）我们的责任不仅仅是把现有法律中规定的几个数字相加。”②

“不仅仅是加总数据”，在马斯基的观点中，这意味着预算委员会应该表明它如何得到收入总额和应当实现的税收支出削减：

“如果你真的想在税收支出问题上影响财政委员会和国会……我们有义务……提示税法中规定的通过改革希望达到的财政收入比例，不管它希望（预算）委员会考虑怎样的细节。”③

因此，战线在隆和马斯基之间展开，前者希望将预算决议限制在一个给定的财政收入数额，后者希望预算委员会也给出财政政策的一些具体细节。隆意识到预算决议中计划的财政收入增幅越高，他的委员会需要完成的任务就越艰难。他认为，能使财政收入增加的款项往往在下一个日历年年初生效，而那些使财政收入减少的款项通常具有追溯效力。因此，他警告说，即使税收支出上的变动能带来财政收入的长期增长，在第一年它还可能会呈现出亏损。

参议院预算委员会无视隆的观点，并且投票通过了20亿美元的税收支出削减，这一数额由众议院委员会在其决议中固定下来。“这一举措”，强烈支持20亿美元的参议员霍林斯坚持认为，“是一个真正意义上的限制”。在他看来，这是“现实

① 参议院预算委员会，1977财政年度第一个共同决议的起草，副本，第553—554页。

② 同上，第555页。

③ 同上，第901页。

的并且很容易做到”。[①] 马斯基认为是否能通过“要求财政委员会视20亿美元来自税收支出的产出为目标”来实现这个数额并不重要。“在任何情况下我们都不能强制执行。我认为如果我们设定了一个目标数额，它就会产生压力推动我们尽可能去完成这个目标。”[②]

随着隆许诺在预算决议中让预算法案和收入水平保持一致，以及马斯基承认决议中的财政收入目标并非是强制性的，人们也许可以期望财政委员会和预算委员会之间的分歧能够平静地结束。实际上，当预算决议在议员大会上辩论时隆并没有反对削减20亿美元税收补贴，虽然他强烈质疑一些其他目标影响到了他的委员会的利益。不过，当财政委员会于1976年6月公布税收改革法案时（决议最后通过后不到一个月），在财政委员会是否尊重预算程序以及预算委员会在税收政策上的管辖范围问题上，马斯基和隆之间爆发了激烈的斗争。

也许连参议院预算委员会自己都没有意识到，它们正在试图强制突然改变财政委员会的地位以及众议院和参议院税收委员会之间的关系。在过去20年的每一个重要税收法案中，财政委员会公布的立法通过改革所产生的第一年财政收入（或者会因为新的税收补贴损失更多财政收入）总是小于众议院通过的法案。参议院财政委员会（诸如参议院拨款委员会）充当了“上诉法院”的作用，削减某些众议院投票决定的改革导致的税收增加。举例来说，1969年，财政委员会的税收改革法案预计将产生的税收比众议院通过的政策少3亿美元。但1976年众议院通过的税收改革法案本身至少比在第一个预算决议中设定的20亿美元改革目标低4亿美元。为了让财政委员会遵守预算目标，它不得不在税收补贴问题上采取比众议院更为强硬的立场，财政委员会很多年都未曾如此做过。

与会成员和观察员都证实隆以这样的方式指导财政委员会起草税收法案是为了尽量缩小它偏离预算目标的程度。尽管他以支持同事建议的任何想法而闻名，但他还是反对了由一些委员会议员提出的税收补贴，并且促进比某些人期望的更强烈的改革条款。隆用20亿美元的目标作令箭；他对那些试图寻找新税款扣除额的人表示同情，但他也提醒他们注意预算决议中的限制。不仅如此，财政委员会作为税收减除提供者的传统职责，结合税法结构，使财政委员会很难实现收入目标。

因此，隆被夹在两个任务之间，一个要坚守预算决议中的底线，另一个要保证财政委员会的法案尽可能低于那个目标。他意识到完全拒绝预算决议将会给他的委员会的管辖范围造成很大威胁。他认识到保护财政委员会利益最好的方法就是名义上遵守预算决议的要求。

所以，财政委员会设法在算术上实现收入目标，通过仅在该财政年度的九个月中扩展暂时性的税收削减以及对收入获得者“前紧后松”，并且推迟财政失败者的有效日期。换句话说，它所做的恰恰与隆就税收立法对参议院预算委员说的相反。推迟有效日期的结果是，财政委员会公布的草案与预算决议中的总财政收入水平一致，即使从税收支出削减中得到的第一年增加的财政收入还不到20亿美元目标的

① 参议院预算委员会，1977财政年度第一个共同决议的起草，副本，第891页。

② 同上，第903页。

一半。

财政委员会的这种做法使马斯基和参议院预算委员会陷入左右为难的境地。参议院预算委员会仅仅同意财政委员会至少实现了预算决议的字面意义，同时表达了一个更好的协议会从会议中出现的期望。如果参议院预算委员已经走上了这条路，委员会可能已经能够使自己与隆保持一致，反对议员大会提供额外税收补贴的修正案。但这个选择本身就很困难。一则参议院税收改革者的一个小核心（总共不超过15到20个人，但包括参议员蒙代尔和霍林斯，是参议院预算委员会的活跃人士）已经准备好了一揽子的弥补漏洞修正案，并且他们正试图利用这次预算争论说服其他人加入他们那边。马斯基自己首先应该联合改革倡导者，等他们被打败之后，他可以加入到隆这边以避开对联邦收入的进一步削弱。一个能让马斯基充分发挥好两个角色的安排（他并未参与其中）已经做出来，[①] 但如果参议院预算委员会向财政委员会的法案发起正面攻击，这个安排就行不通了。

在一个税收法案即将安排议员大会讨论前不久终止的参议院预算委员会会议上，马斯基极力反对财政委员会的诡计，并且认为它破坏了预算程序的精神。"我们作为一个委员会有义务弄清楚……财政委员会的草案不符合要求，至少不符合第一个共同决议中明确陈述的政策方向。"[②] 人们只能猜想是什么推动马斯基与参议院预算委员会正面交锋。有的人说，这个委员会的成员在寻找新方法成功陈述预算程序的有效性方面发挥了关键作用，一个观察员推测："预算委员会被一年前与斯滕尼斯在国防草案上的成功所欺骗。参谋机构指出，如果他们可以接受斯滕尼斯，他们就可以接受拉塞尔·隆。他们想让财政委员会看到预算程序并非没有规矩，并且这儿有一个好机会显示他们能够接受拉塞尔·隆。他们的确这么看他。"

但这只是个部分解释。参议院预算委员会的好斗源于一个真诚的信念：财政委员会的确正在做伤害预算程序的事。参议院预算委员会知道财政委员会的草案是一个收入的失败者，而非它声称的收入获得者。通过在减少税收支出上倒填日期和为了某些新贷款交叉捆绑下一财政年度，财政委员会隐瞒了该法案在"本财政年之后的年度"实际上会使收入受损的事实，这些超过了预算决议的范畴。如果财政委员会可以仅仅通过操纵有效期就满足一个预算决议的规定，它也可以废除预算程序。

因此，马斯基和贝尔蒙给所有的参议院传阅了一封名为"亲爱的同事"的信，宣称税收法案通过时他们会提出异议。"这不是预算委员会和财政委员会之间的斗争……摆在参议院面前的问题是是否坚守国会的预算。"[③] 然而，一旦参议院预算委员会攻击财政委员会的决议，争论将不可避免地演变成两个委员会之间的斗争。隆在他对"亲爱的同事"的回应中通过将管辖范围问题拓宽到所有国会委员会利用了这一不可避免性："参议院将不得不决定预算委员会的职能是否是提议每个委

---

① 税收法案有1000多页，隆和税收改革倡导者不会按顺序逐条考虑，因此他们会先同意采取一些税收修正案措施。但是如果参议院预算委员会要求立刻考虑对税收法案在预算上的影响，这个方法就不可行了。

② 参议院预算委员会，1976年6月15日会议副本，第11页。

③ 影印版122国会记录（每日记录，1976年6月16日）。

员会将生存于其中的目标数字，此外，预算委员会是否在其他委员会的管辖范围内为它们撰写草案说明。这不是一个有关国会预算程序完整性的问题。这个程序很安全并且我们坚定地支持它。相反，这是一个有关参议院委员会适当权限职能的问题……参议院尊重每个提出其建议的委员会的权利吗？或者参议院是否打算让单独一个委员会提前告诉其他所有委员会它们具体将做什么，并监督它们以确保它们如此去做吗？"①

这场斗争一开始，就演变成了两个固执的主席之间的争夺。为了显示财政委员会的草案在联邦收入上可能的影响，马斯基试图在整个一年的减税上着力推行一个提早的投票；隆做出回应，指责马斯基是一个"预算破坏者"。经过四天的激烈交锋，由于程序操作而被推迟了，隆坚持认为预算程序已经被遵从，而马斯基则主张它已经被破坏。在隆的立场得到议员大会投票支持后，马斯基撤回了他的修正案，指出，"我对要点很清楚。我在最后 45 分钟明白了两点。"

然而，这样的领悟可以有多种解释，至少知道了参议员对预算程序的态度。这次投票并不意味着对预算程序直截了当的拒绝。如果隆赢得了最后的斗争，那多半是因为他使参议员们拥有了他们的预算程序和税收优惠。大多数参议员知道马斯基的计算正确，但他们还是投了另一边。许多人无疑是把预算委员会视为他们自己管辖范围的一个威胁。一个观察员评论道，"拉塞尔·隆有效地利用了动人的言论，'如果这会发生在我的委员会，它也可以发生在你们那里。'"在一场关键的投票上，马斯基以 42 票对 49 票落败，委员会主席以 2 比 1 的比率支持财政委员会。成员们可能都知道如果参议院预算委员会赢得这场争斗，他们为自己提供的税收优惠将会被叫停，而且不仅在这一政策上，其他的立法也是如此。一旦严格执行，一个收入目标可以在实质上成为税收草案的定案规则。

随着管辖范围问题得到解决，参议院在税收法案上投入了 7 个星期（混合了其他事情）。在 129 轮唱名表决之后，许多人支持额外的税收支出。无论预算程序中可能会有怎样的规定，都会因为削弱管辖权而被忽视。隆有选择性地反对一些修正案，理由是它们的收入损失会破坏预算，但他却支持其他一些相对而言也会造成财政收入损失影响的修正案。马斯基一次又一次站起来反对增加税款减除额，但通常不成功。在一个特别受欢迎且花费很大的税收补贴上（高校学费的税款扣除额），马斯基担负在议员大会上反对的全副担子："我作为预算委员会主席，绝不能就这样坐视预算程序如此继续下去……"② 学费扣除额随后以压倒性多数通过。

就在税收法案即将最后通过之前，隆提出一项修正案来表达"参议院的意见"，即它的与会者们应制定立法将 1977 财政年度的收入损失控制在 153 亿美元以内，也就是第一个决议明确规定的数额。这是提醒参议院财政委员会将遵守国会预算中规定（参议院预算委员会无意规定细节）的财政收入水平的另一种方式。他再次告诫同事们，在参议院有约束力的数额是"预算决议所言，而非预算委员会

① 影印版 122 国会记录（每日记录，1976 年 6 月 16 日）参议院 9570。

② 122 国会记录（每日记录，1976 年 8 月 5 日）参议院 15366。马斯基"无限期推迟"考虑学费税款扣除额的动议以 20 票对 68 票失利。

报告中的附属细则所言”。[①] 隆在他的“参议院的意见”的修正案中可能还有另一个目的，即向参议院显示真正的税收法案将是会议上产生的那个，而不是由财政委员会起草并添加了各种修正案的那个。由于他在能源税法案之后还要做一年，隆很想在税收改革立法中加入成本高昂并可能在会议上被否决的条款。这些讨价还价的筹码将有助于产生更加符合他自己利益的结果，而非在参议院内能够得到的那一个。

从数据统计的角度来看，参议院使得达成一个会议协议复杂化。它把该法案从5年内增收3亿5千万美元变成同期内损失收入35亿美元。此外，它把参议院和众议院法案5年之间的悬殊拉到了130亿美元。但是，这个会议成功地连接了这些差异，并提出了一个很符合预算决议要求的措施。新草案在第一年收入将增加16亿美元，这个数字包括在1977财政年度的第二个决议之中。[②] 这个增长中相当大的一部分源于某些改革的追溯效力（比如削减病假工资例外），并且国会稍后通过延迟某些有效期被迫放弃了约一半的增收额。不仅如此，立法不仅仅是一个数字游戏，它会带来真正的税收改革。事先警告是它对未来收入的影响：该草案计划在五年期间增收100亿美元，其中大多是较高的最低纳税水平和削减减免所得税合法手段的结果，而这是改革者的两个基本目标。

这个会议的结果激发了预算委员会又一轮的欢呼。和平常一样，布洛克·亚当斯总是很积极，把最后法案称为“国会预算程序的巨大胜利”，并声称“国会愿意遵守它的预算并开始执行这个漫长而艰巨的任务，即负责在某些敏感领域如税收支出上实施改革”。[③] 也和平常一样，马斯基在鼓掌中混杂着批评，他称赞隆的“会议报告充分展示了参议院通过的那个税收改革法案”，但严厉批评了“在参议院中盛行的对税收立法的态度”。他补充道，“改变这种态度将需要参议院自己来实行一条严厉的规则。参议院不能放弃它的财政职责并依赖它指定的与会者来修改税收立法并提供正确的税收政策”。[④]

1976年的结果并不符合以往众议院—参议院的会议模式。虽然会议经常放弃或缩减参议院增加的条款，但约翰·曼丽关于1947到1966年20年间税收法案的研究发现：最后的水平通常更靠近参议院的版本。他把参议院的成功归因于两个主要因素：它在众议院之后对财政收入法案采取措施，因此它可以把后续的发展考虑进去；它对被税收立法影响到的利益更加开放且反应更积极。[⑤] 这两个因素都被预算程序削弱了，至少关于改革的问题是如此。一个早期的预算标准会比一个后来的参议院行动对结果的影响更大；并且当与会者被收入目标武装时，他们更希望避开强大的利益集团。

---

① 122国会记录（每日记录，1976年8月6日）参议院13785。隆提到了一个类似于前一章讨论过的1977年能源税收法案的决议。

② 参议院版本的第二个决议期望从税收改革中获得11亿美元，和众议院计划的16亿美元形成对比。在接受众议院这个数字之后，与会者对税收法案可能产生的结果有了较为清楚的认识。

③ 122国会记录（每日记录，1976年9月10日）众议院9718。

④ 122国会记录（每日记录，1976年9月16日）参议院16018。

⑤ 约翰·F. 曼丽，《金融政治》（波士顿：Little, Brown and Company, 1970），第269—294页。

与会者1976年开会时拿到了一个对250个争议项目逐个进行的收入评估。这是参评者第一次在开会商讨之前就拿到如此详细的预算信息。另外，这个会议是公开的，虽然所有重要的交易都在私下里协商达成。与会者，特别是税收委员会的主席，知道他们的表现将会根据最后法案与预算决议规定的收入水平的接近程度来评判。根据这个标准，预算程序成功地影响了1976年的税收改革。

财政委员会的一个领导成员解释了为什么预算程序在会议中比在议员大会上更有效。"在议员大会上是逐个问题投票，虽然与会者不得不塑造某些在总体上与预算一致的东西。"这样的模式让参议院预算委员会左右为难：如果忽视那些不顺从，期望问题在会议上得到补救，那就等于容忍对预算程序的破坏；如果要反对这类破坏，则可能被"等待会议"的理由生硬地回绝，财政委员会在1977年的能源法案上熟练地运用了这个理由。但是，会议结束后，仍旧在与预算决议不一致的预算决议上投入大量工作可能已经太迟。

1978年税收法案：顺应税收和预算政策

1976年的冲突结束之后，一位参议院预算委员会的领导成员说，"我们输掉了每一场战役，但却赢得了战争"。但这最多只能算是有限的、付出了很大代价的胜利，甚至可能是得不偿失的。预算委员会已经在税收领域建立了一个管辖范围内的立足点，但它们仍然是一个局外人，迫切需要得到高高在上的筹款和财政委员会的认可。这些委员会已经阻止了国会削减比预算决议提供的更多的税收，并且他们已经赢得了某个税收改革；但他们在改革的数额能否在预算程序中规定的原则问题上迷失了。很清楚，1976年的模式不可能重复用于每一个重要的税收法案。不管是预算委员会还是财政委员会，都不欢迎又一轮随之而来的冒险和紧张。从参议院的角度看，斗争发生得最多的地方是避免公开对抗对双方都有利的地方，虽然没有哪一方愿意在权限范围内的声明中让步。由于掌控了税收程序中主要的权力，财政委员会有更多的资本去冒险；而作为税收立法中的新进参与者，预算委员会不想被视为一个干涉其他委员会事务的闯入者。财政委员会并不喜欢被看成一个不太合作并暗中破坏预算程序的委员会；预算委员会不想被当成是干涉其他委员会事务的干涉者。虽然他们之间不同的利益和观点可能会引起冲突，但双方都决定寻求和解。

随着1978年1月卡特总统递交给国会税收削减和改革一揽子计划，冲突的新机会随之而来。为了实行他在竞选中的一个主要承诺，卡特呼吁一项超过50亿美元的税收改革，包括废除或削减许多税收优惠。如果这次预算委员会选择斗争，他们在白宫将会有一个同盟。

然而，税收改革从一开始就注定是个败局。国会的态度是支持税收削减，而不是立法增加某些人的税收。不管是众议院筹款委员会还是参议院财政委员会在3月15日的报告中都没有讨论总统的改革提议；相反，他们都强调了他们对财政收入总额的"底线"。预算委员会在1979财政年度第一个决议的报告中暗示对税收改革在总体上表示支持，但也没有为此给它设定一个具体的数额。众议院预算委员会表示"对于总统具体的税收改革提议不作评论"，虽然它表示"继续强烈支持这一改革作为预算政策中不可或缺的一部分”。[①] 参议院预算委员会也“不针对消除或削减现有税收支出做具体评论。然而，该委员会认为控制税收支出的增长和控制直接支出计划的增长同样重要。”[②] 对税收改革缺少兴趣在议员大会上一如既往；参议院或众议院中都没有针对这一提议的修正案。

尽管他们对税收改革都表现得漠不关心，预算委员会运用税收削减的规模作为筹码来限制签署新的税收支出以及向废除旧的税收支出施压，并借此来影响国会在税收支出问题上的行动。预算委员会把税收削减数额从总统卡特最初要求的250亿美元缩减到了150亿美元。[③] 这样的缩减也只能够抵消由通货膨胀和将在1979年生效的社会保障税收增长计划带来的税收增加部分。通过不为额外的税收削减留有余地，预算委员会能够挤出大多数税收支出，而且他们提醒国会注意平衡税收支出和税收削减。预算委员会在第一个决议的报告会议上指出，“更大的税收削减总额可以在1979财政年度签署，因为考虑到额外的削减可以用适当的税收增加来抵消”。[④]

为了通过限制税收削减总额来影响税收政策细节，预算委员会不得不避免授权更大的削减。众议院预算委员会拒绝了共和党提议的一项提供额外103亿美元税收削减的动议；参议院预算委员会成功地维护了自己的想法，并反驳了想要通过让它更早生效来扩大税收削减的提议。[⑤] 事实上，在第一个决议会议上达成的税收削减目标比众议院或参议院之前同意的削减都要低。

但是，为了使这个策略成功，它不得不与筹款委员会和财政委员会起草的税收立法保持一致。这在众议院没有问题，因为众议院同意的税收削减法案比该数额低几十亿美元。众议院的这一行动意味着财政委员会可以不违背预算决议中设定的财政收入水平而增加自己的削减项。但它也导致预算委员会通过进一步按比例缩小众议院通过的削减数额，在第二个决议中进一步加大它们的压力。为了保护他的委员会的利益，同时避免一场关于收入削减的斗争，隆参议员和参议院预算委员会达成了一个非正式协议：如果预算委员会给财政委员会一个合理的削减数额（与第一个决议中限定的那个数额相等），隆将会带进一份与收入水平相当的草案。

这个交易在参议院预算委员会审定第二个决议时受到攻击，是隆在委员会面前又一次精彩的表现。隆指出，众议院并没有“充分利用第一个决议中关于税款扣除的授权”。他说，但这并不意味着削减也应该更少。“我记得从众议院筹款委员会的人那里听到的情况是：他们非常期望在参议院这边的我们在我们递给他们的草案中会利用提供给我们的减税授权全额。”[⑥] 隆无疑会让他的委员会“在预算授权

① 众议院报告。第95－1055号（1978年）第26页。

② 参议院报告。第95－739号（1978年）第36页。

③ 这项削减是吉阿莫、马斯基和总统开会协商的结果，并且与筹款委员会和财政委员会的主席进行了磋商。

④ 参议院报告。第95－866号（1978年）第4页。

⑤ 众议院以163票对239票拒绝了共和党的提议。124国会记录（1978年5月3日）众议院3516。参议院以22票对65票的微小差异否决了扩大税收削减的提议。124国会记录（1978年4月25日）参议院6294。

⑥ 参议院预算委员会，1979财政年度第二个预算决议的审定，副本，1978年8月9日，第306页。

提议的范围内尽可能提出一项税收削减”。[①] 当财政委员会需要的数据上出现疑问时，马斯基认为“我们的人员能算出这些数字”，同时贝尔蒙补充了几句他和解的话，“我们应该试着尽可能面对面地了解”。[②]

参议院预算委员会履行了它在交易中的义务，在第二个决议的起草中保持了这一年早些时候定下的整个削减目标。隆把财政委员会对税收草案的审定推迟到参众两院有关第二个决议的会议批准削减数额之后。然后他利用预算限制驳回了很多他的同事提出的计划。财政委员会议员屡次在“预算缩减”上被提醒[③]，尽管他们公布了一个超过预算削减数额的草案，但他们知道最后的数字还是不得不与第二个决议中的财政收入底线保持一致。

参议院用它惯常的方式来处理税收草案，即在税收削减中增加许多修正案和数十亿美元。马斯基不断发言公开谴责这是对国会预算的破坏，有时候隆也会加入他，他投票反对各种扩大扣除的提议。有了隆的支持，参议院坚持取消了最受欢迎的税收支出计划之一，即在联邦税收中允许扣除国家和地方的汽油税。[④] 但在一场激烈的议员大会斗争中，参议院明确拒绝了马斯基阻止会减少未来年度税收的修正案的尝试，参议院批准的税收法案包括了价值数十亿美元这类扣除额。然而，这些修正案中的大多数在接下来的会议中都被废除了，并且国会（在会议期的最后一天）最后同意了与预算决议一致的税收立法。

1978 年的这些事件表明税收和预算委员会之间管辖范围的界限，后者集中于财政收入的总数，而前者主要关心税法的细节。角色上的差异使得预算委员会对税收改革间接施压，而不是像两年前那样试图直接施压。预算委员会可能对这样的角色不满，因为因果之间的关联通常没有明显到可以让他们从某些具体的结果中得到好评。不过，如果预算委员会偏向细节，他们将冒着与税收委员会发生冲突的风险，而且不能确保在影响最后的结果上一定会更成功。

预算程序的限制

为什么预算委员会不得不尽如此大的努力才能在税收政策中发挥一定的作用？在国会面前，这些委员会在税收问题上似乎比在支出议案上地位低。部分答案与预算法案有关，因为法案对于财政收入决定方面做的调整比支出方面少。与他们发挥作用的支出项目的设置相比，预算决议只处理财政收入总额；他们既不管具体某一财政收入的来源，也不管采取什么方式把税收负担分配到各经济阶层。虽然预算法案要求众议院筹款委员会和参议院财政委员会提交一份 3 月 15 日报告，并给出财政措施的各种时间要求，但除了估算当前法律下可能获得的财政收入外，它并没有强制预算委员会做其他更多的事。但预算法案不是仅有的限制因素。还有许多有关

---

① 参议院预算委员会，1979 财政年度第二个预算决议的审定，副本，1978 年 8 月 9 日，第 323 页。

② 同上，第 315、319 页。

③ 见国会季度性每周报告，（1978 年 9 月 30 日）第 2608—2609 页。

④ 这一票始于一个反对汽油税扣除修正案的议事程序问题。49 票对 42 票的票数裁决这一修正案破坏了预算法案，隆参议员的票投给了多数。124 国会记录（1978 年 10 月 10 日）参议院 17993。

收入立法的因素使通过预算程序制定税收决策的任务复杂化。

国会中税收活动的时机

税收活动的时机严重影响着国会预算和财政收入立法。当政府有一个预算程序时，它的决定应该与一个固定的时间表保持一致；如果没有预算程序，财政措施就可以在一年中的任何时候实施。给决策定时间表不仅是一个管理便利的问题，也是一个财政控制的前提。对于周期之外的决策，预算程序便没用了。

如果总统的提案在考虑第一个预算决议之前被提交，并且在第一和第二个决议间隔期完成了立法活动，国会预算程序将得到促进。这是在预算法案中为拨款法案考虑的安排。但是，不像拨款那样总是有很多规定（国会希望每年有13个常规拨款法案，加上至少一个早期的和一个晚期的补充法案），税收活动是不确定的。预算法案不会预先规定某一时期国会应该采取的财政措施或税收行动的频率。

总统通常将主要的税收提案和他的年度预算一并递交，但源于1977年的关于能源和社会保障的活动并非如此。筹款委员会在第一个决议通过之前提交了一些税收法案，在决议之间提交了两个，还有另外两个税收措施是在国会完成第二个决议之后提交的。时间范围在参议院财政委员会内也差不多，它搁置了一个草案，在第一个决议之前报告了两个，另一个是在5月至9月的间隔期，还有四个在第二个决议通过之后提交。国会的行动最不可能发生在两个决议之间。从筹款委员会报告到国会最后行动之间的间隔期从1977年减税法案的35天到1976年税收改革法案的300多天不等。

因为这个程序如此不规律且难以预测，预算委员会很难在他们的预算决议中针对国会行动拟定有效的计划。他们也发现自己要么成为已经制定的决策的橡皮图章，要么被立法行动撇在一边。

表13-1为预算程序的局限性提供了另一条线索。其中5个法规在休会前的一小段时间内得到国会批准；4个在会议期的最后几天在参议院通过。后来的考虑加强了税收委员会在它们的立法上控制议员大会活动的能力。隆参议员常常努力使“最后一列火车驶离车站”，这一实践显示了他对立法程序中时机重要性的准确理解。在会议后期，国会不想受制于机构内部关于预算数字的争吵；为了完成它的工作，它想适当放松一点它的规则。它认为税收扣除是“必要的”立法，而且它不想受制于议事程序的问题或有关预算法案的要求在技术上的讨论。

表13-1　　1975—1978财政年度主要税收法案的立法历史

立法委员会报告	总统启动和通过	众议院筹款委员会报告	众议院考虑	参议院财政委员会报告	参议院考虑和通过	国会完成活动	第一次报告至国会活动完成的天数
1975年税收削减法案（P.L.94-12）	1975.1.15	1975.2.19	1975.2.27	1975.3.27	1975.3.18—22	1975.3.26	37天

续表

立法委员会报告	总统启动和通过	众议院筹款委员会报告	众议院考虑	参议院财政委员会报告	参议院考虑和通过	国会完成活动	第一次报告至国会活动完成的天数
税收削减延期法案（P. L. 94－168）	1975. 10. 6	1975. 11. 12	1975. 12. 19	1975. 12. 12	1975. 12. 19	1975. 12. 19	38 天
1976 年税收改革法案（P. L. 94－455）		1975. 11. 12	1975. 12. 3—4	1976. 5. 27	1976. 6. 16—8. 6	1976. 9. 16	310 天
1977 年税收修改法案（P. L. 95－30）	1977. 1. 27	1977. 2. 17	1977. 3. 8	1977. 3. 28	1977. 4. 18—29	1977. 5. 16	89 天
1975 年能源税收法案（H. R. 6860）	1975. 1. 15	1975. 5. 15	1975. 6. 9—19	—	—	—	—
1978 年能源税收法案（P. L. 95－617）	1977. 4. 20	1977. 7. 13	1977. 8. 3—5	1977. 10. 21	1977. 10. 25—31	1978. 10. 15	459 天
1977 年社会保障财政修正案（P. L. 95－216）	1977. 5. 9	1977. 10. 6	1977. 10. 26—27	1977. 10. 31	1977. 11. 2—4	1977. 12. 15	69 天
1978 年收入法案（P. L. 95－600）	1978. 1. 21	1978. 7. 27	1978. 8. 10	1978. 9. 27	1978. 10. 10	1978. 10. 15	80 天

来源：标示日期的国会记录。

具体细则对总数

正如前面所述，预算委员会的收入角色比它的支出角色有限。收入在总量上计算，具体细节（税收来源和税收支出）被托付给备用报告。如果参议院预算委员会满足于处理财政收入总数，那么 1976 年的税收改革之争便不会发生了。当参议院预算委员会试图控制税收政策的一些具体细节时，它是在挑战税收委员会的权限范围。

预算委员会限制在收入总量决策，不可能直接处理分配性的税收政策问题：多少从各阶层纳税人筹措，以及多少通过税收补贴由各阶层保留。这些是更容易引起争议的政治问题，而不仅仅是某年的税收削减应该是 180 亿美元还是 200 亿美元这样的边际决策。预算委员会也发现，一个仅限于给出总体收入水平的决议给了税收委员会足够的选择权来改变税法而不破坏国会预算。财政委员会操纵有效日期的技巧表明，预算程序自身无法阻碍它的优先项目的颁布实施。几乎任何一个税收政策都可以制定得适应一年预算决议中规定的收入水平。同样的收入总数能够适应税收支出的某个增长或某个扣减，视特定条款生效的时间安排而定。

把预算委员会限制在收入总额上似乎是在用这种方式鼓励它们关注税收政策在财政上可能产生的影响。干涉内部财政法的细节只会使这些委员会偏离税收的宏观经济学。然而，财政政策不仅仅取决于一个单一的、独立于其组成的收入数字。相同的“底线”也会以各种方式影响经济，这取决于它源于何处。当卡特总统在

1977年最初提议退税问题时，共和党员们表示反对并提出了一个永久性削减议案。他们在应该从预算中削减多少收入的问题上没有什么争议；争议的问题是永久性削减是否会比一次性削减更能刺激经济。下面的交锋显示了参议院预算委员会试图在不触犯财政委员会的情况下制定税收政策的尴尬处境：

参议员马克鲁尔：……当我们在预算委员会中唯一的选择是给一个收入数额投票时，预算委员会在试图制定经济政策上的真正职能被掩盖了……

参议员马斯基：你想把这个财政委员会也弄成这样？

参议员马克鲁尔：……我当然不是想说我们要做的事会妨碍到财政委员会，但我认为我们至少应该试图向国会表示一下……当我们通过一项决议时，不管它在这些数字背景下是暂时性的税收削减还是永久性的税收削减。

……

参议员马斯基：……如果我们有时间而且想要参与其中，并且实际上给我们的偏好投票不会妨碍到任何人包括我们自己的话，如果能在暂时性税收削减和永久性税收削减上达成一致，我愿意那样做。

通过报告一项为无论是"暂时性退税还是永久性的税率相对削减"留有余地的决议，参议院预算委员会最终走出了它的困境。该委员会没有迷失在总额和具体细节的分界线上；它通过放弃影响财政政策的机会保住了预算和平。

预算委员会设计了两个策略来弥补它们在具体税收问题上的弱势地位。第一，通过控制财政收入削减总额，他们试图把新的税收支出"排挤在外"，并督促税收委员会在已有的支出上采取措施。增长的就业率和对通货膨胀的高度关注（要求较少减税的经济条件）帮助了这一策略。当经济需要刺激时，预算委员会在其收入目标上可能不得不同意更松的要求。此外，1978年的财政收入总额被筹款委员会和财政委员会接受。有人怀疑如果这些委员会都坚持更大规模的削减，结果会不会还是一样。预算委员会利用税收削减作为一个分配政策杠杆的能力取决于税收委员会的意愿以及预算委员会的财政收入总额。

预算委员会第二个策略的引入也是在1978年，当时国会强烈要求学费税收扣除，总统大力支持扩大对大学生的贷款和拨款。预算委员会利用这一形势鼓励在通过税收扣除帮助学生和通过直接支出计划帮助他们之间进行选择。委员会清楚地表明可以用来帮助学生的资金有限，并且那些用在税款扣除上的钱将使用于贷款和拨款上的资金减少。这一方法还扩大了预算委员会和税收委员会在教育项目立法权上的斗争。在这个更大的组织中，预算委员会有同盟帮助它使最后的结果有利于贷款和拨款而非税款扣除。

直接支出对税收支出

1978年使用的策略似乎对所有的税收支出问题都适用。预算委员会试图让税收和直接支出在某种程度上一致，以便国会选择任意一种政府扶助形式。但需要指出的是，税收改革者更善于把税收支出包括到预算法案之中，而不是说服国会把这些补贴视为和预算等价的直接支出。这种预算程序所能涵盖的范围与国会议员的想法之间的不一致通常是预算争论的一个来源。很多议员要么无法理解税收支出的想法，要么不相信那些补贴应该被视为来自财政部的现金。从税收系统拨款在国会中无法被广泛地理解为对公共资金的支出。

问题从税收支出延伸到了整个预算的收入方面。在大多数议员眼中，控制预算就等于控制支出。他们希望预算程序更多关注支出政策，而非改变税收系统。当参议院预算委员会不愿意放弃考虑社会保障立法时，参议员查理斯·克提斯抱怨道，“我总是认为预算委员会的主要职责是掌控支出以平衡预算。”然而，尽管这个来自财政委员会的高级共和党委员带有党派偏见的观点过分表达了立法情绪，但它确实反映了国会对待收入和支出的不平等。国会中没有人主张预算程序的“主要职责”是改变税收系统。

在试图影响税收政策的过程中，预算委员会可以利用预算法案的授权“设计协调税收支出、政策以及有直接预算支出的项目的方法”。长期来看，预算委员会通过对国会说教可能保障的税收改革比领导一场改革运动多。如果他们集中于研究税收补贴用于直接支出计划的领域（在该领域中，税收补贴与直接支出的计划相比较），而不是通过试图强制筹款委员会和财政委员会立刻取消一些税收优惠来获得数十亿美元的额外收入，税收委员会的直接反对肯定会更少。

预算年度对未来年度

预算法直到第一次预算决议被采纳前一直阻碍资金立法上的议员大会行动，但对于“在应用共同决议的财政年度之后的一个财政年度初次生效的”收入措施则没有任何时间限制。换句话说，预算控制仅与当前和即将到来的预算年度有关，与其他“财政年度之后的年度”无关。

这一免除同样适用于收入和支出法案，但在实际操作中它又给收入立法开辟了更大的逃避空间。虽然拨款委员会通常只能勉强同意提前拨款，但税收委员会在跳跃式前进的预算年度上是一把老手，这些年度规定其财政收入在未来年份才生效。这一做法给了税收委员会他们需要的灵活度，可以在不赞同预算委员会提出的具体收入政策的情况下处理任何预算决议问题。即使税收委员会不操纵生效时间，国会的税收行动（除了临时的税收削减之外）也会倾向于更显著地影响财政年度之后的年度，而非预算程序包括的年份。参议员马斯基在1976年斗争的高潮期间告诉他的委员们，“我们了解到，要改革这个政府的方向，日历年度或12个月的财政年度都太短。在这里，如果你开始将收入变化……视为一个12个月的行动，你真的会为国会制造麻烦，因为我们试着使我们的预算走上未来五年我们要去的方向。”

一年一度的预算报告使得预算委员会在不打扰委员会主要管辖领域工作的同时对未来财政收入政策产生影响变得困难。但他们不可能与其他委员会无休止地冲突下去，所以，在预算季的大多数时间里，预算委员会与税收委员会保持一致，并勉强认可持单年度预算。

参议员马斯基在1978年挑战单年度预算但却失败了。该议题是一个共和党的提议：在一个三年的时期内分阶段大幅度减税。马斯基挑战了预算法的第303款，它禁止在某个财政年度第一个决议被采纳前考虑收入（或支出）措施，但允许考虑未来年度的这类政策。争论的焦点集中在预算法的技术层面上，但参议院明白真正的争端其实是预算委员会和财政委员会的相对权力。马斯基直截了当地指出多年收入立法的后果："我们为了总收入而把（预算）程序置于危险境地，因为我找不出任何理由在1月1日到15日之间保护预算，而在这之前国会可以任意执行任何财政年度中所选择的税收削减。"参议员隆同样强烈地表示马斯基的解释会阻挠参议院的意志："这个组织内任何人都有权在预算决议实施年度的下一年提出一项提供某项税收削减或某项税收增加的修正案。不然的话，没有预算委员会的同意，参议员们将不能在预算年度结束后提出一项影响他们的人民的税收削减……"

当主席（在参议院议员的提议下）支持马斯基反对减税三年的议程问题时，隆则呼吁裁定，并以48票对38票赢得了投票。马斯基随后参加议员大会以"接受参议院的意愿为预算法案的一个直接解释……（这些）是我的新命令，我将遵循它们"。

这些命令给预算委员会带来了些什么呢？对收入法案的影响力比他们期望的小，但并不微弱。在未来年度的问题上回绝了马斯基后，参议院在税收法案中增加了许多修正案，将其未来（第五年）支出从众议院通过的320亿美元提高到560亿美元。但隆之后又协商出一个会议协议，这个协议不仅使第一年支出保持在预算决议的收入规定以内，还将第五年支出减少到340亿美元。隆不想让国会提前对未来减税做出承诺有他自己的理由。"想想所有你将失去的快乐，"据引述，他说，"如果未来不能为减税投票，也就没留下什么可以削减了。"迟早，永久性减税将会对财政产生限制性影响，迫使其放弃额外削减，甚至更糟，强迫其投票给可以避免的增税。

隆为参议院在处理未来年份的减税计划时找了一个安全门，而非一个逃生门。一边被来自国会更多减税的压力包围，另一边又有来自预算程序的限制，隆需要一些使用策略的空间，在不违反程序或"放弃储备"的情况下应对这些压力。有关未来收入的有限让步使他能够组建一个有力的联盟来支持他的税收法案，并在参议院赢得和平的立法。以这种方式处理事务使隆控制了参议院中的税收程序。

隆的策略在哪里离弃了参议院预算委员会？隆在1978年参议院颠覆了马斯基的议程问题后不久便给出了部分答案。他极力主张马斯基应当继续做他以前所做的："……当我带来一个在未来年度减税的修正案时，即使它与预算决议并不冲突，我仍希望他会强硬地说，'预算委员会已经考虑了这个问题，我们觉得我们无法承受财政收入的损失……'"

隆希望参议院预算委员会仅仅作为一个税收政策信息的独立来源，而将决策权留给财政委员会。而马斯基尽管不想这样界定他的委员会的职责，但仍然十分认可参议院预算委员会在为参议院提供对税收决定有短期和长期影响的时效性信息时的作用。在他与隆关于税收政策的一次纠纷中，马斯基在辩论中捍卫他的干预："在预算委员会中我们只有一条纪律……信息纪律。如果我没有这个职责，我便什么职责也没有。"但参议院预算委员会倾向于将信息与对抗混淆，或许是害怕事实本身无法阻止参议院做它们注定要做的事。但记录显示预算控制支持的事实也不总是能阻止参议院。

税收与预算：不平等的关系

预算委员会的工作干涉了其他每一个国会委员会的利益。预算委员会在国会山上拥有一个安全角色的程度在很大程度上取决于有主要管辖权的委员会（授权、拨款和税收）接受新委员会作为立法程序合法参与者的程度。因为国会委员会是他们立法管辖范围的保护者，让筹款委员会和财政委员会毫无保留地欢迎新预算实体并给予它们大部分的税收权力是无法想象的。但在预算委员会和拨款委员会之间发展起来的做法可能也会出现在税收领域。但这并不是实际情况。即使是保持谨慎和恭敬态度的众议院预算委员会，在其高级职员的看法中，“与筹款委员会发生的冲突要比与拨款委员将会发生的冲突多。每次我们回顾时，与筹款委员会都会有某个问题。”

在国会的每一个税收问题上，预算委员会和税收委员会都要在对抗或迁就中进行选择。如果预算委员会在 1976 年的结果中有发言权，那也是对抗的结果。他们必须努力争取才能得到，众议院预算委员会通过平静的压力，参议院预算委员会通过大声呐喊。但没有任何一个成功的立法委员会可以在这种条件下坚持很久。在国会山里，成功并非来自对抗，而是来自对委员会（及其成员）作为特定立法领域专家身份的尊重。一个靠记录来了解自己是否做了有意义的事情的委员会是一个不确定自身在国会中地位的委员会。至少在税收领域，预算委员会不能仅靠在没有预算程序的情况下与其他人保持一致而生存下去。一个需要一再与其对手竞争的委员会是一个对自身管辖权没有明确要求权的委员会，是立法程序中无足轻重的部分。

胜利由那些没有光环效应的委员会取得。预算委员会通过它们 1976 年的成就并未富于意志和资源。也许部分是由于马斯基因病缺席，当能源和社保法案在 1977 财政年度会期的最后几天紧急送到参议院时，参议院预算委员会仅发起了一场毫无生气的战斗。在 1977 年能源税法案中，当参议员隆发起对预算程序的进攻时，许多参议员对再一次听到更多有关预算程序的问题和条件仅仅表示不感兴趣。参议院预算委员会为其 1976 年的胜利付出了代价：他们赢得了一个做事过头和好斗的名声，而不仅仅是国会预算的保卫者。

大多数情况下，预算委员会选择迁就而不是对抗。在那场重要的税制改革之战后的一年产生的所有三个税收法案中，委员会仅对立法潮给予了象征性的抵制。而在退税问题上，他们在行政部门撤销其认可后原路返回。在能源法案上，他们受挫于众议院投票支持的 300 亿美元增税和参议院通过的 400 亿美元减税。在社保法案上，他们反对增加税收的议案由于国会渴望恢复这个巨大系统的财务健康而受到冷遇。在 1978 年，参议院预算委员会与财政委员会在减税规模上进行合作，参议院预算委员会为了换得对预算数的拥护而迁就了税收委员会的利益。但即使这个和解性的安排也未能避免议员大会上激烈对抗的爆发。

正如预算程序的其他方面，在税收方面，众议院预算委员会也倾向于迁就，而参议院委员会则更愿意进行对抗。税收程序核心参与者的言论体现出众议院预算委员会有限的作用。一位众议院预算委员会税收支出任务组的成员说：“有些微妙是因为很明显我们不想进入他人的领土……我们可以假设筹款委员会要筹集几十亿美元，但我们不需要告诉他们如何去做。我们会把它留给厄尔曼。”

一位既是筹款委员会又是众议院预算委员会的成员评论道：“预算委员会的角色一直以来主要是对经济变动将带来的影响进行预测。他们的角色一直非常适度。比如，一种会出现的情况是筹款委员会为税收支出要求1亿美元的缓冲资金，制定小规模税收调整的权力可能会在收入损失上增加1亿美元。这就是现在我们的对抗等级，并非预算委员会对筹款委员会说的‘我们要你们改变对信贷的个人免税额’，或诸如此类的话。”

一位众议院预算委员会成员领袖说：“我们在税收方面有不足。但我不能给你一个很好的解释。在成立的第一年，也就是1975年，我们的确在税收支出方面几乎无所作为……而第二年我们本来有很好的影响力，但那也不是我们一开始想要的那种影响。我们通过与筹款委员会成员的大量沟通确定了20亿美元这样一个数额——似乎那个数额就是他们要得到的。”

当预算程序开始时，众议院预算委员会和筹款委员会在税制改革上都产生了严重的分化。25个众议院预算委员会成员中的13个在第94届国会中至少一半的税制改革投票中投了赞成票，而37个筹款委员会成员中的18个则在超过一半的情况下支持改革（见表13－2）。这两个委员会不单在税制改革上产生了类似的分化，他们的中位数和投票平均分值也几乎相同。每个委员会中的分歧阻碍了改革者将众议院预算委员会作为实现其立法目标的跳板，并且阻碍众议院预算委员会向筹款委员会施压以获得一个更有力的赞成改革的位置。结果是一个相当和谐的关系，众议院预算委员会批准了筹款委员会领袖认为适当的改革数额。

表13－2　　第94届国会预算委员会及税收委员会成员对税收改革的打分情况

	众议院预算委员会	筹款委员会	参议院预算委员会	财政委员会
平均值	54.4	53	41.1	34.5
中位数	53	47	40—46	22
打100分的成员比例	4	8.1	0	0
打75分及以上的成员比例	44	43.2	6.3	11.1
打50分及以上的成员比例	52	48.6	31.3	22.2
主席的打分	94	76	77	22

来源：税收与代表。

筹款委员会的税制改革者并没有寻求众议院预算委员会的支持，而在两个委员会都有席位的成员也没有鼓励预算委员会在税收政策上发挥积极作用。一个原因是税制改革对每个委员会意义不同。在预算的语境中，改革意味着削减联邦政府提供的超过1000亿美元的税收补贴。而对筹款委员会来说，改革并不是一个单独的问题，而是大量的内部收入条款，每一条都根据其政治上和经济上能带来的好处单独决定。筹款委员会（和财政委员会）成员对预算委员会在没有对特定问题采取强硬立场的情况下就能够支持税制改革的事实深恶痛绝。一个参与者这样描述这个问题："对于预算委员会来说，只是说说'我们不得不完成20亿美元的预算改革'是很容易的，但他们并不需要仔细审查并逐项了解改革对公众的意义。以这种方式做决定太容易了。这不应该成为一个合法的决定。合法的决定不仅要符合预算程序，更要符合相关的立法程序。"

筹款委员会和财政委员会的税制改革者们并没有寻求预算程序方面的支持和引导。一位有着亲改革派记录的筹款委员会成员驳斥了在两个委员会的改革者之间结成联盟的想法："预算决议不会影响任何筹款委员会成员的投票。难道有成员会说'噢，好吧，我会投票赞成紧缩房地产税收上的漏洞，因为预算委员会要求我们必须找到20亿美元'？我从未听说过任何一个成员像那样推理，而这才是实际情况。"

筹款委员会至多只是预算委员会偶尔的盟友，利用预算程序获得特定议题的利益，但当政治情况发生改变，需要采取不同的战略时便会抛弃它。在1976年税制改革法案大会上，一位成员极力帮助厄尔曼肯定这种机会主义："筹款委员会与其他很多委员会都以同样的方式利用预算程序，即把它作为不去做或去做那些对它们来说非常困难的事情的理由。换句话说，是你想做但找不到一条使之在政治上合理化的途径的事。"

即使是公认致力于预算程序的厄尔曼，有时也会为了政治原因而放弃预算程序。1975年有关福特总统在税收和支出削减上的争端迫使厄尔曼反对预算程序。人们将会记得的是共和党想要在债务上限法案中增加支出限制。这类法案一般在内部规则下都会被提交到议员大会，但厄尔曼想上报一份能得到一些共和党人支持的法案。结果是他同意不反对允许在支出上限问题上采取议员大会投票的规则——不顾布洛克·亚当斯慷慨激昂的呼吁："我请求你不要毁灭这个我们正在试图使之进入正轨的程序。"厄尔曼并不想破坏预算程序，但他必须将自己委员会的利益置于预算委员会的利益之上。

在参议院中，预算委员会和税收委员会之间的关系比在众议院中要紧张得多。参议院财政委员会对其3月15日报告的审定比大部分参议院委员会要更正式、更广泛，但财政委员会在其提交给参议院预算委员会的年度"信件"（他们用作报告的模式）中仅仅提供了总体性信息。例如，财政委员会的成员为1978财政年度的预算审议准备了一份80页的打印文件，而它提交给参议院预算委员会的信件一共只有12页，其中只有两页是关于收入的。通过最低限度地遵守预算法，财政委员会示意参议院预算委员会不应该纠缠于收入的细节或者其他财政委员会管辖范围内的事务。

改革的情绪并没有在财政委员会或参议院预算委员会中成为主流情绪，但它在后者中要稍强一些。在超过一半的投票中倾向改革的议员们在参议院预算委员会中只占不到三分之一的席位，而在财政委员会中这一数字更是少于五分之一。在参议院预算委员会明显缺少税制改革热情的情况下，其在1976年税收冲突中的积极作用又该如何解释呢？答案至少应该包括这三个因素：（1）虽然缺少绝对忠诚的改革者，参议预算委员会改革分值的中位数和中数都要比财政委员会高得多。（2）主席马斯基在参议院预算委员会中拥有最高的改革分值，他也对委员会在

1977 财政年度第一个预算决议上支持改革的决定产生了有效的影响。（对比之下，主席隆的改革分值低很多，事实上他在这个问题上的立场在他的委员会中处于中间位置。）（3）当隆在参议院预算委员会露面表示反对 20 亿美元的改革目标时，有些委员会成员把这看做是对他们预算角色的挑战，所以在改革问题上团结一致。因此，这个问题就被界定为关乎预算委员会的角色而非税法改革了。收入目标毫无异义地一致通过，事实上所有的讨论都是围绕参议院预算委员会在税收立法中的角色和这一目标的可达成性展开的。几乎没有一句话是有关税收政策的实质或某一特定税制的改革。

1976 年税制改革冲突终结了参议院预算委员会对其在国会山中有所成就的幻想，但这起冲突也证明了单单一次失败不仅不会摧毁预算程序，也不会阻止参议院预算委员会与其他参议院委员会建立正常联系。隆的态度和表现可以用一句对他的评论来总结："告诉我规则，我将奉陪到底。"按规则行事意味着不公开推翻预算程序，也无需不必要地服从其指挥。但隆有时也会改变态度，友好地对待预算程序，利用预算决议中的收入水平来反对高代价的税收抵免。一个见识过隆对于立法技巧的纯熟应用的人解释道："隆对于不采用那么多修正案会感到很高兴，他想避免在大会中失败。很明显隆倾向于在可能的情况下规避那个程序，他宁愿在议员大会上阻止它。他对于有这个预算程序很满意，因此他就可以说'大家看呐，这都是那些预算委员会的家伙们干的，不是我'。"

1977 年马斯基和隆试图避免再一次的税制改革争端。参议院预算委员会试着猜测财政委员会准备第三个预算决议时的意图，而财政委员会则想要安排与预算决议中收入水平相当的社会保障税增加。马斯基忠实地主张财政委员会应当将劳务所得税（对个人的支付超过其税收责任）作为一项收入减少，而非一项直接支出，因为这是一个隆有极强兴趣的问题。对他的职责而言，隆同意在 1977 年减税法案上增加一个非周期性收入分享的延期（马斯基的第一立法要务），即使财政委员会还未就这一立法召开任何听证会。尽管为互相迁就做出了共同努力，参议院预算委员会和财政委员会还是在 1977 年对抗了三次——在退税、能源税和社保问题上。调解上的互惠也不能避免 1978 年讨论税收法案时新一轮的冲突。马斯基想增强参议院预算委员会对未来税收决定的影响，而财政委员会则想在未来年份摆脱预算的控制。在对自身利益的各自追求上，两个委员会都被迫采取了侵犯另一方运作领域的行为。

我们很容易将参议院预算委员会描绘成一个在追求其税收角色方面的过度好战分子。一位参议院预算委员会的高层成员这样为其委员会的姿态辩护："我们必须为每一点管辖权而战，而不是报告预算决议。预算法里就是这样写的；它将我们置于与财政委员会对立的位置。"

参议院预算委员会在税收领域比在没有冲突的情况下更强硬一些。财政委员会在总的税收政策中承认了参议院预算委员会的合法作用，并承诺自己在预算决议设定的收入限额以内工作。也许有人会认为众议院预算委员会在没有与其他委员会对抗的情况下就取得了相当的成就。但事实是筹款委员会经常提供低减税数据（正如他们 1978 年做的那样），而众议院（由于封闭或修正的规定）没有机会进行对抗。财政委员会扮演的角色是提供更多利益，并在公开评论期在议员大会上争取更多减少收入的修正案。众议院预算委员会能够通过平静的谈判控制预算，而参议院预算委员会却不得不攻破各个堡垒。

通过同样的标志，财政委员会正在担负它的历史性职责，而非仅仅试图削弱预算程序。参议员马斯基以一个对漠视预算程序的委员会和同事们不寻常的攻击作为参议院围绕 1978 年第一个决议的争端的起点。财政委员会是他攻击的主要目标之一，而它们对 1977 年能源法案有效期的操纵则成为他的谈资："在去年有关能源税法案的辩论中，我们又一次目睹了牺牲预算改革的渴望……在政治机会暂时变得更有吸引力时……财政委员会在其法案中暗藏玄机，以求在预算程序的规则中创造出一个新的漏洞。"

这种对财政委员会或其主席动机的解读是不完整的。虽然财政委员会被认为是国会中权力最大的委员会，但它在预算程序中的角色是最模棱两可的。它的国会职责会因阻止它增加国会规定的税收削减的控制而受到威胁。而它在大会中反对筹款委员会的地位也会被大大削弱。如果众议院要同意一个会消耗预算决议中所有可用余额的税收法案，财政委员会只有两个不得已的选项：要么在没有实质性改变的情况下接受众议院的法案，要么在不违反预算数额的情况下重新安排税收利益。第一个选项会使财政委员会沦为一个橡皮图章，而第二个则要求它们将一部分纳税人的利益转移到其他纳税人身上。人们并不惊讶财政委员会选择安排能增加利益而又不超过预算水平的减税。显然，财政委员会在 1978 年可以合作，因为众议院没有"花光"预算决议中规定的所有可用的减税额度。

财政委员会也选择了不受约束的议员大会行动。隆将这一过程视为对他的委员会以及参议院在大会中讨价还价能力的增强，而非对预算规定的违反。隆可以通过允许议员增加修正案来获得他们对他的税收法案的支持，同时他也完成了遵守预算限制的承诺。如果这需要对生效日期进行操纵，其目的也是为了参议院的利益。有证据显示马斯基理解财政委员会的窘境。在参议院处理了 1978 年的减税，并且在未来年份的减税中增加了数百亿美元额度之后，马斯基决定投票通过这项立法："如果我认为这个法案将以其当前的形式签署成为法律的话，我会非常关心这个法案对 1980 年预算的影响。然而，幸运的是，我非常怀疑情况会如此。财政委员会主席……对我们承诺……他开会回来时，会带着一个与 1979 财政年度预算一致的税收法案，以及在以后年度中大大降低的减税额。"

马斯基的态度将参议院预算委员会置于一个很艰难的位置，因为如果扩展到未来立法，意味着接受了 1977 年能源法案中被参议院预算委员会否决的"等到大会时再解决"的论断。参议院预算委员会将不得不勉强接受非正式的谅解以及对预算程序的正式逃避，但或许这是参议院预算委员会与财政委员会能够达成的最好的一致了。

结　论

我们不能指望预算委员会与税收委员会之间建立的关系比得上它和拨款委员会

之间宽松的关系。拨款委员会需要盟友，拨款委员会在议员大会上捍卫它们的建议和防范后门支出劫掠它们的管辖领域方面需要盟友。他们与预算委员会之间的关系源于共同的需要和共享的利益。没有预算委员会的支持，拨款委员会也许无法维持它们草案中设定的支出水平；而没有拨款委员会的支持，预算委员会恐怕也无法增加他们决议中的支出额度。

税收委员会（不论是根据管辖范围，还是根据在议员大会上推动它们法案的能力）在有实权的国会委员会中的地位通常不需要预算盟友。在巩固筹款委员会和财政委员会之间的关系以及培养一种相互依赖的意识方面，预算委员会能做的很少。

第十四章

一份对国会预算过程的评估

自 1974 年预算法生效开始，国会议员、预算观察者和记者们都在持续的基础上为国会预算行动“计分”。他们将这些行动几乎均解读为新程序生存下来的结果。成功和失败被屡次调整，观察者们根据最新结果调整心情。

参议院预算委员会在其 1975 年通往成功的路上被评判，当时参议院将军事采购和学校午餐法案送回大会，宣布他们与已通过的预算决议不符。而委员会在第二年似乎处于低谷，因为参议院通过了一个与参议院预算委员会规则不符的税收措施。这一程序在 1977 年春天众议院否决预算委员会的第一次预算决议时宣告失败，但当同一机构数天后通过了一个仅有少数几处调整的决议时，观察者们宣告恢复。当 1977 年农业立法在他们的反对下被通过时，两个预算委员会都被认为是失败者，但当 1978 年国会通过了一个他们更为偏好的农业法案时，又被认为是胜利者。预算委员会取得了几次胜利后，《国家杂志》1978 年 9 月的标题是，“这是国会预算过程的一个好年头”。但几星期之后却变成了“坏时机”，因为众议院通过了一个被众议院预算委员会主席会强烈反对的高速公路法案，参议院还推翻了一个与关键预算控制有关的议事程序。

议员们自己也无法幸免于这“过山车式”的反应。在被击败的痛楚和失望情绪中他们常常会诋毁预算程序，认为它只是一个记账练习，只是一个不能实际改变政策的“加法器”。而当他们取得胜利时，议员们则会为预算程序欢呼，认为它是国会重新获得管理国库权力并建立美国公众优先权的途径。一旦国会处理预算决议、授权法案、拨款法案和税收措施时，评价也会相应变化。

期望和实际

这些对预算程序不断变化的观点源于与其目的、影响和耐久性有关的不确定性。国会吃不准他们在 1974 年锻造了什么，或在多大程度上遵守他们的新准则。过去立法预算的失败经历深深蚀刻进了机构的记忆，因此，每次的胜利或失败都显得尤为重要。行政机构与国会在有关资金的紧张僵局中发展出来的预算程序在一个金鱼缸里实施。每次主要的对峙均被视为一次对保持预算改革权力和效力的测试，由于这些冲突一般都是在公开场合进行，那些戏剧性的结果往往呈现出比其实际目的更为重大的意义。

有关国会预算效果的争议也来自根据 1974 年预算法中未包括的期望测试该过程的倾向。那些寻求严格的预算规则和支出削减的人因为持续的赤字和螺旋式上升的支出而泄气；他们没有顾及预算法允许国会采用任何他们认为合适的预算政策这一事实。而那些寻求广泛修补国家优先权以符合他们自身偏好的人，则因为变化的缓慢脚步而失望，似乎仅凭预算程序就能对美国政治中的利益集团斩草除根，或者改变国会在消除有关国库的争议上的基本政治功能。

一些评论家将预算视为一个复杂但容易理解的技术活儿，他们声称自己对国会为了采用某项决议并根据它立法的艰难吓了一跳。他们诋毁国会的努力，与之相较的是赞扬行政预算程序，并将其视为理性预算的典型。

半个世纪的行政预算实践所形成的膨胀的期望折磨着国会预算。随着联邦预算的发展，为它所做的准备也被视为决定美国项目和政策的主要工具。大获成功的布鲁金斯《确定国家优先事项》系列第一卷则将总统预算视为“我们的社会在一年中做出最重要也最复杂的优先权决策集的工具”。这个主张由于其表面价值被广泛接受，虽然它提供了一个对联邦预算程序误导性的观点。

总统预算记录了那些在行政机构和白宫内通过的优先项目的决定，这些决定的通过就像国会需要公开经历的政治程序一样困难。而形成这份文件，正如国会预算的形成一样，过去的决定是最终结果的主要决定因素。申请者在预算公布之前在边际量上斗争。

许多国会议员和其他人期望国会预算能为国会带来行政预算程序可能为总统争取到的东西——对联邦计划和优先项目的控制。此外，许多人也希望这个程序能将国会从对总统预算的依赖中解放出来，仿佛一个机构上的变化就能替代几十年的预算习惯。

然而，一份对国会预算严肃认真的评价必须建立在切实的期望而非不切实际的心愿基础之上。国会并没有一个万能的预算程序，能对付那些鼓吹相互冲突且过分夸大的期望的人。预算程序仅有一个，并且在国会制定财政和计划决定的工具中不总是最强大的一个。

这个总结性的章节评价了国会预算过程的成就和局限性。二者均很可观。任何预算程序所能实现的都很有限，并且国会预算程序要受制于那些适用于行政机构的因素，以及某些特殊的适用于共管机构的因素。与符合实际的期望相比，预算程序得到了很好的执行。然而，对报告而言仍然有明确的成果。在用实际可行的期望衡量时，该程序得到了成功的实施。许多关于其实施的描述和讨论来自参与者和观察者，然而，使用的却是含糊的有关成功的标准，现实世界中的预算程序不可能也不应被期望达到。

预算程序不能（也不打算）做的

在评价预算程序的成就之前，很有必要认真考虑一下一些声称这个程序是失败的评论家们所用的标准。特定的几个反对预算程序的议案可以总结如下：这个程序之所以失败是因为它未能制止联邦支出的增长，或提供一个平衡的预算。1976 到 1980 财政年度之间所有被批准的预算决议都授权了赤字支出，而在这几年中赤字总共累计到了 2400 亿美元。联邦支出则由 1975 财政年度（预算程序被采用的前一年）的 3260 亿美元在仅仅五年之后就猛增到了 1980 年的超过 5600 亿美元。此外，无法控制的支出继续主导着联邦预算。这些支出占了 1975 财政年度总支出的 72.8%，而在 1980 年则占 76.1%。对预算程序的另外一个批评认为它未能促使联邦优先权的重大调整。评论家们认为，眼下的支出与没有国会预算控制下的支出相比并没有显著的不同。

这些批评反映了有关预算程序应该做什么的假设，但不清楚预算法是否是为了满足这些假设而设立的。别忘了预算法在参众两院中是以绝对优势通过的。这一广泛的支持反映了国会中“立法机构需要他们自己的预算程序”的共识。这个支持也能反映预算法的起草者成功地调解了关于要建立的程序种类上的不同意见。保守派希望在国会自由裁量权上能有严格的限制，而自由派则偏向于一个更为宽容的、允许国会按其意愿制定预算的程序。但自由派和保守派却都为了他们自己的原因拥护预算程序，并对预算程序所能实现的有自己的期望。在导向预算法的谈判中，希望放任预算程序的人们在第一次预算决议中找到了攻击目标，而强硬派则在第二次预算决议中遇到阻碍。所有让步方都认识到预算程序的实际意义和效果其实取决于执行的方式。然而，为了在预算改革上达成共识所做的让步则造成了对新程序目的的误解。即使他们接受妥协的字眼出现在预算法之中，许多国会议员仍然保持了他们对一个有效的预算程序的最初期望。当这些目标未能实现时，失望的观察者和参与者便认为这个程序失败了。

对于预算程序的主要误解，是认为它可以阻止联邦支出的增长，终结无法控制的支出，改变联邦预算优先项目。

预算程序应该限制联邦支出

或许有关预算程序最持久的抱怨就是它未能限制政府支出的上升，也未能提供一个平衡预算。这些观点在国会中极为盛行。在第 96 届国会（1979—1980 年）期间，超过三分之二的国会议员引入或支持在国会预算权力上的限制。超过 70 个宪法修正案要求一个平衡预算或限制联邦总支出，而超过 100 个法定限制被引入。身为参议院预算委员会前任成员并强烈支持限制国会在国库上权力的议员麦克卢尔（McClure）在 1980 年那次关于建议支出限制的辩论中指控“预算法未能像我想的那样发挥作用……而等我们提交第一次国会决议时，便会很清楚地看到，即使我们创造了一个新的预算程序，我们仍然不愿控制支出。”

然而事实上，预算法案既不能保证一个平衡预算，也无法给联邦支出强加一个固定限制。正如在第三章所述，对国会自由裁量权的限制（例如一致原则和早期上限）大多都在预算法的最终章节前被删除。确实如此，预算法明确地在预算决议中授权赤字。那些认为预算程序未能控制支出和赤字的评论家其实是在声称国会在 1974 年通过了一个错误的法案。他们的抱怨应该指向 1975 年之前而非之后发生的事情。

这个问题不仅仅关乎预算法立法者的意图；这个问题的中心在于国会的预算作用。国会是应该自由地采取他们认为适当的预算行动，还是为了保障更多的预定结果而限制其预算权力？国会在 1974 年选择了对国库的全面权力。由于预算法是由白宫对国会权力的侵犯引起的，对于国会来说，为了拒绝总统的侵犯，不应仅仅在其自身角色上施加新限制。

为宪法或法定支出限制提出的建议都将目标设定在限制国会行使其预算权力之上。这些不同的提议将会禁止某些预算结果，例如赤字或超出固定限制的支出。然而预算法源于这么一种信念，即国会行使其合法权力是不应被限制的。倾向于限制的人们会更为安全，如果他们将自己的主张建立于一个特定的思想意识或一个经济学原理之上，而不是声称预算法是一个失败。

将预算程序认为是一种限制政府规模或支出的方式是错误的。60 年的总统预算没有产生的结果，同样也不太可能从国会预算中得到。一个预算程序可以对更高的支出产生压力，或提供一个机制以限制政府扩张。这些冲突的可能性源于预算程序两个密切相关的功能，一个是作为申请资源的机会，另一个是作为在申请者之间分配有限资源的程序。国会预算程序既邀请了立法委员会（以及他们代表的利益团体）以要求更多资金，又提供了对这些申请者说“不”的机会。这两个功能谁哪一个占上风得看预算程序执行时的政治环境。一个倾向于计划扩张的政治环境不太可能与限制性的预算政策共存。而随着政治条件的变化，预算程序的结果也会随之变化。这两个功能之间的平衡也会因此每年变化。同样一个国会预算会在 1975 年间提供刺激支出的机会，并在卡特总统当选后批准平衡预算，而在 1981 年时则提供与结余一致的收支政策。预算程序是中立的，得到最多投票的一方决定将什么写进预算。

国会应该控制所有联邦支出

有关预算程序的第二个抱怨是它未能消除不可控支出。正如前面所述，预算中被证实归属于“现存法律下相对不可控支出”所占的比例在 1980 年高于预算程序创立之前。

然而，作为一个对可能导致人们相信的难以控制的统计数字的浏览，该记录便不那么令人失望了。在国会预算的第一个五年里，权利性项目的实际或任意增长很少，而这可是预算程序执行之前的五年内增长得最多最快的一类不可控支出。不可控支出的不断增长大部分是由于人口的增长而增加的补贴项目和主要生活成本的增长。

此外，不可控支出并不是一个立法程序的意外或疏忽，而是国会偏好非预算价值超过预算控制的一个有意决定。在本章后面部分会谈到，预算和竞争中的价值之间的平衡是国会预算程序的主要成果之一。而为了理解国会为了某些支出自愿放弃其控制权的原因，我们应考虑一个国会保持完全、年度控制的“完美的”预算系统将如何运作。每年的预算决定都会受到以往活动的影响；没有什么承诺能从一年延续到下一年。每年国会都要决定在养老金、利息支付和其他权利性项目中的开销是多少。合同义务只会延伸到这一财政年度的结束，所以，在做出下一年决定时，国会有自由选择的权力。这样的系统在给予国会对预算完整的控制方面是完美的。所有的支出提议都在同等的条件下完成，并经过了同样的授权—拨款—预算程序。不存在有的权利性项目会在支出上受到偏爱，所有支出都会在每一年中得到控制。

但这个“完美”的预算系统却是一个立法的噩梦。每年的预算都将是件不确定的、喧闹的事情，并且有大量的业务阻塞在通往一致的道路上。所有的事都会被提出来争夺，冲突的范围大大扩展。国会中的紧张水平会因计划受益人的不确定性相应升级。由于每件事每年都要重新启动，仅仅是为了确保他们利益的延续，退休人员、债券持有人和其他申请者便会围攻国会。

国会通过限制其预算权力的运用来解决预算问题。为了得到决定其他部分的机会，它放弃了对预算主体部分的控制。“不可控”是预算的边界，是一种通过限制其范围来制定预算的方式。

这并不是说每个不可控项目都应得到其特殊地位，或者预算委员会应该像预算不言自明的一部分那样接受所有不可控支出。预算委员会的关键责任之一就是为预算控制辩护，每年挑战部分而非全部不可控支出。他们必须对新提出的不可控支出异常谨慎，但国会对这些是否能进入可控制支出部分有最终决定权。

预算法应该改变联邦支出方式

对预算结果感到失望的人们通常会抱怨这个程序未能重新排列国家的优先项目。近几年来，自由派批评这个程序未能将国防资金转移到人力资源计划上。不管这是不是对预算结果的准确预期，我们应该明白这个程序不能强制推行特定的一套优先顺序，也不能要求那些功能（或计划）在争取资金的竞争中明确地彼此权衡。正如第十三章所述，国会更青睐通过对各项功能分配预算授权和支出设立优先权，而非各项功能间公开竞争。通过为各项功能提供各种增量或（有时候）减量，预算程序给优先权带来了边际变化，即使是在没有正式资金转移的情况之下。

从国会预算程序中出现的支出方式也许不会与之前在预算程序中盛行的逐项安排的结果有太大不同。不管是通过一个复杂的预算方案还是支离破碎的选择，国会决定都是对大多数人偏好的反应。预算程序可能加速了国会对有关联邦计划变化的公众情感的反应。通过提供辩论的焦点，预算程序使计划的支持者可以为更高的资金分配而努力。预算程序也督促国会采取不那么受欢迎的行动（例如削减计划、减少收益或者延缓某次减税），这些行动在别的情况下会被避免。在边际上，预算结果可以被程序改变，但也不能指望一个为保护利益相关者而提供多重机会的预算程序会有戏剧性的调整。

国会预算的成就

一个真正中立的预算程序无法很好地被一个独立标准评估。相关测试在本质上都是程序性的：国会有没有达到预算法的要求？国会有没有通过规定的预算决议并按相关条款立法？本章和这整本书以对评估预算程序的三个标准的检验作为总结：

1. 预算决议的采用。

2. 预算和其他利益的平衡。

3. 国会中预算冲突的管理。

国会预算的制度化

第一种衡量预算成功的方法一定是程序性的：国会采用春季和秋季预算决议的能力。如果国会未能采用这些方法，预算法很快就会变为一纸空文。

迄今为止，国会一直都成功地采用了所有要求的决议。立法者也愿意将政策目标置于预算和平之下。好几次的“千钧一发”证明国会议员可能愿意将预算冲突带到边缘地带，但他们也不愿意冒毁灭程序的风险。我们还能回想起两个共和党人提供了将 1976 年第一次预算决议送到众议院预算委员会之外的那关键的、必须的两票。两年后，许多代表在第一个决议在众议院中遭否决后，转为支持修订版本的决议。众议院预算委员会的马乔·霍尔特（Marjorie Holt）解释说“当决议失败时，众议院里每个希望程序能成功的人都开始重新评价我们正在做的。”当然，议员们有时也想威胁预算程序，将它视为争取更多有利条件的方法。这种做法在 1978 年第一次预算决议大会时被采用，因为参议院预算委员会的彼得·多梅尼西（Peter Domenici）坚持认为他宁愿没有预算也不要一个失败的未能提供他想要为国防争取的配额的预算：“如果这就是击败预算程序的时机，那么再没有比这更好的时机了。如果我们需要时间来说‘这个不起作用’，那么我认为现在就是最好时机……如果果真有参议员希望退出预算程序的情况，这种情况就是。作为我努力保护预算程序的一个措施，我不会投票赞成众议院为了军事准备和使用提交给我们的数字。”

在僵局被打破之后，多梅尼西转变了他的口气并投票给了决议。现在他坚持：“没有任何程序比预算程序对制度、参众两院、美国的繁荣更重要……正因如此，我觉得大会中的僵局应该会因为没有预算法真正存在的可能性而结束。如果我们未能解决这个问题，我认为预算改革法及其极为重要的这一民主程序的可靠质量也一定会离开委员会。”

但我们不能确定议员们是否会一直愿意为了预算程序妥协。这一论点早晚会失去力量，届时只有当预算程序能满足国会大多数人的期望时，它才有可能生存下去。但在国会中有这么一个信念，那就是国会预算程序是进行财政决策的正确并负责任的途径。大多数的议员喜欢程序给立法工作带来的条理感，并将程序视为立法责任的主要支撑。不管是预算制定前就在国会中服务的成员，还是在 1975 年之后才来，并不知道任何其他程序的成员，都有这么一种态度。“我觉得好像我们一直都有预算程序，”一位老手这样说，“我甚至不能想象过去没有这么个预算程序时会怎样。”类似的感觉也存在于新来者之中：“当联邦政府规模很小时也许国会有能力不需要预算程序，但现在没有其他理性的运作方式。”

这些感受有时被解读为一种对预算程序想当然的态度。当众议院否决了 1980 财政年度第一次决议上的会议一致意见时，每个人都知道另一个版本会被立即提出。5 月 15 日决议的最后期限已经过了的事实，只会刺激国会领导为了不拖延其他立法事务而采取更快的行动。他们并没有考虑在第一次决议尚未通过的情况下就开始其他项目（例如拨款）。

预算程序变成了国会风景中一个常规的、被接受的特征。其例行程序已经固定在参众两院的日程表及其议员们的脑海之中。委员会和议员大会每年周期性的工作都指向预算行程。预算事务不再是一个意外或不曾预料到的介入。议员们知道参议院预算委员会发言人会允许大会对推迟立法带来的预算影响作出评价。他们知道那些法案和修正案会根据最新预算决议中的假设评分，并且一旦预算被采纳，未考虑进来的提议将比那些被考虑的提案更难在国会通过。

立法利益之间平衡

预算只是国会要考虑的众多利益之一。一系列项目利益与预算争夺国会的关注。预算程序所基于的对等控制无法容忍将预算作为评估所有其他立法的标准——衡量立法委员会提出的法案是否有价值的唯一标准。

如果预算程序想要生存，它就必须与其他立法利益和活动共存。这意味着一个成功的预算程序需要预算和其他价值之间的平衡。如果预算程序是一个覆盖全面、一致、关键的决定程序，正如它一直被认为的那样，对预算的控制也会带来对政治系统的控制。但是，预算只是一个（并且不总是最重要或最具决定性的）公共选择的场所。国会委员会在他们形成立法时做出预算决定，行政者们在公布规则时做出预算决定，而总统在进行竞选活动时影响预算。

我们可以说预算程序为两个完全不同的功能服务：它是当前做决定的程序，并且是在财务上记录某些决定的程序。有些项目决定在预算中进行；另一些则仅在预算整合时转化为以美元表达的措辞。例如，强制为黑肺病买单的立法在每年的预算中都占有一定分量，但这个决定是在授予补贴的立法意义上做出的。国会被再三督促使用其预算来制定政策，否则，据说该程序将仅仅成为一项记录工具。事实上，两种预算类型都共存在同一个程序之中。或许对这个双重程序的最好解读是预算声明，即大多数支出“在现行法律下不可控”。然而，这并不意味着四分之三的预算都完全不可控，因为在大部分情况下，国会可以废除或调整限制支出的法规。国会可以废除黑肺病计划或将其降到最低标准，如果它们真想这么做。但国会不能仅通过预算行动改变黑肺病的支出水平；不管其预算决议（或拨款）中考虑了多少金额，支出都将由已存在的法律或已做出的承诺决定。为了大量减少预算的不可控部分，国会必须将其预算的有效范围延伸到对立法委员会的管辖范围。不论在这样一个覆盖广泛的预算程序有怎样的优点，它必定会导致预算冲突的升级，并削弱国会平衡各方利益的能力。

预算程序的制度化为国会在重要项目上的讨论焦点从实质性问题转向财政考虑的可感知的变化作出了贡献。议员们经常就某个武器系统的支出或食品券资格的变化问题而争吵，仿佛财政是唯一相关的考虑因素。当总统揭下一个福利改革提案或一个国民健康保险计划的面纱时，讨论立即缩小到预算考虑上。在20世纪70年代早期，每年的国防授权法案时常引起参议院中有关国家政策的激烈辩论。在那个十年结束时，讨论都是围绕财政方面的——国防支出增长率、国防和民用计划的相对预算份额以及最新国防决议中设定的数额。当某个措施与预算相符合时，它通过参众两院的速度会大大增加，好像最关键的测试已经满足了，并且最基本的决定也已经做出了。一个有关预算问题的措施常常被拖延，因为考查财政账户的讨论已经开启。

预算冲突的管理

在预算程序中冲突是固有的，因为竞争者对他们的立法责任都持有单方面的观点。预算委员会的作用是为预算程序辩护，而非许多其他强加给国会的利益。程序委员会的利益由管辖分配定义；这些委员会不可能将预算程序作为他们的主要考虑。由于预算委员会倾向于预算而其他委员会照料它们自己的特殊利益，预算冲突有时无法避免。

预算冲突的根源先于预算法存在。我们可以回顾第二章，在1974年以前，国会经历了有关支出上限和委员会管辖权的旷日持久的纷争。这些争辩是被要求更多支出和对美国财政状况的担心之间的冲突挑起的。就在国会变得更加开放并且更易受到各方预算压力的冲击时，它也变得对预算短缺更为敏感。在预算法被通过之前，众议院拨款委员会的监护规范及其对联邦支出的控制被其组成和结构的变化削弱。越来越多的支出要求通过有限期的授权提交并通过随后的方案被满足。这些国会的变化伴随着不断增长的利益集团对预算事务的专注。联邦预算变成了一本公开的书，它的秘密和潜力被无数驻扎在华盛顿的利益集团测量。

国会可能也试图通过对预算要求的传达或满足来设立制度上的障碍，从而将自身从这些交错的压力中解脱出来。例如它可以要求平衡预算，或者使议员们赞同为拨款法案增加预算的修正案变得困难。但在预算法中国会拒绝了这类和其他对其自由裁量权的限制。作为替代，国会选择了一个公开程序；鼓励立法委员会表达他们的意见和评估，并且使参众两院可以通过其多数满意的任何预算。预算法不是在预算冲突的根源处消除它们，而是保证冲突会公开进行。在决定不阻碍预算压力、允许在支出、税收和赤字方面的公开竞争时，国会将其自身在预算政策上的矛盾制度化。因为它不能取消任何1974年的实质性结果，国会给每年的预算周期留下了一场决定应当是什么的斗争。

因此，在国会中存在着许多预算冲突，或者预算程序经历了许多严重的失败或令人瞩目的成功也不足为奇。国会在1974年的这类决定将在一个多数人控制的程序中得到解决。预算委员会在得到投票时会赢，而当国会为了推进某些其他利益不顾预算声明时会输。

在一方总是赢或总是输的情况下，没有一个建立于合作基础上的系统能够长久地存在下去。在国会里也是一样，预算委员会有时赢有时输。总统的管理与预算局每年也会输掉一些大大小小的争端，但大多数的失败都不会让公众知晓。管理与预算局被总统庇护，因为培养出一个总统拥有强有力的预算局的信仰对其十分有利。由于大多数的国会冲突在公开的情况下进行，它们的重要性也被放大了。如果众议院中的预算程序看上去比参议院更具争议，一个原因就是众议院预算委员会的幕后操作将结果掩饰起来不受公众的监督。相较之下，参议员预算委员会却大起大落，因为其行动的大部分都对公众开放。

预算和其他价值之间的竞争被当时的情绪所影响。有时国会急于推行一个支出计划，扩张的热情就会淹没预算控制；而当国会更关心盘点及裁员时，它也许会更偏好在竞争性利益上的严格预算控制。国会预算制定者不能指望每年都同样强大。对他们的观点而言，有时会出现一个强大的国会市场，而在其他时候却很弱。拨款委员会已经在这种变动的国会情绪中生存了120年，预算委员会同样要经得起在其立法尊重上的起起落落。

为了生存，预算委员会需要国会盟友，但由这份研究发现的一种模式是委员会们只会为那些为特定问题努力并能为自己带来好处的委员会提供暂时盟友。

虽然冲突无法完全消除，但如果预算程序要存在下去，冲突就必须得到限制。如果每个立法行动都会引发一场重大的冲突，国会将四分五裂。人们应该庆幸冲突如此之少，而不是考虑它们为什么会发生。从根本上讲，预算和程序委员会都理解只有限制其冲突的倾向，一个团体才能团结在一起。因此，大多数国会委员会都试着遵守预算法案中大量的、程序性的条款。

但对于控制预算冲突而言，仅有良好的意图是不够的。必须调整预算程序以保证大多数情况下能有一个和平的结果。然而，预算法将预算委员会置于其他立法委员会对立面的做法却似乎是在加深国会中的冲突。如果它们发挥设立时的功能，预算委员会便无法避免与立法委员会发生冲突。在预算委员会审查3月15日的申请时，当它们在要求其他委员会节约或抵制它们的提议上施压时，或者当它们监督其他委员会与预算相关的活动时，内部纷争很容易出现。当国会不得不形成有关美国优先权和财政政策的决议时，预算冲突也会发生。这些压力点是预算程序的关键特征，而非边缘的或意外发生的情况。预算法预期冲突并组织国会处理它。

总的来说，当国会围绕预算争斗时，它是在每年的边际上争斗：预算的主体（伴随着总的协定）取决于以前年度的立法决策。在一个联邦政府级规模的预算中，边际上的争论可能要涵盖数百万美元。这是个大到足以令参战者战斗的赌注，但也是一个在他们达到预算一致时能够充分控制的数额。预算程序为他们开展这项必要的业务提供了一个有用的立法工具。

附录

预算术语定义

拨款 Appropriation

国会法案规定的授权过程，允许联邦机构履行义务并通过财政部拨款的方式为特定目的支付相关费用。拨款通常在授权立法通过后进行。拨款是提供预算授权的最常见方式（见“预算授权”），但在某些情况下，授权法案直接提供预算授权（见“后门授权”）。

拨款法案 Appropriation Act

允许拨款委员会在权限范围内拨款的法案，旨在为联邦项目提供资金。目前共有 13 个常规拨款法案。另外，补充拨款法案也会时常被通过。

授权（授权立法） Authorization（Authorizing Legislation）

国会颁布的基本的实质性立法，设定新的或继续支持原有的联邦项目或机构进行合法运行（在时间上可能是无限期的，或者有确切的时间期限），或限制某个项目中特殊类别的义务或支出。这些立法通常是随后拨款法案中进行拨款或其他预算授权的基础和前提。它也许会限制随后预算授权的数量，或授权拨款“必要的资金额”。在有些情况下，预算授权也会在授权法案中提供（见“后门授权”），这样就回避了后续拨款的需要，或只需进行清算合同授权或减少未偿债务。

授权委员会 Authorizing Committee

众议院或参议院的常设委员会，有权管理有关授权法律事务，设立新的或继续支持原有联邦项目、机构或项目中的特定义务。在基本的实质性立法中已规定预算授权（“后门授权”）的情况下，授权委员会也需承担其支出责任。

后门授权 Backdoor Authority

在正常（拨款委员会）预算拨款过程之外的预算授权。最常见的后门授权是贷款授权、合同授权和权利性授权。在某些情况下（如公债利息），即使没有国会行动，一项持续性拨款也将产生。1974 年通过的国会预算法案第 401 款对后门授权进行了具体限制。

借款授权　Borrowing Authority

允许联邦机构承担义务并通过借款方式为特定目的进行支付的合法授权。1974年国会预算法案第401款重新限制了预算法案中借款授权的范围和数量（除了某些特殊情况）。

预算修正　Budget Amendment

正式预算提交后，在国会采取拨款行动之前，总统提交给国会的正式要求，提出修正先前的某些申请，如预算授权数额。

预算授权　Budget Authority

由法律提供的用于承担义务的授权，它将导致相关政府基金的即刻或未来支出。这些授权不包括为归还那些由其他个人或政府形成的债务提供保险或担保。基本的预算授权形式包括授权、合同授权和借款授权，预算授权可以按以下标准进行分类：(a) 有效期（一年、多年、无期限），(b) 国会行动时间（当年的或永久的），或 (c) 决定可用资金数额的方式（明确规定或无明确规定）。

预算更新　Budget Update

一份概述对尚未结束的财年中预算授权、预测支出、预测收入等进行修订的声明。总统可以在任何时候提交更新，但根据1974年国会预算法案的要求，总统必须在每年4月10日和7月15日之前将这类声明呈送至国会。

预算储备　Budget Reserves

根据反赤字法案（31 U. S. C. 665）授权及1974年扣押控制法案的修正而预留的预算授权部分，当因要求变更或运行效率提高而产生结余时，将其作为存款或作为预算储备来应对突发事件。1974年扣押控制法案第1002条限制了预算储备的建立，并要求机构必须向国会报告预算储备（见“预算授权的延迟”）。

预算一致决议　Concurrent Resolution on the Budget

国会参众两院一致通过的决议，无需总统签署，用以阐明、重申或修正美国政府新一财年的国会预算。在每一财年开始前需有两份预算一致决议。第一份决议一般在5月15日之前完成，形成国会预算。第二份决议一般在9月15日之前完成，主要是重申或修改前一份决议。该财年的其他预算一致决议可在本财年第一份预算一致决议发布之后的任何时间发布。

国会预算　Congressional Budget

国会预算是国会在预算一致决议中阐明的预算。这些决议包括：(1) 预算总支出和新预算授权总额的适当水平；(2) 根据对适当水平的总预算支出和新预算授权总额的分配，估测各主要功能分类、突发事件的预算支出和新预算授权；（3）预算中赤字或盈余的数额（如果有的话）；（4）建议的联邦收入水平；（5）适当的公债水平。

持续决议 Continuing Resolution

在财政年度开始之前，某些特殊的持续性项目还未通过正常的预算财年拨款时，国会为其提供预算授权的立法过程。持续性决议通常根据前些年的支出水平、总统的预算申请和参众两院同时或各自通过的拨款法案为机构可能承担的义务确定一个最高额度。

合同授权 Contract Authority

预算授权的一种形式，在合同授权下，合同或其他义务可能在拨款之前，或在超出循环基金可用资源数量时发生。合同授权必须由之后的拨款或使用循环基金来清偿债务。用来清偿合同授权的拨款并不算作预算授权，因为他们不能用来支付义务。除了少数例外，1974 年国会预算法案第 401 条将新合同授权限制在与拨款法案相一致的水平。

可控性 Controllability

在财政年度内，根据现有法律对预算授权或支出进行控制的能力。"相对不可控"一般指的是不修改现有实体法就无法增加或减少的支出。这类支出中最主要的部分来自开放式项目和固定成本项目，如社会保障和退伍老兵福利，同时也包括因之前财政年度承担义务而产生的支付。

斑马线 Crosswalk

不同系列分类之间的关系，如拨款账户和授权立法之间的关系，或预算功能结构和国会委员会支出权限之间的关系。

当前政策预算 Current Policy Budget

根据当前财年通过的拨款和授权水平，在没有政策变化的情况下，根据通货膨胀、社会保障项目受益人的自然增长进行调整后，对下一财年中联邦项目运行所需预算授权和支出进行的预测。有时，这种预测需对原本计划终止的项目继续运行的情况进行反映。

当前服务评估 Current Services Estimates

根据现有服务水平，预测下一财年的预算授权和支出，即假设所有项目和活动会在当前财年的基础上运行，相关政策不会改变。这些对预算授权和支出的估测伴随着对基本经济状况和项目的假设（如通货膨胀率，经济增长率，失业率，项目数和工资增长），并会在预算提交时由总统传达给国会。

预算授权延期　Deferral of Budget Authority

任何美国官员或雇员采取的扣押、延迟或有效阻止义务发生或预算授权支出的任何作为或不作为，包括根据由扣押控制法案修正案修订的反赤字法案中建立的储备金。1974 年扣押控制法案第 1013 条要求总统需向国会进行特殊说明，报告所提议的预算授权延期。预算授权一般不会延迟至递交延期报告的那个财年末，国会参议院或众议院可能会通过扣押决议来推翻总统的预算延期提议（见“扣押决议”）。

权利性授权　Entitlement Authority

根据相关法律规定，向任何符合要求的个人或政府支付津贴的立法，如社会保障金和退伍老兵养老金。1974 年国会预算法案第 401 条对新权利性授权的实施进行了限制。

财政政策　Fiscal Policy

联邦政府关于税收、支出和债务管理的政策，旨在促进国家经济目标特别是关于就业、国民生产总值、价格水平稳定和国际收支平衡的目标。预算过程是确定与执行联邦财政政策的主要工具。联邦经济政策的另一个主要部分是货币政策。

财政年度　Fiscal Year

任何年度会计期，与日历年度无关。联邦政府的财政年度从 10 月 1 日开始，至次年 9 月 30 日结束。财年年度按其结束时的日历年命名，如 1981 财年是在 1981 年 9 月 30 日结束的那个财政年度。

充分就业预算　Full Employment Budget

假设经济在可能性边界下（通常用一定的国内劳动力失业率来定义）运行，预计的收入、支出、盈余或赤字水平。

功能（功能性分类）　Function (Functional Classification)

1974 年国会预算法案要求国会预测每一功能的支出、预算授权和税式支出。功能分类是展示联邦项目旨在服务的主要目标的预算授权、支出和税式支出数据的一种方式。每一个账户都对应一个能体现其主要目标的功能（如国防、健康），与执行这个项目的机构无关。功能通常被划分为范围更窄的类别，即子功能。

政府资助企业　Government - Sponsored Enterprises

联邦政府建立和特许的完全由私人所有、执行特殊功能的企业，如联邦土地银行和联邦住房贷款银行。这些企业不包括在预算总额之中，但其运营的财务信息将作为总统预算附录中单独的一部分公开。

担保贷款　Guaranteed Loans

联邦政府全额或部分担保偿还本金和/或利息的一种贷款。

扣押 Impoundment

任何美国官员或雇员采取的阻止义务发生或阻止国会提供的预算授权支出的作为或不作为。（见“预算授权延期”和“废除”）

扣押决议 Impoundment Resolution

扣押决议是众议院或参议院在总统依据1974年扣押控制法案第1013条向国会递交特殊说明后，提出的不同意预算授权延期的决议。参议院或众议院通过的扣押决议有权推翻延期提议，并要求将这些预算授权用于承担义务。

义务 Obligation

联邦机构在一定时期内下发的订单、支付的合同、提供的服务，以及做出的其他承诺的数量，需要在同一时期或未来某个时期支付。

预算外 Off - Budget

根据现行法律条款，被排除在预算总额之外的交易，如联邦融资银行。预算外交易不包含在预算授权或支出总额之中，但会在预算附录中一个单独的部分内发布，同时也会作为预算中各种表格的备忘项目。

抵消收入 Offsetting Collection

政府以商业运作模式与公众进行交易（出售商品和服务）取得的收入，或由一个政府账户向另一个政府账户进行支付取得的收入。这类抵消收入在计算预算支出时会被扣除。

补偿收入 Offsetting Receipts

收入账户中存入用于抵消预算授权和支出，而非在计算预算总额时作为预算收入的所有收入。根据当前预算用途，现金收入不存入收入账户（如循环基金收入和偿还金额），而是在会计层面上从支出中直接扣除。这些交易抵消收入，不计入补偿收入。

补偿收入通常在预算功能或子功能层面从部门预算授权和支出中扣除。在三种情况下（雇员退休金的雇主份额、信托基金收取的政府间利息、外大陆架以外土地的租金和特许权使用费），其减免部分将作为未分配的补偿收入计入预算总额，而不是根据功能、子功能或部门进行抵消。

敞口项目 Open - Ended Programs

实际拨款和结果支出仅受限于符合法定要求和资格的申请人数及实际接受金额的权力性项目，如医疗补助计划。

支出 Outlays

发行的支票，多数公债产生的利息或其他支付的数量；退还或偿还的净额。预算支出总额包括统一预算中扣除补偿收入后拨款和基金的支出总数。依据法律规定，预算外联邦机构的支出被排除在统一预算之外，即使这些支出是政府总支出的一部分。联邦支出以现收现付制为会计基础进行记录，除了多数公债利息，它们使用的会计基础是权责发生制。

总统预算 President's Budget

总统根据修正后的1921年预算和会计法案向国会提交的某一财政年度的预算。根据要求，预算的某些部分（如对立法和司法机构的估测）需包含在总统预算之中，无需经过管理与预算局的审查或总统的同意。

项目 Program

通常定义为一系列有组织的活动，这些活动旨在实现一个共同目的或目标，由一个机构提出或执行，以完成它被赋予的责任。但在实践中，“项目”因有许多用途而在立法过程中没有比较好的标准定义。“项目”通常被用来描述机构使命、活动、服务、计划和过程。

再拨款 Reappropriation

出于相同或不同的目的，恢复已过期账户中所有或部分未承担义务预算授权，使其可继续用于支付义务的国会行动，现有账户中义务的可支付性也可以通过之后的拨款法案延期。

协调过程 Reconciliation Process

国会用来调和某一财年由税收、支出和债务立法决定的资金数量的过程，以将其控制在第二份预算一致决议所设立的债务上限以内。1974年国会预算法案第310条要求设立预算上限的第二份预算一致决议可以指导委员会确定或提议针对法律、法案和决议的调整，与预算授权、收入和公债应遵守的总额相适应。这些调整都包含在协调决议或协调法案之中。

再规划 Reprogrammming

在一个拨款账户中，为了实现那些并非拨款时预期的目标而对资金进行的利用。再规划通常要根据联邦机构和国会拨款委员的协商完成。

废除 Rescission

在授权失效前（即不能用于支付义务），取消国会先前通过的预算授权的立法结果。1974年扣押控制法案第1012条要求总统向国会提交特殊说明，报告所有废除预算授权的提议。这些提案可能在国会两院共同通过的废除法案中被国会全部或部分接受。

废除草案 Rescission Bill

部分或全部取消国会先前通过的预算授权的草案或联合决议。1974 年扣押控制法案规定，除非国会在收到总统提案的 45 天内通过某项废除草案，该预算授权必须用于支付义务。

记录保管 Scorekeeping

国会预算局对预算表格和国会预算行动报告进行更新的过程。国会的预算行动包括制定法案和决议（提供新的预算授权和支出，调整财年的收入和公债上限等）。这些报告包括但不限于：目前国会行动的影响报告、潜在国会行动的影响报告以及将这些活动与国会在预算决议中设定的目标和上限进行的比较。1974 年国会预算法案第 308（b）条要求定期进行记录保管报告。

支出授权 Spending Authority

根据 1974 年国会预算法案的界定，支出授权是指贷款授权、合同授权和资格授权的总称，它们的预算授权并不由拨款法案预先规定。这些就是通常提到的后门授权。

补充拨款 Supplemental Appropriation

在年度拨款法案外进行拨款的法案。补充拨款会提供超出原本项目和活动资金预测（包括在原拨款法案之后授权的新项目）的额外预算授权。进行补充拨款是由于对资金的需求非常紧迫，以至于等不到下一常规拨款法案的通过。

税式支出 Tax Expenditures

由于联邦税法条款规定而损失的税收收入，这些条款允许从总收入中排除、免除或扣除特殊项目，或者提供特殊的退税、优惠税率或对纳税义务进行延期。

信托基金 Trust Funds

联邦政府为实现某些特殊目的（或根据信托条款或法规执行某些项目）收集和使用的资金，如社会保障和失业信托基金。信托基金由政府作为被委托人进行管理，且不能用于一般性的政府目的。信托基金收入账户根据信托条款或法规产生的收入进行记录。

统一预算 Unified Budget

联邦政府预算的现有形式，其中来自联邦基金和信托基金的收入和支出是统一的。当这些基金以统一方式计入预算总额时，由于一个基金向另一个基金进行支付而产生支出的交易会被扣除，以避免重复计算。预算外联邦机构的交易也不纳入统一预算。

后　记

本书是一部经典之作，建立在大量深度访谈和资料梳理的基础之上，没有过多的理论建构，直截了当地从基本事实出发，深入细节，扎扎实实地描述立法部门的预算过程，分析决策参与者之间的关系。

“立法部门在预算收支决策中的作用是什么?”或“立法部门如何管钱?”是个实证问题，更是个规范问题，是个技术问题，更是个政治问题，没有固定的模式，在反复的形成、巩固、再造中不断演进。经济形势的变化、社会发展的取向、政治力量的调整等均会对其产生深远的影响。

本书是我国第一部有关发达国家预算立法决策的译著，对我国政府的预算决策和监督改革具有一定的借鉴意义。但“非常之观常在于险远”，希克教授曾体谅地问我：“这本书很厚，你真的决定要翻译吗?”

本书的翻译历时两年。

本书的翻译也是与黑龙江省人大常委会预算工作委员会合作的成果，他们致力于推动我国地方预算审查监督改革与创新，给予本书的翻译出版以支持。

本书的翻译较为顺利。希克教授专门撰写了中文版前言，王诸愉、金海颖、王磊娅、徐益琦、俞靓、张旻、朱建敏、祝佩莉等同学翻译了部分初稿。张晓彪编辑在翻译过程中提出了许多宝贵的意见，在此一并表示感谢。

苟燕楠

2012 年 5 月